服务业增加值贸易及在全球价值链分工地位研究

周升起　兰珍先　戴玉才　徐永辉　等　著

本书是国家社会科学基金一般项目（批准号：15BGJ036）的最终成果

科学出版社

北　京

内 容 简 介

本书沿服务业全球价值链分工理论—服务业增加值贸易核算原理—中国服务业增加值贸易核算—中国服务业全球价值链分工地位考察—中国服务业全球价值链分工地位影响因素实证检验,这一逻辑研究思路,采用经济合作与发展组织发布的 2018 年版投入产出表数据,通过对服务业总出口按"最终需求"重新进行增加值分解,并建立"新GVCs 地位指数",对中国服务业增加值贸易及在全球价值链国际分工中的地位,进行了系统研究。

本书适合高等院校教师、科研机构研究人员、高等院校本科及以上学生,政府服务业、服务贸易部门管理人员及服务业企业高管阅读使用。

图书在版编目(CIP)数据

服务业增加值贸易及在全球价值链分工地位研究 / 周升起等著. —北京:科学出版社,2022.5
ISBN 978-7-03-071571-5

Ⅰ. ①服… Ⅱ. ①周… Ⅲ. ①服务贸易-贸易发展-研究-中国 ②国际分工-研究 Ⅳ. ①F752.68②F114.1

中国版本图书馆 CIP 数据核字(2022)第 029410 号

责任编辑:陶 璇 / 责任校对:贾娜娜
责任印制:张 伟 / 封面设计:有道设计

科学出版社 出版
北京东黄城根北街 16 号
邮政编码:100717
http://www.sciencep.com

北京建宏印刷有限公司 印刷
科学出版社发行 各地新华书店经销

*

2022 年 5 月第 一 版　开本:720×1000　1/16
2023 年 1 月第二次印刷　印张:17 1/4
字数:330 000

定价:176.00 元
(如有印装质量问题,我社负责调换)

本书撰写者名单

周升起　兰珍先　戴玉才　徐永辉

孙翠华　李青鹤　宋艳丽　魏小平

于　宏

前　言

在全球价值链（global value chains，GVCs）分工背景下，传统服务贸易统计不能准确反映一国服务贸易真实状况；制造业服务化和服务业国际化，需要重新认识和评价服务业在 GVCs 分工中的地位，以及推进服务业有序开放，需要对服务业在 GVCs 国际分工中的地位有客观准确的判断，本书沿服务业 GVCs 分工理论—服务业增加值贸易（trade in value added，TiVA）核算原理—中国服务业 TiVA 核算—中国服务业 GVCs 分工地位考察—中国服务业 GVCs 分工地位影响因素实证检验的逻辑思路，采用经济合作与发展组织（Organization for Economic Cooperation and Development，OECD）发布的 2018 年版投入产出表数据，对中国服务业 TiVA 及在 GVCs 国际分工中的地位，开展了系统研究。

通过研究本书得出以下结论：①GVCs 分工理论初步形成，服务业参与 GVCs 分工方式多样且相互交融。②从 GVCs 分工前向参与视角、按增加值最终需求对总出口进行增加值分解，并基于分解结果开展服务业 TiVA 核算，与 TiVA 的含义更加"吻合"。③中国服务业 TiVA 贸易规模及其占总对外贸易的比重，明显高于传统总值贸易标准下的服务贸易统计结果，而贸易逆差则显著小于传统服务贸易统计结果。④在我国服务业 TiVA 进出口中，批发、零售与车辆维修，运输与仓储，金融与保险和其他商务服务等四个服务部门始终占据绝大部分份额；按要素密集度划分，劳动密集型服务部门 TiVA 规模最大，知识密集型服务部门次之，资本密集型和公共服务部门分列第三、四位；美国、欧盟、日本、东盟和韩国等经济体始终位列我国服务业 TiVA 进出口市场的前五位，但是所占比重整体呈不断下降趋势。⑤我国全部服务在 GVCs 分工中的地位逐渐提高，主要得益于直接服务的 GVCs 分工地位高于间接服务的 GVCs 分工地位，但从对全部服务 GVCs 分工地位提高的贡献度来看，间接服务的贡献要明显大于直接服务；国际比较而言，由于更快的提升速度，我国服务业及各部门 GVCs 分工地位虽仍低于发达经济体，但差距在不断缩小，在发展中经济体中，我国服务业 GVCs 分工地位已位居前列。⑥按影响程度及显著性排序，中国服务业 GVCs 分工地位的主要影响因素为服务业发展水平、服务贸易自由化水平、服务业境外直接投资（outward foreign direct investment，OFDI）水平、服务业境内直接投资（foreign direct investment，FDI）

水平；制造业 GVCs 分工地位和制造业服务化水平对中国服务业 GVCs 分工地位虽然有影响，但基本不显著；各因素对不同服务部门 GVCs 分工地位的影响，存在明显的"异质性"。

根据以上研究结论，本书提出以下讨论性观点：①国内学术界对 GVCs 分工的研究主要集中在理解与应用方面，对 GVCs 分工理论发展的贡献仍十分有限。②本书对服务业 TiVA 核算及 GVCs 分工地位测算所提出的思路、原理和方法，对制造业（及其他产业）TiVA 重新核算和 GVCs 分工地位再考察，有较强的借鉴价值。③以 TiVA 为标准，把内含在货物中的服务进出口，纳入我国全部服务贸易考察范围，能更加全面、客观地反映我国服务贸易发展状况；按吸收国不同的服务业 TiVA 出口分解，以及按增加值来源的直接和间接服务出口分解结果，能在很大程度上反映我国服务业参与复杂 GVCs 分工的程度变化，以及境内增加值（domestic value added，DVA）创造能力的变化。④随着制造业服务化程度的不断提高，内含在其中的间接服务 GVCs 分工地位，对我国全部服务 GVCs 分工地位的影响作用会越来越大；我国服务业 GVCs 分工地位在发展中经济体位居前列，但与发达经济体相比仍差距明显，这预示着我国服务业 GVCs 分工地位仍有较大的发展潜力和提升空间。⑤本书对服务业 GVCs 分工地位影响因素的实证检验结果，为我国坚持实施有序扩大服务业对外开放政策的必要性和重要性，提供了进一步的佐证；通过加快制造业高质量发展，提升制造业服务化水平，提高制造业 GVCs 分工地位，来促进服务业及各部门 GVCs 分工地位的提升，应成为今后重要的政策选项。⑥从各因素对我国服务业及各部门 GVCs 分工地位影响的异质性考虑，加快我国服务业各部门发展和促进 GVCs 分工地位的进一步提升，应分类施策、精准发力；充分利用数字化、网络化技术，加快发展数字服务贸易，可以更快缩小与发达经济体在服务业各部门，尤其是在知识密集型和公共服务部门发展水平和 GVCs 分工地位上的差距。

相比国内外已有的文献研究结论，本书研究成果主要在以下几个方面做出了一定的边际贡献：①从经济学和管理学两个发展脉络出发，归纳并提出由跨境生产组织理论、TiVA 核算与 GVCs 分工测度方法和 GVCs 治理与升级理论等三个核心理论构成的 GVCs 分工理论基本框架。②根据服务业参与 GVCs 分工的具体实践，分析提出服务业参与 GVCs 分工的三种基本方式——跨境服务外包（cross-border service outsouring）式、制造业内含服务式和服务跨境直接投资式 GVCs 分工，并对三种方式的区别与联系进行了讨论。③从 GVCs 分工前向参与的视角、按照增加值最终需求的路径、依据国家间非竞争性投入产出原理，经过数学推导，对经济体总出口按增加值流向进行重新分解，并依据分解结果进一步推导出服务业 TiVA 核算原理和 TiVA 进出口核算公式。④根据最终吸收方不同，对我国服务业及各部门 TiVA 出口中的 DVA 流向及其变化进行了核算、分解和追踪，并对我国直接和间接服务出口按增加值来源进行分解。⑤从全部服务、直接服务和间接服务三个层面，对我国服务业及分部门 TiVA 进出口规模、部门结构与市场结构及其变化展开详细核算和比较分析。⑥基于对 Koopman 等（2010）建立的"GVCs 地位指数"在测算经济体服务业 GVCs 分工地位上存在缺陷的分析，通过修正提出新 GVCs 地位指数（new GVCs-position index），并对中国服务业及分部门 GVCs 分工地位做出详细测算和国际比较。

本书研究成果的理论意义表现在：①通过文献梳理，总结提出的 GVCs 分工理论基本框架；通过对服务业企业参与 GVCs 分工实践的观察理解，归纳提出的服务业参与 GVCs 分工的基本方式，将为进一步探讨 GVCs 分工理论的内容范畴提供充分的讨论空间和研究选题方向。②从 GVCs 分工前向参与视角、沿增加值最终需求路径，对一国（地区）总出口按增加值进行的重新分解，所提出的服务业 TiVA 核算原理和计算公式，以及所构建的新 GVCs 地位指数，能为 TiVA 核算和产业 GVCs 分工地位考察，提供新的研究思路和分析工具。这在一定程度上，丰富和发展了现有 GVCs 分工理论的内容、研究思路与分析方法。

本书研究的实践意义体现在：①所形成的上述思路、原理和方法，作为未来相同领域进一步研究的基础，可为相关研究提供一定的参考、借鉴或启示，尤其是可被借鉴用于对制造业及各部门 TiVA 状况和 GVCs 分工地位的更准确测量和比较分析。②对我国服务业及各部门 TiVA 核算、GVCs 分工地位测算及其影响因素的实证分析结论，对制定、调整和完善促进我国服务业、服务贸易发展及 GVCs 分工地位提升的政策措施，将提供有价值的决策依据。③进一步从制造业服务化对服务业、服务贸易发展和 GVCs 地位的带动或溢出影响效应来看，这些研究成果对制造业、货物贸易发展和 GVCs 地位提升的政策制定、调整和完善，也有一定的决策参考价值。

周升起

2022 年 3 月于青岛

目 录

第1章 导论 ··· 1
  1.1 研究背景 ·· 1
  1.2 研究目的及意义 ·· 4
  1.3 国内外研究的学术史梳理 ·· 6
  1.4 国内外研究进展综述 ·· 9
  1.5 研究的主要内容安排 ·· 17
  1.6 研究采用的主要方法 ·· 18
  1.7 研究成果的突出特色和主要建树 ·· 20
  1.8 成果的学术价值和应用价值 ·· 22

第2章 全球价值链与服务业全球价值链分工 ······································ 25
  2.1 全球价值链 ··· 25
  2.2 全球价值链分工 ··· 35
  2.3 服务业全球价值链分工 ·· 49
  2.4 小结 ·· 60

第3章 服务业增加值贸易核算原理 ··· 62
  3.1 增加值贸易 ··· 62
  3.2 服务业增加值贸易 ·· 69
  3.3 服务业增加值贸易核算 ·· 73
  3.4 小结 ·· 84

第4章 中国服务业增加值贸易核算 ··· 86
  4.1 核算数据来源 ·· 86
  4.2 中国服务业整体 TiVA 核算 ·· 88
  4.3 中国服务业分部门 TiVA 核算 ··· 95
  4.4 中国服务业整体 TiVA 市场结构 ·· 112
  4.5 中国服务业分部门 TiVA 市场结构 ······································· 121
  4.6 根据吸收国不同的中国服务业 TiVA 出口分解 ······················· 130
  4.7 中国服务业总出口中的增加值来源分解 ································ 141

  4.8 小结 ·· 150
第 5 章 中国服务业全球价值链分工地位演变 ··································· 154
  5.1 服务业在 GVCs 分工中地位测算方法 ·· 154
  5.2 中国服务业在 GVCs 分工中的地位及其变化 ·································· 157
  5.3 中国与部分经济体服务业 GVCs 分工地位比较 ······························· 162
  5.4 小结 ·· 177
第 6 章 中国服务业全球价值链分工地位影响因素 ······························ 180
  6.1 服务业 GVCs 分工地位影响因素理论分析 ····································· 180
  6.2 变量选取与数据来源 ·· 184
  6.3 模型建立与实证检验 ·· 187
  6.4 实证检验结果分析 ··· 190
  6.5 稳健性检验 ·· 197
  6.6 小结 ·· 201
第 7 章 结论与讨论 ·· 203
  7.1 研究结论 ·· 203
  7.2 对结论的讨论 ·· 207
  7.3 研究展望 ·· 214
参考文献 ··· 216
附录 ·· 246
  附录 1 2005～2015 年巴西服务业 TiVA 出口分解数据 ······················ 246
  附录 2 2005～2015 年东盟服务业 TiVA 出口分解数据 ······················ 248
  附录 3 2005～2015 年俄罗斯服务业 TiVA 出口分解数据 ··················· 251
  附录 4 2005～2015 年印度服务业 TiVA 出口分解数据 ······················ 253
  附录 5 2005～2015 年韩国服务业 TiVA 出口分解数据 ······················ 256
  附录 6 2005～2015 年美国服务业 TiVA 出口分解数据 ······················ 258
  附录 7 2005～2015 年欧盟服务业 TiVA 出口分解数据 ······················ 260
  附录 8 2005～2015 年日本服务业 TiVA 出口分解数据 ······················ 263
后记 ·· 266

第1章 导　　论

1.1　研究背景

1.1.1　全球价值链分工下，传统服务贸易统计已不能准确反映一国服务贸易真实状况

技术进步、运输效率提升、市场准入放宽和贸易便利化的提升，不仅推动着制造业领域的国际分工，不断从产业内（intra-industry）分工走向产品内（intra-product）分工或 GVCs 分工——加工贸易的发展和中间品贸易占国际贸易比重的不断提高是主要表现（Feenstra, 1998; Feenstra and Hanson, 1999; Jones and Kierzkowski, 2001; 曾铮和王鹏, 2007a），而且，也带动着 GVCs 分工逐步向服务业领域拓展——信息技术、商务流程及知识流程等跨境服务外包业务的快速崛起是重要表现（田彦征, 1997; Ten Raa and Wolff, 2001; Amiti and Wei, 2004; Grossman and Rossi-Hansberg, 2006; Görg and Hanley, 2009; 徐瑾, 2009; Gereffi and Fernandez-Stark, 2010a）。服务业 GVCs 分工程度的不断深化和向更多部门的扩展，意味着某个经济体服务出口品中可能包含越来越多的来自其他经济体的进口服务中间品（或者说在该经济体服务出口总价值中，可能含有越来越多的由其他经济体创造的服务增加值）；某个经济体服务进口品中也可能包含了该经济体过去出口的服务中间品（或者说该经济体服务进口总价值中可能包含了自身曾经创造的服务增加值）。因此，传统以服务进出口总值来统计服务贸易的方式，将不可避免地造成一定程度的重复计算（double counting），高估出口服务产品中本经济体所实际创造的服务增加值及进口服务中其他经济体所实际创造的服务增加值。

但更重要的是，随着制造业服务化（servitization of manufacturing）趋势的不断加强，作为制造业产出必不可少的投入成分的服务活动，在提升制造业产品质量、促进制造业出口结构优化和转型升级及增强经济体制造业国际市场竞争力等方面，发挥着越来越重要的作用（Francois and Reinert, 1996; 陈宪和黄建锋, 2004; 程大中, 2008; Baines et al., 2009; Arnold et al., 2011; Nordås and Kim, 2013; Lanz and Maurer, 2015; 刘斌等, 2016; 夏杰长和倪红福, 2017）。然而，作为生

产要素投入制造业并内嵌于制造业出口产品总价值中的服务要素价值，在传统的总值贸易统计方式下，被全部计入制造业出口额，而没有统计在服务出口中。内嵌于制造业进口品中的服务要素价值，在传统总值贸易统计方式下，同样也被全部计入制造业进口额，而没有统计入服务进口中（Francois and Woerz, 2008; Goldberg et al., 2010; Low, 2013; Francois et al., 2015; 程大中和程卓, 2015; Miroudot and Cadestin, 2017a）。从而造成在严重高估一个经济体制造业进出口规模的同时，严重低估该经济体服务进出口规模（OECD, 2012; UNCTAD, 2013; Francois et al., 2015; 戴翔, 2016a; 程大中等, 2017a）。

因此，为准确考察在 GVCs 分工下，以自身所创造的增加值为衡量标准的服务业进出口规模大小，并以此为基础分析中国服务业在 GVCs 分工中的地位及其变化，引入新的增加值（value added, VA）核算方法，对中国服务业 TiVA 进行重新核算，就显得尤为重要。

1.1.2 制造业服务化和服务业国际化，需要重新认识和评价服务业在全球价值链分工中的地位

从世界经济发展历史进程来看，经济发展、技术进步和收入水平提高，必然诱发对消费需求的升级，进而引起第三次产业结构的调整和各产业内部的转型升级（刘方棫, 1983; 王时杰和王东京, 1987; 刘伟, 1991; 傅家荣, 1997; 张立群, 2000; 程大中和陈宪, 2006）。为向社会提供品种更丰富、质量更高的产品和服务，服务业自身在快速发展的同时，实物生产部门尤其是制造业部门也会对服务要素投入产生更多、更高的需求，从而推动制造业和国民经济日趋服务化（White et al., 1999; Mathieu, 2001; Oliva and Kallenberg, 2003; 程大中, 2006; Baines et al., 2009; 李勇坚和夏杰长, 2009）。而随着制造业服务化水平的提升，也就有越来越多的原来不可贸易的服务价值内含在制造业产品中，随着制造业产品的进出口而间接实现进出口。因此，一个经济体的服务贸易就有服务产品的直接贸易和服务价值内含在货物产品中的间接贸易两种形式。而传统的服务贸易统计，仅涉及服务品的直接贸易，未将服务品的间接贸易统计在内。由此可见，制造业的服务化，使得越来越多的服务要素参与到各经济体制造业 GVCs 的分工和贸易过程中，过去那种基于服务业自身生产或出口来评价某个经济体服务业国际分工地位的方法，在很大程度上会低估该经济体服务业在 GVCs 中的分工地位。

虽然，迄今世界各经济体服务业的开放程度和开放进程始终滞后于制造业，但不可否认的是，绝大部分经济体的服务业市场对外开放程度和水平在不断扩大和提升（World Bank, 2010; Hoekman and Mattoo, 2013; Andrenelli et al., 2018;

WTO，2019）。一个经济体服务业的对外开放，不仅会扩大服务最终产品的进出口品种和规模，而且将有更多的服务任务或活动（tasks or activities）等服务中间品实现跨境流动，并进一步参与到其他经济体的货物和服务价值生产过程中（Grossman and Rossi-Hansberg，2008a；Baldwin and Nicoud，2010；UNCTAD，2013；Miroudot and Cadestin，2017a；罗军，2019；王岚，2020）。越来越多的进口服务中间品参与到本经济体货物和服务的价值实现过程中，以及越来越多的本经济体服务中间品融入其他经济体货物和服务产品价值的生产过程，这意味着服务贸易的自由化和服务业生产的日益国际化（UNCTAD，2013；OECD，2013；邓晶和张文倩，2015；Mattoo，2018；马盈盈，2019；WTO，2019）。服务业国际化的结果，导致一个经济体出口货物和服务中可能包含了不同比例的其他经济体创造的服务增加值，一个经济体进口货物和服务中也可能包含了不同程度的过去由自身创造并出口的服务增加值。因此，传统以服务贸易总额来评价一个经济体服务业国际分工地位的方法，也会在一定程度上高估或低估该经济体服务业在 GVCs 中的分工地位。

可见，无论制造业服务化还是服务业国际化，均使得传统基于服务业生产和贸易总额来考察一个经济体服务业在国际分工中地位的方式方法，无法准确反映该经济体服务业在 GVCs 分工下的真实地位。探索并引入新的分析工具，基于服务业所实际创造的 DVA，来评价一个经济体服务业在 GVCs 分工中的地位，就显得十分必要。

1.1.3 推进服务业有序开放，需要对服务业在全球价值链国际分工地位有客观准确判断

对外开放是我国的基本国策，加快和深化服务业对外开放，是我国顺利实现第一个百年奋斗目标后，向第二个百年奋斗目标迈进过程中，进一步扩大和深化对外开放的战略重点。改革开放以来，基于经济发展阶段、产业发展规律和国际比较优势，我国采取了先易后难、先制造业再服务业的"循序渐进"的对外开放道路（隆国强，2017；马永伟和黄茂兴，2018；夏杰长和姚战琪，2018）。经过四十多年的改革开放，我国制造业水平和国际竞争力有了显著提升，我国已成为名副其实的世界制造业大国和货物贸易大国。

产业结构持续优化、产业水平向高端迈进，是我国经济实现高质量发展的必然要求。既有的理论研究和发达经济体的实践经验表明，无论三次产业之间的结构优化，还是农业、制造业向价值链高端的攀升，都离不开服务业发展质量的提升和高水平服务要素投入的支撑和引领（Riddle，1986；Markusen，1989；Rowthorn and Ramaswamy，1999；Eswara and Kotwal，2002；江小涓和李辉，2004；刘志彪，2008；刘奕和夏杰长，2014；刘斌等，2016；黄繁华等，2019）。然而，无论与发达经济体相比，还是与我国制造业水平相比，我国服务业发展水平、国际竞争力还比较低，服务能力和服务质量尚不能满足农业和制造业向创新驱动发展转型和向 GVCs 高端攀升的需要，离支撑和引领经济向高质量发展还有较大差距（陈明和魏作磊，2016；来有为和陈红娜，2017；唐晓华等，2018；戴翔，2018）。

因此，扩大和深化服务业开放，以开放带来的竞争和学习效应，促进服务业加快改革和发展，既是我国制造业以开放促发展的成功经验，也是提升服务业自身水平、推动农业和制造业转型升级及促进经济高质量发展的必然要求。而服务业部门的多样性、发展水平的差异性、与其他产业交融的广泛性，以及新型冠状病毒肺炎疫情导致的世界"百年未有之大变局"的加速演进，使服务业开放面临着前所未有的复杂性和不确定性，这也就决定了我国服务业扩大和深化对外开放，也必须选择"渐进式"的有序开放道路（李钢等，2015；周天勇，2017；夏杰长和陈军，2017；夏杰长和姚战琪，2018；程大中等，2019；戴翔，2020；WTO，2020）。在 GVCs 分工日益向服务业拓展、制造业服务化水平不断提升的趋势下，不同服务业部门开放时机、开放方式、开放程度及开放政策的选择与实施，既要着眼于促进经济高质量发展、服务于贸易强国和经济强国建设的长远目标，也要立足于对当前不同服务业部门在 GVCs 分工地位的客观和准确判断。如此，才能尽可能减少开放决策的失误和政策扭曲，最大化服务业对外开放利益，最小化服务业对外开放风险。

1.2 研究目的及意义

1.2.1 研究目的

（1）在对 GVCs 的含义、类型及分工理论形成过程进行分析、阐述，提出 GVCs 分工理论基本框架的基础上，通过总结归纳服务业参与 GVCs 分工的基本方式及特点，并基于对 TiVA 含义的解析，尝试从 GVCs 分工前向参与视角、沿增加值最终需求路径，根据国家间非竞争性投入产出模型，对一个经济体总出口按增加值进行新的分解，进而提出服务业 TiVA 核算原理和计算公式。

（2）依据上述核算原理和计算公式，利用 OECD 发布的 2018 年版国家间投入产出（inter-country input-output，ICIO）表数据，从全部服务、直接服务和间接服务三个层面，对我国服务业 TiVA 贸易、出口和进口规模、部门结构和市场结构等，做出系统、全面、详细的核算和比较分析。

（3）分析现有 GVCs 分工地位测算分析工具存在的缺陷，根据服务业产品与制造业产品的不同，通过对 Koopman 等（2010）建立的 GVCs 地位指数进行修正，提出更准确地衡量一个经济体服务业 GVCs 分工地位的"新 GVCs 地位指数"。利用该指数和对我国服务业 TiVA 核算的结果，对我国服务业及各部门在 GVCs 分工中的地位及其变化进行具体测算，并与代表性发达与发展中经济体服务业及各部门 GVCs 分工地位做出比较。然后，基于上述测算结果，通过理论分析和实证检验，找出影响我国服务业 GVCs 分工地位的主要因素。

1.2.2 研究意义

1. 理论意义

通过文献梳理，总结提出的由跨境生产组织理论、TiVA 核算与 GVCs 分工测度方法和 GVCs 治理与升级理论等三个核心理论构成的 GVCs 分工理论基本框架，通过对服务业企业参与 GVCs 分工实践的观察理解，归纳提出服务业参与 GVCs 分工的三种基本方式——跨境服务外包式、制造业内含服务式和服务跨境直接投资式，将为进一步探讨 GVCs 分工理论的内容范畴提供充分的讨论空间和研究选题方向。

通过研究从 GVCs 分工前向参与视角、沿增加值最终需求路径，对一经济体总出口按增加值进行的重新分解，所提出的服务业 TiVA 核算原理和计算公式，以及所构建的新 GVCs 地位指数，为 TiVA 核算和产业 GVCs 分工地位考察，提供了新的研究思路和分析工具。这将在一定程度上，丰富和发展现有 GVCs 分工理论的内容、研究思路与分析方法。

2. 实践意义

本书研究所形成的新的思路、原理和方法，可为相同领域学者开展更深入的研究，提供基础、借鉴或启示，尤其是（通过剔除制造业中内含的全部服务业增加值，以及纳入服务业中内含的制造业增加值）可被借鉴用于对制造业及各部门 TiVA 状况和 GVCs 分工地位更准确的测量和比较分析。

本书为我国服务业及各部门 TiVA 核算、GVCs 分工地位测算及其影响因素的实证分析结论，为制定、调整和完善促进我国服务业、服务贸易发展及 GVCs 分工地位提升策略，提供有价值的决策信息。进一步从制造业服务化对服务业、服务贸易发展和 GVCs 地位的"带动"或"溢出"影响效应来看，这些研究成果对制造业、货物贸易发展和 GVCs 地位提升的政策制定、调整和完善，也有一定的决策参考价值。

1.3 国内外研究的学术史梳理

在现代计算机网络和数字通信技术进步，导致各类服务生产的可分割性和服务品的可贸易性不断增强，推动跨境服务外包快速发展的背景下，国际分工也迅速由制造业领域向服务业领域拓展和深化（Grossman and Rossi-Hansberg, 2006；卢锋, 2007；Baldwin, 2011；王直等, 2015；Fontagné and Harrison, 2017）。越来越多的服务品，其生产过程的组织和管理被分割为不同的任务或活动，并根据成本最优原则被安排到不同的经济体内完成，然后通过国际贸易实现服务品中各项任务或活动的衔接及最终服务品的消费（Deardorff, 2001a；Kohler, 2003；Baldwin, 2006；Miroudot et al., 2009；Lanz et al., 2011；UNCTAD, 2013；Artuc et al., 2018）。这不仅带来服务品生产与消费的日益分离，而且推动越来越多的服务品，由传统的"国家生产"走向"世界生产"（Maurer and Degain, 2010；Lamy, 2013；张磊和徐琳, 2013；Miroudot and Nordström, 2015；Georgescu, 2016），传统意义上的"服务贸易"也逐步向"任务贸易"（trade in tasks）转变（Baldwin and Nicoud, 2010；WTO and IDE-JETRO, 2011；UNCTAD, 2013；Becker and Muendler, 2015）。其结果是，一种服务品从最初的创意设计到最终完成消费，从生产组织角度看，就在各经济体之间形成一个"全球生产网络"（global production networks, GPNs）(Ernst, 2001；Ernst and Kim, 2002；Poon, 2004；Coe and Hess, 2007）。而从服务品的价值创造和实现角度来说，则在参与分工的各经济体之间形成一个GVCs（Humphrey and Schmitz, 2000；Gereffi et al., 2001；Gereffi and Memedovic, 2003；Gereffi, 2011；Banga, 2014）。

服务业GVCs在世界各经济体不断延伸和参与GVCs分工的服务品种类不断增加，导致在各经济体的服务出口中，境外进口服务价值所占比重越来越高，同时，在各经济体服务进口中，也可能包含本经济体已经出口的服务价值（即服务品的"复进口"）。因此，传统的总值贸易核算，不可避免地带来重复计算或统计幻觉（statistical illusion）问题（Srholec, 2007；Francois and Woerz, 2008；Koopman et al., 2010；马涛和刘仕国, 2013；Ahamad, 2013；Los et al., 2016），不能反映一国服务贸易的真实情况，造成"所见非所得"的现象（Maurer and Degain, 2010；Banga, 2013；邓军, 2014）。在现代初级产品和工业制成品等实物产品的生产和流通过程中，服务业尤其是生产性服务业构成每种实物产品全部价值必不可少的一部分，而且，服务业对制造业升级和效率提升发挥着越来越重要的作用（Deardorff, 2001b；Robinson et al., 2002；吕政等, 2006；Francois and Woerz, 2008；顾乃华和夏杰长，2010；刘斌等，2016；Fontagné and Harrison，2017）。这从著名的"微笑曲线"对实物产品生产任务或活动的划分描述中可以清楚地看出（图1-1），"微笑曲线"上的技术研发、产品设计、物流配送、市场营销、品牌推广和售后服务等环节创造的增加值，均属于服务业对实物产品全部价值贡献的一部分，而且，这些服务环节大多处于"微笑曲线"的高增值端。所以，在各经济体货物贸易进出口价值中，自然包含有服务业贡献的增加值，只是这部分增加值，按照传统总值贸易核算方法，被作为货物贸易而非服务贸易来计算。因此，传统总值贸易的统计方法，也导致各经济体服务贸易统计数据被严重低估。

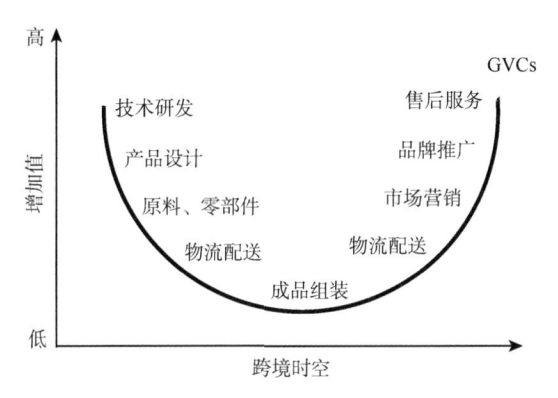

图1-1 GVCs增加值"微笑曲线"

资料来源：作者研究绘制

联合国贸易和发展会议（United Nations Conference on Trade and Development，UNCTAD）的报告显示，按照传统国际贸易统计标准和方法，2010年服务贸易占全球总贸易（货物贸易+服务贸易）的份额仅为22%。而以服务业对总贸易的增加值贡献计算，服务贸易占全球总贸易的份额达到46%（UNCTAD，2013）。OECD的研究结果也表明，以传统统计方法计算的OECD成员国2009年的服务贸易占其总贸易的比重不到25%，而以服务业对全部贸易的价值贡献计算，服务贸易占其总贸易的比重则超过48%。按照上述两种方法计算的2009年中国服务贸易占总贸易的比重，则分别为9.7%和29.5%（OECD，2013）。

由此可见，在服务业参与GVCs分工日益深化的背景下，传统以总值贸易为标准的服务业国际贸易核算，已经不能准确反映各经济体服务贸易的真实情况，不能准确衡量各经济体服务业在GVCs分工中的地位及其所获得的分工利益，造成了"所见非所得"的现象。

为解决上述问题，就十分有必要对传统国际贸易统计核算方法进行改革。对此，国内外学者及国际组织近年来做了许多有益的探索，提出了一些新的统计核算标准和方法。其中，以增加值为基础，通过对一个经济体进出口贸易中所包含的 DVA 和境外增加值（foreign value added，FVA）进行分解，来构建 TiVA 的核算方法，被越来越多的经济体和国际组织认可（WTO and IDE-JETRO，2011；OECD and WTO，2012a；OECD，2013；UNCTAD，2013），并被应用于国际贸易现状、特点、理论与政策研究（赵玉焕和常润岭，2012；Mattoo et al.，2013；童剑锋，2013；Johnson，2014a；Escaith and Gaudin，2014；Johnson，2018）。

在 GVCs 分工条件下，基于增加值的世界各经济体进出口贸易的核算，需要在厘清世界各经济体之间投入产出关系的前提下才能进行。为此，基于不同假设、方法和数据来源，一些研究机构和国际组织相继开发出各具特色的国际投入产出表。主要的国际投入产出表有：受欧洲委员会资助，欧洲 11 家研究机构共同开发的"世界投入产出表"（world input-output tables，WIOT）；OECD 编制的 ICIO 表；Eora 编制的多区域投入产出（multi-region input-output，MRIO）表；美国普渡大学全球贸易分析项目（global trade analysis project，GTAP）编制的国家间投入产出（GTAP-ICIO）表；亚洲开发银行（Asian Development Bank，ADB）编制的"多区域投入产出"（ADB-MRIO）表；欧洲研究框架项目（European research framework programs）资助编制的"多区域投入产出表"（multi-regional input-output table，MR-IOT）和日本 IDE-JETRO（the institute of developing economies，Japan external trade organization）编制的"亚洲国际投入产出表"（Asian international Input-output tables，AIIOTs）。OECD 和 WTO 依据 OECD 编制的 ICIO 基础数据，合作开发了 TiVA 数据库。UNCTAD 联合 Eora 基于 MRIO 数据开发出"贸易增加值指标"，并建立了涵盖 187 个经济体的 GVCs 数据库。中国对外经济贸易大学（University of International Business and Economics，UIBE）"全球价值链研究院"（Research Institute for Global Value Chains）编制了"UIBE-GVC index"，利用 WIOT、MRIO 和 ADB-MRIO 基础数据开发建立了全球价值链与中国贸易增加值核算数据库。

利用 TiVA 核算方法，对世界各经济体进出口贸易的重新核算，不仅能在较大程度上校正传统总值贸易统计所造成的对贸易增长与就业、贸易不平衡、贸易争端及产业竞争力的"扭曲"与政策"失误"（Benedetto，2012；Stehrer，2013；李昕和徐滇庆，2013；Nagengast and Stehrer，2014；Lau et al.，2017；Brumm et al.，2019），而且对深入研究金融、债务或经济危机，通过 GVCs 传导机制对一个经济体宏观经济产生何种冲击和影响，提供了新的分析工具，对重新考察贸易对一个经济体就业、收入、环境和产业竞争力的影响，以及不同产业在 GVCs 分工中的地位和利益分配等，提供了新的研究方法和更加接近现实、更为准确的数据（OECD and WTO，2012b；Timmer et al.，2013；贾怀勤，2013；Suder et al.，2015；戴翔，2015a；OECD，2016；程大中等，2017b；Hollweg，2019）。

1.4 国内外研究进展综述

1.4.1 服务业 TiVA 核算研究

自从 Hummels 等（2001）基于 OECD 编制的国别非竞争性投入产出表，通过建立"垂直专业化"（vertical specialization，VS）指数，来测算一个经济体出口中来自 FVA 的比重，尤其是 Escaith（2008）、Daudin 等（2009）提出按照增加值对各经济体出口贸易全部价值开展 GVCs 分解以来，TiVA 作为 GVCs 分工条件下，更加准确反映一个经济体真实贸易状况的新的统计标准和方法，被越来越多的学者和国际组织所采用。不过，TiVA 核算方法，起初被更多地用于各经济体总贸易、制造业贸易和双边贸易差额的重新核算（Koopman et al.，2010，2012；Johnson and Noguera，2012a；李昕和徐滇庆，2013；陈雯等，2014）。

2013 年 2 月 UNCTAD 发布《全球价值链与发展：全球经济中的投资和增加值贸易》报告，该报告根据 Eora 编制的 MRIO 表所作测算结果显示，2010 年按照服务业增加值计算的世界服务贸易占全球贸易总额的比重为 46%，而按照传统总值贸易计算的世界服务贸易比重仅为 22%（UNCTAD，2013）。2013 年 5 月 OECD 根据其所编制的 ICIO 表，与 WTO 联合建立并发布了 TiVA 数据库，依据该数据库所做的研究报告：以服务业增加值计算的 OECD 成员国服务贸易占总贸易的比重为 48%，而以传统统计方法计算的服务贸易比重仅为 25%。该报告所测算的 2009 年中国服务业 TiVA 占总贸易比重为 29.5%，比传统统计方法计算的服务贸易比重高出近 20 个百分点（OECD，2013）。

继上述两个国际组织之后，国内外学者也开始根据不同的国际投入产出表所提供的基础数据，对货物或制造业产品出口中的服务业增加值投入含量、世界或不同经济体服务业 TiVA 规模等，从不同层面和不同视角陆续开展研究。

邓军（2014）根据 2013 年 5 月 OECD 和 WTO 发布的 TiVA 数据所做的测算：2005～2009 年中国货物出口中所包含的服务业增加值投入均有不同的提升，2009 年中国制造业行业中，电气、电子和光学设备出口中包含的服务业增加值最高为 30.4%，采矿业最低为 15.3%，农林牧渔业出口中所包含的服务业增加值虽低于制造业但也超过了 11%。程大中和程卓（2015）基于 OECD 编制的 ICIO 数据进行的研究，得出了与邓军基本一致的结果，而且发现，1995～2009 年中国货物出口中所包含的服务业增加值，除农林牧渔业、食品饮料和烟草业外，其他行业来自境内的服务增加值投入均出现不同程度的减少，而来自境外的服务增加值投入则显著增加。反映出在满足中国农业和制造业转型升级的需求上，境内服务业发展在数量和质量上仍有较大差距。Lanz 和 Maurer（2015）基于 OECD 和 WTO 发布的

TiVA数据进行测算发现，2008年发达经济体制造业出口内含服务业增加值占制造业出口的比重接近1/3，发展中经济体这一比重也达到26%。李俊和马风涛（2015）根据1995~2011年WIOT的数据，对中国制造业产品出口中的服务增加值含量所做的分析，在14个制造业行业中，有8个行业出口产品的服务增加值含量出现增长现象，其余6个行业出现下降现象。在服务增加值含量下降的6个行业中，有5个行业主要是因为境内服务增加值贡献下降。徐久香和拓晓瑞（2016）利用OECD和WTO发布的1995~2011年TiVA数据，测算了中国制造业出口中的服务增加值含量，结果表明：以增加值计算的中国服务出口占总出口的比重，是传统方法计算结果的2倍，中国服务出口的地位和贡献长期以来被严重低估。而且，内含在制造业出口中的服务价值间接出口规模，超过服务业的直接出口规模。

戴翔（2016b）同样利用WIOT数据，分别在细分制造业及按照要素密集度特征分组两个层面上，测算了1995~2011年中国制造业出口内含的服务增加值总量、境内服务增加值及境外服务增加值，结果显示：中国制造业出口产品内含服务增加值率由1995年的20.1%提高到2011年的27.1%呈现逐步提高的趋势；来自境内服务投入的增加值在服务增加值总量中占据主导地位，但从动态变化角度看，境内服务投入增加值主导地位有"弱化"迹象。彭水军等（2017）基于MRIO模型，利用OECD的ICIO数据，从不区分和区分加工贸易两个角度，对中国制造业出口中的服务增加值进行了测算，结果显示：在不区分加工贸易的情况下，中国制造业出口中的服务增加值比重，由1995年的27.1%提升到2011年的32.3%；在区分加工贸易的情况下，这一比重则由1995年的33.5%提高到2011年的33.7%，这反映出加工贸易对中国制造业出口中的服务增加值变化有显著影响。吕云龙和吕越（2017）依据1995~2009年的WIOT数据对40个经济体制造业行业样本的研究表明：中国14个制造业行业出口的服务化水平（服务业增加值含量），普遍低于美国、德国、日本、韩国、印度和巴西等经济体。在此期间，中国有10个制造业行业出口的服务化水平得到提升、4个行业出现下降。盛斌和马盈盈（2018）利用2000~2014年WIOT数据，对中国制造业出口内含服务业增加值进行的测算显示：中国制造业出口中内含服务业增加值由2000年的26.2%提高到2014年的30.9%，其中内含服务业DVA由19.5%提高到2014年的24.6%。这一研究结果与邓军（2014）和戴翔（2016b）的研究结果——中国制造业出口内含境内服务增加值比重减少或弱化正好相反。而王思语和郑乐凯（2018）基于相同数据进行测算得出的结果为，中国制造业出口服务化程度（内含服务业增加值比例），由2000年的15.1%上升到2014年的18.2%，与彭水军等（2017）、盛斌和马盈盈（2018）的测算结果出现较大差异。

国外一些学者也从全球和地区层面，对制造业、农业和采矿业出口中内涵服务业增加值及其变化进行了测算分析。Miroudot和Cadestin（2017a）利用OECD

和 WTO 发布的新版 TiVA 数据所做的测算结果显示：在全球 18 个制造业出口行业中（不包括农业和采矿业），化工和汽车行业的服务业增加值含量最高均为 38.4%，焦炭、石油行业的比例最低为 25.9%，其他行业的比例均在 30%以上。1995~2011 年 18 个制造业行业中有 15 个行业的服务业增加值含量有不同程度提高，只有纺织服装、非金属矿产品和信息通信与电子产品等 3 个行业的服务业增加值含量出现小幅下降或持平。Heuser 和 Mattoo（2017）基于相同数据所做研究得出与 Miroudot 和 Cadestin（2017a）基本一致的结论，不过其研究包括农业和采矿业 2 个行业，2011 年采矿业和农业出口中的服务业增加值含量分别为 11%和 23%。Miroudot 和 Cadestin（2017b）进一步对 31 个样本经济体的研究发现：如果将制造业企业内部投入的服务活动考虑在内，2011 年制造业出口中服务业增加值的贡献，将从 37%提高到 53%。Thangavelu 等（2018）利用 OECD 和 WTO 联合发布的 1995~2011 年 TiVA 数据，对 OECD 和东盟（Association of Southeast Asian Nations，ASEAN）总出口和制造业出口中内含的服务业增加值份额的测算表明：OECD 总出口和制造业出口中的服务业增加值份额，分别从 1995 年的 51%和 35%，上升到 2011 年的 53%和 37%；而 ASEAN 总出口和制造业出口中的服务业增加值份额，分别从 1995 年的 48%和 34%，下降到 2011 年的 45%和 33%。OECD（2018）发布的研究报告显示，2015 年制造业出口中内含服务业增加值，发达国家为 33%，发展中国家为 29%。

除对制造业或货物出口中的内含服务业增加值进行测算研究外，沿着 UNCTAD 和 OECD 的思路，从增加值角度测算服务贸易对总贸易的贡献也在持续开展。对樊茂清和黄薇（2014）基于非竞争性投入产出表的宏观估算方法，利用 OECD 编制的 ICIO 数据对中国进出口贸易增加值进行了分解，结果显示：中国服务业增加值出口占总出口的比重，由 1995 年的 29.8%上升到 2009 年的 37.3%。其中，服务业 DVA 和 FVA 所占比重，分别由 1995 年的 24.2%和 5.6%上升到 2009 年的 28.5%和 8.8%。Francois 等（2015）利用 GTAP 数据库所提供投入产出数据的测算表明：以增加值计算的 2007 年世界服务贸易占全球贸易的比重为 43%，2011 年虽有所下降，但仍达到 42%。Miroudot 和 Cadestin（2017a）基于 OECD 和 WTO 发布的 TiVA 数据研究发现：2011 年 48 个样本经济体服务业 TiVA 占总贸易比重平均为 37%，中国服务业 TiVA 所占比重为 41%。2011 年世界总出口中增加值的 49%来自服务业各部门，其中，法国、希腊、比利时和荷兰等经济体服务业增加值对本经济体总出口的贡献均超过 60%。Heuser 和 Mattoo（2017）基于相同数据所做研究表明：1980~2011 年传统统计方式下服务出口占全球总出口的比重变化在 20%左右，但按照 TiVA 核算，服务业出口占全球总出口的比重，由 1980 年的不到 30%增长到 2011 年的超过 40%，其中主要的贡献来自货物出口中所包含的服务业增加值投入。在 2011 年的 48 个样本经济体中，智利服务业增加值出口占总出口比重最低仅为35%，而卢森堡的比重最高达到90%。

程大中等（2017b）利用2016年版WIOT数据，采用前向分解法对中国服务业TiVA进行了核算，结果显示：2000~2014年，以增加值计算的中国服务贸易出口额由751.9亿美元扩大到8009.3亿美元，占总出口的比重由34.3%提高到39.3%。董虹蔚和孔庆峰（2017）也利用相同数据对中国服务业增加值出口及其变化进行了测算，结果表明：中国服务业增加值出口增长速度已经超过制造业，服务业增加值出口占总出口的比重，由2000年的32.5%上升到2014年的37.9%。夏杰长和倪红福（2017）基于全球投入产出模型和1997~2011年的WIOT数据，也对中国服务业TiVA进行了测算，结果显示：服务业增加值的直接出口相对较少，主要通过隐含在制造业部门的方式而间接出口；服务业在国际贸易中发挥的作用被低估，按增加值方法计算的中国服务出口占总出口的比重，由1997年的28.7%提高到2011年的31.3%，比传统总值法计算的2011年服务出口占比（13.9%）高17.4个百分点。OECD（2018）发布的研究报告显示，2015年以增加值计算的世界服务贸易占总贸易的比重已接近50%。张夏等（2020）使用2000~2014年的WIOT数据，分别采用增加值前向分解和后向分解法，对全球43个经济体的服务贸易出口进行了重新测算，也发现全球服务贸易出口被严重低估，大多数经济体的服务贸易出口占比大于40%，其中美国的服务贸易出口比重长期维持在55%以上。另外，马盈盈和盛斌（2017）利用2016年版的WIOT数据，对世界主要经济体的增加值进口进行了分解测算，结果表明：中国服务贸易增加值进口呈快速增长态势，2014年中国服务业增加值进口占总进口的比重为40%，高出传统统计方式下服务业进口占总进口比重（16.3%）23.7个百分点。这反映出，我国进口货物中，包含大量的外国服务业增加值投入，我国通过货物进口也间接进口了外国的服务增加值。

1.4.2 服务业GVCs分工地位研究

由于国际分工地位高低直接决定着一个经济体所获国际分工利益的大小（魏龙和王磊，2017），因此，自国际分工理论产生以来，对各经济体及其产业国际分工地位的研究，就一直是国际经济学界重点研究的课题之一。随着国际分工由产业内分工向产品内分工（即GVCs分工）转换，传统以市场份额或竞争力来衡量经济体及其产业国际分工地位的方法和工具，不再能准确衡量和反映GVCs分工下的地位高低（唐海燕和张会清，2009；邱斌等，2012；汤碧，2012；张少军和刘志彪，2013）。于是，国内外学者开始尝试引入新的分析方法和工具，对GVCs分工下的地位高低开展新的考察和研究。

Linden等（2009，2011）、Xing和Detert（2010）、Dedrick等（2010，2011）

和 Kraemer（2011）以苹果公司智能产品为例，对中国厂商的分工地位和所获分工利益进行了案例研究。施炳展和李坤望（2008）、施炳展（2010）、胡昭玲和宋佳（2013）及林桂军和何武（2015）等，采用出口产品单位价格变化及国际比较，考察了中国制造业及其分部门国际分工地位的高低及其变化。唐海燕和张会清（2009）利用净贸易指数，测算了中国制造业不同部门在新型国际分工体系中的地位。黄先海和杨高举（2010）、杨高举和周俊子（2012）及高敬峰和张艳华（2014）从劳动生产率或要素报酬变化的角度，考察了中国高新技术产业及制造业在 GVCs 国际分工地位中的变化。孟猛（2012）基于出口最终品全部技术含量与境内技术含量的跨境比较，考察了中国不同技术水平产业部门的国际分工地位。鞠建东和余心玎（2014）基于中国海关数据，从进、出口单位价值差异与行业上游度之间的关系，分析了 GVCs 上中国制造业的角色地位。王永进等（2010）、邱斌等（2012）、杜传忠和张丽（2013）及赵红和彭馨（2014）利用 Hausmann 等（2007）提出的出口复杂度（export sophistication）指标，测算了中国制造业的国际分工地位演变情况；戴翔（2011，2012）、王佃凯（2016）及周升起和张鹏（2014）分别利用出口复杂度和相对复杂度指标，考察了中国服务业国际分工地位变化情况。上述采用不同方法和工具对中国制造业和服务业国际分工地位的研究，均是以传统总值贸易统计数据为基础，无法消除重复计算可能带来的影响。

Koopman 等（2010）构建了基于增加值贸易的 GVCs 地位指数和 GVCs 参与度指数（GVCs-participation index）之后，国内学者开始借用这一新的分析工具对各经济体及其产业的 GVCs 国际分工地位进行研究。在周升起等（2014）、王岚（2014）、岑丽君（2015）和尚涛（2015）采用 GVCs 地位指数对中国制造业及各部门的 GVCs 分工地位及其演进分别开展研究后，对中国服务业 GVCs 分工地位的研究文献开始不断涌现。王厚双等（2015）、柴静玉（2016）、李惠娟和蔡伟宏（2016）、孟东梅等（2017）和何树全（2018）单独采用 GVCs 地位指数或同时采用 GVCs 参与度指数，利用 OECD 和 WTO 发布的 TiVA 数据，或根据 WIOT 数据计算的服务业增加值贸易，对中国服务业及各部门在 GVCs 分工地位及其变化分别进行了研究，并得出了基本一致的研究结论：虽然中国服务业及各部门在 GVCs 分工中的地位不断提升，但仍处于服务业 GVCs 的低端。李惠娟和蔡伟宏（2017）、蔡伟宏和李惠娟（2017）、尹伟华（2017）、闫云凤（2018）、马莉莉和张亚楠（2019）采用 GVCs 地位指数和 GVCs 参与度指数，分别就中美、中日韩、金砖国家和东亚各经济体服务业 GVCs 分工地位，做出了比较研究，结果显示：中国服务业 GVCs 国际分工地位不仅低于美国、日本和韩国，而且低于其他金砖国家，不过中国在生产性服务业的 GVC 分工地位，要高于日本、韩国和大部分东盟国家。

由于 Koopman 等（2010）提出的 GVCs 地位指数和 GVCs 参与度指数，在衡量经济体及其产业在 GVCs 分工地位上存在明显的缺陷（周升起等，2014；苏庆义，2016；乔小勇等，2017），刘祥和与曹瑜强（2014）采用 Fally（2011，2012）和 Antràs 等（2012）构建的行业上游度指数（upstreamness index），对中国、巴西、印度和俄罗斯等金砖四国的服务业国际分工地位进行了测算，结果显示：中国大多数服务部门的国际分工地位均低于其他三个金砖国家。苏庆义（2016）基于出口技术复杂度与境内增加值双重视角，对中国服务业 GVCs 分工地位进行了再评估，结果表明：中国服务业 GVCs 国际分工地位处于最为落后的经济体行列。乔小勇等（2017）从地位—参与度—显性比较优势（revealed comparative advantage，RCA）的视角，对中国服务业 GVCs 分工地位做出了再考察，结果显示：中国服务业在 GVCs 分工中总体上还处于中下游位置，中国分工地位较高的服务业细分行业主要集中于传统服务业部门。戴翔和李洲（2017a）、张为付和戴翔（2017）采用改进的上游度指数，分别综合考虑物理定位和经济定位、分工环节和附加值创造的双重影响，对中国服务业的 GVCs 分工地位演进趋势进行了分解和国际比较，结果发现中国服务业 GVCs 分工地位仍趋于恶化。邓光耀和张忠杰（2018）、钟惠芸（2018）同样采用行业上游度指数，龚静和尹忠明（2018）基于上游度指数和显示性比较优势指数，依据 2000～2014 年 WIOT 数据，对 GVCs 视角下中国和世界主要经济体的国际分工地位进行的比较研究，也得出了基本相同的结论，即中国服务业国际分工地位明显低于发达经济体，而且大部分服务业的分工地位呈现下降趋势。幸炜和李长英（2018）利用 WIOT 发布的 1995～2011 年 41 个经济体、35 个产业（部门）的投入产出数据，通过构建双边嵌套差额、双边嵌套强度和双边嵌套地位指数，研究了中国与主要服务贸易伙伴的 GVCs 双边嵌套关联特征及其演变趋势，结果表明：中国与贸易伙伴的 GVCs 双边嵌套强度持续增加，中国服务业的 GVCs 嵌套地位也在不断提升。

除以上针对服务业 GVCs 分工地位开展得较为集中的研究外，刘洪铎和曹瑜强（2016）、董有德和唐云龙（2017）、占丽等（2018）利用上游度指数和 WIOT 数据，戴翔和李洲（2017a）、张为付和戴翔（2017）利用改进的上游度指数和 WIOT 数据，也对中国制造业和服务业 GVCs 分工地位进行了比较研究，结果显示：中国产业的 GVCs 分工地位有改善趋势，但这一变化主要来自制造业 GVCs 分工地位的改善，服务业 GVCs 分工地位仍趋于恶化。但闫云凤（2019）、赵玉焕等（2019）利用对外经济贸易大学全球价值链研究院开发的 UIBE-GVC index 所做的研究却表明：中国服务业虽仍处于 GVCs 中间环节，但已开始向两端延伸，与制造业相比，中国服务业 GVCs 分工地位更高。

在研究服务业 GVCs 分工地位及其变化的同时，学者也关注了对服务业 GVCs 分工地位影响因素的研究。梳理现有文献研究结果，影响服务业 GVCs 分工地位的因素主要有：GVCs 参与度和参与方式（盛斌和陈帅，2016；乔小勇等，2017；

刘宏曼和郎郸妮，2018；魏如青等，2018）；要素禀赋及其结构（Choi，2013；黎峰，2015；黄灿和林桂军，2017；戴翔和刘梦，2018；Yameogo and Jammeh，2019）；技术创新和吸收能力（Choi，2015；岑丽君，2015；吕越等，2018；杨珍增和刘晶，2018），劳动生产率（Costinot et al.，2013；马风涛，2015）；外商直接投资（van Tuijl，2014；Tian et al.，2016；唐宜红和张鹏杨，2017；李平等，2018）；境外直接投资（张宏与王建，2013；刘斌等，2015；李俊久和蔡琬琳，2018；戴翔和宋婕，2020）；融资约束（吕越等，2015；Manova and Yu，2016；吕越等，2017；World Bank，2019）；制度环境与制度质量（Feenstra et al.，2013；Miranda and Wagner，2015；Dollar et al.，2016；李宏和陈圳，2018；盛斌和景光正，2019；World Bank，2019）；本土市场规模（孙军和梁东黎，2010；戴翔等，2017；金莹和戴翔，2019）；服务贸易自由化水平（苏庆义，2016；Hoekman，2017；马盈盈，2019；Ariu et al.，2019）和离岸服务外包承接能力（WTO，2018；许和连等，2018；Braga et al.，2019）等。

1.4.3 国内外研究进展评述

综上可以看出，利用增加值统计方法，对 GVCs 分工下的服务贸易状况进行重新考察，得到了国际经济组织和国内外学者的关注和重视，并取得了一系列研究成果。迄今的研究主要集中于两个方面：一是货物或制造业出口中内含的服务业增加值出口占比（或规模）；二是世界或各经济体服务业增加值出口占全部贸易的比重及变化。不过，由于不同研究分别基于不同机构编制和不同版本的国际投入产出数据，而且即使依据相同机构编制和相同版本的投入产出数据，因研究者在对数据做进一步处理时采用了不同的划分和归类方法（甚至不排除出现纯粹的统计误差），从而导致研究结果出现不同程度的差异。已有文献对服务业，特别是服务业分部门 TiVA 的国际比较研究相对不足，对服务业及分部门 TiVA 进口的研究更加缺乏，从而对服务业 TiVA 平衡状况的研究鲜有涉及。尤其是，从全部服务、服务业自身（直接服务）和内含在货物中的间接服务等三个层面，对中国服务业及各部门 TiVA 贸易状况进行综合和对比研究的文献尚未看到。

新的分析方法和工具也不断被提出并被应用于各经济体及其产业 GVCs 分工地位的研究。而随着国际分工由制造业向服务业拓展，用于对制造业国际分工地位研究的方法和工具也越来越多地被借鉴来应用于服务业。不过，在 Koopman 等（2010）构建了基于增加值贸易的 GVCs 地位指数和 GVCs 参与度指数之后，对服务业 GVCs 分工地位研究的文献才越来越多地问世。但由于 GVCs 地位指数和 GVCs 参与度指数在衡量经济体及其产业在 GVCs 分工地位上，被发现存在一定的缺陷，不断有学者尝试单独或结合运用上游度指数、出口（技术）复杂度及 RCA

指数等分析工具，单独或混合采用增加值前向分解和后向分解两种方式，对中国服务业及各部门的 GVCs 分工地位开展进一步研究。同样由于研究者所采用的数据来源，以及对数据进一步计算处理所采用的归类方法不同，加之这些研究工具各自要考察的侧重点有差别，所测算结果的可比性不强。这就造成不同文献的研究结论出现差异甚至争议的同时，无法准确反映服务业及各部门 GVCs 分工地位的真实状况和变化特点（王岚和马涛，2016；孙红燕等，2017；刘景卿和车维汉，2019）。迄今的国内外文献，也未见有采用上述分析工具，对中国全部服务、直接服务和间接服务 GVCs 分工地位进行测算并做综合研究和国际比较研究的成果。这也就凸显了通过改进、创新研究方法和分析工具，对中国服务业及分部门 GVCs 分工地位，从不同层面开展重新测算和做进一步比较研究的必要性和重要性。

在对国内外研究文献的阅读和梳理中我们发现，现有文献对制造业 GVCs 的形成和制造业参与 GVCs 分工的方式及特点，在经验归纳、理论分析等方面给予了更多的关注和研究，而对服务业 GVCs 的形成过程、服务业 GVCs 的特征，尤其是服务业参与 GVCs 分工的方式，国内外现有文献还鲜有涉及，而这恰恰是核算服务业 TiVA 规模与结构，测算和分析服务业 GVCs 分工地位及其变化的理论基础和依据。需要进一步关注的是，虽然 GVCs 分工在实践上已成为当代国际分工的主导方式，经过学术界几十年的研究讨论，GVCs 分工理论业已初步形成，但目前仍缺少一个有别于产业间分工和产业内分工理论，能清楚阐明自身基本理论观点或者主要内容的 GVCs 分工理论框架。

对服务业 GVCs 分工地位影响因素的研究文献虽然不少，但在到底哪些因素对一个经济体服务业 GVCs 分工起关键或主要影响上，尚未形成较为集中或统一的研究结论。现有多数文献的研究思路是聚焦于其中某个或少数几个影响因素，而把其他影响因素作为控制变量来看待。这样做的优点是，能详细、深入分析某个或某几个因素对服务业 GVCs 分工地位的具体影响程度，并针对这些影响因素提出具体政策建议。但这样做的缺点是，无法从众多影响因素中寻找出起关键或主导作用的主要影响变量，并且会出现对核心解释变量与控制变量，以及控制变量之间的相互交叉影响关注不够等问题。这样的研究设计，虽然使得依据研究结论所提出的对策的针对性增强，但可行性或可操作性降低。另外，现有研究就各个因素对服务业 GVCs 分工地位的影响，是直接发挥作用，还是通过其他变量间接产生作用，还缺少必要的梳理分析，各因素对不同服务业部门 GVCs 分工地位的影响，是否存在差异或异质性，现有研究尚显不足。

针对已有研究存在的上述不足和空白点，本书在吸收现有国内外文献可借鉴的研究思路、方法、观点和结论的基础上，通过梳理、归纳、分析和综合，尝试就 GVCs 分工的基本理论框架、服务业 GVCs 的特征及服务业 GVCs 分工方式、服务业 TiVA 核算原理和方法、服务业 GVCs 地位测算工具等进行了深入研究，并对中国服务业 TiVA 贸易状况、部门结构与市场结构特点、中国服务业及分部门 GVCs 分工地位及其变化等内容,采用 OECD 发布的 2018 年版 ICIO 数据,从全部服务、直接服务和间接服务等三个层面开展了定量测算和比较研究,对直接影响中国服务业 GVCs 分工地位的关键因素,进行了理论阐述、实证检验和部门异质性分析。期望通过这些研究,能在学术理论和实际应用上做出一定的"边际"贡献。

1.5 研究的主要内容安排

(1)第 1 章导论。提出本节的研究背景,对相关研究的学术史进行梳理,就本课题国内外研究进展做了详细梳理分析和评述,找出尚存在的研究不足和空白点,并就主要研究内容的章节安排、研究成果的突出特色和主要建树、研究拟采用的主要方法,以及研究成果的学术价值与应用价值等做出介绍、提炼和总结。

(2)第 2 章全球价值链与服务业全球价值链分工。阐述 GVCs 的含义及形成过程,根据 GVCs 形成中的中间品跨境次数、GVCs 上下游厂商之间的连接方式、GVCs 主导厂商的主营业务属性及 GVCs 治理模式等,就 GVCs 的类型进行总结划分。分析 GVCs 分工概念和术语从提出到形成的演变过程,通过梳理文献从经济学和管理学两个发展脉络,总结归纳 GVCs 分工的理论观点、研究方法、分析工具,从萌芽、发展到初步形成的发展历程,提出由跨境生产组织理论、TiVA 核算与 GVCs 分工测度方法和 GVCs 治理与升级理论等三个核心理论构成的 GVCs 分工基本理论框架,并总结分析 GVCs 分工理论形成的基础与动因。对服务业 GVCs 的形成及其与制造业 GVCs 的区别做出探讨性分析,提出服务业参与 GVCs 分工的三种基本方式:跨境服务外包式、制造业内含服务式和服务跨境直接投资式,并对三种方式的区别与联系进行讨论。

(3)第 3 章服务业增加值贸易核算原理。在对 TiVA 含义和三个相互联系而又有区别的主要 TiVA 核算框架——KPWW、KWW 和 WWZ 核算框架进行解析,对核算 TiVA 所需基础数据来源——ICIO 表进行介绍的基础上,通过分析三种 GVCs 分工参与方式下服务业 TiVA 核算过程中的区别与联系,提出服务业 TiVA 核算的基本原理和框架。根据 TiVA 的定义,从 GVCs 分工前向参与视角、按照增加值最终需求路线、依据国家间非竞争性投入产出模型,经过数学推导,按增加值最终吸收地别和路径不同,对经济体总出口进行重新分解,并根据分解结果建立服务业 TiVA 出口和进口核算公式。

(4)第 4 章中国服务业增加值贸易核算。依据第 3 章提出的服务业 TiVA 核算原理和所建立的核算公式，采用 OECD 发布的 2018 年版 ICIO 数据和对服务业部门分类，对传统总值贸易和 TiVA 标准下，我国服务贸易进出口规模、差额、占总贸易比重变化及直接和间接服务 TiVA 进出口结构进行核算和比较。从全部服务、直接服务和间接服务三个层面，对我国服务业及分部门 TiVA 进出口规模及其变化展开详细核算和比较，从整体和分部门角度，对我国全部服务、直接服务和间接服务 TiVA 市场结构做出全面分析。根据最终吸收地不同，对我国服务业及各部门 TiVA 出口中的 DVA 流向及其变化，进行核算、分解和追踪，并对我国直接和间接服务出口中的增加值来源进行分解。

（5）第 5 章中国服务业全球价值链分工地位演变。基于对 Koopman 等（2010）建立的 GVCs 地位指数测算一个经济体服务业 GVCs 分工地位上存在缺陷的分析，通过修正提出更准确的测算服务业 GVCs 分工地位的新 GVCs 地位指数。根据第 4 章完成的服务业 TiVA 核算数据结果，从全部服务、直接服务和间接服务三个层面，对我国服务业整体及分部门在 GVCs 分工中的地位及变化趋势，展开详细测算和系统考察。选择美国、欧盟、日本和韩国等发达经济体，以及印度、俄罗斯、巴西和东盟等发展中经济体作为比较样本，对上述三个层面的我国服务业及分部门 GVCs 分工地位，做进一步的比较研究。

（6）第 6 章中国服务业全球价值链分工地位影响因素。就可能对我国服务业 GVCs 分工地位产生直接影响的各因素进行理论分析，在此基础上选取并确定解释变量及实证检验所需数据来源，建立计量模型。在对面板数据进行单位根检验、对计量模型进行 Hausman 检验的基础上，采用普通最小二乘法（ordinary least squares，OLS）对我国服务业 GVCs 分工地位影响因素，以及各因素对服务业分部门 GVCs 分工地位影响是否存在异质性开展实证检验，进而对实证检验结果做出分析，并采用系统高斯混合模型（Gaussian mixed model，GMM）估计法对上述实证结果做进一步的稳健性检验。

（7）第 7 章结论与讨论。归纳总结主要研究结论，就研究结论中的发现、应用价值、政策意义和进一步提升我国服务业 GVCs 分工地位应采取的对策措施提出讨论和思考，并就本课题研究的未来发展趋势做出展望。

1.6　研究采用的主要方法

根据各章节内容研究需要，本书研究过程中主要采用了以下方法。

1.6.1 文献综合归纳

在对国内外已有文献阅读、梳理、分析和综合的基础上，对 GVCs、GVCs 分工和 TiVA 的含义进行了深入解析；从不同角度对 GVCs 分工类型做出分类阐述；从经济学和管理学两个发展脉络，归纳并提出由跨境生产组织理论、TiVA 核算与 GVCs 分工测度方法和 GVCs 治理与升级理论等三个核心理论构成的 GVCs 分工基本理论框架，以及 GVCs 分工理论形成的基础与动因。

1.6.2 现象分析描述

通过对服务产品生产过程中不同环节（任务或活动）创造增加值高低等实际现象的具体观察，分析描述出服务业 GVCs 中增加值与生产流程顺序的关系，呈现递减趋势的烟斗形或 "L" 形曲线，而不是制造业 GVCs 典型的 "U" 形曲线。根据服务业企业参与 GVCs 分工的具体实践与制造业（及农业、采矿业）企业的不同，分析提出服务业参与 GVCs 分工的三种基本方式，以及在服务业 TiVA 核算过程中相互之间的区别与联系。

1.6.3 文字示意模型

在对 GVCs 形成过程、GVCs 类型、GVCs 分工基本理论框架、服务业 GVCs 曲线、服务业 GVCs 分工参与方式、总出口的增加值分解、服务业 TiVA 核算等内容的解读和分析过程中，使用了文字示意模型，使读者对上述内容的认识和理解，更加直观、清晰、易懂。

1.6.4 数学逻辑推导

利用数学逻辑的严谨性，在从服务业 GVCs 分工的前向分解和增加值最终需求视角，对经济体总出口进行增加值重新分解，和对服务业 TiVA 进出口核算公式的研究中，基于国家间非竞争性投入产出模型，采用了数学逻辑推导方法。

1.6.5 定量统计比较

根据所提出的服务业 TiVA 核算公式、所建立的新 GVC 地位指数，对我国服务业及分部门 TiVA 进出口进行核算、对我国服务业及分部门 GVCs 分工地位及其变化做出考察时，均采用了定量描述统计分析方法。在从全部服务、直接服务和间接服务三个层面，开展对比分析的同时，选择美国、欧盟、日本和韩国等发达经济体，以及印度、俄罗斯、巴西和东盟等发展中经济体作为比较样本，做出了进一步的国际比较研究。在研究过程中，大量采用了数据表格和曲线图等统计分析工具。

1.6.6 计量实证检验

在理论分析的基础上，通过建立计量分析模型，采用 OLS 估计法对我国服务业 GVCs 分工地位影响因素，以及各因素对服务业分部门 GVCs 分工地位影响是否存在异质性进行了实证检验，并采用系统 GMM 估计法对实证结果展开了进一步的稳健性检验。

1.7 研究成果的突出特色和主要建树

1.7.1 突出特色

1. 研究对象的涵盖面更加全面、系统

与现有文献主要是单独核算服务业自身直接 TiVA 出口、内含在制造业中的间接服务 TiVA 出口，以及单独测算和考察直接服务及各部门参与 GVCs 分工的地位状况不同，本书从全部服务、直接服务和间接服务三个层面，对中国服务业及分部门 TiVA 出口、进口状况、在 GVCs 分工中的地位及其变化，做出了详细核（测）算和分析并进行了国际比较，更加全面、系统、翔实地考察、解析了中国服务业 TiVA 出口、进口部门结构和市场结构，更准确地分析、刻画了中国服务业及分部门在 GVCs 分工中的地位及其变化。

2. 研究视角和路线更加符合 TiVA 内涵

与已有研究从 GVCs 分工后向参与视角、沿增加值来源路线，或者从 GVCs 分工后向参与和前向参与相结合视角，沿增加值来源和最终需求双向路线，对经济体总出口进行增加值分解并导出 TiVA 核算公式的研究思路不同，本书根据 TiVA 概念的内涵，从 GVCs 分工前向参与视角、按照增加值最终需求路线，对经济体服务业总出口重新进行增加值分解，并导出服务业 TiVA 出口、进口核算公式。上述核算公式的计算结果，能更加准确地衡量我国服务业及各部门 TiVA 进出口状况及其变化，进而依据所建立的新 GVCs 地位指数做出的测算结果，也就能更准确地反映我国服务业及各部门在 GVCs 分工中的地位及演变情况。

3. 研究所采用基础数据更新更全面

经过对现有已发布的不同国际投入产出表的比较，我们选用了 OECD 发布的 2018 年版 ICIO 表，作为我国服务业 TiVA 核算和 GVCs 分工地位测算研究的基础数据来源。该版 ICIO 表的编制，采用了包括我国在内的世界绝大多数国家在进行国民经济统计和编制本国投入产出表时，均已采用的联合国发布 2008 年版国民账户体系 SNA 2008（system of national accounting 2008），和第 4 修订版国际标准产业分类 ISIC Rev. 4（international standard industrial classification 4th revision），因此，在统计标准上能与后续实证检验中使用的《中国统计年鉴》数据实现很好地吻合。2018 年版 ICIO 表，除将数据更新到 2015 年外，还按照 SNA 2008 和 ISIC Rev. 4 标准，以及从更多经济体收集的投入产出表、供给使用表（supply-use tables）和进口表（import tables）数据，对之前发布的 2005~2011 年的 ICIO 数据进行了全面调整，使得 2018 年版 ICIO 表形成了涵盖 64 个经济体和一个"世界其他"（rest of the world，ROW），从 2005 年到 2015 年的连续时间序列投入产出数据。与其他几个已发布的国际投入产出表数据相比，OECD 发布的 2018 年版 ICIO 表的数据更新、更全面。利用这些数据来核算我国服务业 TiVA、测算服务业 GVCs 分工地位并进行国际比较，结果也就会更准确、更接近现实。

1.7.2 主要建树

通过研究，本成果主要在以下几个方面做出了一定的边际贡献。

1. 归纳提出 GVCs 分工理论基本框架

在对 GVCs 含义、GVCs 类型分析阐述的基础上，通过对研究文献的梳理、分析和综合，从经济学和管理学两个发展脉络，归纳提出由跨境生产组织理论、TiVA 核算与 GVCs 分工测度方法和 GVCs 治理与升级理论等三个核心理论构成的 GVCs 分工理论基本框架，并对 GVCs 分工理论形成的基础与动因做出了探究。

2. 分析提出服务业参与 GVCs 分工的三种方式

在对服务业 GVCs 的形成及其特点进行探究的基础上，根据服务业企业参与 GVCs 分工的具体实践与制造业企业的不同，分析提出服务业参与 GVCs 分工的三种基本方式：跨境服务外包式 GVCs 分工、制造业内含服务式 GVCs 分工和服务跨境直接投资式 GVCs 分工，并对这三种方式的区别与联系进行详细讨论。

3. 基于最终需求对总出口进行增加值分解

区别于已有文献对经济体总出口的增加值分解原理和分解结果,本书基于对 TiVA 概念内涵的认识和分析,从 GVCs 分工前向参与视角,按照增加值最终需求路线,依据国家间非竞争性投入产出原理,经过数学推导,将经济体总出口按增加值流向重新分解为 16 个部分,并归纳合并为被进口方吸收的 DVA、被第三方吸收的 DVA、出口后又返回的 DVA、出口中的 FVA 和纯重复计算(pure double counting, PDC)等五个部分。根据上述分解,进一步导出了服务业 TiVA 出口、进口核算公式。

4. 从三个层面对中国服务业 TiVA 进出口做出全面核算

与现有研究单独对中国直接服务 TiVA 出口或间接服务 TiVA 出口进行核算和分析不同,根据所提出的服务业 TiVA 进出口核算公式,本书从全部服务、直接服务和间接服务三个层面,对中国服务业及分部门 TiVA 出口、进口状况及部门结构、市场结构变化特点,做出了详细、全面核算和比较分析。同时,对我国服务业及各部门 TiVA 出口中的 DVA 流向及其变化,进行核算、分解和追踪,对我国直接和间接服务出口中的增加值来源进行分解,这些研究成果在现有文献中尚未发现。

5. 提出新 GVCs 地位指数并对中国服务业及分部门 GVCs 分工地位进行再考察

针对 Koopman 等(2010)建立的 GVCs 地位指数在测算一个经济体服务业 GVCs 分工地位上存在的缺陷,以及其他 GVCs 分工地位测算方法往往出现的结果分歧,本书通过对 GVCs 地位指数的修正,提出新 GVCs 地位指数,并根据该指数测算结果,从全部服务、直接服务和间接服务三个层面,对中国服务业及分部门在 GVCs 分工中的地位及演变特点,进行了重新考察和国际比较分析。结果发现,考虑和不考虑内含在货物中的间接服务,对我国服务业在 GVCs 分工中的地位高低及其变化有着显著影响。只有将内含在货物贸易中的间接服务与服务业自身的直接服务综合在一起测算和分析,才能更准确地反映各经济体服务业整体及各部门在 GVCs 分工中的地位高低及其变化的真实状况。

1.8 成果的学术价值和应用价值

1.8.1 学术价值

1. 提出了 GVCs 分工理论基本框架和服务业参与 GVCs 分工的基本方式

基于对现有文献的梳理、分析和综合,从经济学和管理学两个发展脉络,探讨提出的由跨境生产组织理论、TiVA 核算与 GVCs 分工测度方法和 GVCs 治理与升级理论等三个核心理论构成的 GVCs 分工理论基本框架，初步描绘了 GVCs 分工理论的主要内容，为该理论的进一步丰富和发展提供了讨论空间。而根据服务业企业参与 GVCs 分工的具体实践，对服务业参与 GVCs 分工三种基本方式的提出和分析，也为继续深入解析服务业 GVCs 特征、服务业 GVCs 分工与制造业（包括农业、采矿业）的异同，提供了研究选题方向。

2. 探索了 GVCs 分工下总出口增加值分解和服务业 TiVA 核算的新思路

本书采用的从 GVCs 分工前向参与视角、按照增加值最终需求路线，对一个经济体总出口进行增加值分解，并导出服务业 TiVA 进出口核算公式的研究技术路线，与从 GVCs 分工后向参与视角、沿增加值来源路线，或者从 GVCs 分工后向参与和前向参与相结合的视角，沿增加值来源和最终需求双向路线，对经济体总出口进行增加值分解并导出产业 TiVA 核算公式的研究技术路线并行，为 GVCs 分工下服务业及各部门 TiVA 核算，探索了新的研究思路。

3. 建立了服务业 GVCs 分工地位测算更准确的方法

在对 Koopman 等（2010）建立的 GVCs 地位指数进行修正的基础上，建立的新 GVCs 地位指数，将出口后又返回的 DVA 和来自第三方被进口方吸收的 DVA 考虑在内，因而能更准确地测算和考察一个经济体服务业及各部门在 GVCs 分工中的地位及其变化，也因此拓宽了产业 GVCs 分工地位测算和分析工具的选择范围。

1.8.2 应用价值

1. 研究成果可为相同领域进一步研究提供参考、借鉴或启示

本书成果探讨提出的 GVCs 分工理论基本框架，对服务业参与 GVCs 分工方式的讨论与总结，从 GVCs 分工前向参与视角、按照增加值最终需求路线对一个经济体总出口进行增加值分解的原理，以及通过修正提出的新 GVCs 地位指数等，是探索性研究所形成的初步结果，有待后续从更广的视野、更新的视角做进一步的深入探讨。不过，本书所提出的思路、原理和方法，作为未来相同领域进一步研究的基础，可为相关研究提供一定的参考、借鉴或启示。

2. 所形成的原理、思路和方法，可用于制造业 TiVA 重新核算和 GVCs 分工地位再考察

正如本书把制造业产品中内含的服务业增加值，作为间接服务贸易纳入一个经济体全部服务 TiVA 核算和 GVCs 分工地位考察一样，要准确地对一个经济体制造业（或货物）TiVA 真实状况与 GVCs 分工真实地位做出测算，也应该剔除掉其中内含的全部服务业增加值，同时，也应考虑服务业生产和出口中内含的制造业投入增加值（尽管这一增加值占比要大大低于制造业内含服务业投入增加值占比）。但遗憾的是，现有文献对制造业 TiVA 和 GVCs 分工地位的测算和分析，均未将其中内含的服务业增加值剔除，也没有把服务业内含的制造业增加值纳入，这必然使测算结果和研究结论在一定程度上偏离现实。本书针对服务业 TiVA 状况和 GVCs 分工地位的测算与分析，所提出的思路、原理和方法，可被借鉴用于对制造业及各部门 TiVA 状况和 GVCs 分工地位更准确的测量和分析，而根据测量和分析结果所提出的对策建议，也就会更有针对性、更具可行性。

3. 研究结论可为服务业、服务贸易发展及 GVCs 分工地位提升，乃至制造业、货物贸易发展和 GVCs 地位提升，制定、调整和完善政策提供有价值的决策参考信息

本书从全部服务、直接服务和间接服务三个层面，对中国服务业及分部门 TiVA 出口、进口状况、部门结构与市场结构所做出的详细核算结果，对服务业及分部门 GVCs 分工地位及其变化所完成的全面测算和对比分析结果，对我国服务业及分部门 GVCs 分工地位影响因素实证检验所得出的具体结论，为精准认识和把握我国服务业及各部门 TiVA 状况、在 GVCs 分工的地位与未来趋势、主要影响因素及影响程度，提供了翔实、全面和系统的数据信息，这些信息无疑对制定、调整和完善促进服务业、服务贸易发展及 GVCs 分工地位提升的政策，提供有价值的决策参考。进一步从制造业服务化对服务业、服务贸易发展和 GVCs 地位的"带动"或"溢出"影响效应来看，这些研究成果对制造业、货物贸易发展及 GVCs 地位提升的政策制定、调整和完善，也有一定的决策参考价值。

第 2 章 全球价值链与服务业全球价值链分工

2.1 全球价值链

2.1.1 全球价值链的含义

GVCs 的概念，最早由 Krugman（1995）在分析第二次世界大战后，尤其是 20 世纪 70 年代中期以后，国际贸易快速增长的原因时提出。他指出产品的生产越来越倾向于将其不同的生产阶段分布在不同的经济体中，每个经济体只获得一小部分增加值，因此这种生产模式将会大大提高国际贸易的潜力。2000 年 9 月由 Gereffi、Humphrey 和 Sturgeon 共同主持，美国洛克菲勒基金会赞助的 "GVCs 倡议"（2000~2008 年）的讨论和研究，将这一概念迅速推广开来（Gereffi et al.，2005）。

Sturgeon（2001）最早对 GVCs 的含义，从组织规模（organizational scale）、空间分布（spatial scale）和生产性主体（productive actor）三个维度进行了界定。他认为，从组织规模看，GVCs 包括某种商品或服务完整生产流程各个环节的所有参与者；从地理分布看，GVCs 必须具有全球性；从参与的主体看，主要有一体化企业、零售商、领导厂商（lead firm）、"交钥匙"供应商和零部件供应商等。他还对价值链和生产网络的概念进行了区分，他认为价值链描述的是导向和支持商品或服务最终使用的一系列生产性价值增值活动；而生产网络强调的是将一组企业捆绑成一个更大的经济单位的一系列企业间的联系。

Gereffi 和 Kaplinsky（2001）、Gereffi 等（2001，2005）及 Gereffi 和 Memedovic（2003），在对全球商品链（global commodity chains，GCCs）及其治理进行研究的基础上，也对 GVCs 的含义进行了描述。他们认为，GVCs 描述了企业将产品或服务从概念到引入生产的不同阶段（涉及实物转换和各种生产性服务的投入），再到交付给最终消费者和使用后最终处置的全部生产流程，在不同经济体间所进行的价值创造活动。典型的 GVCs 包括研究与开发（research and development，R&D）、设计、生产、营销、分销和对最终消费者的支持等活动。这些活动可以在国际投资所形成的跨境企业内部，或在分处不同经济体的多个企业之间分工实施。

Smith 等（2002）从产品生命周期的角度对 GVCs 进行了定义，他们指出，GVCs 是一种以产品为中心的跨境性生产组织活动，是产品从设计环节到最终报废整个生命周期中创造价值的全部活动组合。在这一活动组合中，企业既重视产品链上的增值环节，同时也关注价值链中各参与企业之间的互动和利益分配。

除学者外，不同的国际组织也根据各自对 GVCs 分工现象的分析和理解，给出了 GVCs 的含义。

联合国工业发展组织（2002）认为：GVCs 是指为实现商品或服务价值而连接生产、销售、回收处理等过程的全球性跨企业网络组织，涉及从原料采购和运输，半成品和成品的生产和分销，直至最终消费和回收处理的整个生产过程。GVCs 包括所有参与者和生产销售等活动的组织及其价值、利润分配。当前散布于全球的处于价值链上的企业进行着从设计、产品开发、生产制造、营销、交货、消费、售后服务、最后循环利用等各种增值活动。

世界银行（2019）在其发布的《世界发展报告 2020：在全球价值链时代以贸易促发展》报告中，将 GVCs 定义为：GVCs 是指为生产货物或服务，而组织进行的一系列价值生产过程，生产过程的每个阶段都增加价值，并且至少两个阶段分别在不同的经济体中完成。因此，一个经济体、部门或公司如果（至少）参与了 GVCs 活动的其中一个阶段，那么它就参与了 GVCs。

由上可以看出，不同学者和国际组织根据自己的研究和认识，已从不同角度对 GVCs 的含义进行了描述或解释。综合以上学者和国际组织对 GVCs 的定义，可以将 GVCs 的内涵概括为以下几点。

（1）GVCs 是货物或服务生产中不同任务（环节或工序）在不同企业间的生产分工（或分割）。

（2）参与 GVCs 中货物和服务任务生产分工的企业至少分布在两个不同的经济体中。

（3）参与 GVCs 分工的企业之间存在某种形式的供求和利益分配与协调关系。

（4）GVCs 中各个参与企业创造的增加值之和构成最终产品的价值。

（5）GVCs 的形成有投资设立境外企业、跨境离岸外包等多种形式。

（6）GVCs 生产分工引发中间品的跨境贸易和增加值流动。

因此，GVCs 的形成，可以看作是原有的境内企业内部采购业务或境内企业间的在岸外包业务，转向境外市场实现的过程（图 2-1）。也可以理解为是 Porter（1985）和 Kogut（1985）的价值链由境内向境外的扩张过程（图 2-2）。尽管他们的价值链理论，关注的是企业如何通过将重点转移到业务活动配置来重整企业战略，而 GVCs 重点考虑的是企业如何努力优化生产网络以影响系统内部的价值生产和转移，二者的研究范围和动机有所不同（Inomata，2017）。

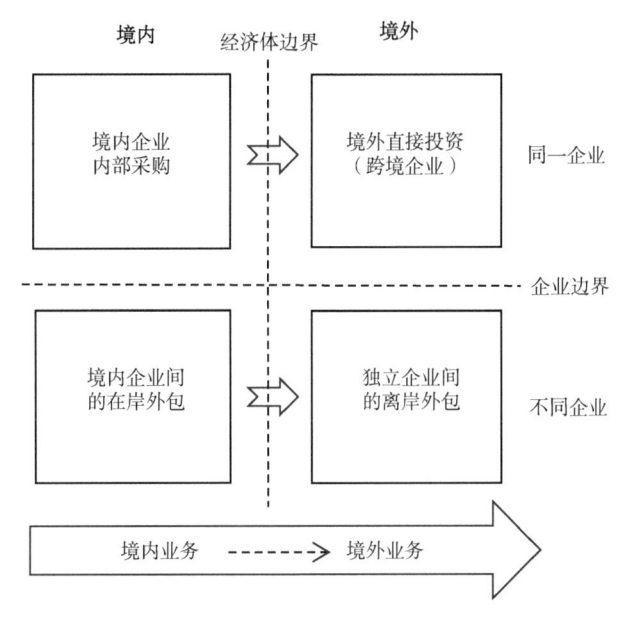

图 2-1　GVCs 的形成示意图（Ⅰ）

资料来源：根据 WTO 和 IDE-JETRO（2011）、Inomata（2017）的研究绘制

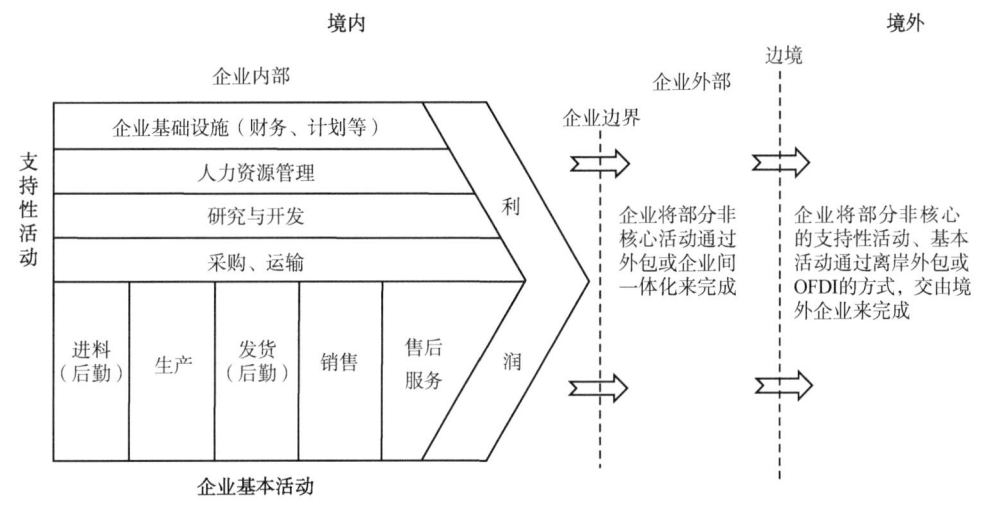

图 2-2　GVCs 的形成示意图（Ⅱ）

资料来源：根据 Porter（1985）的研究绘制

2.1.2　全球价值链的类型

随着 GVCs 分工的深化、拓展和实践过程中的不断演化，根据 GVCs 形成中的中间品（及内涵生产要素）跨境次数、GVCs 上下游厂商之间的连接方式、

GVCs 主导厂商的主营业务属性及 GVCs 治理模式，可以将 GVCs 区分为不同的类型。

1. 简单与复杂 GVCs

这是根据 GVCs 分工中，中间品（及内涵生产要素）跨越边境移动的次数多少，对 GVCs 类型进行的区分（Los et al., 2015; Wang et al., 2017; Li et al., 2019）。

（1）简单 GVCs：是指出口方（图 2-3 中的经济体 A）企业将某货物或服务中间品，跨越边境出口到境外（图 2-3 中的经济体 B）后，被进一步加工生产为最终品并在本地消费而形成的 GVCs。在这种情况下，货物或服务的中间品（及内涵生产要素）仅跨越边境一次，因此被称为简单 GVCs。

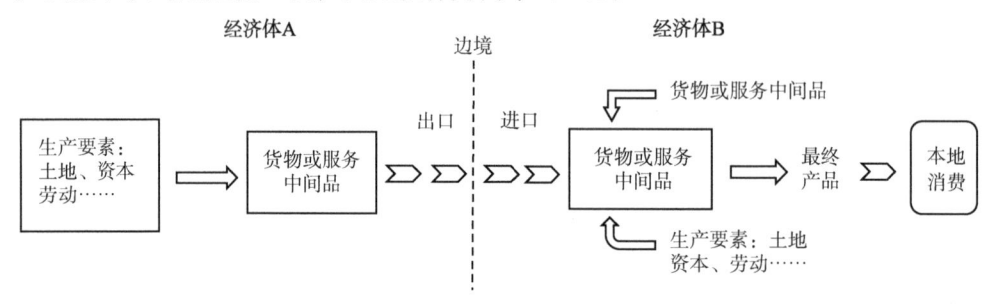

图 2-3　简单 GVCs 示意图

资料来源：作者研究绘制

（2）复杂 GVCs：是指出口方（图 2-4 中的经济体 A）企业将某货物或服务中间品，跨越边境出口到境外（图 2-4 中的经济体 B），被进一步加工成新的货物或服务中间品，再被出口至第三方（图 2-4 中的经济体 C），被用于继续加工生产为最终品或中间品，用于本地消费或继续出口，而形成的 GVCs。该种情况下，货物或服务中间品（及内涵生产要素）至少跨越边境两次，因此被称为复杂 GVCs。

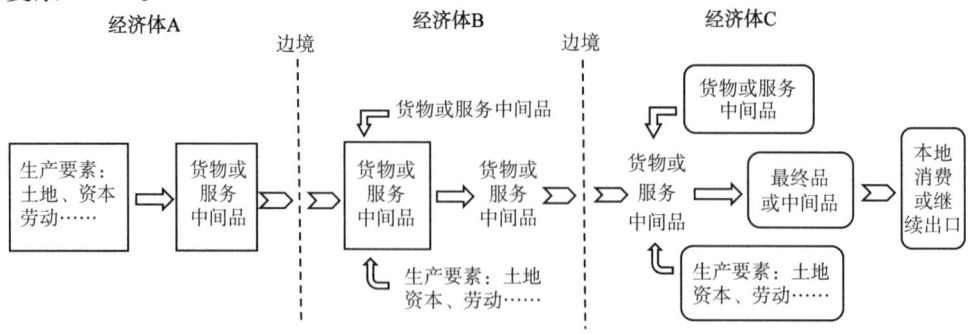

图 2-4　复杂 GVCs 示意图

资料来源：作者研究绘制

2. 蛇形和蛛网形 GVCs

这是根据 GVCs 生产组织中，产品生产的上下游各环节（任务或活动）之间的链接形态不同，而对 GVCs 类型进行的划分。

（1）蛇形 GVCs：是指产品价值链上的各主要生产环节（任务或活动），如原料开采与加工、零部件生产、产品组装、分销、物流运输、零售等，按照上下游供应关系顺序流动和链接，而形成的 GVCs。按照这种链接关系而形成的 GVCs 类似蛇，因此被称为蛇形 GVCs（图 2-5）。

图 2-5　蛇形 GVCs 示意图

资料来源：作者研究绘制

（2）蛛网形 GVCs：是指产品价值链上的各主要生产环节（任务），如零部件生产，同时被安排在多个经济体中进行，之后集中在一个经济体中完成最终产品组装，再运往多个经济体市场销售而形成的 GVCs。该种情况下形成的 GVCs 形状近似蜘蛛网，因此被称为蛛网形 GVCs（图 2-6）。

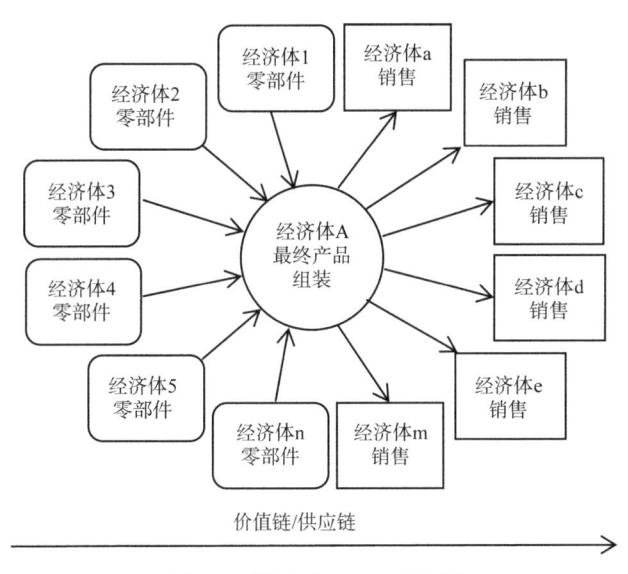

图 2-6　蛛网形 GVCs 示意图

资料来源：作者研究绘制

随着国际市场对产品品种、功能需求的日趋多样化、差异化，以及技术进步所带来的产品生产工序的可分割性不断增强，传统的蛇形 GVCs 已逐步被蛛网形 GVCs 所取代（Hudson，2004；Coe and Hess，2007）。当前国际生产实践中，绝大多数 GVCs 已是蛛网形，或者蛇形与蛛网形的混合（Linden et al.，2009；Dedrick et al.，2011；Baldwin and Venables，2013）。正因为如此，GVCs 也经常被称作 GPNs（Ernst，2001；Henderson et al.，2002；Escaith，2009；Coe and Yeung，2015）。

3. 生产商驱动型和采购商驱动型 GVCs

这是根据 GVCs 形成过程中，对 GVCs 的形成、组织、控制和利益分配起主导作用的领导厂商的业务属性不同，而对 GVCs 类型进行的划分。

生产商驱动型 GVCs 和采购商驱动型 GVCs 两种分类，首先被 Gereffi（1994）用于对 GCCs 类型的研究，之后被 Kaplinsky（2000）、Gereffi 和 Kaplinsky（2001）、Gereffi 等（2001，2005）、Gereffi 和 Memedovic（2003）及 Gibbon 等（2005，2008）进一步延伸用于对 GVCs 类型的分析。

（1）生产商驱动型 GVCs：是指大型制造业跨境公司（cross-border corporations，TNCs）或其他大型一体化制造商作为领导厂商，在 GVCs 的建立及各业务环节在空间上的分离、重组、运行和调节中起核心作用的 GVCs 生产分工体系。在该类 GVCs 中，领导厂商通过资本、技术、组织管理、财务或营销渠道等方式，不仅控制价值链上游的原料和零部件供应商，而且控制下游的分销商和零售商，因此占据 GVCs 的控制地位并获取 GVCs 分工的最大利益（图 2-7）。

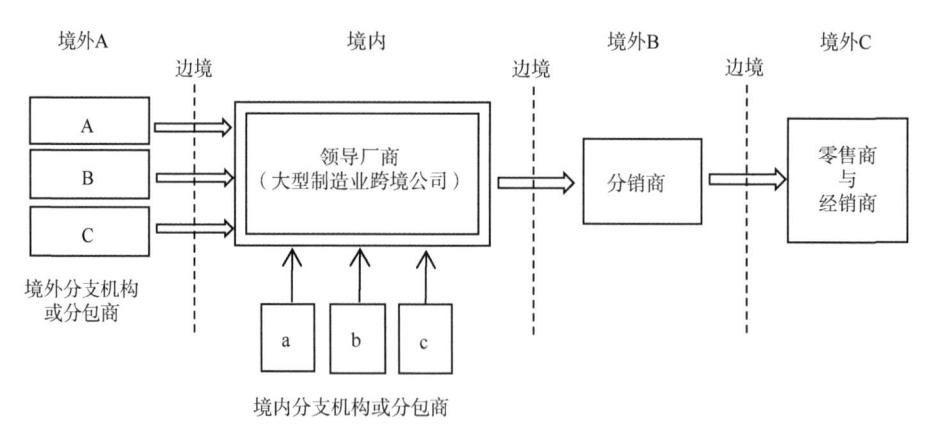

图 2-7 生产商驱动型 GVCs 示意图

资料来源：作者研究绘制

（2）采购商驱动型 GVCs：是指大型零售商、品牌连锁店、品牌设计商或贸易公司作为领导厂商，在 GVCs 的建立、运营和协调中起核心作用的 GVCs 组织形式。在采购商驱动型 GVCs 中,领导厂商通过其品牌的市场影响力和销售网络,而不是像生产商驱动型 GVCs 中靠所有权关系和技术垄断,来协调或控制 GVCs 的运行,获取尽可能大的分工利益(图 2-8)。

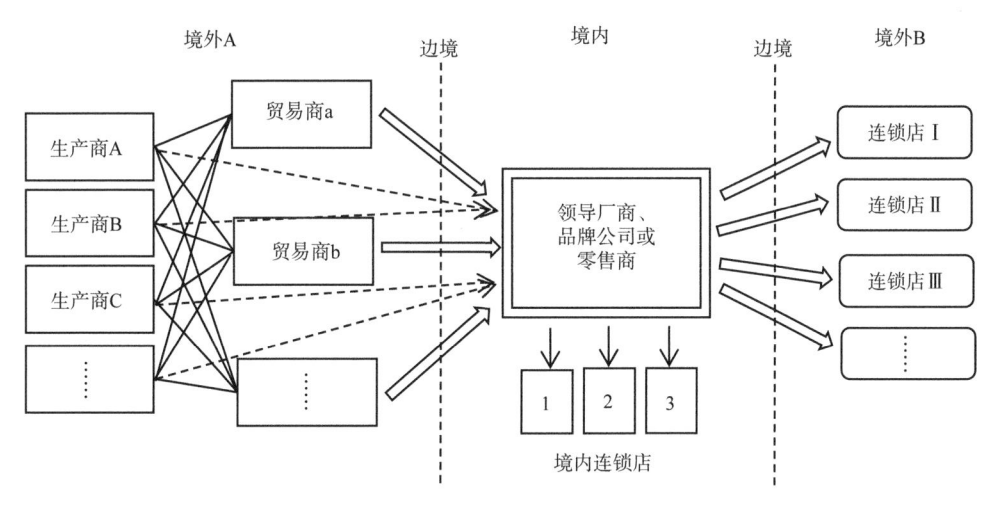

图 2-8 采购商驱动型 GVCs 示意图

资料来源:作者研究绘制

采购商驱动型 GVCs,在劳动密集型的消费品行业,如服装、鞋类、玩具、体育用品、消费电子产品和家居用品等十分普遍。在该类 GVCs 中很少存在纵向一体化,领导厂商并不直接参与产品制造,而是从事产品设计、市场营销和零售等业务。采购商通过签订长期国际采购合约,依靠已经建立起来的品牌影响力、遍布全球的物流分拨系统和与众多承包商之间的信任关系,在建立高能力的全球生产供应基地和分销系统中发挥关键作用(Schmitz and Knorringa, 2000; Gereffi, 2001a; Gereffi and Frederick, 2010; Mahutga, 2012; 许晖等, 2014)。

生产商驱动型 GVCs 和采购商驱动型 GVCs 的比较见表 2-1。

表 2-1 生产商驱动 GVCs 与采购商驱动 GVCs 的比较

比较维度	生产商驱动 GVCs	采购商驱动 GVCs
领导厂商	大型制造业跨境公司	大型商业跨境公司或品牌公司
GVCs 驱动力	产业资本	商业资本
核心竞争力	研究与开发、生产	设计、品牌、营销
行业进入壁垒	规模经济、技术	范围经济
经济部门	生产耐用消费品、中间品或资本品的资本、技术密集型部门	生产非耐用消费品的劳动密集型部门

续表

比较维度	生产商驱动 GVCs	采购商驱动 GVCs
典型行业	汽车、计算机、飞机、机械设备等	服装、鞋类、玩具、体育用品等
制造企业所有权	跨境公司（主要在发达国家）	本地企业（主要在发展中国家）
链接基础	国际投资	国际贸易
GVCs 主导形式	垂直一体化（所有权与控制）	网络一体化（品牌、物流与信任）

资料来源：根据 Gereffi（1999a，2001a）的研究编制

上述将 GVCs 划分为生产商驱动型和采购商驱动型的二分法自诞生以来，虽然得到了实际案例的支持并被广泛应用，但也不断受到一些研究成果和 GVCs 实践变化的挑战。Clancy（1998）的研究认为上述二分法不能解释旅游业 GVCs 的形成和运行；Gibbon（2001）的研究发现，在初级产品所形成的 GVCs 中，国际中间商才是最终驱动者；Fold（2002）分析了来自非洲的可可产业和荷兰巧克力产业的相互关系，认为两者形成了一种"两极"型的采购商驱动型 GVCs；Ponte（2014）的研究显示，世界生物燃料价值链是一种"多极"驱动模式。还有一些研究认为，上述二分法是静态地描述一组给定企业参与 GVCs 分工的行为，没有解释从一种形式到另一种形式的转化机制（Bair，2005，2008；Sturgeon，2009）。技术进步和 GVCs 分工的深化，特别是进入 21 世纪互联网和数字信息技术的快速发展和应用，使得过去以所有权、信息、技术或营销渠道等优势，控制 GVCs 上下游参与企业的做法大为改观。生产商驱动型 GVCs 和采购商驱动型 GVCs，呈现出"你中有我，我中有你"的发展态势，惯例和标准对 GVCs 运行的作用日益增强（张辉，2004；Gibbon and Ponte，2005；Feenstra and Hamilton 2006；Ponte，2009；Mahutga，2012）。Gereffi（2001a，2001b）本人也承认，互联网和数字信息技术的发展所催生的电子商务（e-commerce）和大规模定制，不仅改变了生产和生活方式，而且掌握消费者和供应商大数据信息的互联网平台服务商（如 Amazon、Alibaba 等），将给 GVCs 带来巨大影响，并预测"互联网导向型 GVCs"（Internet-oriented GVCs）将逐渐兴起。

4. 市场型、模块型、关系型、俘获型和层级型 GVCs

这是从 GVCs 治理，即 GVCs 中分处不同经济体的各参与厂商之间，如何沿着价值链实现职能分工，如何协调和互动来实现资源和利益的有效分配的角度，对 GVCs 类型做出的区分。

在 Zysman 等（1997）、Sturgeon 和 Lee（2001）、Humphrey 和 Schmitz（2000，2002a）、Sturgeon（2002）、Kaplinsky 和 Morris（2003）等研究的基础上，Gereffi 等（2005）研究认为，根据 GVCs 治理中，交易的复杂性、交易标准化程度和供

应商的能力高低，GVCs 可以总结划分为：市场型、模块型、关系型、俘获型和层级型等五种类型。

（1）市场型 GVCs：是指参与 GVCs 生产分工的各企业，以市场价格为协调机制，来实现价值链上下游各环节之间的资源配置、供求衔接和利益分配的 GVCs 治理模式。当产品比较简单、零部件生产的标准通用化、供应商的能力较强时，无须采购商的介入就可以生产出采购商所需要的产品。资产专用性较低，买卖双方之间权利平衡，仅通过价格和合约就可以很好地控制交易不确定性时，就会出现市场型治理模式的 GVCs。

（2）模块型 GVCs：是指参与 GVCs 生产分工的企业，以产品工艺和质量标准为协调机制，上游供应商能够按照下游采购商所提供的生产信息和标准，按整套模块或组件进行生产和供应，而无须采购方监督和控制生产过程，所形成的 GVCs 治理模式。与市场型相比，该类型下的产品较为复杂，但零部件规格和生产工艺信息被编码后传递给供应商，供应商能较为容易地进行标准化处理并批量生产。双方交流的信息量与市场型相比较大、较复杂，但能够通过标准化契约来较好地降低交易成本，因此需要的协调成本也不高。在该种模式下，买卖双方的权力基本对等，虽然交易对象选择范围和数量有限，但仍有一定的市场灵活性，更换合作伙伴较容易。

（3）关系型 GVCs：是指参与 GVCs 生产分工的企业，以信任和声誉为主要的协调机制，上游供应商拥有独特的或不可复制的能力获取下游采购商也愿意提供的隐性信息，以完成生产和供求衔接的 GVCs 治理模式。该类 GVCs 模式下，产品规格和生产工艺难以标准化且交易复杂，买卖双方需要交流大量复杂的信息，但供应商的能力很强，采购商愿意通过向供应商分享信息和分包生产来获取互补性竞争优势。因此，双方形成了互相依赖的关系，并通过声望、空间临近性、家族或种族关系等来维系。该种 GVCs 模式下，需要大量的外部协调并支付较高的协调成本，因而转换交易伙伴比较困难。

（4）俘获型 GVCs：是指参与 GVCs 生产分工的企业中，上游供应商的能力很低，下游采购商凭借自身的优势和能力，以对供应商的控制作为协调机制，来实现供求衔接和价值增值的 GVCs 治理模式。该种 GVCs 模式下，产品很复杂且交易难以标准化，由于供应商的能力较低，一方面，需要采购商的大量投入和技术支持；另一方面，为防止其他供应商进入竞争，供应商也会将其资产专用化。同时，采购商为了防止信息和利益外泄，也会尽可能地控制供应商。这样，就造成了供应商对采购商的高度依赖，很难转换交易对象，从而被采购商"俘获"。

（5）层级型 GVCs：是指参与 GVCs 生产分工的企业，以自上而下的计划管理为协调机制，来实现价值链各环节之间的资源配置、任务分解和利益分配，而形成的 GVCs 治理模式。该种类型的 GVCs 中，参与者虽然分处不同的经济体，但在所有权上属于同一家企业，价值链上下游各环节之间的供应与采购，属于一体化企业内部不同层级母子公司、子公司之间的内部交易。当产品结构很复杂，产品规格不能有效标准化，外部交易的成本很高，找不到合适的外部供应商，同时为避免商业秘密和知识产权外溢时，企业才会考虑通过国际投资将价值链中各生产环节垂直一体化，从而出现层级型治理模式。

图 2-9 比较了五种类型 GVCs 治理模式下，交易的复杂性、交易标准化的可能性和供应商能力的高低，每种 GVCs 类型下，采购商与供应商之间权力的不对称程度，以及与交易伙伴生产活动的明确合作程度高低。

权力不对称程度及与伙伴生产活动的明确合作程度
低 ←――――――――――――――――――――――――→ 高

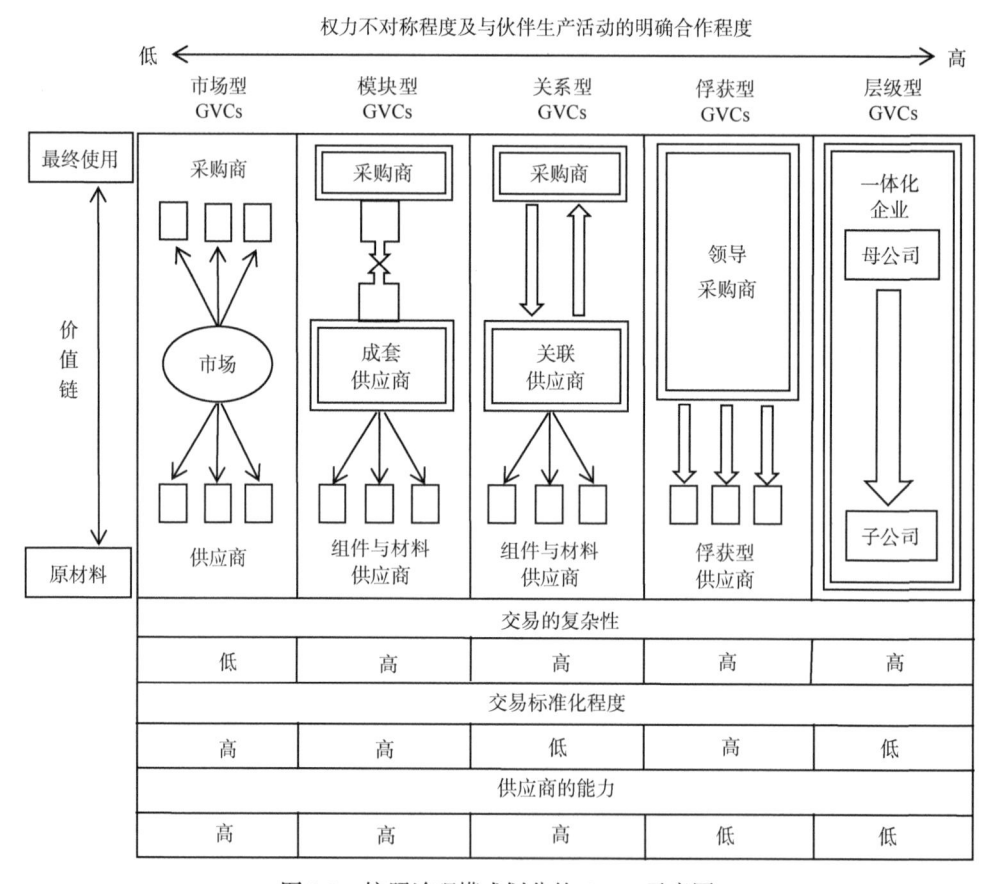

	市场型GVCs	模块型GVCs	关系型GVCs	俘获型GVCs	层级型GVCs
交易的复杂性	低	高	高	高	高
交易标准化程度	高	高	低	高	低
供应商的能力	高	高	高	低	低

图 2-9　按照治理模式划分的 GVCs 示意图

资料来源：根据 Gereffi 等（2005）和 Inomata（2017）的研究绘制

随着产业演进和不断成熟，尤其是随着技术进步、生产组织方式创新和交易规则变迁，交易的复杂性、交易标准化程度和供应商能力这三个变量将发生变化，产品 GVCs 治理模式也会随之发生转化或调整（Gereffi，2005，2011；Gereffi and Fernandez-Stark，2016）。这种 GVCs 类型的动态转化在现实世界中经常发生，如在自行车行业，规模经济、标准化和供应商能力的提高，使其 GVCs 治理模式从层级型转向市场型。在服装行业，由于交易复杂程度的降低和供应商能力的增强，其 GVCs 治理类型由俘获型转化为关系型。在美国电子产业，数字技术的发展和分工细化，使其 GVCs 治理方式从层级型发展为模块型（Gereffi et al., 2005）。

2.2 全球价值链分工

2.2.1 全球价值链分工的含义

作为国际分工形式，GVCs 分工，顾名思义，是指特定产品或服务价值链被分割为若干个独立的价值生产环节（区段、工序或任务），并将每个环节配置于全球范围内能够以最低成本完成生产的经济体，从而形成的国际生产分工形式。按照技术和生产组织上的可分性，作为实物产品，一般被分割为研发、设计、原料采购、零部件生产、成品组装、物流配送、市场营销、售后服务等若干个独立的价值生产环节（UNIDO, 2002；Sturgeon and Memedovic, 2010；黎峰，2015）。作为服务产品，一般可被分拆为服务需求分析、服务研发、流程设计、模块分解、服务生产与传递、服务营销和售后服务等价值生产环节（卢锋，2007；Nooteboom, 2007；Miroudot et al., 2009；原小能，2016）。

在此分工模式下，一个完整的产品生产流程被分割成若干个生产阶段，各个阶段具有不同的增值能力。这些连续、可分割的增值阶段，通过中间品的跨境流动和最终产品组装与销售，构成了产品的完整价值链。根据要素禀赋决定的比较优势，GVCs 分工参与方的企业仅从事生产流程中特定阶段的专业化生产，在 GVCs 特定环节或位置中获取属于本经济体的那部分增加值。经由这一分工途径，产品价值链的各个环节得以在全球范围内合理分布，充分利用各经济体的要素禀赋差异，最大限度地降低生产成本和提高生产效率（Sanyal and Jones, 1982；Arndt, 1997；金京等，2013；黎峰，2016；戴翔和张二震，2017）。

根据要素禀赋差异，技术研究与开发、产品设计、品牌推广和售后服务等产品高增加值环节的生产，通常由分布在发达经济体的企业来完成，而零部件加工、产品组装及物流分销等低增加值阶段的生产，则一般由布局在发展中经济体的企业来承担。当然，在实践中，发达经济体的企业，也会参与部分高增加值的零部件加工和物流分销活动，随着工序、功能、链条或产品升级，发展中经济体的企业，也会逐步参与部分原料加工、市场营销，甚至产品设计和品牌推广等环节的活动（Barrientos et al., 2012；Cattaneo et al., 2013；Gereffi and Lee, 2016）（图 2-10）。

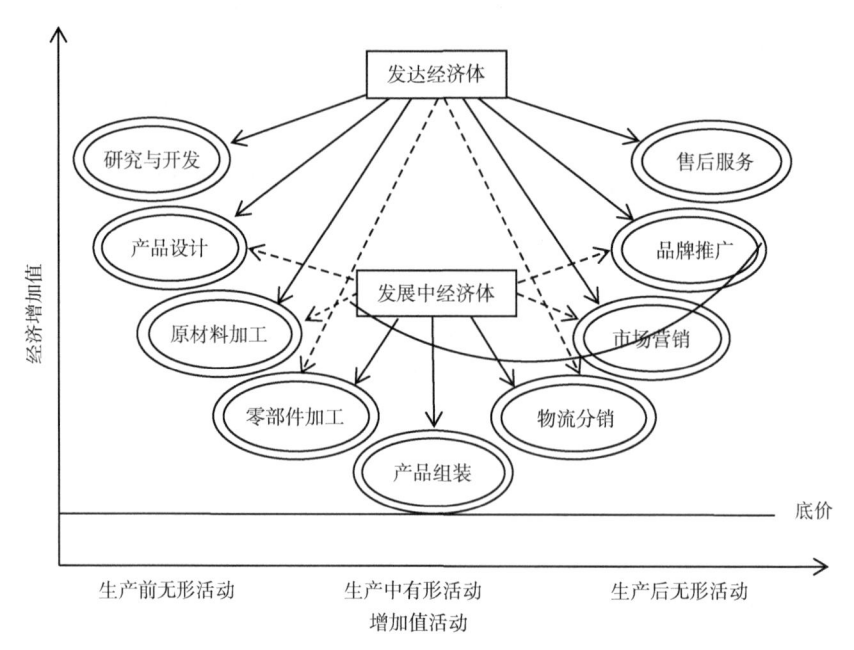

图 2-10　GVCs 分工增加值活动 "微笑曲线"

资料来源：参考 Gereffi 和 Fernandez-Stark（2016）的研究绘制

"虚线"代表部分经济体也会参与该生产环节的价值生产活动

因此，GVCs 分工是一种产品生产国际化的演进过程或展开结构，其基本特征是特定产品或服务生产过程的不同工序（区段、工序或任务），通过空间分散化布局，形成跨经济体的生产链条或体系，从而使越来越多经济体的企业参与到该产品或服务生产过程不同环节的生产或供应活动中。它是传统产业间分工和产业内分工，向产品内深化发展的结果，因而，从国际分工理论演化进程逻辑分析，GVCs 分工也被许多学者（Krugman and Venables, 1996; Arndt, 1998, 2001; Lüthje, 2002; 金芳, 2003; Schott, 2004; 卢锋, 2004; 徐康宁和王剑, 2006; Pham, 2008）称为"产品内分工"（intra-product specialization or within-product specialization）。

在 GVCs 分工产生和形成的过程中，除产品内分工的概念外，不同学科背景的学者，根据自己对新的国际分工现象的观察、认识和分析，还使用了多个不同的概念，如：多阶段生产（multi-stage production）（Dixit and Grossman, 1982）、垂直专业化（vertical specification）（Hummels et al., 1998, 2001）、价值链分割（slicing up the value chains）（Krugman, 1994; Timmer et al., 2014）、国际生产分享（international production sharing）（USITC, 1996; Yeats, 1998; Feenstra and Hanson, 2001）、外包（outsourcing）（Feenstra and Hanson, 1996; Hanson et al., 2001; Grossman and Helpman, 2002; Antràs and Helpman, 2004）、生产分散化（production fragmentation）（Jones and Kierzkowski, 1990; Deardorff, 1998; Venables, 1999; Victoria, 2001）、

全球生产网络（global production networks）(Bair and Ramsay, 2001; Ernst, 2001; Henderson et al., 2002)、生产非一体化（disintegration of production）(Feenstra, 1998)、模块化生产网络（modular production networks）(Sturgeon, 2002; van Assche, 2003)、生产非本地化（delocalization of production）(Leamer, 1996; Head and Ries, 2002)、要素分工（division of production factors）(张二震和安礼伟，2002；张幼文，2005；张二震和方勇，2005；方勇等，2012；Los et al., 2015)等。

研究20世纪60年代以来出现的国际分工新现象，在形成新的国际分工理论过程中，曾经使用过的上述概念术语，近年来已逐步被产品内分工和GVCs分工所取代，甚至产品内分工术语在2015年之后的国内外文献中也越来越少见，而GVCs分工成为被学界、企业界和政府各部门普遍接受的刻画当代国际分工主要形式的概念术语。

之所以如此，一方面，与GVCs分工术语能更加直观和更好理解地描述经济全球化进程中，各经济体企业之间的供求关系内涵变化、竞争合作方式变革、贸易模式转变和所创造价值与利益分配有关；另一方面，与GVCs将管理学中的"供应链"、"商品链"和"价值链"理论与经济学中的"国际分工与贸易"理论相融合，能从微观层面的企业价值创造、中观层面的产业升级和宏观层面的要素收入与福利变化等多个层面开展综合研究，对当代国际分工及其影响做出更加合理的解释有关（曾铮和王鹏，2007b；Gereffi, 2014）。更重要的是，GVCs分工概念，不仅涵盖产品内分工概念所强调的产品生产环节分割、境外生产地点安排和生产组织方式选择问题，而且包括并且更加强调，参与产品生产分工的境内外厂商之间的资源配置、协调控制、价值流动与利益分配关系（Antràs and Chor, 2013；谭人友，2017；Gereffi, 2018）。

2.2.2 全球价值链分工理论的产生、发展与形成

任何经济学概念和理论，都是对经济实践中发生的新现象进行观察、认识、分析和总结的结果。GVCs分工的产生、发展与形成也不例外。

1. GVCs分工理论的萌芽

20世纪六七十年代以来，随着技术进步引发的产品生产可分割性和生产工序标准化的增强，交通运输能力提升所带来的物流储运成本的下降，信息通信技术创新、贸易和投资限制措施减少与交易标准化提高所推动的交易成本的降低，以及国际市场竞争加剧所导致的企业日益在全球范围配置要素资源，以降低生产经营成本和提高核心竞争力的需要（Feenstra and Spencer, 2005; Baldwin, 2006, 2011; OECD, 2013; OECD, WTO and World Bank, 2014; Amador and Di Mauro,

2015；赵晋平等，2016；Inomata，2017；World Bank，2019），传统主要以最终产品贸易为特征的国际产业间分工和产业内分工模式逐渐发生改变。将产品生产链分割为不同的价值生产区段（环节、工序或任务），然后安排到最具比较优势、综合生产成本最低的经济体进行生产，并选择在相对价格最高的经济体市场销售，从而实现产品价值增值和利润收益的最大化，逐渐成为各经济体内企业"青睐"的新的国际分工模式——GVCs 分工。伴随着这一国际分工模式的发展，中间品（intermediate products）贸易占世界贸易的比重迅速提高，加工贸易（processing trade）和离岸外包（offshore outsourcing）等新型贸易方式和商业模式，也逐渐成长起来（Feenstra and Hanson，1999；Görg，2000；Kleinert，2003；Grossman and Helpman，2005；Hayakawa，2007；Miroudot et al.，2009；Venables and Baldwin，2011；WTO and IDE-JETRO，2011；Johnson and Noguera，2012a；Yang et al.，2015）。

从对 GVCs 分工现象的观察到理论的形成，经历了一个继承、创新和发展的动态演变过程。在经验观察、理论分析和实证研究基础上形成的国际产业间分工和产业内分工，均假定各国仅从事最终产品的生产和贸易，即每种贸易品都是完全使用出口国的生产要素来完成的。但中间品贸易占世界贸易比重的不断提高，说明产品生产过程的跨境分割已在各经济体的企业之间逐步展开。对这种新的国际分工现象，在 20 世纪六七十年代，一些学者就开始在传统比较优势、要素禀赋理论的基础上，通过建立新的理论模型进行解释。Vanek（1963）、Balassa（1965a）、Corden（1966）、Melvin（1969）、Jones（1971）、Bhagwati 和 Srinivasan（1973）等使用两阶段生产模型（two-stage production model），研究了在工业品成为其他行业投入品条件下，产业间商品流动的连接关系和中间品的贸易模式与有效贸易保护问题。Helleiner（1973）和 Finger（1975）分别从纵向一体化制造业劳动密集型生产环节国际转移和海外组装运作的角度，对产品生产过程中不同生产环节国际分工的早期形态做出了开创性研究。Folker 等（1980）则认为这种分工方式从根本上改变了国际分工格局，并提出了新国际分工论。Sanyal 和 Jones（1982）运用两阶段生产模型，研究了中间产品贸易效果问题。以上研究仅限于将产品生产划分为两个阶段，与 GVCs 分工现实还有很大差距。针对这一局限，Dixit 和 Grossman（1982）扩展为一个多阶段生产模型（multi-stage production model），考察了要素结构和政策变化对一国比较优势和分工的影响。至此的研究，已经开始在传统比较优势的基础上，触及产品价值链不同环节的国际分工问题，但仍未摆脱传统国际分工理论的束缚（曾铮和王鹏，2007b）。

2. GVCs 分工理论的发展

进入 20 世纪 90 年代，对 GVCs 分工模式的研究逐渐增多，但是对其描述和解释的思想起源呈现多样性。Jones 和 Kierzkowski（1990）把生产过程分离并散布到不同空间区位的分工形态称为分散化生产（fragmented production）；Krugman（1994）将这种国际分工现象描述为价值链分割；Bhagwati 和 Dehejia（1994）则使用万花筒式比较优势（kaleidoscope comparative advantage）来解释；Leamer（1996）将这种国际分工定义为非本地化（delocalization），并研究了分工对世界收入差距增大的效应。美国国际贸易委员会（USITC, 1996）和 Yeats（1998）对这种国际分工模式用生产分享（production sharing）来描述；Feenstra 和 Hanson（1996, 1999）则使用了外包（outsourcing）的概念，采用连续中间产品投入生产模型，分析了20世纪80年代美国非技术工人就业率低和相对工资下降的原因。Feenstra（1998）进一步使用生产非一体化（disintegration of production）和贸易一体化（integration of trade）术语，来描述这种新型国际分工方式下的全球生产和现代国际贸易特点。Arndt（1997, 1998）利用国际贸易传统分析手段，对全球外包和转包（sub-contracting）等产品内分工的现象进行了研究，指出产品零部件外包和转包将同时改善参与方的就业和工资率；Hummel 等（1998）用垂直专业化来描述产品内分工现象，并利用投入产出法测量了不同经济体的垂直专业化分工发展程度；Deardorff（1998）运用图形分析直观地解释了产品内国际分工的动因问题，认为垂直专业化分工在各经济体之间的开展取决于专业化技术带来的成本节约与额外资源使用成本之间的权衡。Kohler（2001）利用完全竞争的两要素、两部门 H-O 模型，分析了产品生产任务外包和分散化生产对经济体福利和要素价格的影响。Arndt 和 Kierzkowiski（2001）编著的论文集系统总结了以上研究成果，成为 GVCs 分工理论研究的一个重要文献和里程碑。

与经济学上对国际分工理论研究的发展并行，管理学上从企业管理和产业组织理论出发，将企业"商品链"、"供应链"和"价值链"的概念，扩展并应用到对不同经济体的企业间产品价值生产环节（区段、工序或任务）分工和治理的研究中。Gereffi 和 Korzeniewicz（1990）较早地提出 GCCs 的概念，之后，Gereffi（1992, 1994, 1996）、Gereffi 和 Korzeniewicz（1994）等将这一概念应用于东亚和拉美地区各经济体服装、汽车、电子及体育用品企业，参与 GCCs 生产分工的具体案例分析与政策研究，并提出 GCCs 治理框架和治理类型。Rayport 和 Sviokla（1995）将产品生产环节国际分工中，企业间重新配置信息资源而创造更大价值的活动，称为虚拟价值链（virtual value chain）。Baldwin 和 Clark（1997）则用模块化价值链（modular value chain）来描述全球化背景下，企业间产品流程分工细化的现象。Gereffi 和 Bair（1998）、Gereffi（1999a）分别将垂直分工和外包与 GCCs 相结合，用于分析北美自贸区内的产品生产分工和世界服装产业产品生产分工的特点。2001年英国萨塞克斯大学发展研究所（institute of development studies, IDS）出版专刊，发表了由 Gereffi 和 Kaplinsky 编辑的系列论文，汇集了研究不同经济体、不同行业产品生产环节国际分工及其治理的代表性文献，对这种国际分工的概念表述，也从 GCCs 改为 GVCs。至 21 世纪初，经济学和管理学两个学科，实现了对这种新型国际分工方式在概念术语上的统一。

在对 GVCs 分工现象进行理论研究的同时，经验实证研究尽管起步较晚，但也在逐步展开。Abraham 和 Taylor（1996）用美国企业的数据分析了企业生产外包行为，发现美国企业生产分割和外包行为越来越多，工资福利节约、产出需求变动及专业化技能可获得性等，是影响企业生产外包的三个主要因素。Campa 和 Goldberg（1997）采用由工业出口份额、进口渗透和生产中使用的进口投入等外部导向指标，对美国、加拿大、英国和日本等进行了比较研究，发现美国是这四个国家中的外部导向指标，即 GVCs 分工参与程度最高的国家。Yeats（1998）、Ng 和 Yeats（1999）利用零部件中间品贸易占贸易总额的比重这一指标，来衡量各经济体参与生产共享分工的程度，并对 OECD 和东亚各经济体进行了实际测算，结果显示，这些经济体参与生产分享国际分工的程度均有显著提高。Feenstra 和 Hanson（1999）用进口中间品投入占全部制造业中间品采购量的比重，来衡量美国制造业零部件外包变化，结果显示，这一比重从 1972 年的 6.5%上升到 1990 年的 11.6%。针对 1998 年研究的不足，Hummel 等（2001）通过建立垂直专业化指数，对 OECD 中十个成员国的垂直专业化分工进行了重新考察，发现 1950~1970 年，这些国家的垂直专业化分工程度提高了 30%。Hanson 等（2001，2003）使用美国跨境公司层面的数据，考察了母公司和境外子公司之间的中间投入品分工和贸易关系，发现越来越多的美国公司通过垂直型 OFDI 在境外建立子公司，来实现与其他经济体的垂直专业化分工，当境外具有更低的贸易成本、更低的工资和企业所得税时，母公司对进口投入的需求会更高。Yi（2003）进一步从世界贸易总量急剧增加和世界总体关税水平下降缓慢的"悖论"出发，建立了一个加入垂直专门化变量因素的动态李嘉图模型，并运用世界贸易数据进行了模拟，结果显示 70%的世界贸易的迅速增长能被国际垂直专业化分工深化因素解释。Borga 和 Zeile（2004）的研究也显示，美国企业母公司向境外子公司的零部件出口占总出口的比重由 1996 年的 8.5%增长到 1999 年的 14.7%。上述实证研究结论，在很大程度上验证了 GVCs 分工不断扩大和深化的现实，尤其是发达经济体的企业在全球范围内组织产品生产活动已成为发展趋势。

3. GVCs 分工理论的初步形成

20 世纪 90 年代以来，经济学和管理学两个学科分别从不同的视角，开始对产品价值链跨境分割生产这一新的国际分工现象，做理论的提炼和经验的检验。对 GVCs 这一新的国际分工现象，虽然概念上从相对"混乱"走向基本统一，但仍未建立起区别于传统产业间和产业内国际分工理论的相对独立的理论框架或理论范式，经验实证研究上仍缺乏新的解释分析工具和统计数据的支持。不过，2004 年发生的 Samuelson（2004）和 Bhagwati 等（2004）之间有关产品生产工序外包，对发达国家就业和福利的影响是有害还是有利的争议，对 GVCs 分工理论范式的建立和实证分析工具的创新，起到了"推波助澜"的作用，也使 GVCs 分工研究步入繁荣发展期。

为构建 GVCs 分工的理论框架，新制度经济学的企业和组织理论（包括不完全契约理论、产权理论、委托代理理论、激励理论和交易成本理论）及异质性企业理论，开始被应用于对 GVCs 分工现象的研究，以尝试解释世界范围内 GVCs 分工现象的真实原因及其对世界贸易的影响。

Grossman 和 Helpman（2002）引入不完全契约，构建了一般化均衡模型，分析了垄断竞争市场中企业选择一体化还是外包生产组织模式，研究表明，均衡状态的出现，取决于企业间匹配信息搜寻技术的进步、最终产品的可替代性及中间产品提供商和最终产品生产者之间的谈判能力。接着，Grossman 和 Helpman（2003）在同样的框架下，讨论了产业均衡下厂商在外包和 OFDI 之间的选择及其影响因素，研究发现，成本差异的大小、契约不完全程度、行业规模的大小和相对工资率是主要影响因素。随后，Grossman 和 Helpman（2005）在相似的模型体系中讨论了厂商如何在境内和跨境外包两种生产组织形式之间进行选择，研究认为，这取决于境内外投入品供应商市场的厚度、每个市场的信息搜寻相对成本、投入品定制的相对成本及每个经济体合同环境的性质。上述研究范式被之后的学者称为"G-H"模型。Antràs（2003）基于 Grossman 和 Hart（1986）的产业理论和 Helpman 和 Krugman（1987）的不完全竞争模型，构建了一个关于企业边界的不完全契约产权模型，来分析跨境公司边界和生产国际定位，结果显示，跨境公司会将其资本密集型产品部件的生产以垂直 OFDI 的方式在境外进行。Feenstra 和 Spencer（2005）对这一阶段利用新制度经济学不完全契约理论，对厂商外包还是垂直一体化生产组织选择行为进行研究的文献做出了总结评述。

与此同时，Antràs 和 Helpman（2004）在加入 Melitz（2002）的企业异质性变量后，设计了一个不完全契约条件下企业生产力水平异质性（heterogeneity）模型，该模型表明，企业对一体化和外包的选择决定于代理成本（agency costs）和组织成本（costs of organization）的权衡。Grossman 和 Helpman（2004）同样基于企业异质性，运用委托代理理论考察了企业的生产组织选择行为，发现跨境企业的生产组织方式与管理激励（managerial incentives）具有较强的相关关系。Antràs（2005）建立了一个动态一般均衡李嘉图"南北贸易"模型，来解释国际契约的不完全性导致产品周期的出现，结果显示，不完全契约减少了产品开发投入，低技术投入品会转移到"南方"以利用其低工资优势，这种转移会先通过 OFDI 的形式在企业的边界内发生，其后一段时间，会通过外包形式在企业边界外发生。Grossman 和 Helpman（2005）、Nunn（2005）则分析了在异质性企业下，契约环境和契约不完全对外包和贸易的影响，结论认为，全球契约投资比重的上升对"北方"的外包有利，"南方"法律环境的改善提高了来自"北方"的外包数量；契约体制是比较优势的一个重要来源。Grossman 等（2006）随后把企业生产率差异引入模型，来分析垂直 OFDI 的固定成本、运输成本及境外市场需求等因素，对跨境企业一体化策略选择的影响。Antras 和 Helpman（2006）则在 2004 年研究的基础上，考察了契约摩擦对企业全球生产网络选择的作用和影响。Qiu 和 Yu（2007）进一步在完全契约模型下，研究了契约的不完全执行对跨境企业生产组织方式的选择行为，结果表明，企业的生产率和工资率、纵向一体化的固定成本、外包的固定成本和契约执行程度的地区差异，共同决定了企业是选择纵向一体化还是外包。Marin 和 Verdier（2007a，2007b，2008a，2008b）在企业异质性的前提下，先后研究了 FDI 进入成本、贸易成本、信息技术、本地市场竞争程度、本地市场规模、企业竞争力增强及经济体规模等对于企业生产组织选择的影响。Antràs（2011）就引入不完全契约、产权理论和异质性企业理论，对国际生产组织研究的文献进行了综述，建立了包含制度环境、契约、产权和谈判力等因素的基本模型和进一步考虑金融约束、多个供应商、生产规模部分可收缩、组织固定成本和生产者异质性的扩展模型，对上述研究提出的模型进行了综合和一般化处理，结论认为，契约制度不仅对理解跨境公司纵向一体化还是外包的决策很重要，而且还构成了比较优势新的来源。

上述以制造业跨境公司为对象来分析企业参与 GVCs 生产的组织方式选择的理论框架，难以全面解释越来越多中小型厂商尤其是服务型企业参 GVCs 分工的现象。为此，学者开始从 GVCs 是由一系列顺序上前后相继、组织上序贯相连的生产阶段所构成的这一基本特征，来寻求各类企业参与 GVCs 分工的原因。Baldwin 和 Venables（2011）分析了不同技术配置下的成本最小化和分散化均衡，认为 GVCs 生产过程各阶段的分散化程度，由国际成本差异和相关生产阶段的协同收益所决定，而两者之间的相互作用又取决于生产阶段之间的技术关系。Harms 等（2012）的研究也发现，沿 GVCs 产品生产链的国际成本差异不是单调变化的，外包成本（特别是运输成本）的变动或影响生产流程的技术改变，都会导致 GVCs 生产链中的部分环节重新再配置，尽管成本差异促进外包行为的发生，但技术水平决定其是否具备现实可行性。Johnson 和 Noguera（2012b）研究得出的分散化生产和跨境生产链较多地发生在地理相邻的经济体之间的结论，也支持了上述观点。Antràs 和 Chor（2013）则结合产权理论构建了一个连续阶段 GVCs 生产模型，来分析厂商如何沿着价值链来进行资源配置和控制权分配决策，结果发现，厂商参与 GVCs 的生产组织方式选择取决于其在 GVCs 生产链上的相对位置（上游还是下游），以及最终产品生产者所面临的需求弹性。Alfaro 等（2015）建立了一个沿着价值链的企业边界选择产权模型，分析认为，除最终产品的需求弹性外，企业进入价值链某特定阶段的选择，还取决于上下游阶段的生产规模弹性和企业的生产率。Antràs 和 de Gortari（2016）还开发了一个以"接近度—集中度"权衡为特征的一般均衡模型，用来研究 GVCs 中不同阶段的最优生产定位，结果认为，在各经济体之间分割 GVCs 可以更好地利用集聚经济，但这种分割以增加运输成本为代价，因此，在其他条件相同的情况下，将相对下游的生产阶段安排在物流运输中心的位置是最优选择，而将上游生产阶段安排在相对偏远的位置是最优选择。Del Prete 和 Rungi（2017）利用公司层面数据所做的实证研究，验证了上述观点。

在对厂商是选择外包还是垂直一体化、选择在哪个经济体和价值链的哪个阶段上参与 GVCs 生产分工，进行理论分析和解释的同时，对参与 GVCs 分工的不同经济体的企业之间，如何配置资源，如何有序衔接和组织协调生产，尤其是如何实现产品 GVCs 各阶段生产价值和利益的分配，即对 GVCs 治理的研究也在同时进行。

Gereffi（1994）根据在 GVCs 的形成、组织、控制和利益分配中，起主导作用的领导厂商的业务属性不同，最先将 GVCs 治理方式区分为生产商驱动和采购商驱动两种类型。Sturgeon 和 Lee（2001）以产品和工艺的标准化程度为基础，从供应商在 GVCs 治理中的地位，区分了三种治理模式："市场型"（market）、"俘获型"（captive）和"交钥匙型"（turnkey）。Humphrey 和 Schmitz（2000）区分了产业重组和空间配置中起重要作用的三种 GVCs 生产网络治理模式：权威型生产网络（authority production network）、关系型生产网络（relational production network）和虚拟型生产网络（virtual production network）。在此基础上，Humphrey 和 Schmitz（2001，2002b）则根据价值链中是否有领导厂商，以及领导厂商在资源配置、生产组织、利益分配中的控制力大小和更换交易伙伴的难易程度，将 GVCs 治理分为四种类型："市场型""网络型"（network）"准层级型"（quasi-hierarchy）"层级型"（hierarchy）。Sturgeon（2002）基于对发达经济体企业参与全球生产网络的方式不同，将 GVCs 治理模式划分为"市场型"、"层级型"、"关系网络型"（relational network）和"模块型"（modular network）等四种类型。在以上研究的基础上，Gereffi 等（2005）进一步将 GVCs 治理模式细分为五种类型，即"市场型"、"模块型"、"关系型"、"俘获型"和"层级型"。

但 Kaplinsky 和 Morris（2003）认为，随着参与 GVCs 分工的厂商不断增多和竞争的加剧，规则和标准在 GVCs 治理中的作用越来越重要，只有通过规则和标准把全球生产和贸易的离散性片段联系起来，才能反映 GVCs 的动态性特征，只有认识到治理规则和标准的重要性，厂商才能顺利嵌入 GVCs 分工并实现升级。为此，他们提出了新的分类方法，把 GVCs 的治理模式分为：规则制定性治理（legislative governance）、监督裁决性治理（judicial governance）和执行性治理（executive governance）三种类型。Ponte 和 Gibbon（2005）、Ponte（2009）持类似的观点，他们把惯例理论（convention theory）引入 GVCs 治理，将质量标准及其相关的质量惯例作为 GVCs 治理的基本要素，力求借助规范和认知分析构造出"一般化"的治理理论。他们把 GVCs 治理中发挥作用的惯例归纳为六种：以竞争为原则的市场惯例、以忠诚度为原则的内部惯例、以生产力为原则的行业惯例、以福利为原则的公民惯例、以创造性为原则的启发惯例和以声誉为原则的评价惯例。Ponte 和 Sturgeon（2014）通过融入更多的宏观要素，整合和发展了已有的 GVCs 治理理论，提出了包括微观、中观和宏观三个层次的"模块化"GVCs 治理框架。其中，微观层次描述决定 GVCs 节点的因素及交换机制；中观层次描述节点之间的连接方式如何扩展至 GVCs 的上游和下游环节；宏观层次描述 GVCs 的整体运行模式及其导致的结果。这种"模块化"的理论分析框架汲取了以往治理理论中的精华，把全球商品链中的驱动分析、以企业间关系为核心的连接分析、以惯例为中心的规则和标准分析有机融合在一起，不仅考察各种具体变量和机制对 GVCs 的影响，而且更加注重关键要素和协调机制的共同演化对 GVCs 的动态影响，实现了 GVCs 治理理论的融合。

  发展中经济体通过改革开放、制度完善和政策创新等措施，来鼓励本经济体内企业积极融入 GVCs 分工，除获取具体分工利益的考虑外，更希望企业通过参与 GVCs 分工取得知识、技能和技术进步，实现国家产业、经济和社会的升级。为此，GVCs 升级研究也成为 GVCs 治理理论框架中的重要内容。Gereffi（1999a，1999b）分别从产品、企业、企业网络、部门、国家和地区层面，分析了沿 GVCs 升级的类型及各自的特征。在 Piore 和 Duran（1998）、Dolan 等（1999）、Tewari（1999）、Gibbon（2000）等研究的基础上，Humphrey 和 Schmitz（2000）从买方需求视角，把 GVCs 升级区分为三类："生产领域的升级"（upgrading in the sphere of production）、"通过买方继承的产品升级"（product upgrading through buyer succession）和"功能升级"（functional upgrading）。Humphrey 和 Schmitz（2002a，2002b）进一步把 GVCs 升级细分为四种类型："流程升级"（process upgrading）、"产品升级"（product upgrading）、"功能升级"（functional upgrading）和"链条或部门间升级"（chain or inter-sectoral upgrading）。Kaplinsky 和 Morris（2002）根据东亚和东南亚经济体的实践经验，总结出企业从"流程升级"到"链条升级"的发展路径：原始设备组装（original equipment assembly，OEA）——原始设备制造（original equipment manufacture，OEM）——原始设计制造（original design manufacture，ODM）——原始品牌制造（original brand manufacture，OBM）——GVCs 转换（如从电视机 GVCs 转到计算机 GVCs）。Fernandez-Stark 等（2014）进一步根据企业在 GVCs 中所处的升级阶段不同，提出了三种升级类型："融入价值链"（entry in the value chain）、"后向关联升级"（backward linkages upgrading）和"终端市场升级"（end-market upgrading）。上述各个类型的 GVCs 升级都不是自动实现的，企业选择何种升级模式、成功与否，与政府政策、制度安排与制度环境、企业战略、知识技术创新能力和劳动者技能等因素及其组合有关（Gereffi and Sturgeon，2013；Gereffi，2014；Gereffi and Lee，2016）。

为了给实证研究提供支持，对 GVCs 分工下更准确地反映各国真实贸易规模及其变化的新的统计标准和方法的研究，以及对 GVCs 分工参与程度、分工地位评价方法和指标的研究，也在同时展开并取得了显著进展。

针对 GVCs 分工下传统总值贸易统计标准和方法带来的"统计幻觉"或重复计算问题（Srholec，2007；Koopman et al.，2008），Escaith（2008）提出了 GVCs 分工下按 TiVA 统计的必要性及对国际贸易统计标准改革的重要意义。继 Koopman 等（2008）对中国总出口中的境外和境内增加值做出分解研究后，Daudin 等（2009）提出对一个经济体出口产品全部价值按照 GVCs 分工活动进行增加值分解的理论框架。Koopman 等（2010）依据国际投入产出原理，具体将一个经济体总出口（包括货物和服务）按照增加值分解为五个部分：最终产品出口的 DVA、被直接进口方吸收的中间品出口的 DVA、被直接进口方生产向第三方出口所吸收的中间品 DVA、出口后又返回的 DVA 和出口中包含的 FVA。在上述分解的基础上，Koopman 等（2014）继续将出口后又返回的 DVA 和出口中包含的 FVA 进行分解，并考虑重复统计问题，进一步将一国的总出口分解为九个部分。Wang 等（2013）、王直等（2015）、Borin 和 Mancini（2015）在上述研究的基础上，又进行了更细的分解，把一国的总出口最终分解为 16 个部分。与此同时，OECD 和 WTO（2012a，2012b）联合就 TiVA 的概念、核算方法和面临的挑战进行了深入讨论，并利用 OECD 编制的 ICIO 数据，于 2013 年 5 月编制发布 TiVA 数据库。UNCTAD（2013）也与 Eora 合作，利用 MRIO 数据，编制开发了 GVCs 数据库（UNCTAD-Eora GVC database）。

在对 GVCs 分工参与度、分工地位测算方法和指标的研究上，Dietzenbacher 等（2005，2007）提出了平均传递长度（average propagation length，APL）指标，用 GVCs 中从原料到最终产品生产过程中所分割的生产阶段的平均数量，来衡量 GVCs 中国际生产分享的程度和复杂度。Koopman 等（2010）创立了 GVCs 参与度（GVCs_participation）和 GVCs 地位（GVCs_position）指数，用来测算和比较各国及其产业在 GVCs 分工中的参与程度和在分工中的地位高低。Fally（2011，2012）和 Antràs 等（2012）进一步建立了"上游度"（upstreamness）指标，用嵌入 GVCs 的生产阶段到最终需求前所经历的阶段数（或距离），来衡量各经济体或产业在 GVCs 分工中所处的位置及所分享的利益。而 Johnson 和 Noguera（2012b）则继续以增加值出口（value added to export，VAX）与出口总额之比，作为衡量经济体参与 GVCs 生产共享强度的指标。OECD 和 WTO（2012b）和 UNCTAD（2013）使用了前向参与（forward participation）和后向参与（backward participation）两个指标，来衡量经济体或产业参与 GVCs 分工的方式和程度。Miller 和 Temurshoev（2013）

在"上游度"指标的基础上,引入了"下游度"(downstreamness),用来测度嵌入GVCs的生产阶段到生产起始段端所经历的阶段数(或距离)。Wang等(2017)进一步从增加值创造引致产出倍数的角度,提出"平均生产长度"(average production length)和"相对上游度"(relative upstreamness)指标,用来更准确测度和描述经济体和产业的GVCs嵌入特征。Amador和Di Mauro(2015)、卢进勇等(2016)、Degain等(2017)、Xiao等(2017)、Li等(2019)及Said和Fang(2019)等借用网络分析(network analysis)法,对主要经济体在GVCs分工中所处位置进行了研究。除构建从经济体(宏观)和行业(中观)层面,衡量GVCs分工参与程度、位置与地位的测算方法和指标外,也有不少文献从企业和产品(微观)层面采取案例方法,对GVCs分工参与程度和地位进行研究(Linden et al., 2009; Xing and Detect, 2010; Dedrick et al., 2011; Kraemer et al., 2011; Upward et al., 2013; Sturgeon et al., 2012; Chor et al., 2014; Alfaro et al., 2015; Kee and Tang, 2016)。Johnson(2018)对有关GVCs分工参与程度、分工地位测量方法和指标的研究进行了综述。

基于以上对一个经济体总贸易进行的增加值分解、对GVCs分工参与度、分工地位测算方法和指标的研究,众多学者或利用WIOT、ICIO、MRIO、AIIOT及GTAP等所提供的基础数据,或直接采用OECD和WTO、UNCTAD和Eora发布的TiVA数据,就GVCs分工发展变化及其对产业、贸易、就业、收入、环境和社会发展的影响,GVCs治理策略和通过参与GVCs分工促进产业、经济与社会升级的对策等,展开了多层面、多视角的实证研究。这些实证研究成果的主要结论,较为集中地体现在世界银行、WTO、OECD等国际组织联合或单独发布的研究报告中(World Bank et al., 2017; World Bank, 2019; WTO et al., 2019)。

改革开放之后,中国充分发挥自身要素禀赋比较优势,积极主动参与GVCs分工,通过吸引FDI承接发达经济体货物和服务产品较低增加值生产区段(环节、工序或任务)的生产,大力发展加工贸易和承接服务外包业务,并适时推进产业GVCs升级,取得了令世界瞩目的经济和社会发展成就。但在对GVCs分工的研究上,中国学界起步相对较晚,进入21世纪之后才陆续开展,且主要是基于产品内分工的概念进行研究,2010年之后,才逐渐转到GVCs分工的概念框架内。在研究技术路线上,以理论应用、经验实证、案例分析和政策研究为主,理论研究较少。李燕(2011)对境内产品内分工与贸易的研究进行了综述,曾慧萍(2012)、张向晨和徐清军(2013)、孙红燕等(2017)分别对GVCs和TiVA的境内研究进展做出了评述。

综合上述分析可以看出,经过几十年的发展,GVCs分工理论虽不能说已经成熟,但主要由跨境生产组织理论、TiVA核算与GVCs分工测度方法和GVCs治理与升级理论构成的基本理论框架已经初步形成。GVCs分工理论的具体演化形成过程参见图 2-11。

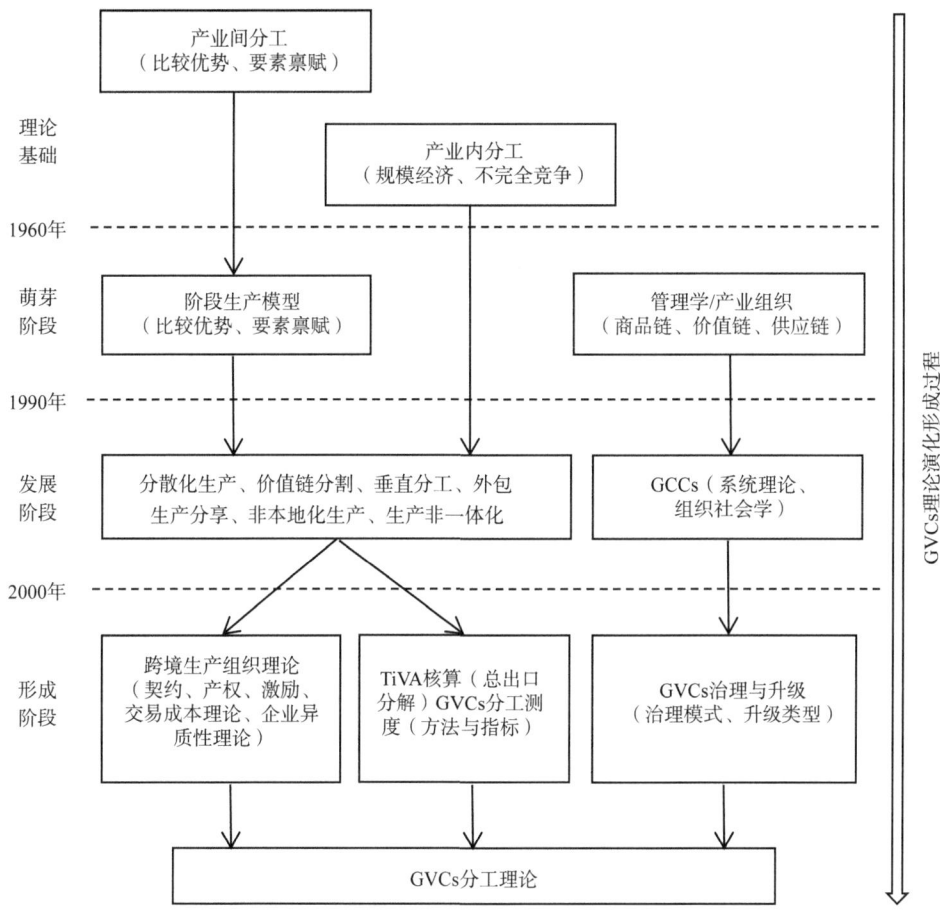

图 2-11 GVCs 分工理论的演化形成过程
资料来源：作者研究绘制

2.2.3 全球价值链分工的基础和动因

在 GVCs 分工理论的发展过程中，学者也对 GVCs 分工产生和形成的基础和动因，从多个角度进行了分析、解释和阐述。经过梳理和总结，促进 GVCs 分工理论产生、发展和形成的基础与动因，可以概括为以下四个。

1. 要素禀赋和比较优势

Sanyal 和 Jones（1982）在规模报酬不变、完全竞争的中间产品中加入要素禀赋，来解释产品生产区段分工现象，发现比较优势仍然是 GVCs 分工与贸易的基础。Dixit 和 Grossman（1982）、Jones 和 Kierzkowski（1990）、Arndt（1997）的研究则认为，产品生产的各个阶段是按照要素禀赋决定的比较优势，分散化到不同的经济体中，而规模报酬递增则进一步强化了这种分工趋势。Jones（2000）、Findlay 和 Jones（2001）建立了一个扩展的李嘉图模型，利用经典的比较优势理论来解释产品内分工和贸易现象。Deardorff（2001b）采用单位商品价格与劳动投入量的比率来表示比较优势，利用李嘉图比较优势模型，也解释了这种分工模式。Grossman 和 Helpman（2002）、Lall 等（2004）均指出，产品不同生产环节的要素密集度导致 GVCs 分工的差异，如果要素价格均等化，就没有必要开展 GVCs 分工。国内学者卢锋（2004）、曾铮和张亚斌（2005）、张纪（2013）、戴翔和张二震（2017）等也均持有类似观点，只不过要素禀赋决定的比较优势，从过去的产品边界扩展到产品内部的生产区段而已。

2. 规模经济和不完全竞争

由于给定产品的不同生产区段的有效规模不同，通过产品内分工（即 GVCs 分工）把不同有效规模的产品区段分离出来，安排到不同空间场合进行生产，可以达到节省平均成本和提升资源配置效率的目的。因此，支配产业内分工的规模经济和不完全竞争，仍然是 GVCs 分工的基础。Ethier（1979）认为，在每种中间投入品的生产中存在规模收益递增，因此贸易自由化带来的市场规模的扩大，可以降低平均生产成本。Arndt（1997）、Ishii 和 Yi（1997）、Jones 和 Kierzkowski（2001）发现，不完全竞争带来的中间品生产规模报酬的增加，会使要素禀赋决定的比较优势得到更加充分的发挥。Antràs（2003，2005）建立了一个包含不完全契约、不完全竞争和产品差异化的贸易模型，该模型揭示出，零部件供应商由于规模经济优势在创造剩余上比最终产品生产商更强时，将零部件生产外包的激励就会增加。

3. 制度与交易成本

Hummels 等（1998，2001）将产品内垂直分工和贸易的增长归结为两方面的原因：一是运输和通信技术进步；二是贸易壁垒降低。这都降低了交易成本。Jones 和 Kierzkowski（2000）则认为生产和服务部门的技术进步，促使产品生产的可分割性增强，是 GVCs 分工的主要推动力量。Feenstra 和 Spencer（2005）进一步认为通信技术的发展，降低了使用者的平均成本，极大地促进了产品内贸易的发展。Yi（2003）研究发现，国际贸易运输成本和通信费用的降低，是国际生产工序分割和中间品贸易迅速发展的主要原因。Grossman 和 Helpman（2005）、Nunn（2005）认为，各经济体执行合同质量的提高，降低了中间产品生产外包的制度成本。de Backer 和 Miroudot（2013）、OECD 等（2014）、World Bank（2019）均论述了制度和交易成本下降，对 GVCs 分工的促进作用。

4. 异质性企业生产组织理论

将企业异质性和企业产权、不完全契约理论相结合，纳入对 GVCs 分工中的企业跨境生产组织方式选择的研究中，是 GVCs 分工理论区别于产业间分工和产业内分工理论的最重要方面之一。Antràs 和 Helpman（2004）、Helpman 等（2004）、Grossman 和 Helpman（2005）、Antràs（2005）、Feenstra 和 Hanson（2005）、Grossman 等（2006）、Marin 和 Verdier（2007a，2008a）、Baldwin 和 Venables（2011）、Antràs 和 Chor（2013）和 Alfaro 等（2015）等对此做出了主要贡献。他们的研究结论认为，在产品内生产区段或工序分工条件下，传统以国家为主体的国家间的分工和贸易利益博弈，让位于以异质性企业为主体的企业间的分工和贸易利益博弈。异质性企业是选择 OFDI 还是外包来参与 GVCs 分工，要综合考虑生产率差异、代理成本与组织成本的权衡、谈判能力、契约执行能力等综合因素。

综上可以看出，GVCs 分工的基础和动因，一方面继承了产业间分工和产业内分工形成的基础和动因；另一方面是把新制度经济学中的制度与交易成本，作为影响 GVCs 分工发展的重要基础和动因。而更重要的是在企业异质性和企业产权理论、契约理论的基础上，创新性地把企业跨境生产组织方式选择，作为 GVCs 分工发展和形成的重要基础和动因。

2.3 服务业全球价值链分工

2.3.1 服务业 GVCs 的形成

传统观点认为，服务的无形性、不易储存性、生产和消费的同时性及服务消费体验的异质性（消费者对服务质量和价值的满意度因人而异），使得服务产品不如实物产品的生产可分割性强，因而，服务业参与国际分工的广度和深度大大低于制造业。这从传统服务贸易统计标准和方法所统计的各国及世界服务贸易占全部贸易的比重，远远低于货物贸易所占比重的现实，似乎能得到验证。例如，根据 UNCTAD 依据传统贸易统计标准进行统计和发布的数据计算[①]，2019 年中国服务贸易占全部贸易的比重为 14.5%；服务业发达的美国和英国，这一比重较高但也仅为 25.2%、37.2%；就世界平均而言，2019 年服务贸易占全部贸易比重为 24.2%，

---

① 传统贸易统计，是按照国际货币基金组织（International Monetary Fund，IMF）发布的国际收支平衡（balance of payment，BOP）表中经常项目下的服务和货物贸易分类标准和方法执行。

均明显低于货物贸易所占比重①。

然而，服务领域的创新和技术进步（Miles，2005），尤其是数字信息和互联网通信技术的发展，使得服务的可储存性大大提高，远距离交付和消费成为现实，而服务生产和交付的标准化和定制化，在降低消费体验异质性的同时，也在很大程度上满足了不同层次消费者的需求（Pasadilla and Wirjo，2014；Low and Pasadilla，2015；Low，2016）。所有这些变化都增强了服务产品生产、交付和消费的可分割性和可贸易性，并使服务产品的某些环节或任务可以分割开来进行生产和交换（Rentzhog and Anér，2014，2015；Gervais and Jensen，2019）。因此，随着服务业开放和服务贸易自由化水平的提升，服务业厂商参与GVCs分工的程度也在不断提高。

其实，服务尤其是生产性服务（如运输、电信、金融、分销、广告等商业服务，会计、法律、培训等专业服务，水、电、气、卫生等公共服务），还有制造业（及农业、采矿业，下文同）生产企业内部自己提供的服务（如研发、设计、管理、培训、维修、后勤、数据与技术支持、售后服务等）（表2-2），一直在作为实物产品生产必不可少的"投入"，参与着制造业的分工生产和交换过程（Kelle and Kleinert，2010；Low and Pasadilla，2015；Miroudot and Cadestin，2017a），伴随着实物产品经历着从产业间分工，到产业内分工，再到产品内分工（即GVCs分工）的演变历程，并作为货物中间品或最终品价值的一部分，通过国际贸易实现跨境流动。

表2-2 制造业各生产阶段的服务投入举例

生产阶段	服务投入举例
工厂建设	政府谈判及许可申请服务；土地清理和准备服务；工厂设计与建设服务；水电气安装服务等
产品制造前	设计服务；研发服务；投入物的采购和运输服务；海关服务；健康、安全许可和环保合规审查服务；投入物仓储服务等
产品制造中	原材料运输和处理服务；测试服务；设备保养和维修服务；清洁服务；水电气等公用事业服务；环境、健康、安全、工作条件合规性检查服务等
产品制造后	包装服务；产品运输服务；安装服务；广告服务；营销服务；品牌推广服务；零售服务；质量控制服务；标准评估服务等
产品售后服务	机器及其他设施维修保养服务；存货和零部件仓储服务；数据与技术支持服务；客户关系服务等
后台服务	会计服务；法律服务；人事服务；税务服务；通信服务；信贷服务；保险服务；员工培训服务等

资料来源：Low 和 Pasadilla（2015）

---

① 作者根据 UNCTAD 数据中心（https://unctadstat.unctad.org/wds/ReportFolders/reportFolders.aspx）发布的最新世界货物和服务贸易统计数据计算。

只是，在传统分工理论和贸易统计标准下，这些"投入"到实物产品生产和"嵌入"在货物贸易中的服务价值，被看作制造业国际分工和被统计在货物贸易中，而没有被当作服务业参与国际分工的另一种形式，更没有作为服务贸易进行统计（Grubel，1987；Markusen，1989；Park and Chan，1989；Francois and Reinert，1996；Gaiardelli et al.，2007；Francois and Woerz，2008）。而且，随着制造业服务化程度的不断提高，制造业对服务要素、中间品等的投入需求规模和质量，也都会相应扩大和提高，这就必然带来在实物产品生产、贸易、运输和消费过程中，内含服务价值所占比重日益提高（Vandermerwe and Rada，1988；Francois，1990；陈宪和黄建锋，2004；Pilat and Wölfl，2005；Baines et al.，2009；Elms and Low，2013；Lodefalk，2013，2014）。这意味着，有越来越多的服务在通过制造业间接参与国际分工和国际贸易。

因此，在各经济体之间劳动生产分工日益深化并向 GVCs 分工扩展的趋势下，制造业和服务业在 GVCs 中相互交织，并不是因为不同的生产阶段可以分解为制造活动（任务）和服务活动（任务），而是因为所有阶段都是制造和服务的混合，并且最终产品本身不再是界限清晰明确的货物或服务，在制造和服务活动之间画一条清晰的界线几乎不可能，现代国际货物和服务贸易已成为"硬币"的两面（Nordås，2010，Rentzhog and Anér，2014；de Backer et al.，2015；Miroudot and Cadestin，2017b；Miroudot，2019；Ariu et al.，2019；Cadestin and Miroudot，2020）。尤其是数字技术与互联网的紧密结合正在迅速改变人们的购物和消费方式，过去无法实现的货物和服务的跨境零售快速崛起和3D打印技术的日益成熟，在引发跨境快递业务量、私人个性化定制产品和服务贸易量迅速增长的同时，也使商品越来越多地与服务捆绑在一起，使得商品贸易和服务贸易之间的界限越来越模糊（Manyika et al.，2016；López-Gonzalez and Jouanjean，2017；WTO，2018；UNCTAD，2019a）。并且，随着收入的增加，消费结构也逐渐向服务业转移，而生产分工的日益国际化更进一步加剧了对服务的依赖，当产品可以在世界任何地方采购、制造和销售时，服务就变得尤为重要（Francois and Hoekman，2010；Francois et al.，2015）。服务在现代经济中，已不仅仅是制造业部门的投入，而是成为重要的价值创造、就业增加、贸易扩大和经济增长的重要来源（OECD，2011，2012；Kommerskollegium，2010，2012；Low，2013；Miroudot and Cadestin，2017a）。

虽然按照 IMF 国际收支平衡表统计的世界服务贸易占全部贸易的比重仅为24%左右，但是，按照全部出口产品中的服务增加值计算，2009年 OECD 成员国的这一比重就已经超过48%（OECD，2013）；从全球来看，这一比重2010年也已达到46%（UNCTAD，2013）；2015年这一比重则接近50%（Heuser and Mattoo，2017）。从制造业出口中内含的服务业投入增加值所占比重来看，2015年发达国家为33%，发展中经济体这一比重虽然较低但也达到26%（Lanz and Maurer，2015；WTO，2019）。根据 Miroudot and Cadestin（2017a）对31个样本经济体的估算，如果把制造企业内部提供的服务活动考虑进来，2015年制造业出口中内含的服务业增加值份额，将从37%增加到53%，按增加值计算的全部服务贸易占总出口的比重将接近2/3。在所有经济体中，制造业企业25%～60%的就业岗位在研发、工程、运输、物流、分销、营销、销售、售后服务、信息技术（information technology，IT）、管理和后勤支持等服务职能部门。如果进一步考虑到，国际服务供应并不仅仅通过跨境交易来实现，也在日益通过劳动力和资本的跨境流动进行交易，而把跨境公司在境外的附属机构所生产和提供的服务，按照属权（而不是属地）原则计算为境外服务（而不是东道国境内服务）的话，按增加值计算的服务贸易占世界及各国总贸易的比重还会更高（Lanz and Maurer，2015；Heuser and Mattoo，2017；Andrenelli et al.，2018）。

2.3.2 服务业 GVCs 的特点

服务产品的生产过程与制造业产品相似，第一，进行调研分析市场需求。第二，根据市场需求进行服务产品的研发。第三，服务产品的提前营销[①]。第四，开展服务生产流程设计；在数字信息化技术和模块化条件下，还可以对服务进行模块分解，优化业务流程。第五，服务产品的生产、交付。第六，服务产品的售后服务，如顾客投诉解决、数据信息维护、满意度调查等。

但服务产品的无形性、产品生产与交付的即时性等特点，使得服务产品的研发、生产与销售等各个区段的边界，不像制造业企业生产实物性产品各区段间的边界那样清晰。而且，服务产品价值链的大多数生产环节，如服务需求分析、服务营销、服务产品生产与交付、客户满意度调查，甚至服务产品的研发，都需要消费者参与进来，并在不断的反馈和修正过程中逐渐完善。因此，对服务产品价值链生产环节的分解（图2-12），也只能是概括性和粗略的，各环节之间的边界往往是模糊和相互交叉的，甚至前后顺序也可能出现颠倒。另外，在服务产品生产流程的某些环节中，其价值生产活动还可以在不同企业之间做进一步的分割，如在服务产品研发与设计中，可以是不同企业负责不同的价值片段，如电影价值链中的剧本制作、外景拍摄、衍生产品开发，物流服务价值链中的流程设计、软件开发等。特别是随着服务产品的成熟和市场的扩大，某些服务和服务要素的生产，也都会像制造业一样实现标准化、模块化，使得价值增值活动得以进一步在不同企业之间进行分割（原小能，2016）。

[①] 在这一环节上，与实物产品生产中或生产后才开展营销有所不同。因为服务企业，在很大程度上要通过提前营销来激发消费者的购买意愿，并根据营销效果来进一步优化服务产品内容设计。

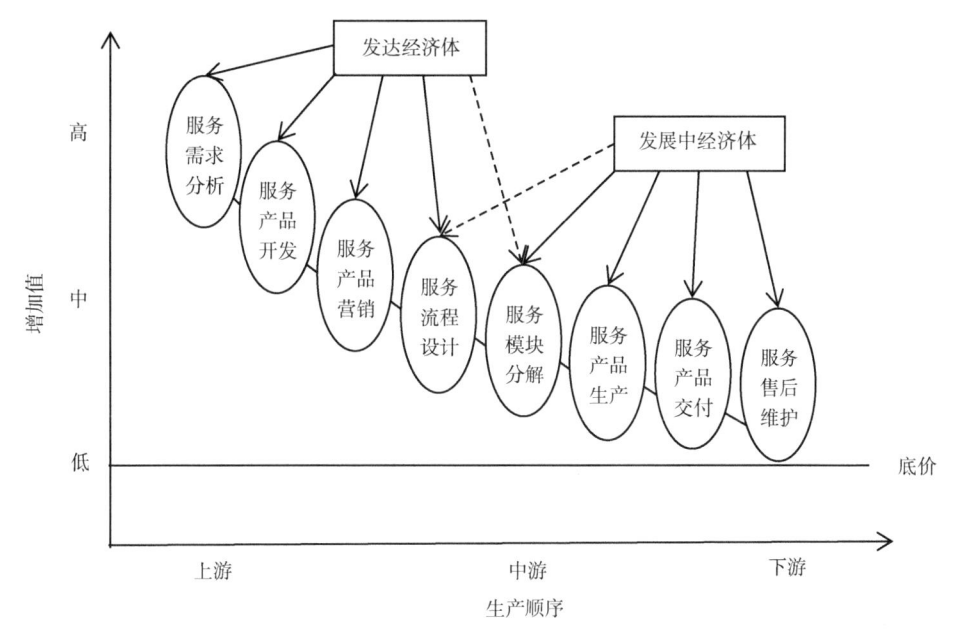

图 2-12　服务业 GVCs 与增加值变化示意图

资料来源：参考原小能（2016）的研究绘制

虚线代表部分经济体也会参与该生产环节的价值生产活动

已有研究表明，根据服务产品 GVCs 沿上下游生产区段（环节、工序或任务）前后时序，实现增加值高低所描绘形成的曲线，与制造业有显著不同，不是"U"形的"微笑曲线"，而是呈递减趋势的烟斗形或近似"L"形的曲线（原小能，2017）（图 2-12）。

上游的市场服务需求分析、服务产品开发、服务产品营销和服务流程设计等在整个服务 GVCs 中处于主导地位，附加值较高。例如，软件服务中的客户需求分析、系统设计、软件编码、软件测试等；物流服务业中的产品开发、流程设计、战略管理等；金融服务中的衍生产品开发等。这些环节对服务企业的人才资源、知识资本及组织管理能力等的要求较高，能够带来更高的附加价值，因此，在 GVCs 分工中一般由发达经济体的服务企业承担。

中游的服务模块分解、服务产品生产、服务产品交付等环节，与上游的各环节相比创造的增加值相对较低。例如，软件服务中的计算机、数据库设备及配套装置的生产与采购、软件模块编程、设计成果转化、系统调试安装等；物流服务中的人力资源管理、订单接收、运输和配送等；金融服务中的客户支持、业务转化处理、客户信息处理、投资管理、财务分析等。这些环节虽然也是服务产品生产的核心流程，但其对企业资源特别是知识资本的要求相对较低，附加价值也要低于上游各环节。因此，这些环节的任务一般由发达经济体中发达程度较低的服务企业，或者发展中经济体中发展水平较高的服务企业来完成。

位于下游的服务售后维护环节的附加价值进一步降低，如各服务企业的客户呼叫中心、顾客消费指导、客户投诉处理、消费满意度调查；金融业的数据管理、自动柜员机（automatic teller machine，ATM）服务等，软件业的软件运营维护、数据信息存储等。虽然售后服务很多时候要和顾客接触并维护企业的品牌形象，但由于其对知识资本要求低，更容易搜寻到低成本的可替代要素，所创造的增加值要低于上游和中游环节。因此，下游环节大多安排给发展中经济体的服务企业完成。

当然，服务产品 GVCs 各环节的附加价值高低是相对的，在上游的服务环节里也会有细分的附加值较低的生产工序，由发展中经济体的服务企业分工承担；在中游和下游的生产环节里，也会出现细分的附加值较高的服务任务，由发达经济体的服务企业完成。只不过这样的工序或任务在整个 GVCs 上游、中游和下游的生产区段内所占比重较小。也正因为如此，GVCs 分工逐渐从简单向复杂发展，并日益形成 GVCs 网络（Coe and Hess, 2007；Escaith, 2009；Dedrick et al., 2011；Baldwin and Venables, 2013；Coe and Yeung, 2015；World Bank, 2019）。

2.3.3 服务业参与 GVCs 分工的方式

由 2.3.1 节的分析可以看出，服务业国际分工传统观点和服务贸易传统统计标准，仅仅关注服务业本身直接参与国际分工和国际贸易的方式，忽视了服务业作为制造业的投入及通过制造业内部服务等间接方式来参与 GVCs 分工和贸易，更没有考虑到服务业伴随着资本和劳动力跨境流动参与 GVCs 分工的行为。因此，服务业参与 GVCs 分工可以概括为以下三种方式（图 2-13）。

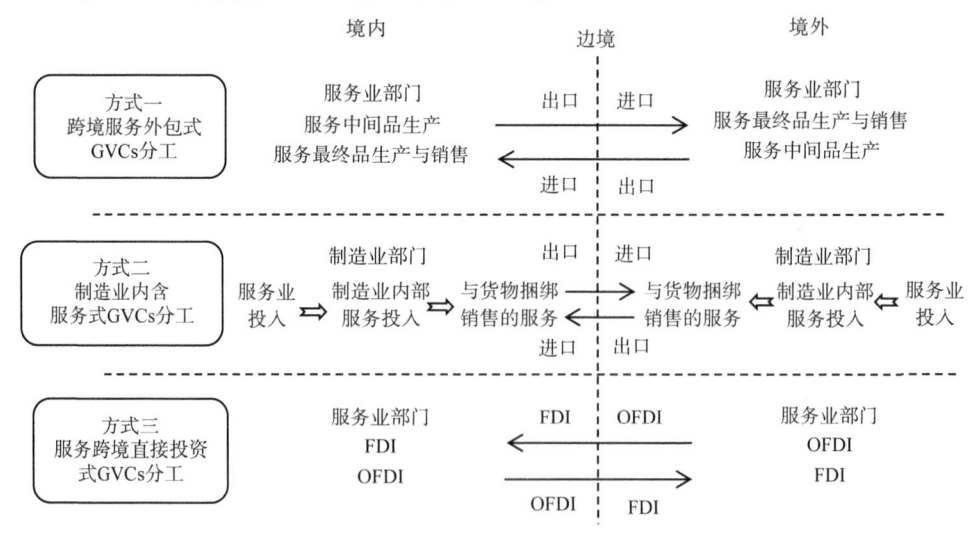

图 2-13 服务业参与 GVCs 分工方式示意图

资料来源：作者研究绘制

服务业参与 GVCs 分工的方式一跨境服务外包式 GVCs 分工和方式三服务跨境直接投资式 GVCs 分工，与制造业参与 GVCs 分工的方式相同。方式二制造业内含服务式 GVCs 分工，尽管是服务业通过制造业间接参与 GVCs 分工的表现形式，但却在服务业 GVCs 分工中占有十分重要的地位，这从前文所述制造业出口中内含服务业增加值所占比重大小，就可以看得出来。虽然在服务业出口中，也包括有的制造业投入的增加值，但比例要低得多。WTO（2019）报告发布的数据显示，世界服务出口中内含的制造业增加值仅占 10%，远远低于世界制造业出口中内含的服务业增加值比重。

1. 跨境服务外包式 GVCs 分工

正如制造业中间品生产环节的跨境外包，是 20 世纪八九十年代制造业参与 GVCs 分工的主要实现形式一样，服务产品生产任务的跨境外包——跨境服务外包，被认为是 20 世纪 90 年代末和 21 世纪初，服务业参与 GVCs 分工的主要实现方式之一（Schmerken and Golden, 1996; Harris et al., 1998; Kingson, 2002; Mears, 2003）。

既然外包是厂商将原来内部完成的业务活动，交由外部供应商来提供的战略决策（Loh and Venkatraman, 1992; Harris et al., 1998）。那么，跨境服务外包也就可以定义为，厂商把某些服务生产流程中的工作或任务转移给境外公司来生产和提供的行为（Bhagwati et al., 2004），即境内厂商从境外获得所需服务的过程（Amiti and Wei, 2004）。由于服务的发包方与承包方，为分处不同经济体的服务厂商，因此也被称为离岸外包（offshore outsourcing）（卢锋，2007）。

由此可见，跨境服务外包业务开展的过程，也就是服务产品 GVCs 形成的过程。如果跨境服务外包活动，仅涉及两个经济体的两家厂商，就形成了简单服务产品 GVCs，如果涉及多个经济体的多个厂商，则就形成了服务产品 GVCs 生产网络或复杂服务产品 GVCs。

一般认为，跨境服务外包开始于信息技术产业，并迅速向其他服务行业扩展，逐步形成以"信息技术外包"（information technology outsouring, ITO）、"商务流程外包"（business process outsourcing, BPO）和"知识流程外包"（knowledge process outsourcing, KPO）为主要形式，以发达经济体厂商为主要发包方，以发展中经济体厂商为主要承包方的跨境服务外包发展格局（Gereffi and Fernandez-Stark, 2010a）。因此，以跨境服务外包为表现形式的服务业 GVCs 分工，与制造业 GVCs 分工相比，除产品属性的差别外，没有本质上的区别。GVCs 分工的形成基本都是在发达经济体厂商和发展中经济体厂商之间展开，都是以发达经济体厂商为主导，聚焦高增加值核心业务，以发展中国家经济体为从属，承接低增加值的非核心业务。其形成的基础和动因与制造业 GVCs 分工也基本相同，都是发达经济体厂商为降低成本、提高利润、增加灵活性、提升国际竞争力，在确保产品质量的前提下，在全球范围内配置要素资源、生产地点和销售市场（Lacity et al., 1994; Fixler and Siegel, 1999; Mcivor, 2000; Costa, 2001; Fahy, 2002; Abramovsky et al., 2004; Sako, 2005, 2006; Gospel and Sako, 2010; Lopez et al., 2008）。而发展中经济体的厂商，则是通过承接发达经济体厂商外包的服务任务或活动，参与服务产品价值链某些环节的生产，在获得分工和贸易利益的同时，实现服务业升级、结构优化、就业增加、经济发展和社会进步（陈菲，2005；邹全胜和王莹，2006；卢锋，2007；江小涓，2008；Amiti and Wei, 2009; Gereffi et al., 2009; Fernandez-Stark et al., 2011; Taglioni and Winkler, 2014）。

Gereffi 和 Fernandez-Stark（2010a）通过分析不同服务业 GVCs 的知识、技能水平和所需经验，绘制了离岸服务外包的 GVCs 分工图（图 2-14）。他们将服务业 GVCs 分工区分为一般性商业服务 GVCs 分工和特定行业服务 GVCs 分工两类。前者的发包方和承包方一般均为服务型厂商，并且服务产品面向所有产业。后者

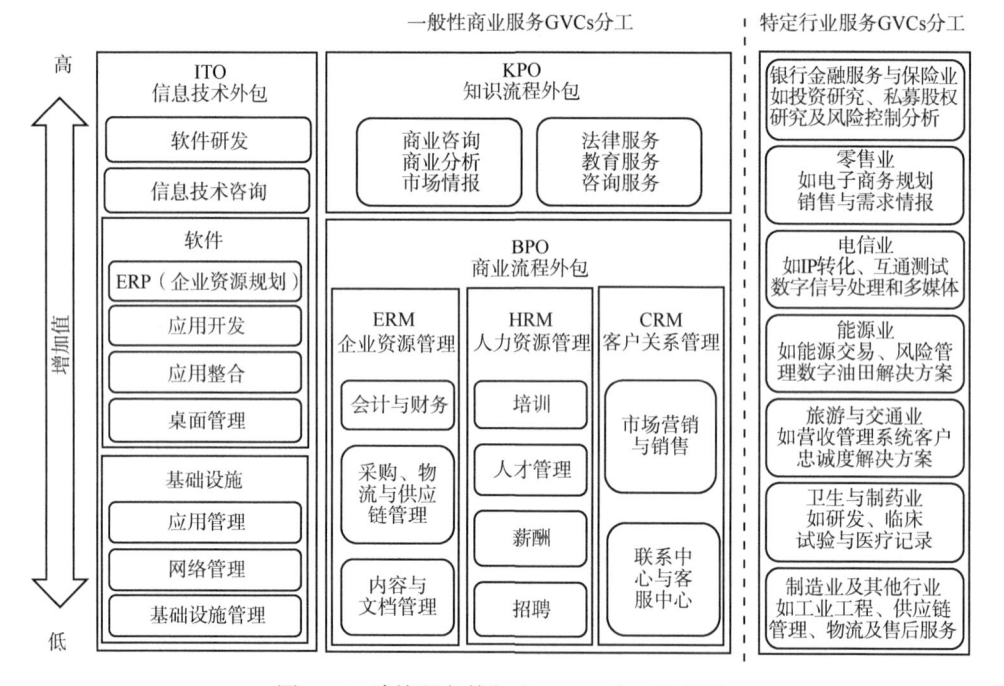

图 2-14　跨境服务外包式 GVCs 分工示意图

资料来源：Gereffi 和 Fernandez-Stark（2010a）

①特定行业：每个行业都有自身的价值链，在每个价值链中，都有相关的可以外包的服务，图中所列是对离岸服务外包需求最多的几个行业；②图中对特定行业服务的描述并不说明价值水平。每个行业可能包括 ITO、BPO 及其他高级服务活动；③企业资源规划（enterprise resource planning, ERP）；④企业资源管理（enterprise resource management, ERM）；⑤人力资源管理（human resource management, HRM）；⑥客户关系管理（customer relationship management, CRM）；⑦知识产权（intellectual property, IP）

的服务承包方为服务型厂商，但是发包方除包括金融、零售、电信、旅游和交通等服务业厂商外，还包括制造业厂商，这一类型 GVCs 分工中的服务产品，通常在承包方完成后，仅提供给发包方使用。

在图 2-14 中的一般性商业服务 GVCs 分工中，ITO 涉及从增加值低端到高端的整个离岸服务价值链，BPO 一般涉及价值链的中低端环节，而 KPO 则通常为高增加值环节。由此也可以判断出，发展中经济体的服务型厂商，从承接 ITO 服务，到承接 BPO 服务，再到承接 KPO 服务，参与 GVCs 分工的发展演变过程，也就是在推动服务业不断实现升级的过程。Fernandez-Stark 等（2011）系统总结了萨尔瓦多、尼加拉瓜等国服务厂商通过融入 ITO 外包 GVCs 分工；南非的服务厂商通过专注于 BPO 外包 GVCs 分工；印度、中国等服务厂商从 ITO 外包向 BPO 和 KPO 外包的 GVCs 分工全方位发展；捷克的服务厂商从一般商业服务外包 GVCs 分工向特定行业外包 GVCs 分工拓展等四种典型的服务业 GVCs 分工参与方式，和通过参与服务业 GVCs 分工实现服务业产业升级的过程。

2. 制造业内含服务式 GVCs 分工

制造业内含服务式 GVCs 分工，是服务业参与 GVCs 分工的第二种方式，也是传统国际分工理论所忽视但真实存在的服务业参与国际分工的方式之一。而且，随着制造业服务化程度的日益提高和不断加速，服务业以这种方式参与 GVCs 分工的重要性也在不断增强。

由于服务业的增加值"内嵌"在制造业中间品或最终品的分工生产过程中，因此，这种方式下形成的服务业 GVCs 与制造业 GVCs 成为一体，并表现为有形的、可见的实物性中间品或最终品的生产与跨境流动。与跨境服务外包式 GVCs 分工相比，这种形式的 GVCs 分工有以下特点。

（1）没有服务中间品或最终品的直接跨境流动和交易，而是内含在制造业中间品或最终品的总价值中间接实现跨境流动和交易。

（2）作为制造业投入的服务，既可能是服务要素、服务中间品，也可能是服务最终产品。

（3）服务投入可能发生在制造业产品生产的各个阶段（表 2-2）。

（4）所需服务投入，制造业厂商可能从外部购买，也可能内部自己生产。

（5）这种方式下的服务业 GVCs 参与程度，按照传统总值贸易统计方式难以测算和反映出来。

（6）这种方式下的 GVCs 分工的产业、经济和社会升级效果，受到服务业和制造业的相互影响，既可能相互促进，也可能相互制约（Gereffi and Fernandez-Stark，2010b）。

（7）这种方式的服务 GVCs 分工，与跨境服务外包式 GVCs 和 FDI 式服务

GVCs 分工的联系越来越密切。因为，随着服务业开放和投资自由化的推进，跨境服务外包和跨境直接投资中，来自境外的服务要素、服务中间品和最终产品，也在越来越多地投入到各经济体制造业的 GVCs 分工中（图 2-15）。这既反映了三种服务业 GVCs 分工方式之间的交叉性，也反映了服务业 GVCs 和制造业 GVCs 分工之间的不可分割性，更进一步阐释了当前的 GVCs 分工的网络特征（Baldwin and Venables，2013；Altomonte et al.，2015；Tsekeris，2017）。

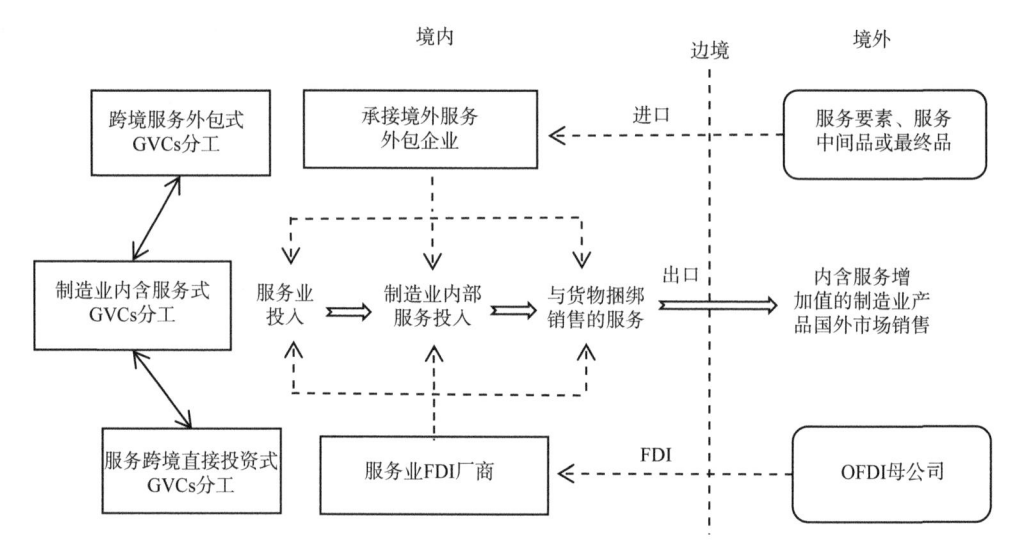

图 2-15 制造业内含服务式 GVCs 分工与其他方式的联系示意图

资料来源：作者研究绘制

虚线表示制造业内含服务式 GVCs 分工与其他两种分工方式的联系路径

3. 服务跨境直接投资式 GVCs 分工

服务跨境直接投资式 GVCs 分工，是指通过接受 FDI 在境内设立服务型外商投资企业，或者通过 OFDI 在境外设立服务型企业，参与服务业国际分工而形成的服务业 GVCs 分工（Lanz and Maurer，2015；原小能，2016；Miroudot and Ye，2018a；Hur，2019）。

这种方式的服务业 GVCs 分工与制造业 GVCs 分工，在形成过程上是一致的，都是厂商通过跨境直接投资，将生产流程中的部分环节或任务配置到境外生产，并将生产出的中间品或最终品在境外市场销售或出口，而形成的 GVCs 分工参与方式。按照 WTO 对服务贸易的定义，这也是境外企业以"商业存在"（commercial presence）的形式，在一个经济体境内开展的跨境服务贸易行为，是跨境服务贸易的四种模式之一（WTO，2004）。根据 UNCTAD 发布的《世界投资报告 2019》（world investment report 2019）公布的统计数据，世界服务业 OFDI 占全部 OFDI

的比重已超过制造业，并由 2010 年之前的 50%左右，提高到目前的 60%以上（UNCTAD，2010，2019b）。由此可见，通过跨境直接投资在境外设立"商业存在"形式的实体性服务企业或分支机构，来参与服务业 GVCs 分工并构建服务业 GVCs，已明显超过制造业，成为跨境企业参与服务业 GVCs 分工的重要生产组织方式。因此，服务业 FDI 发展的过程，也是服务业跨境公司在全球配置资源和布局生产流程的过程，是服务业 GVCs 形成和全球扩张的过程（Yeaple，2006；Berlingieri，2014，Andrenelli et al.，2018；Miroudot and Ye，2018a，2019）。

但对于服务业来说，其价值增值不是存在于某种实物形态中，而是存在于生产和提供服务的过程中。由于服务型外商投资企业提供的是无形服务，因此其无法像制造业企业那样，提前生产出有形的产品供客户选择。也就是说，客户在购买服务产品前，无法感知和看到服务，因此，只能依据提供服务的企业在市场上的声誉、品牌影响力等来选择服务的供给方，而这些通常都来自外商投资企业的境外母公司。当买方选定某个外商投资服务企业时，价值创造也就已经开始了。之后，服务企业分析客户的需求，并根据客户的特殊要求，为顾客设计服务内容或服务解决方案，这些任务通常要在东道方市场来实施和完成。在给客户提供该服务的过程中，除利用该经济体境内当地的人才、知识、资本和信息资源外，也会不可避免地使用来自母公司的服务要素或服务中间品的投入。这也就在投资方经济体市场、东道方经济体市场，以及第三方经济体市场之间，围绕某项服务产品形成了 GVCs 分工（图 2-16）。

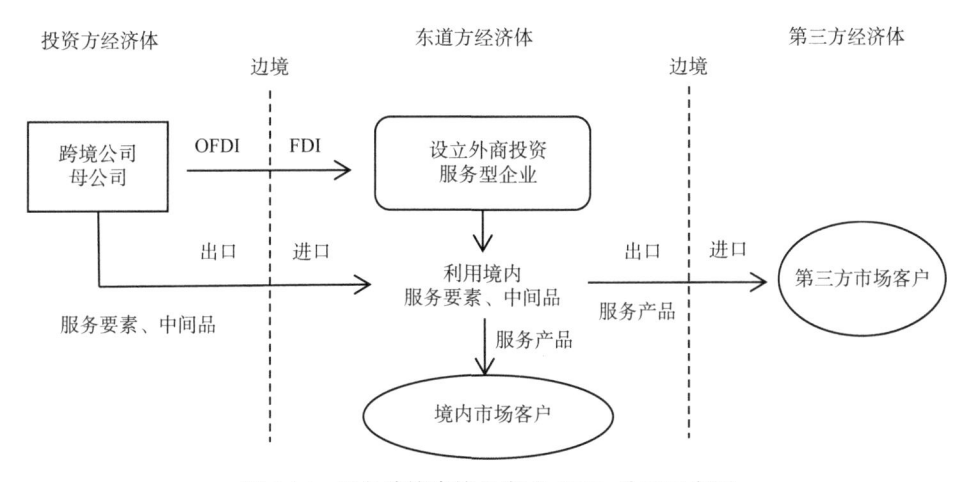

图 2-16 服务跨境直接投资式 GVCs 分工示意图

资料来源：作者研究绘制

同制造业领域的跨境直接投资一样，跨境企业通常出于不同的动机或目的，选择在某一个经济体投资设立服务型企业（或分支机构）。有些是为了进入和占领该经济体的市场，因此服务产品主要面向该经济体当地消费者（如零售、建筑、房地产部门的外商投资企业）；有些是为了利用该经济体的低成本比较优势或政策优惠，其服务产品会面向全球市场用户（如银行、保险、电信、旅游、交通和会计、法律等服务业部门的外商投资企业）；有些则是为了利用该经济体的科研条件和人才资源，更高效地开展技术研发、产品设计等（如科学研究服务部门的外商投资机构）；还有些是为了更方便、高效地获取市场信息（如贸易、市场调研领域的外商投资分支机构）等。在后两种情况下，其主要目的是服务于母公司的技术研发、产品设计和市场营销需要。除第一种情况外，其他三种情况下的外商投资服务型企业或分支机构，所参与分工形成的服务业 GVCs，就会出现与跨境服务外包式 GVCs 分工和制造业内含式 GVCs 分工相互交叉和融合，构成复杂的服务业 GVCs 分工网络（图 2-17）。

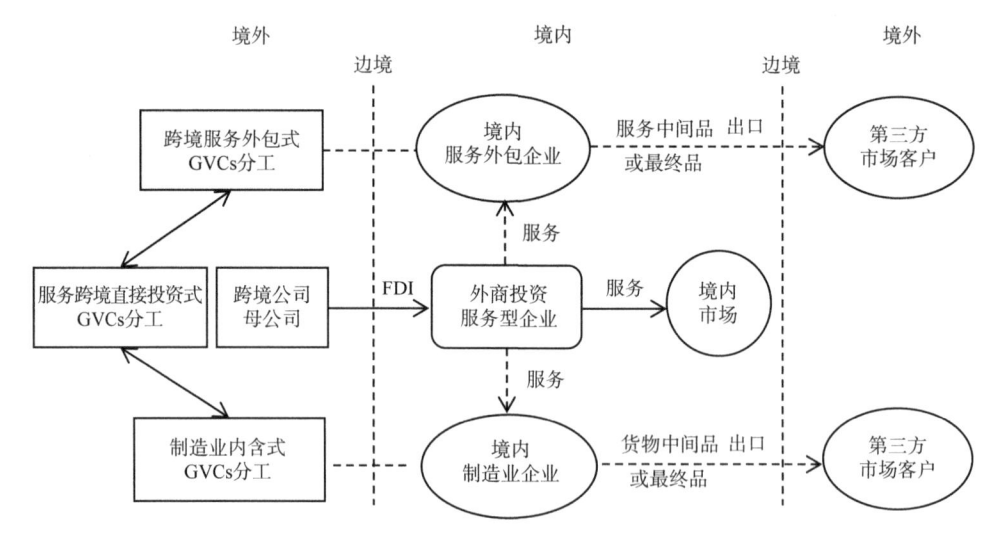

图 2-17　服务跨境直接投资式 GVCs 分工与其他方式的联系示意图

资料来源：作者研究绘制

虚线表示服务跨境直接投资方式 GVCs 分工与其他两种分工方式的联系路径

2.4　小　结

本章在阐释 GVCs 的含义、总结 GVCs 的分类、梳理 GVCs 理论发展历程、归纳 GVCs 产生基础与动因的基础上，概述了服务业 GVCs 的形成与特点，对服务业参与 GVCs 分工的方式进行了详细研究。

根据不同学者或国际组织对 GVCs 定义的描述，我们将 GVCs 的含义概括为：

GVCs 是货物或服务生产中不同任务（环节或工序）在不同企业间的生产分工（或分割）；参与 GVCs 中货物和服务任务生产分工的企业至少分布在两个不同的经济体；参与 GVCs 分工的企业之间存在某种形式的供求和利益分配与协调关系；GVCs 中各个参与企业创造的增加值之和构成最终产品的价值；GVCs 的形成有投资设立境外企业、跨境离岸外包等多种形式；GVCs 生产分工引发中间品的跨境贸易和流动增加。

GVCs 根据形成中的中间品（及内涵生产要素）跨境次数多少，可以划分为简单 GVCs 和复杂 GVCs；按照 GVCs 上下游厂商之间的链接方式，可以划分为蛇形 GVCs 和蛛网形 GVCs；参照 GVCs 主导厂商的主营业务属性，可以划分生产商驱动型 GVCs 和采购商驱动型 GVCs；依据 GVCs 治理方式差异，可以区分为市场型、模块型、关系型、俘获型和层级型 GVCs。随着技术进步、协调方式、各国政策调整，以及参与分工的企业数量和影响力变化，GVCs 分工类型日趋多样化，现有分工类型之间的界限也日益模糊。

对 GVCs 分工概念的理解和术语的使用，经过了一个从"混乱"到"统一"的过程。GVCs 分工理论框架的基本形成，从 20 世纪六七十年代到现在也经历了几十年的发展演变历程。在对 GVCs 分工现象认识、理解、分析和归纳的基础上，学者从经济学和管理学两条路径，对 GVCs 分工进行了理论阐释、经验检验和案例研究，初步形成由跨境生产组织理论、GVCs 分工测度方法与指标和 GVCs 治理与升级理论构成的理论框架。这一理论框架的形成，一方面以传统比较优势、要素禀赋、规模经济和不完全竞争理论为基础；另一方面是把新制度经济学中的制度与交易成本作为重要基础和动因，而更重要的是在企业异质性和契约理论基础上，创新性地提出了企业跨境生产组织理论。

服务业 GVCs 的形成，与制造业 GVCs 具有相同的背景，并且始终伴随着制造业 GVCs 分工的发展和形成过程，但服务业自身的生产组织特点，使得服务业 GVCs 中增加值与生产流程顺序的关系，呈现递减趋势的烟斗形或"L"形曲线，而不是制造业 GVCs 典型的"U"形曲线。

服务业参与 GVCs 分工的方式，相比制造业 GVCs 分工更加复杂，可以概括为跨境服务外包式 GVCs 分工、制造业内含服务式 GVCs 分工和服务跨境直接投资式 GVCs 分工三种方式，在具体实践中，这三种服务业 GVCs 分工方式会相互交叉与融合，呈现出服务业 GVCs 分工的网络特征。

第3章 服务业增加值贸易核算原理

3.1 增加值贸易

3.1.1 增加值贸易的含义

GVCs 分工下，传统总值贸易统计标准所带来的重复统计或统计幻觉问题（Srholec，2007；Koopman et al.，2008），以及由此引发的贸易利益的"所见非所得"（Maurer and Degain，2010）和对贸易不平衡的重新认识（Benedetto，2012；Stehrer，2013；李昕和徐滇庆，2013），引发了学界和国际组织对引入新的贸易统计标准和方法的讨论。Escaith（2008）提出了 GVCs 分工下按 TiVA 统计的必要性及对国际贸易统计标准改革的重要意义。2012 年 OECD 和 WTO 联合发布报告，就 TiVA 的概念、核算方法和面临的挑战进行了深入讨论，并共同开展 TiVA 核算研究（OECD and WTO，2012a，2012b）。之后，Powers（2012）、赵玉焕和常润岭（2012）、贾怀勤（2013）、Foster-McGregor 和 Stehrer（2013）、马涛与刘仕国（2013）、刘丽萍（2013）、张磊和徐琳（2013）等一批学者，也分别就 TiVA 的含义、统计应用及其影响等，从不同角度进行了探究。

TiVA 是衡量一个经济体出口的任何产品或服务在生产中所增加的价值（劳动报酬、纳税、经营盈余或利润）（Ahamad，2013）。它是由一个经济体生产并通过出口而被其他经济体吸收的增加值（Koopman et al.，2010）。它是基于每一生产阶段的增加值来衡量贸易的概念，只有某个经济体生产某种出口产品或服务时所增加的价值在境外被最终消费吸收时，才会被记为该经济体的出口，被称为增加值出口（value added export，VAE）（Javorsek and Camacho，2015）。同理，一个经济体进口产品或服务中，在境外所创造并被本经济体最终消费吸收的增加值才会被记为该经济体的进口，被称为增加值进口（value added import，VAI）。

因此，TiVA 通过衡量 GVCs 分工下，一个经济体出口商品和服务在生产过程中本经济体所增加的价值，以及进口商品和服务中完全在出口经济体所创造的增加值，才被统计为该经济体的出口和进口，这就解决了传统总值贸易统计数据中存在的重复计算问题。图 3-1 和图 3-2 描绘了这一原理。参与该产品 GVCs 分工的经济体有四个，经济体 A、B、C 分别承担原料提取、生产加工和装配制造环节，经济体 D 为该产品最终需求方。从图 3-1 可以看出，按照传统出口贸易总值核算，这四个经济体之间的出口额合计是 100 美元，而如果只将出口国创造的增加值统计为出口，即按照 TiVA 标准来测算，这四个经济体之间的出口额合计仅为 72 美元，传统出口贸易统计标准下有 28 美元的重复计算。在图 3-2 的示例中，按照传统进口贸易总值核算，四个经济体之间的进口额合计是 100 美元，而如果只将出口国创造的增加值统计为进口，即按照 TiVA 标准来测算，四个经济体之间的进口额合计也是 72 美元，传统进口贸易统计标准下同样产生 28 美元的重复计算。

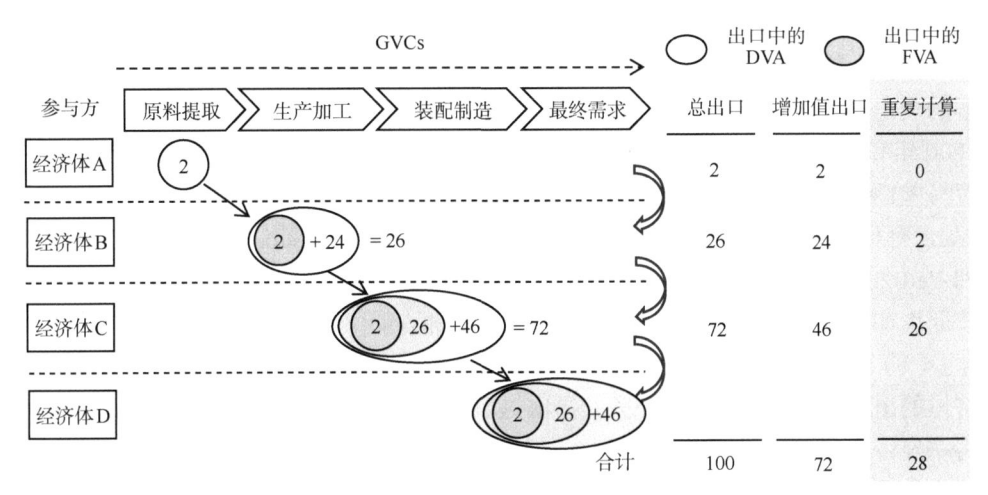

图 3-1　GVCs 分工下的 TiVA 出口统计示意图

资料来源：根据 UNCTAD（2013）的研究绘制

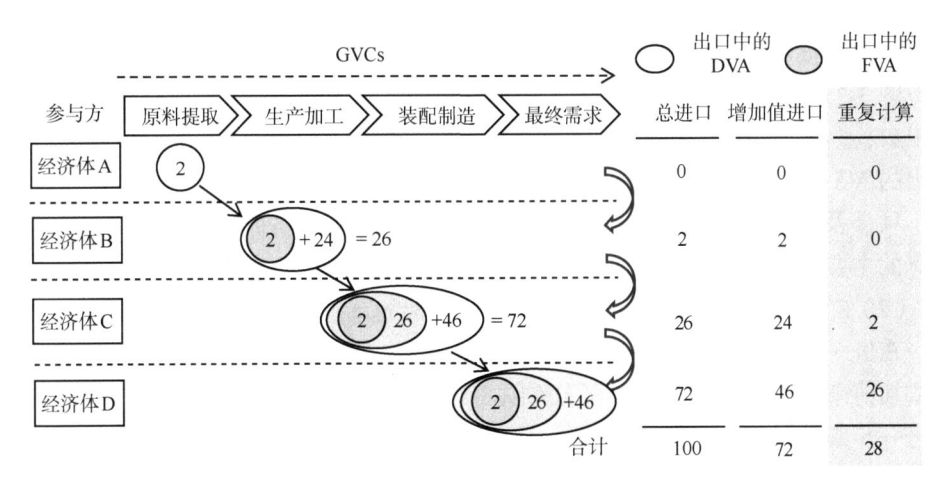

图 3-2　GVCs 分工下的 TiVA 进口统计示意图

资料来源：作者研究绘制

由此可以清楚地看出，在 GVCs 分工下，以总值贸易为标准的传统贸易统计方式，会严重高估经济体之间的贸易规模。传统贸易统计下的贸易规模，不能真实反映 GVCs 分工下，各经济体在分工生产中所创造或贡献的实际价值，不能准确体现各经济体所获得的分工利益，并扭曲经济体之间的贸易不平衡状况。

3.1.2 增加值贸易核算

继 Koopman 等（2008）对中国总出口中的 FVA 和 DVA 做出分解研究后，Daudin 等（2009）提出对一经济体出口产品全部价值按照 GVCs 分工活动进行增加值分解的理论框架。WTO 和 IDE-JETRO（2011）基于 AIIOT，测算了部分亚洲国家 2000 年和 2008 年的部分行业出口中的境外增加值份额，以及按增加值测算的中美贸易差额变化。Koopman 等（2010，2012，2014）、Foster-McGregor 和 Stehrer（2013）、Wang 等（2013）、王直等（2015）、Borin 和 Mancini（2015）、Los 等（2016）、Miroudot 和 Ye（2017，2018a）、Los 和 Timmer（2018）等学者，则根据国际投入产出原理，按照增加值来源探索建立起 TiVA 的统计分解框架。

（1）KPWW 核算框架：在 Hummels 等（2001）基于单国投入产出模型将一经济体的出口分解为 DVA 和 FVA，提出 GVCs 的 VS 度量方法和 Daudin 等（2009）将一经济体出口后又返回（复进口）的增加值（VS1*）考虑进 TiVA 核算中的基础上，Koopman 等（2010）基于国家间非竞争性投入产出模型，将贸易产品区分为中间品和最终品，并考虑加工贸易的情况下，将一经济体总出口按照增加值来源分解为五个部分，被简称为 KPWW 框架，初步构建起 TiVA 核算框架，同时在贸易的增加值核算和官方贸易统计之间建立起联系。

图 3-3 中，（1）+（2）+（3），即是 Johnson 和 Noguera（2012a）提出的增加值出口；（4）等于 Daudin 等（2009）提出的 VS1*；（5）等于 Hummels 等（2001）提出的 VS；（4）+（5）等于 Hummels 等（2001）提出的 VS1。第（3）、（4）和（5）项涉及增加值跨越边境至少两次，因此是造成各经济体传统贸易统计中重复计算的主要来源。

（2）KWW 核算框架：在 KPWW 核算框架的基础上，基于国家间投入产出模型，在进一步考虑重复统计的因素后，Koopman 等（2014）将一经济体总出口按照增加值来源重新分解为九个部分（图 3-4），简称为 KWW 核算框架，使 TiVA 核算进一步细化。该核算框架弥补了传统总值贸易统计和按增加值的国民核算之间的差距，并将以往文献中关于 VS 和 TiVA 的所有衡量标准纳入一个统一的核算框架内。

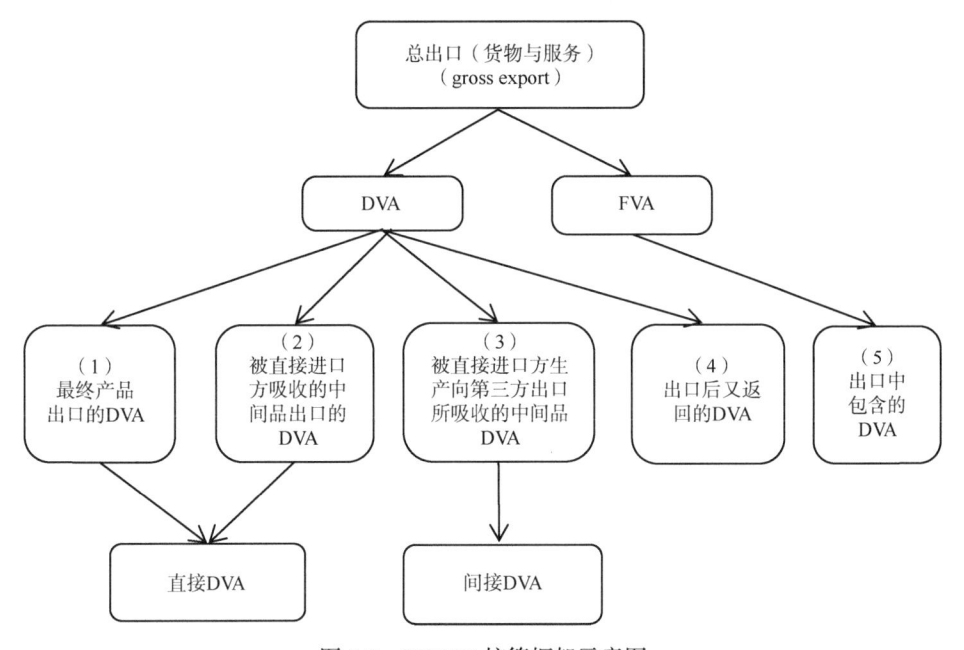

第3章　服务业增加值贸易核算原理

```
                总出口（货物与服务）
                  （gross export）
                    ↓        ↓
                   DVA      FVA
        ↓     ↓      ↓       ↓      ↓
      (1)    (2)    (3)     (4)    (5)
     最终产品 被直接进口 被直接进口方生 出口后又返 出口中
     出口的DVA 方吸收的中 产向第三方出口 回的DVA  包含的
              间品出口的 所吸收的中间品        DVA
              DVA      DVA
        ↓     ↓         ↓
        直接DVA         间接DVA
```

图3-3　KPWW核算框架示意图

资料来源：根据Koopman等（2010）的研究绘制

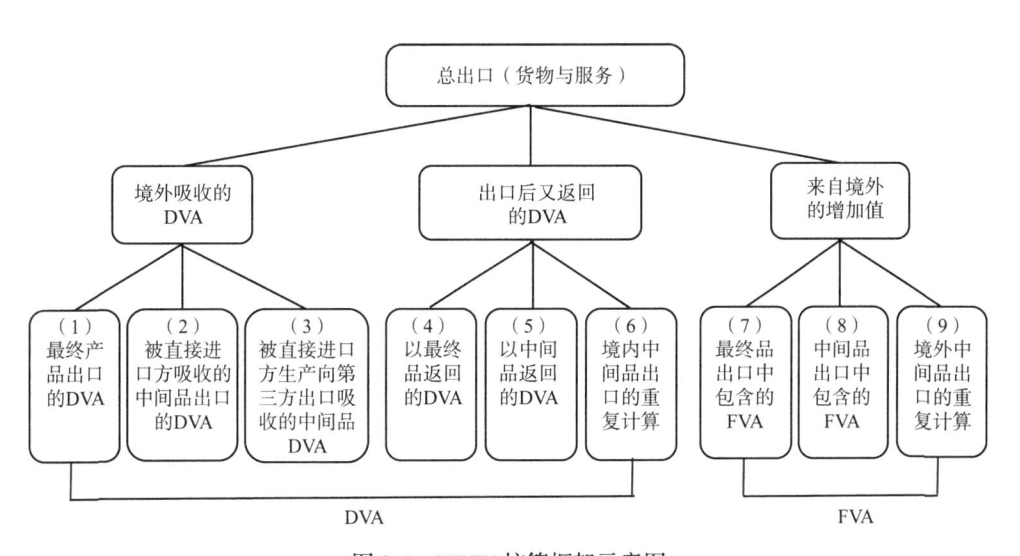

```
                总出口（货物与服务）
         ↓              ↓              ↓
      境外吸收的      出口后又返回    来自境外
        DVA           的DVA         的增加值
    ↓    ↓    ↓    ↓    ↓    ↓    ↓    ↓    ↓
   (1)  (2)  (3)  (4)  (5)  (6)  (7)  (8)  (9)
   最终产 被直接进 被直接进 以最终 以中间 境内中 最终品 中间品 境外中
   品出口 口方吸收 口方生产 品返回 品返回 间品出 出口中 出口中 间品出
   的DVA 的中间品 向第三方 的DVA 的DVA 口的重 包含的 包含的 口的重
         出口的   出口吸             复计算  FVA   FVA   复计算
         DVA     收的中间品
                  DVA
   └──────────DVA──────────┘       └──────FVA──────┘
```

图3-4　KWW核算框架示意图

资料来源：根据Koopman等（2014）的研究绘制

图3-4中，（1）+（2）+（3），即Johnson和Noguera（2012a）提出的增加值出口；（1）+（2）+（3）+（4）+（5）等于一经济体GDP核算中的出口；（1）+（2）+（3）+（4）+（5）+（6）是一经济体出口中的DVA；（3）+（4）+

（5）+（6）等于 Hummel 等（2001）的 VS1；（7）+（8）+（9）等于 Hummel 等（2001）的 VS；（4）+（5）+（6）等于 Daudin 等（2009）的 VS1*；第（3）～（9）项涉及增加值跨越边境至少两次，因此是各经济体传统贸易总值统计方式中重复计算的来源。

（3）WWZ 核算框架：Wang 等（2013）、王直等（2015）将 Koopman 等（2014）提出的一个经济体总贸易流分解法扩展到部门、双边和双边/部门层面，把各层面的国际贸易流都分解为增加值出口、返回的 DVA、FVA 和 PDC 的中间品贸易等组成部分，并根据贸易品的增加值来源、最终吸收地和吸收渠道的不同，将总贸易分解为 16 个部分（图 3-5），被称为 WWZ 核算框架。该核算框架在传统贸易统计与国民经济核算体系之间建立了一个系统性的联系，同时揭示了国际贸易研究中广泛使用的指标，如贸易平衡、VS、增加值出口和 RCA 等在方法上的局限，并对这些指标做了重新诠释。

图 3-5 中，（1）+（2）+（3）+（4）+（5），即 Johnson 和 Noguera（2012a）提出的增加值出口；（1）+（2）+（3）+（4）+（5）+（6）+（7）+（8）+（13）+（14）等于一经济体 GDP 核算中的出口；（1）+（2）+（3）+（4）+（5）+（6）+（7）+（8）是一经济体出口中的 DVA；（3）+（4）+（5）+（6）+（7）+（8）等于 Hummel 等（2001）的 VS1；（9）+（10）+（11）+（12）+（15）+（16）等于 Hummel 等（2001）的 VS；（6）+（7）+（8）等于 Daudin 等（2009）的 VS1*；第（6）～（16）项涉及增加值跨越边境至少两次，因此是各经济体传统贸易总值统计方式中重复计算的来源。

比较 KPWW、KWW 和 WWZ 三个核算框架可以看出，基于国家间投入产出模型，可以更加深入、细致地追踪一个经济体总出口中贸易品的增加值来源、最终吸收地和吸收渠道。WWZ 框架是 KWW 框架在经济体/部门层面，对出口经济体增加值流向进一步细分的结果。

除以上按增加值来源对一个经济体总出口进行分解，从而测算 TiVA 的核算框架外，Stehrer（2012，2013）、Foster-McGregor 和 Stehrer（2013）、Los 等（2015，2016）、Aslam 等（2017）、Miroudot 和 Ye（2017，2018b）、Los 和 Timmer（2018）等学者，也分别提出了对一经济体贸易按照增加值来源进行分解，从而核算 TiVA 的方法。这些分解和核算方法的基本原理与 KPWW、KWW 和 WWZ 基本一致，分解结果也大同小异。

因此，根据 KPWW、KWW 和 WWZ 核算框架，按照 TiVA 的含义，可以得出以下结论。

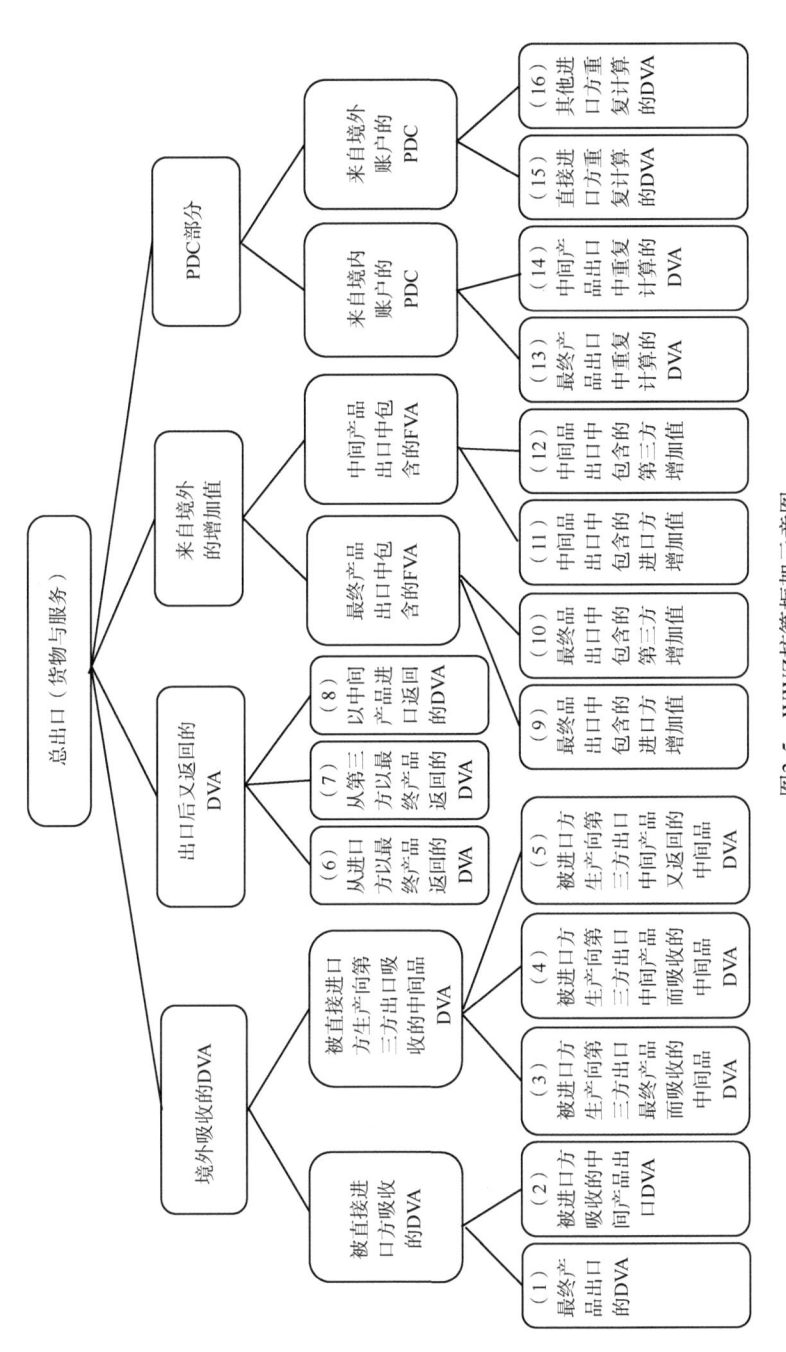

第3章 服务业增加值贸易核算原理

图3-5 WWZ核算框架示意图

资料来源：根据Wang等（2013）、王直等（2015）的研究绘制

一经济体的 TiVA 出口 = 总出口-出口又返回的 DVA-来自境外的增加值-纯重复计算

= 境外吸收的 DVA

= 境内直接增加值 + 境内间接增加值

用公式表示为

$$E_i^{\text{TiVA}} = E_i^{\text{Gross}} - \text{RDV}_i - \text{FVA}_i - \text{PDC}_i$$
$$= \text{DVA}_i \qquad (3\text{-}1)$$
$$= \text{DVA}_i^D + \text{DVA}_i^I$$

其中，E_i^{TiVA} 代表一经济体的 TiVA 出口；E_i^{Gross} 代表该经济体传统总值贸易统计的总出口；RDV_i 代表该经济体出口又返回的 DVA；FVA_i 代表来自境外的增加值；PDC_i 代表来自境内外账户的纯重复计算；DVA_i 代表该经济体的 DVA，DVA_i^D、DVA_i^I 分别代表直接境内增加值和间接境内增加值。按照一经济体的出口等于其他经济体的进口这一基本原理，一经济体的 TiVA 进口 = 总进口-出口又返回的 DVA-纯重复计算 = 来自境外的增加值

用公式表示为

$$I_i^{\text{TiVA}} = I_i^{\text{Gross}} - \text{RDV}_i - \text{PDC}_i$$
$$= \text{FVA}_i \qquad (3\text{-}2)$$

其中，I_i^{TiVA} 代表一经济体的 TiVA 进口；I_i^{Gross} 代表该经济体传统总值贸易统计的总进口；其他同式（3-1）。

3.1.3 增加值贸易核算的数据来源

GVCs 分工决定着一个经济体无法通过本经济体的数据来核算自己的 TiVA 及其变化情况。由于企业一般缺乏对生产过程的详细记录，因此，造成企业增加值数据的直接获取十分困难（Lenzen et al., 2012；Yuskavage, 2013；李昕, 2014）。而要获得各经济体及其行业间的投入产出增加值，就需要建立可将各经济体之间生产加工信息联系在一起的国际投入产出表（Timmer et al., 2012；Lenzen et al., 2013；Tukker and Dietzenbacher, 2013, Dietzenbacher et al., 2013）。因此，国际投入产出数据就成为 TiVA 核算的基础。

国际社会在编制国际投入产出数据表上，付出了艰苦的努力并已取得显著进展。目前，国际上已发布应用的几个主要国际投入产出数据表有：欧盟委员会资助编制的 WIOT；OECD 编制的 ICIO 表；Eora 编制的 MRIO 表；美国普渡大学 GTAP 项目编制的 GTAP-ICIO 表；亚洲开发银行编制的 ADB-MRIO 表；欧洲研究框架项目（European research framework programs）资助编制的"多区域投入产出

表"（MR-IOT）和日本 IDE-JETRO 编制的 AIIOTs。以上几个国际投入产出表涵盖的经济体/地区、产业/部门和可提供数据年份见表 3-1。

表 3-1 主要国际投入产出表对比

名称（缩写）	编制机构或资助项目	涵盖经济体	涵盖产业/部门/产品	数据年份
WIOT	欧盟委员会	43 个经济体，1 个 ROW	56 个部门	2000~2014
OECD-ICIO	OECD	64 个经济体，1 个 ROW	36 个产业	2005~2015
MRIO	Eora	187 个经济体	26 个部门	1990~2015
GTAP-ICIO	美国普渡大学	121 个经济体，20 个地区	65 个部门	1995，1997，2001，2004，2007，2011，2014
ADB-MRIOs	亚洲开发银行	62 个经济体，1 个 ROW	56 个部门	2000~2017
MR-IOT	欧洲研究框架项目	43 个经济体，5 个 ROW 地区	164 个产业/200 种产品	2000，2007，2011
AIIOTs	日本 IDE-JETRO	10 个亚洲经济体	76 个产业/24 个部门	1985，1990，1995，2000，2005

资料来源：作者根据各个数据库网站信息整理

基于 OECD 编制的 ICIO 表，OECD 和 WTO 联合建立了 TiVA 数据库，本书完稿时最新版数据库于 2018 年 12 月发布。依据 Eora 编制的 MRIO 表，UNCTAD 与澳大利亚悉尼大学联合建立了 GVCs 数据库，并不定期更新。对外经济贸易大学全球价值链研究院，则根据 WWZ 核算框架，综合采用 WIOT、OECD-ICIO、GTAP-ICIO、MRIO 和 ADB-MRIOs 所提供的基础数据，编制了由 GVCs 生产分解指数（Index1_prod）、双边总贸易流分解指数（Index2_trade）和 GVCs 长度分解指数（Index3_length）构成的 UIBE_DVC_ indicators 指标体系，并在不定期更新的基础上，与 WTO、世界银行、OECD 和日本 IDE-JETRO 联合发布 GVCs 发展报告（global value chain development report）。

3.2 服务业增加值贸易

根据 TiVA 的含义，服务业增加值贸易可以定义为：按增加值计算的一个经济体服务业的进出口，包括服务业 TiVA 进口和服务业 TiVA 出口两部分。境外服务业创造的增加值，进口到本经济体并被最终吸收，才被计入该经济体的服务业进口，被称为服务业 TiVA 进口；本经济体服务业生产中创造的增加值，出口到境外并被最终吸收才会被记为该经济体的服务业出口，被称为服务业 TiVA 出口。

按照第 2 章 2.3 节对服务业参与 GVCs 分工方式的分析，服务业通过跨境服务外包[①]，作为制造业的投入和服务跨境直接投资等三种方式，直接和间接地参与服务业 GVCs 分工。因此，完整的服务业 TiVA 是由这三种 GVCs 分工方式带来的增加值出口和进口所构成。

3.2.1 跨境服务外包下的服务业 TiVA

跨境服务外包式 GVCs 分工方式下，一个经济体 A 的企业接受境外服务产品订单生产，并出口服务中间品或最终品。这些出口服务中间品或最终品中的增加值，会有三种可能的流向：一是全部或部分被进口方（经济体 B）在最终消费吸收；二是全部或部分被进一步出口到第三方（经济体 C）市场；三是全部或部分被返销回出口经济体 A。进一步出口到经济体 C 的服务中间品或最终品，也有可能被经济体 C 再次出口到其他第三方经济体市场、原出口方经济体 A 或返销至原进口方经济体 B，返销回经济体 A 的服务中间品或最终品，也有可能被再次出口到其他经济体（图 3-6）。这一过程可能会继续下去，直至该服务产品的全部或部分增加值被某个经济体的最终需求所吸收。同样，经济体 A 从境外采购和进口的服务中间品或最终品的 FVA，也可能会出现与服务出口情景下相同的被直接吸收、多次再出口和返销的情况。

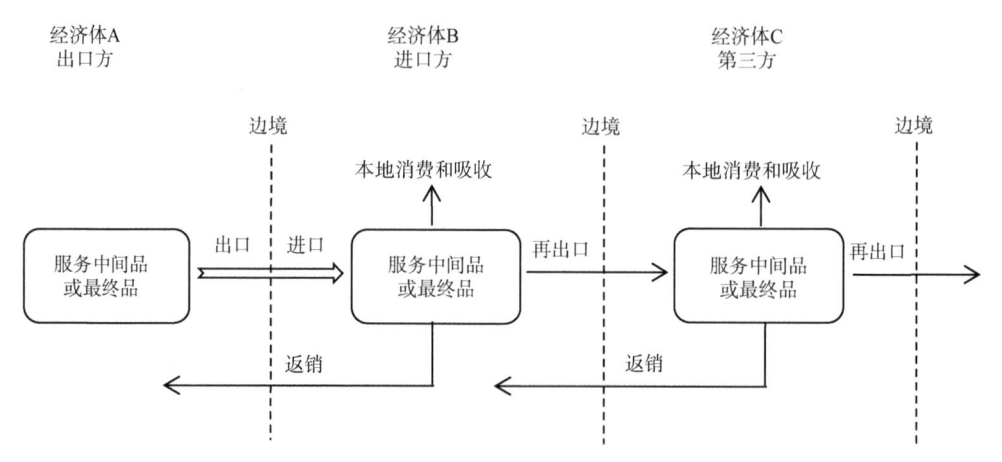

图 3-6　服务产品出口的增加值流动示意图

资料来源：作者研究绘制

---

①这里所指的跨境服务外包是 GVCs 分工理论形成中，所使用的广义的跨境服务外包概念，而不是仅包括 ITO、BPO 和 KPO 的狭义跨境服务外包概念。接受境外订单生产和出口服务业中间品和最终品，从境外采购和进口服务业中间品和最终品，均包含在内。也就是等同于传统总值贸易服务贸易所统计的范围。

由此可见，GVCs分工下出现的服务中间品或最终品多次跨越边境的现象，是导致传统总值贸易统计标准下服务贸易重复计算的主要原因。一个经济体服务中间品或最终品出口的增加值，只有在境外被消费掉，即被境外市场的最终需求所吸收，才应被计算为该经济体真实的TiVA出口。一个经济体服务中间品或最终品进口的增加值，只有被该经济体的市场最终需求所吸收，才应被计算为该经济体真正的TiVA进口。

3.2.2 作为制造业投入的服务业TiVA

作为制造业重要投入的服务中间品或最终品，通常包括两部分：一部分是制造业企业从外部采购的服务；另一部分是制造业企业内部自己提供的服务。但无论来自制造业企业外部还是内部，这些服务业中间品或最终品的增加值，均内含在货物中间品或最终品的出口和进口中实现增加值跨越边境的流动，因此是服务业增加值的间接出口和进口，也应属于按增加值标准统计的一个经济体服务贸易的组成部分，被计入该经济体的服务业TiVA。但在传统总值贸易统计标准下，内含在制造业进出口产品中的服务业贡献的这部分增加值，被作为货物贸易而非服务贸易统计。

内含在货物生产和出口中的服务增加值，由制造业企业内部提供的，一般是来自企业所在经济体的境内，因此，应计入该经济体的服务业TiVA出口[①]。但制造业企业从外部采购的作为生产投入的服务中间品或最终品，可能来自境内或境外，采购自境内的也可能来自内资企业或外资企业（图3-7）。采购自境内的服务

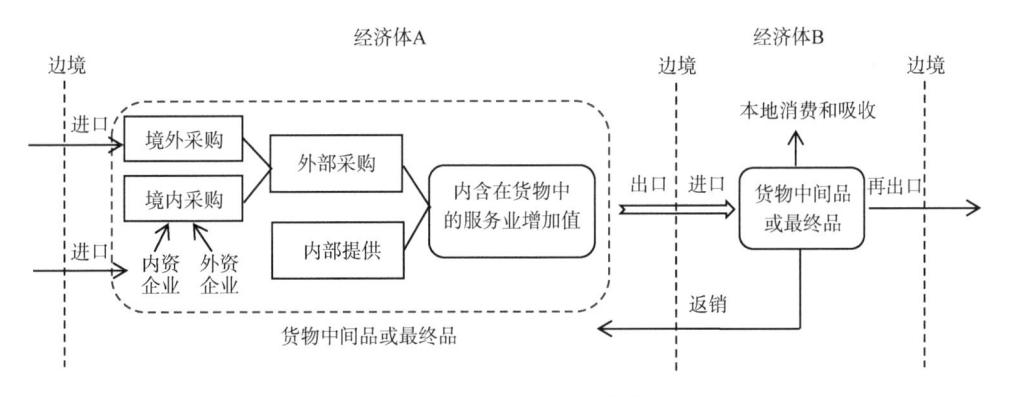

图3-7 货物产品出口内含服务业增加值流动示意图

资料来源：作者研究绘制

---

①对于制造业外商投资企业，由于企业生产经营管理和技术人员，会有一部分来自境外，因此，按照属权原则，制造业外商投资企业中，境外人员在外商投资企业内部提供的服务投入，则相当于从境外进口的服务。

投入的增加值，才能计入该经济体的服务业 TiVA 出口（不过，采购自境内的服务投入，无论来自内资还是外资企业，如果其中包括境外进口服务增加值成分，则应进行扣除）；而采购自境外的服务投入的增加值和采购自境内的服务投入中所包含的境外进口服务增加值成分，应计入该经济体的服务业 TiVA 进口。

同跨境服务外包下的服务业 TiVA 核算情况一样，内含有服务业增加值的货物中间品或最终品，被出口到境外（经济体 B）后，也会存在被进口方消费和吸收、再出口到第三方和返销回出口方（经济体 A）三种可能（图 3-7），从而不可避免地带来内含服务业增加值的重复计算问题。因此，内含在货物产品中的服务业增加值，也应按照最终需求吸收原则，只有被境外最终需求所吸收的货物产品出口中内含的服务业增加值，才应被计入一个经济体的服务业 TiVA 出口，只有被境内最终需求吸收的货物产品进口中内含的服务业增加值，才应被计入该经济体的服务业 TiVA 进口。

由于当前的国际投入产出表的编制，没有把在一个经济体的服务业 FDI 企业与该经济体本地企业区分出来，且尚无法按照属权原则，准确反映在该经济体的 FDI 服务企业所生产与销售的全部服务增加值中，归属投资方与东道方的比例份额（Cadestin et al.，2018a，2018b，2019）。另外，从如图 2-15 和图 2-17 所示意的服务跨境直接投资式 GVCs 与其他两种方式的服务业 GVCs 分工的不可分割的联系上，也可以看出，现行的国际投入产出表中的数据，已经包含了服务跨境直接投资企业的 TiVA 进出口。因此，这里不再对服务跨境直接投资方式下的 TiVA 进出口进行单独分析。

综上所述，一经济体服务业 TiVA 的核算框架可以用图 3-8 表示。

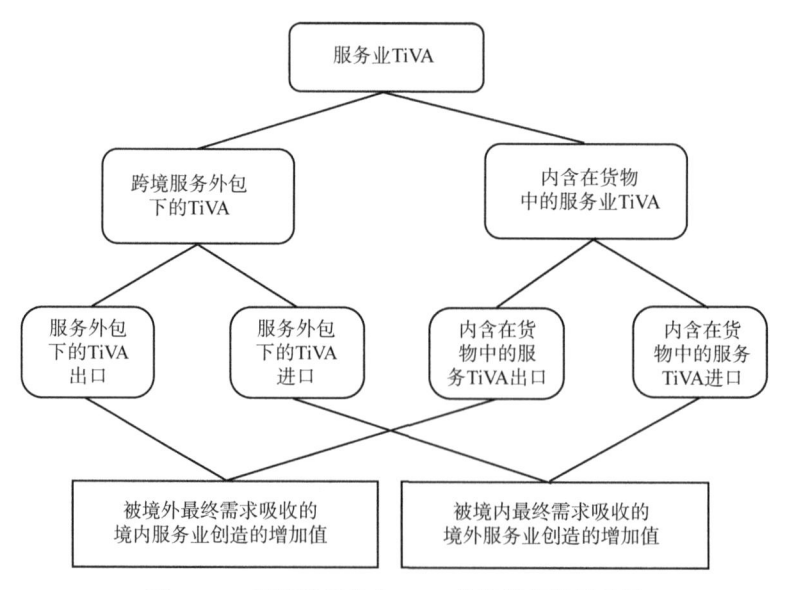

图 3-8 一经济体服务业 TiVA 的核算框架示意图

资料来源：作者研究绘制

3.3 服务业增加值贸易核算

根据国家间投入产出模型,将一经济体总出口(包括货物和服务)按照增加值进行分解,可以得到该国整体及分行业的服务业 TiVA 出口,并分解出跨境服务外包下的 TiVA 出口和内含在货物中的服务 TiVA 出口。然后,根据其他经济体的出口等于一个经济体的进口的原理,就可以相应地求得该经济体整体及分行业的服务业 TiVA 进口。

3.3.1 国家间投入产出模型

假设世界上有 G 个国家、每个国家有 N 个生产行业(部门),每个国家的每个行业既生产中间品又生产最终品,中间品用于本国和其他国家的生产投入,最终品用于满足本国和其他国家的最终需求。那么由 G 个国家、N 个行业构成的国家间非竞争性投入产出模型见表 3-2。

表 3-2 国家间投入产出模型

项目			中间使用					最终需求					总产出
			s 国	r 国	t 国	…	m 国	s 国	r 国	t 国	…	m 国	
			1, 2, …, N	1, 2, …, N	1, 2, …, N	1, 2, …, N	1, 2, …, N	1, 2, …, N	1, 2, …, N	1, 2, …, N	1, 2, …, N	1, 2, …, N	
中间投入	s 国	1, 2, …, N	A_{ss}	A_{sr}	A_{st}	…	A_{sm}	Y_{ss}	Y_{sr}	Y_{st}	…	Y_{sm}	X_s
	r 国	1, 2, …, N	A_{rs}	A_{rr}	A_{rt}	…	A_{rm}	Y_{rs}	Y_{rr}	Y_{rt}	…	Y_{rm}	X_r
	t 国	1, 2, …, N	A_{ts}	A_{tr}	A_{tt}	…	A_{tm}	Y_{ts}	Y_{tr}	Y_{tt}	…	Y_{tm}	X_t
	⋮	⋮											
	m 国	1, 2, …, N	A_{ms}	A_{mr}	A_{mt}	…	A_{mm}	Y_{ms}	Y_{mr}	Y_{mt}	…	Y_{mm}	X_m
增加值			VA_s	VA_r	VA_t	…	VA_m						
总投入			X_s	X_r	X_t	…	X_m						

其中,A_{ij} 是 $N×N$ 的矩阵,代表 i 国生产并被 j 国使用的中间产品($i,j = s, r, t, …, m$),或 j 国对 i 国的中间产品的需求;Y_{ij} 是 $N×1$ 的矩阵,代表 i 国生产并被 j 国使用的最终产品,或 j 国对 i 国的最终产品需求;X_i 是 $N×1$ 的矩阵,代表 i 国的总产出;VA_i 是 $1×N$ 的矩阵,代表 i 国生产过程中因投入资本、劳动和技术等生

产要素而创造的增加值。

表 3-2 的横向可以显示 s 国对本国及其他国家中间品投入和最终品需求的满足情况，以及中间品和最终品的具体去向。表 3-2 的纵向可以显示 s 国生产过程中对本国及国外进口中间品的使用情况，且可以明确显示进口中间品的具体来源国（其他国家同理可得）。因此，使用国家间投入产出模型，可以沿着 GVCs 追踪货物或服务中的增加值，从来源经济体到最终吸收经济体的流动轨迹（Koopman et al., 2014），剔除因多次跨国的中间产品增加值的重复计算，并计算出一个经济体按增加值计算的货物和服务进出口规模（Miroudot and Ye, 2017）。

3.3.2　基于最终需求的总出口增加值分解

为测算 GVCs 分工下一个经济体的 TiVA 出口，国内外学者分别从 GVCs 前向参与或后向参与角度，单独或混合采用基于来源的方法（resource-based approach），即从出口产品增加值来源国的角度，和基于下沉的方法（sink-based approach），即从包含出口增加值的最终产品被最终需求国吸收的角度，因此也被称为基于最终需求的方法（final demand-based approach），对一个经济体总出口按增加值进行分解。例如，Johnson 和 Noguera（2012a）、Los 等（2016）和 Los 和 Timmer（2018）采用基于来源的方法，对双边出口中的直接或间接增加值进行了分解和测算。Nagengast 和 Stehrer（2014）、Borin 和 Mancini（2015）采用基于最终需求的方法，对双边总出口进行了增加值分解。Wang 等（2013）、Koopman 等（2014）和王直等（2015）则混合采用这两种方法，对一个经济体总出口按增加值进行了分解（图 3-4 和图 3-5）。

仅从分析一个经济体总出口中的增加值有多少来自境内、多少来自境外而言，基于来源的方法和基于最终需求的方法，对于要分析的特定经济体没有差别。如图 3-9 所示，经济体 A 初始生产 1 美元的增加值，首先是作为中间投入出口到经济体 B，经济体 B 加工后贡献了另外 1 美元增加值，然后返销到经济体 A，经济体 A 又贡献 1 美元的增加值，生产出最终产品出口到经济体 C，经济体 C 作为最终需求方，将总产出（Y）为 3 美元的增加值吸收。对于经济体 A 而言，按照基于来源的方法计算，其 3 美元的产品总出口中，2 美元的增加值来自境内，1 美元的增加值来自境外 B，即按照增加值核算，其出口额为 3-1=2 美元，总出口中重复计算了 1 美元；按照基于最终需求的方法，经济体 C 最终需求中吸收的 3 美元增加值，也是 2 美元的增加值来自经济体 A，1 美元的增加值来自经济体 B。

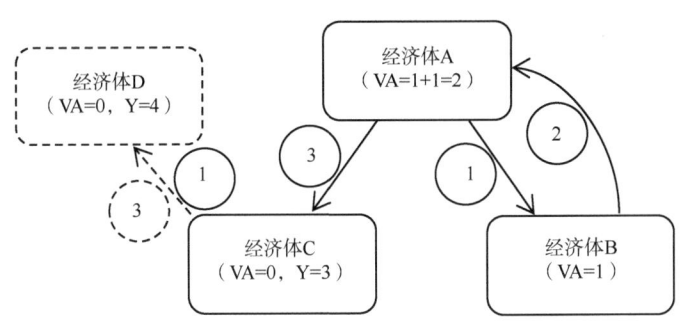

图 3-9 增加值与双边贸易流中的重复计算

资料来源：作者研究绘制

但是，由于基于来源的方法是在产品第一次离开原产地时计算增加值，而基于最终需求的方法是在最后一次跨越边境时计算增加值。所以，按照基于来源的方法，经济体 A 生产的最初 1 美元将被视为对经济体 B 出口中的 DVA，并在对经济体 C 的出口中重复计算；反之，如果按照基于最终需求的方法，经济体 A 生产的最初 1 美元将被视为出口到经济体 C 的最终产品的境内附加值，并在出口到经济体 B 的产品中进行了重复计算。因此，经济体 A 在将自己 3 美元的出口产品中，最初 1 美元增加值和重复计算的 1 美元增加值，核算给经济体 B 还是经济体 C 时，基于来源的方法和基于最终需求的方法在按照增加值分解时，就出现了不同的结果。

进一步分析，如果经济体 C 将这 3 美元的产品，放弃在本国消费，而是经进一步加工贡献 1 美元的增加值后，以 4 美元再出口到经济体 D，经济体 D 作为最终需求方将这 4 美元的增加值最终吸收（如图 3-9 中虚线部分所示）。按照基于来源的方法，对经济体 C 的再加工和向经济体 D 的再出口活动（实际上是该产品 GVCs 的进一步延长），在经济体 A 的增加值分解和核算中，不会体现出来。而按照基于最终需求的方法，经济体 C 的再加工和向经济体 D 的再出口活动，在经济体 A 的增加值分解和核算中，就能够被继续追踪和体现出来。

由此可见，对一个经济体总出口按增加值进行分解，选择基于来源的方法还是基于最终需求的方法，取决于研究者想要解决的具体问题或研究目的（Borin and Mancini，2015）。与基于来源的方法相比，按照基于最终需求的方法对一个经济体总出口进行增加值分解，除能够对该经济体总出口中的增加值构成及来源进行明确外，还能够追踪来自原产地的产品增加值，在作为最终产品被最终需求方吸收前，在整个 GVCs 分工链条上所经历的加工增值过程，以及上下游经济体之间的贸易关系。

Wang 等（2013）、Koopman 等（2014）和王直等（2015）混合采用这两种方法，对一个经济体总出口按增加值进行的分解，虽然已足够详细，并且与该经济体的国民经济核算体系建立起系统性的联系。但两种分解方法存在内部不一致的问题,使得他们分解出的总出口的增加值组成部分中,出现了类似上述来自经济体 A 的最初 1 美元增加值和重复计算的 1 美元增加值,是核算给经济体 B 还是经济体 C 的混乱现象。

为避免采用不同方法而带来的内部不一致问题,同时考虑到本书研究的主要目的,除根据增加值分解,核算中国服务业 TiVA 出口和进口规模外,更重要的是要考察中国服务业增加值沿 GVCs 的流动情况、增加值出口的最终目的地(或最终需求市场)和中国服务业及各行业在 GVCs 分工中的地位。要达到上述研究目的,从 GVCs 前向参与视角,按照基于最终需求的方法对中国总出口进行增加值分解,并根据分解结果来核算中国服务业 TiVA 出口和进口,则更加适合。为此,借鉴 Nagengast 和 Stehrer(2014)、Borin 和 Mancini(2015)的分解方法,按照基于最终需求的方法,对一个经济体总出口进行增加值分解,并通过理论推导建立核算公式。

使用矩阵表示法,G 个经济体、N 个行业的生产和贸易的一般表达式为

$$\begin{bmatrix} X_1 \\ X_2 \\ \vdots \\ X_3 \end{bmatrix} = \begin{bmatrix} A_{11} & A_{12} & \cdots & A_{1G} \\ A_{21} & A_{22} & \cdots & A_{2G} \\ \vdots & \vdots & & \vdots \\ A_{G1} & A_{G2} & \cdots & A_{GG} \end{bmatrix} \begin{bmatrix} X_1 \\ X_2 \\ \vdots \\ X_G \end{bmatrix} + \begin{bmatrix} Y_{11} & Y_{12} & \cdots & Y_{1G} \\ Y_{21} & Y_{22} & \cdots & Y_{2G} \\ \vdots & \vdots & & \vdots \\ Y_{G1} & Y_{G2} & \cdots & Y_{GG} \end{bmatrix} \begin{bmatrix} 1 \\ 1 \\ \vdots \\ 1 \end{bmatrix}$$

$\quad NG \times 1 \qquad\qquad NG \times N \qquad\qquad NG \times 1 \qquad\qquad NG \times N \qquad\qquad G \times 1$

由此可以直接得出以下总产出和最终需求之间的关系:

$$\begin{bmatrix} X_1 \\ X_2 \\ \vdots \\ X_G \end{bmatrix} = \begin{bmatrix} I - A_{11} & -A_{12} & \cdots & -A_{1G} \\ -A_{21} & I - A_{22} & \cdots & -A_{2G} \\ \vdots & \vdots & & \vdots \\ -A_{G1} & -A_{G2} & \cdots & I - A_{GG} \end{bmatrix}^{-1} \begin{bmatrix} \sum_r^G Y_{1r} \\ \sum_r^G Y_{2r} \\ \vdots \\ \sum_r^G Y_{Gr} \end{bmatrix}$$

$$= \begin{bmatrix} B_{11} & B_{12} & \cdots & B_{1G} \\ B_{21} & B_{22} & \cdots & B_{2G} \\ \vdots & \vdots & & \vdots \\ B_{G1} & B_{G2} & \cdots & B_{GG} \end{bmatrix} \begin{bmatrix} Y_1 \\ Y_2 \\ \vdots \\ Y_G \end{bmatrix}$$

其中,B_{sr} 为全球投入产出的 $N \times N$ 里昂惕夫(Leontief)逆矩阵,它代表经济体 r 生产一单位最终产品,对经济体 s 总产出的需求。

这里以双边出口为例,对一经济体总出口按增加值进行分解。

根据表3-2国家间投入产出模型,经济体 s 对经济体 r 的双边出口总额包括用于 r 生产总产出(X_r)的中间产品(投入)和最终产品,所以有

$$E_{sr} = Y_{sr} + A_{sr}X_r$$

其中,E_{sr} 代表 s 对 r 的行业双边出口额;Y_{sr} 是 $N \times 1$ 向量矩阵,代表 s 生产而出口到 r 的最终产品;A_{sr} 代表 s 生产的中间产品,出口到 r 进一步加工的 $N \times N$ 投入系数矩阵。在经济体 r 中,从来自经济体 s 的中间产品会经过一个或多个加工阶段,以生产供本地消费的最终产品或再出口的产品(包括中间产品和最终产品),因此有

$$A_{sr}X_r = A_{sr}(I - A_{rr})^{-1}Y_{rr} + A_{sr}(I - A_{rr})^{-1}E_{r*}$$

其中,A_{rr} 代表 r 中间品投入系数矩阵;Y_{rr} 代表 r 生产的最终产品;$(I-A_{rr})^{-1}$ 代表 $N \times N$ 的 Leontief 逆矩阵;E_{r*} 代表 r 的总出口。

因此,s 对 r 的行业双边出口可以重新表示为

$$E_{sr} = Y_{sr} + A_{sr}(I - A_{rr})^{-1}Y_{rr} + A_{sr}(I - A_{rr})^{-1}E_{r*} \tag{3-3}$$

所有经济体的 $G \times GN$ 直接 DVA 矩阵可以定义为

$$V = \begin{bmatrix} V_1 & 0 & \cdots & 0 \\ 0 & V_2 & \cdots & 0 \\ \vdots & \vdots & & \vdots \\ 0 & 0 & \cdots & V_G \end{bmatrix}$$

而整体 $G \times GN$ 的增值份额矩阵则是通过 V 矩阵乘以 Leontief 逆矩阵 B 得到

$$VB = \begin{bmatrix} V_1B_{11} & V_1B_{12} & \cdots & V_1B_{1G} \\ V_2B_{21} & V_2B_{22} & \cdots & V_2B_{2G} \\ \vdots & \vdots & & \vdots \\ V_GB_{G1} & V_GB_{G2} & \cdots & V_GB_{GG} \end{bmatrix}$$

所以有

$$u_N = V_sB_{ss} + \sum_{t \ne s}^{G} V_tB_{ts} \tag{3-4}$$

其中,u_N 是 $1 \times N$ 单位行向量,代表所有生产行业;V_s 代表 s 的直接增值系数的 $1 \times N$ 行向量;B_{ss} 代表 s 生产的 $N \times N$ 的 Leontief 逆矩阵;V_t 代表经济体 t 的直接增值系数;B_{ts} 代表经济体 t 的生产对经济体 s 中间品投入需求的 $N \times N$ 的 Leontief 逆矩阵。

将式(3-4)与式(3-3)两边相乘,即可得到以增加值计算的经济体 s 全部行业对经济体 r 的双边总出口的初始分解:

$$u_N E_{sr} = \overbrace{V_s B_{ss} Y_{sr}}^{1} + \overbrace{V_s B_{ss} A_{sr} (I-A_{rr})^{-1} Y_{rr}}^{2}$$
$$+ \overbrace{V_s B_{ss} A_{sr} (I-A_{rr})^{-1} E_{r*}}^{3}$$
$$+ \sum_{t \neq s}^{G} \overbrace{V_t B_{ts} Y_{sr}}^{4} + \sum_{t \neq s}^{G} \overbrace{V_t B_{ts} A_{sr} (I-A_{rr})^{-1} Y_{rr}}^{5} \qquad (3\text{-}5)$$
$$+ \sum_{t \neq s}^{G} \overbrace{V_t B_{ts} Y_{sr} A_{sr} (I-A_{rr})^{-1} E_{r*}}^{6}$$

其中，第 1 项 $V_s B_{ss} Y_{sr}$ 代表 s 对 r 出口并被 r 吸收的最终产品的 DVA；第 2 项 $V_s B_{ss} A_{sr} (I-A_{rr})^{-1} Y_{rr}$ 代表 s 对 r 出口并被 r 吸收的中间产品的 DVA；第 3 项 $V_s B_{ss} A_{sr} (I-A_{rr})^{-1} E_{r*}$ 代表 s 对 r 出口的中间品，被 r 加工后再出口到其他经济体（包括 s）的 DVA；第 4 项 $\sum_{t \neq s}^{G} V_t B_{ts} Y_{sr}$ 代表 s 最终产品出口中包含的 FVA；第 5 项 $\sum_{t \neq s}^{G} V_t B_{ts} A_{sr} (I-A_{rr})^{-1} Y_{rr}$ 代表 s 中间产品出口中包含的 FVA；第 6 项 $\sum_{t \neq s}^{G} V_t B_{ts} Y_{sr} A_{sr}$ $\times (I-A_{rr})^{-1} E_{r*}$ 代表源自境外的中间品出口中的重复计算。

对式（3-5）中 s 对 r 出口的中间品，被 r 加工后再出口到其他经济体（包括 s）的 DVA，作进一步分解。r 加工后的再出口，包括中间产品和最终产品，在后者中剥离原出口方 s 的再进口：

$$E_{r*} = \sum_{j \neq r,s}^{G} Y_{rj} + Y_{rs} + \sum_{j \neq r}^{G} A_{rj} X_j \qquad (3\text{-}6)$$

其中，$\sum_{j \neq r}^{G} Y_{rj}$ 代表 r 加工后向第三方（j）出口的最终品中包含的 s 的 DVA；Y_{rs} 代表 r 加工后返销回 s 的最终产品中包含的 s 的 DVA；$\sum_{j \neq r}^{G} A_{rj} X_j$ 代表 r 加工后向第三方（j）出口的中间产品中包含的 s 的 DVA。

按照基于最终需求的方法，我们需要进一步追踪 $\sum_{j \neq r}^{G} A_{rj} X_j$ 的后续流向和最终需求地。由于多次跨越 s 边境的贸易流带来不止一次的纯粹重复计算，为剥离这种重复计算，我们把 Leontief 逆矩阵看成是无穷级数的和，则有

$$B = I + A + A^2 + A^3 + \cdots + A^n \qquad n \to \infty \qquad (3\text{-}7)$$

这种表示方法表明，B 矩阵确定了满足在流程（I）末端和所有上游生产阶段（$A+A^2+A^3+\cdots A^n$）的最终需求所需的总产出。由于纯粹的重复计算问题源于 s

生产的中间投入的再出口，应该在生产的任何阶段消除这些流动，并在式（3-7）中相应地修改该系列。从代数上讲，这是通过设置系数来实现的，这些系数确定在 A 矩阵中从 s 进口的投入需求等于0：

$$A^{\$} = \begin{bmatrix} A_{11} & A_{12} & \cdots & A_{1s} & \cdots & A_{1G} \\ \vdots & \vdots & & \vdots & & \vdots \\ 0 & 0 & \cdots & A_{ss} & \cdots & 0 \\ \vdots & \vdots & & \vdots & & \vdots \\ A_{G1} & A_{G2} & \cdots & A_{Gs} & \cdots & A_{GG} \end{bmatrix} \quad (3-8)$$

然后，我们可以在 WIOT 中重新表述生产和贸易的一般关系，将出口从 s 中分离出来，如式（3-9）所示：

$$X = A^{\$}X + A^{s}X + Y^{\$} + Y^{s} \quad (3-9)$$

其中，$A^s = (A - A^{\$})$，$Y^{\$}$ 代表带有块矩阵的最终需求矩阵 Y，对应来自 s 的最终品出口等于0（但包括境内最终需求 Y_{ss}），并且 Y^s 简单地等于 $(Y - Y^{\$})$。假定 A^sX 和 Y^s 的和是一个 $GN \times N$ 矩阵，其中源自 s 的总出口对应于块子矩阵，其他则为零（E^s），可以把式（3-9）重写为

$$X = \hat{B}^{\$}Y^{\$} + \hat{B}^{\$}E^s \quad (3-10)$$

其中，$\hat{B}^{\$} \equiv (I - A^{\$})^{-1}$ 代表在新的投入系数矩阵 $A^{\$}$ 的基础上，推导出的 Leontief 逆矩阵，该矩阵排除了 s 对其他经济体的投入需求①。由于 $X_j = \sum_{l}^{G} X_{jl}$，我们可将式（3-10）中的新的核算关系，应用于原进口方 r 的（复）出口分解式（3-6）：

$$E_{r*} = \sum_{j \neq r,s}^{G} Y_{rj} + Y_{rs} + \sum_{j \neq r}^{G} A_{rj} \sum_{k \neq s}^{G} \sum_{l}^{G} \hat{B}_{jk}^{\$} Y_{kl} + \sum_{j \neq r}^{G} A_{rj} \hat{B}_{js}^{\$} Y_{ss} + \sum_{j \neq r}^{G} A_{rj} \hat{B}_{js}^{\$} E_{s*} \quad (3-11)$$

现在可以将从 s 到 r 的双边出口完全分解为最终需求（Y）中包含的 DVA 和 FVA，以及来自进口方（E_{r*}）或原产方（E_{s*}）再出口的 PDC 部分。将式（3-11）中的第3项进一步分解为：①通过最终产品的进口，在原产方被最终吸收的 DVA（$\sum_{k \neq s}^{G} Y_{ks}$）；②作为当地产品在境外被最终吸收的 DVA（$\sum_{l \neq s}^{G} Y_{ll}$）；③作为境外产品在境外被最终吸收的 DVA（$\sum_{k \neq s}^{G} \sum_{l \neq s,k}^{G} Y_{kl}$），就可以得到完全基于最终需求的 s 与 r 双边出口增加值分解表达式：

---

① 国内投入系数矩阵 A_{ss} 是 $A^{\$}$ 矩阵的一部分，在该矩阵中，只有其他的 A_{st} 子矩阵（$t \neq s$）所有的元素等于0。这就使得在 s 国经过最后加工阶段并最终使用的出口货物的国内附加值包括在内。

$$u_N E_{sr} = \overbrace{V_s B_{ss} Y_{sr}}^{1}$$

$$+ \underbrace{V_s B_{ss} Y_{sr} (I - A_{rr})^{-1} \left[\overbrace{Y_{rr}}^{2} + \overbrace{\sum_{j \neq r}^{G} A_{rj} \widehat{B}_{jr}^{\$} Y_{rr}}^{3} + \overbrace{\sum_{j \neq r}^{G} A_{rj} \sum_{k \neq s,r}^{G} \widehat{B}_{jk}^{\$} Y_{kk}}^{4} \right]}_{}$$

$$+ V_s B_{ss} Y_{sr} (I - A_{rr})^{-1} \left[\overbrace{\sum_{j \neq r,s}^{G} Y_{rj}}^{5} + \overbrace{\sum_{j \neq r}^{G} Y_{rj} \sum_{l \neq s,r}^{G} \widehat{B}_{jr}^{\$} Y_{rk}}^{6} + \overbrace{\sum_{j \neq r}^{G} A_{rj} \sum_{k \neq s,r}^{G} \widehat{B}_{jk}^{\$} Y_{kr}}^{7} \right.$$

$$\left. + \overbrace{\sum_{j \neq r}^{G} A_{rj} \sum_{k \neq s,r}^{G} \sum_{l \neq s,r}^{G} \widehat{B}_{jk}^{\$} Y_{kl}}^{8} \right] \quad (3\text{-}12)$$

$$+ V_s B_{ss} Y_{sr} (I - A_{rr})^{-1} \left[\overbrace{Y_{rs}}^{9} + \overbrace{\sum_{j \neq r}^{G} A_{rj} \widehat{B}_{jr}^{\$} Y_{rs}}^{10} + \overbrace{\sum_{j \neq r}^{G} A_{rj} \sum_{k \neq s,r}^{G} \widehat{B}_{jk}^{\$} Y_{ks}}^{11} \right]$$

$$+ \underbrace{V_s B_{ss} Y_{sr} (I - A_{rr})^{-1} \sum_{j \neq r}^{G} A_{rj} \widehat{B}_{js}^{\$} Y_{ss}}_{12} + \underbrace{V_s B_{ss} Y_{sr} (I - A_{rr})^{-1} \sum_{j \neq r}^{G} A_{rj} \widehat{B}_{js}^{\$} E_s}_{13}$$

$$+ \underbrace{\sum_{t \neq s}^{G} V_t B_{ts} Y_{sr}}_{14} + \underbrace{\sum_{t \neq s}^{G} V_t B_{ts} A_{sr} (I - A_{rr})^{-1} Y_{rr}}_{15} + \underbrace{\sum_{t \neq s}^{G} V_t B_{ts} A_{sr} (I - A_{rr})^{-1} E_r}_{16}$$

其中,构成双边出口总额增加值分解的各项目的含义如下。

第 1 项 $V_s B_{ss} Y_{sr}$ 是 s 对 r 出口并被 r 吸收的最终产品的 DVA(DVA_FIN)。

第 2 项 $V_s B_{ss} Y_{sr} (I - A_{rr})^{-1} Y_{rr}$ 是 s 对 r 出口并被 r 吸收的中间品的 DVA(DVA_INTa)。

第 3 项 $V_s B_{ss} Y_{sr} (I - A_{rr})^{-1} \sum_{j \neq r}^{G} A_{rj} \widehat{B}_{jr}^{\$} Y_{rr}$ 经第三方 j 加工后,作为最终品被 r 吸收的 s 出口中间品的 DVA(DVA_INTb)。

第 4 项 $V_s B_{ss} Y_{sr} (I - A_{rr})^{-1} \sum_{j \neq r}^{G} A_{rj} \sum_{k \neq s,r}^{G} \widehat{B}_{jk}^{\$} Y_{kk}$ 是经 r 加工再出口后,作为最终品被第三方 k 吸收的 s 出口中间品的 DVA(DVA_INTc)。

第 5 项 $V_s B_{ss} Y_{sr} (I - A_{rr})^{-1} \sum_{j \neq r,s}^{G} Y_{rj}$ 是经 r 加工成最终品,出口并被第三方 j 吸收的 s 出口中间品的 DVA(DVA_INTd)。

第 6 项 $V_s B_{ss} Y_{sr} (I - A_{rr})^{-1} \sum_{j \neq r}^{G} Y_{rj} \sum_{l \neq s,r}^{G} \widehat{B}_{jr}^{\$} Y_{rk}$ 是经 j 加工后出口到 r,被 r 进一步加

工成最终品,再被出口到 k 并被吸收的 s 出口中间品的 DVA(DVA_INTe)。

第 7 项 $V_s B_{ss} Y_{sr} (I - A_{rr})^{-1} \sum_{j \neq r}^{G} A_{rj} \sum_{k \neq s,r}^{G} \widehat{B}_{jk}^{\$} Y_{kr}$ 是经 j、k 加工成最终品,出口到 r 并被 r 吸收的 s 出口中间品的 DVA(DVA_INTf)。

第 8 项 $V_s B_{ss} Y_{sr} (I - A_{rr})^{-1} \sum_{j \neq r}^{G} A_{rj} \sum_{k \neq s,r}^{G} \sum_{l \neq s,r}^{G} \widehat{B}_{jk}^{\$} Y_{kl}$ 使经 j、k 加工成最终品,出口到 l 并被 l 吸收的 s 出口中间品的 DVA(DVA_INTg)。

第 9 项 $V_s B_{ss} Y_{sr} (I - A_{rr})^{-1} Y_{rs}$ 是经 r 加工成最终品,返销到 s 并被吸收的 s 出口中间品的 DVA(RDV_INTa)。

第 10 项 $V_s B_{ss} Y_{sr} (I - A_{rr}) \sum_{j \neq r}^{G} A_{rj} \widehat{B}_{jr}^{\$} Y_{rs}$ 是经 j 加工后出口到 r,被 r 进一步加工成最终品,再返销到 s 并被吸收的 s 出口中间品的 DVA(RDV_INTb)。

第 11 项 $V_s B_{ss} Y_{sr} (I - A_{rr})^{-1} \sum_{j \neq r}^{G} A_{rj} \sum_{k \neq s,r}^{G} \widehat{B}_{jk}^{\$} Y_{ks}$ 是经 r 加工后出口到 j,被 j 进一步加工成最终品,再返销到 s 并被吸收的 s 出口中间品的 DVA(RDV_INTc)。

第 12 项 $V_s B_{ss} Y_{sr} (I - A_{rr})^{-1} \sum_{j \neq r}^{G} A_{rj} \widehat{B}_{js}^{\$} Y_{ss}$ 是出口到 r、j 后又被返销 s,经 s 加工成最终品并被吸收的 s 出口中间品的 DVA(RDV_INTd)。

第 13 项 $V_s B_{ss} Y_{sr} (I - A_{rr})^{-1} \sum_{j \neq r}^{G} A_{rj} \widehat{B}_{js}^{\$} E_s$ 是源自 s 的出口中间品的重复计算(PDV_INT1)。

第 14 项 $\sum_{t \neq s}^{G} V_t B_{ts} Y_{sr}$ 是 s 对 r 出口最终产品中的 FVA(FVA_FIN)。

第 15 项 $\sum_{t \neq s}^{G} V_t B_{ts} A_{sr} (I - A_{rr})^{-1} Y_{rr}$ 是 s 对 r 出口中间产品中的 FVA(FVA_INT)。

第 16 项 $\sum_{t \neq s}^{G} V_t B_{ts} A_{sr} (I - A_{rr})^{-1} E_r$ 是源自 s 境外的出口中间品的重复计算(PDV_INT2)。

图 3-10 是基于最终需求方法的一经济体的双边总出口增加值分解示意图。

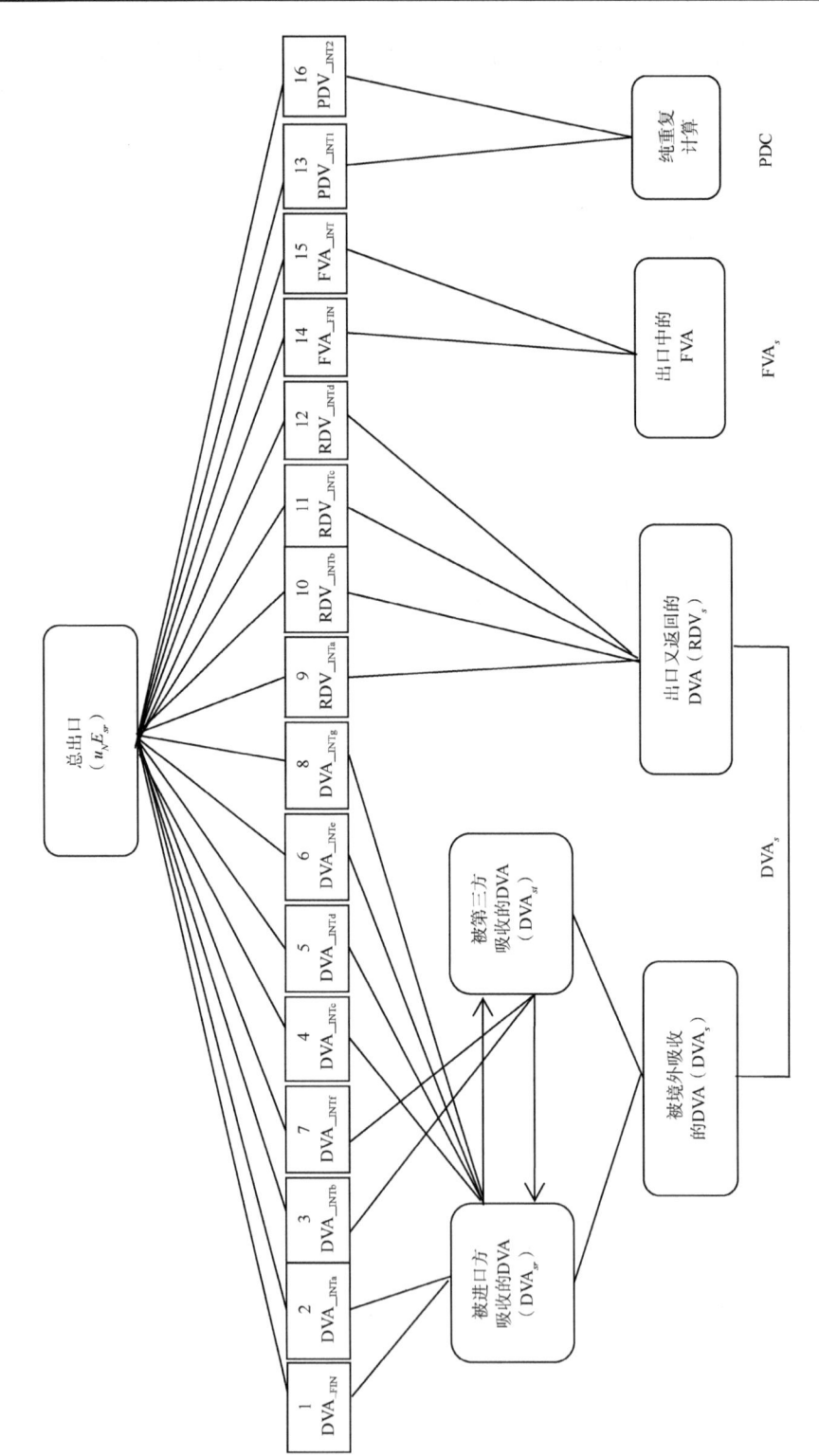

图3-10 基于最终需求方法的一经济体双边总出口增加值分解示意图

资料来源：作者研究绘制

与 Wang 等（2013）和王直等（2015）的分解结果（图 3-5）比较，基于最终需求的方法对一个经济体总出口的增加值分解，也是分解为 16 个部分，这 16 个部分也都可被归纳为被境外吸收的 DVA、出口后返回的 DVA（即被本经济体最终吸收的 DVA）、出口中的 FVA 和 PDC 等四大类。但是，基于最终需求的方法的分解，从 GVCs 分工前向参与视角，通过追踪中间产品增加值从出口到被最终吸收之前沿 GVCs 的流动，更加详细、清晰地厘清了哪些出口中间品的增加值被直接进口方的最终需求吸收，哪些被第三方的最终需求吸收，以及这些出口中间品增加值的具体传递路径。如图 3-10 所示，在被进口方的最终需求吸收的出口方 DVA 中，第 1 项和第 2 项被进口方直接吸收，而第 3 项和第 7 项则是经过了第三方的传递后，才被进口方的最终需求吸收。同样，在第三方吸收的出口方 DVA 中，第 4 项、第 5 项、第 6 项和第 8 项是经过了进口方的传递后被吸收。这一分解结果，对于考察和定量分析一个经济体及行业（部门）参与 GVCs 的分工程度，货物与服务产品增加值传递路径与最终需求市场，以及在 GVCs 分工中的地位等，均奠定了良好的基础。

不过，Wang 等（2013）和王直等（2015）的分解结果，在对出口中的 FVA 来源和 PDC 部分的来源上，分解得更加详细和具体。因此，从 GVCs 后向参与角度，如果要考察和分析一经济体总出口中所包含的 FVA 的来源及构成、总出口中 PDC 部分的来源及构成，他们的分解更具优势。

3.3.3 服务业 TiVA 核算

根据式（3-12）和图 3-9 基于最终需求的方法对一个经济体双边出口增加值的分解结果，按照服务业 TiVA 含义，一个经济体服务业 TiVA 出口是被境外最终需求吸收的境内服务业的增加值。因此有

$$\begin{aligned}E_{sr}^{\text{TiVA}} &= \text{DVA}_s \\ &= \text{DVA}_{sr} + \text{DVA}_{st} \\ &= u_N E_{sr} - \text{RDV}_s - \text{FVA}_s - \text{PDC}\end{aligned} \quad (3\text{-}13)$$

其中，E_{sr}^{TiVA} 代表 s 经济体对 r 经济体的双边服务业 TiVA 出口；$u_N E_{sr}$ 代表 s 对 r 的双边服务业总出口，其他各个符号代表的含义见图 3-10。

由于服务业 TiVA 出口中，包括服务业自身的 TiVA 出口和内含在货物中的 TiVA 出口两部分，因此，s 对 r 的双边服务业 TiVA 出口的核算公式也可以改写为

$$\begin{aligned}E_{sr}^{\text{TiVA}} &= \text{DVA}_s^{\text{Service}} + \text{DVA}_s^{\text{Goods}} \\ &= \left(\text{DVA}_{sr}^{\text{Service}} + \text{DVA}_{sr}^{\text{Goods}}\right) + \left(\text{DVA}_{st}^{\text{Service}} + \text{DVA}_{st}^{\text{Goods}}\right)\end{aligned} \quad (3\text{-}14)$$

其中，$\text{DVA}_s^{\text{Service}}$ 和 $\text{DVA}_s^{\text{Goods}}$ 分别代表被境外吸收的 s 服务业自身的 DVA 和内含在货物出口中的服务业 DVA；$\text{DVA}_{sr}^{\text{Service}}$ 和 $\text{DVA}_{sr}^{\text{Goods}}$ 分别代表被进口方 r 吸收的 s 服务业自身的 DVA 和内含在货物出口中的服务业 DVA；$\text{DVA}_{st}^{\text{Service}}$ 和 $\text{DVA}_{st}^{\text{Goods}}$ 分别代表被第三方吸收的 s 服务业自身的 DVA 和内含在货物出口中的服务业 DVA。

一个经济体对世界其他所有经济体的服务业 TiVA 出口，为式（3-14）的加总，用公式表示为

$$E_{\text{Total}}^{\text{TiVA}} = \sum_{g \neq s}^{G} \left(\text{DVA}_s^{\text{Service}} + \text{DVA}_s^{\text{Goods}} \right) \quad (3\text{-}15)$$

$$= \sum_{g \neq s, r}^{G} \left(\text{DVA}_{sr}^{\text{Service}} + \text{DVA}_{sr}^{\text{Goods}} \right) + \sum_{g \neq s, t}^{G} \left(\text{DVA}_{st}^{\text{Service}} + \text{DVA}_{st}^{\text{Goods}} \right)$$

其中，$E_{\text{Total}}^{\text{TiVA}}$ 代表一个经济体对世界其他所有经济体的服务业 TiVA 出口。该公式可用于经济体、行业（部门）及经济体行业层面的服务业 TiVA 核算。依据 ICIO 表所提供基础数据，利用该式就可测算一个经济体及其行业（部门）的服务业 TiVA 出口，不同行业（部门）服务产品增加值沿 GVCs 流动情况，以及该经济体服务产品（及其增加值）的最终需求市场。

按照一个经济体的出口等于世界其他经济体的进口，世界其他经济体对一个经济体的出口等于该经济体进口的原理，和前文对服务业 TiVA 进口的解释，一个经济体的服务业 TiVA 进口，是被该经济体最终需求吸收的境外服务业增加值。因此有

$$I_{\text{Total}}^{\text{TiVA}} = \sum_{g \neq s}^{G} \text{FVA}_s \quad (3\text{-}16)$$

$$= \sum_{g \neq s}^{G} \left(\text{FVA}_s^{\text{Service}} + \text{FVA}_s^{\text{Goods}} \right)$$

其中，$I_{\text{Total}}^{\text{TiVA}}$ 代表经济体 s 的服务业 TiVA 进口；FVA_s 代表该经济体最终需求吸收的来自境外（出口方）的全部服务业增加值；$\text{FVA}_s^{\text{Service}}$ 和 $\text{FVA}_s^{\text{Goods}}$ 分别代表该经济体最终吸收的境外服务业自身的增加值和内含在进口货物中的境外服务业增加值。

依据 ICIO 表所提供的基础数据，利用式（3-16）即可测算一个经济体及其行业（部门）的服务业 TiVA 进口。

3.4 小　　结

本章基于对 TiVA 含义、TiVA 核算和核算基础来源——ICIO 表的分析、介绍

和梳理；对服务业 TiVA 核算包括的内容进行了研究，提出了服务业 TiVA 核算框架；根据 TiVA 的含义和本书的目的，从 GVCs 分工前向参与视角，按照增加值最终需求路线，依据国家间非竞争性投入产出模型，从理论上对一个经济体总出口进行了重新分解，并根据分解结果求出了核算一个经济体服务业 TiVA 出口和进口的计算公式。

TiVA 是由一个经济体生产并通过出口而被其他经济体吸收的价值，只有某个经济体生产某种出口产品或服务时所增加的价值才会被记为该经济体的出口，被称为增加值出口。同理，一个经济体进口产品或服务中，在境外所创造的增加值才会被记录为该经济体的进口，被称为增加值进口。GVCs 分工下，TiVA 比传统总值贸易能更加准确地衡量一个经济体所创造的真实价值和所获分工利益。

学界经过探索建立起的 TiVA 核算框架，以及国际组织经过努力编制的多个国际投入产出表，为各经济体开展 TiVA 贸易统计、GVCs 分工地位和分工利益测算分析，提供了重要的标准、方法和数据基础。

与制造业 TiVA 贸易核算不同，服务业 TiVA 贸易包括服务业自身的 TiVA 出口、进口，还包括作为制造业生产投入并内含在货物贸易中的服务业 TiVA 出口和进口，随着制造业服务化程度的提升，内含在货物贸易中的服务业 TiVA 进出口规模将不断扩大。

对服务总出口进行增加值分解，可以单独或混合采用基于来源的方法和基于最终需求的方法。但根据 TiVA 的含义，同时为避免采用不同方法而带来的内部不一致问题，采用基于最终需求的方法对服务业总出口进行增加值分解，与单独或混合采用基于来源的方法进行分解相比，不仅能准确地用来核算服务业 TiVA 贸易规模，而且可以用来考察服务业增加值沿 GVCs 的流动情况、增加值出口的最终目的地（或最终需求市场）和服务业及各部门在 GVCs 分工中的地位。为此，我们根据国家间投入产出模型，基于最终需求的方法从理论上对服务总出口按增加值进行了重新分解，提出了由 16 个部分组成的服务业增加值出口分解框架，并归纳合并为被进口方吸收的 DVA、被第三方吸收的 DVA、出口后又返回的 DVA、出口中的 FVA 和 PDC 等五个部分。基于上述服务业增加值出口分解框架，推出了核算一经济体服务业 TiVA 出口和进口的计算公式。

第 4 章　中国服务业增加值贸易核算

4.1　核算数据来源

根据第 3 章服务业 TiVA 核算原理和核算式（3-15）与式（3-16），本章将对中国服务业 TiVA 贸易进行核算，并对中国服务业 TiVA 进出口行业（部门）结构和市场结构做出详细分析。核算所需基础数据来自 OECD 发布的 2018 年版 ICIO 表。在编制发布的 2018 年版 ICIO 表中，OECD 采用了联合国发布的 2008 年版国民账户体系（SNA2008），和第 4 修订版国际标准产业分类（ISIC Rev. 4）。2018 年版 ICIO 表，除将数据更新到 2015 年外，OECD 还将 2016 年发布的根据 SNA 1993 和 ISIC Rev. 3 编制的 2005～2011 年的 ICIO 表数据，按照 SNA 2008 和 ISIC Rev. 4 标准，以及从更多经济体收集的最新投入产出表、供给使用表和进口表数据，进行了全面调整，使得 2018 年版 ICIO 表形成了涵盖 64 个经济体和一个世界其他（ROW），2005～2015 年的时间连续的投入产出数据。而其他几个国际投入产出表，或者是数据的时间序列不连续（如 GTAP-ICIO、MR-IOT 和 AIIOTs），或者是以前发布的旧版本投入产出表数据，未按照新的国民账户体系和产业分类进行调整，使得新版与旧版投入产出表数据存在衔接困难（如 WIOT、MRIO 和 ADB-MRIOs）。

在产业分类上，OECD 编制发布的 2018 年版 ICIO 表，对 ISIC Rev. 4 标准划分的 98 个产业部门，通过调整合并为 36 个产业门类和"农业、林业和渔业"、"采矿业"、"制造业"、"电力、燃气、供水、污水、垃圾处理"和"服务业"五个产业大类。为了后续研究和表述方便，我们将这 36 个产业门类，按照 C01～C36 的顺序进行了重新编码，其中 C22～C36 为服务业大类下的 15 个产业部门（表 4-1）。

表 4-1　2018 年版 OECD 的 ICIO 表产业分类

ISIC Rev. 4	ICIO 产业分类			本书编码
	产业名称	代码	产业大类	
01，02，03	农业、林业和渔业	D01T03	农业、林业和渔业	C01
05，06	能源开采与提取业	D05T06	采矿业	C02
07，08	非能源开采业	D07T08		C03
09	采矿支持服务活动	D09		C04

续表

ISIC Rev. 4	ICIO 产业分类 产业名称	代码	产业大类	本书编码
10, 11, 12	食品、饮料与烟草	D10T12	制造业	C05
13, 14, 15	纺织品、服装、皮革及相关产品	D13T15	制造业	C06
16	木材及木制品	D16	制造业	C07
17, 18	纸制品及印刷业	D17T18	制造业	C08
19	焦炭与成品油	D19	制造业	C09
20, 21	化学及药品	D20T21	制造业	C10
22	橡胶与塑料制品	D22	制造业	C11
23	其他非金属矿产品	D23	制造业	C12
24	基本金属	D24	制造业	C13
25	金属制品	D25	制造业	C14
26	计算机、电子与光学产品	D26	制造业	C15
27	电气设备	D27	制造业	C16
28	机械与设备	D28	制造业	C17
29	机动车辆	D29	制造业	C18
30	其他运输设备	D30	制造业	C19
31, 32, 33	其他制造，机械设备的修理和安装	D31T33	制造业	C20
35, 36, 37, 38, 39	电力、燃气、供水，污水、垃圾处理	D35T39	电力、燃气、供水、污水、垃圾处理	C21
41, 42, 43	建筑服务	D41T43	服务业	C22
45, 46, 47	批发、零售与车辆维修	D45T47	服务业	C23
49, 50, 51, 52, 53	运输与仓储	D49T53	服务业	C24
55, 56	住宿与餐饮	D55T56	服务业	C25
58, 59, 60	出版、音像与广播	D58T60	服务业	C26
61	电信	D61	服务业	C27
62, 63	IT与其他信息服务	D62T63	服务业	C28
64, 65, 66	金融与保险	D64T66	服务业	C29
68	房地产	D68	服务业	C30
69, 70, 71, 72, 73, 74, 75, 77, 78, 79, 80, 81, 82	其他商务服务	D69T82	服务业	C31
84	公共管理、国防与社会保障	D84	服务业	C32

续表

ISIC Rev. 4	ICIO 产业分类		产业大类	本书编码
	产业名称	代码		
85	教育	D85	服务业	C33
86, 87, 88	健康与社会工作	D86T88		C34
90, 91, 92, 93, 94, 95, 96	艺术、娱乐、休闲与其他服务	D90T96		C35
97, 98	家庭服务	D97T98		C36

资料来源：根据 ISIC Rev. 4 和 OECD-ICIO 产业分类整理。

鉴于 2018 年 12 月份 OECD 和 WTO 联合发布的 TiVA 数据库，采用了 OECD 编制的 2018 年版 ICIO 表数据，因此，为减少数据处理上的误差或遗漏，对于 OECD 和 WTO 联合发布的 TiVA 数据库能查到或基于该数据库数据经过进一步计算处理能利用的数据，我们将使用该数据库的数据，来对中国服务业 TiVA 进行核算。否则，则采用 ICIO 表提供的基础数据，通过计算处理对中国服务业 TiVA 进行核算。

4.2 中国服务业整体 TiVA 核算

4.2.1 传统总值贸易与 TiVA 统计标准下中国服务贸易核算与比较

表 4-2 是传统总值贸易统计标准和 TiVA 统计标准下，2005~2015 年中国服务业进出口及其差额的对比情况。从表中的统计结果可以看出，由于 TiVA 统计标准下，内含在货物中的服务业增加值包括在内，因此，无论服务业出口还是进口，TiVA 统计标准下的贸易规模均显著大于总值贸易统计标准下的贸易规模。这反映出传统总值服务贸易统计大大低估了中国服务贸易规模，且明显高估了中国服务贸易逆差规模。

表 4-2 传统总值贸易与 TiVA 统计标准下中国服务业进出口比较

年份	总值贸易标准			TiVA 标准				
	服务出口/亿美元（1）	服务进口/亿美元（2）	差额/亿美元（3）	服务出口/亿美元（4）	[(4)-(1)]/(1)	服务进口/亿美元（5）	[(5)-(2)]/(2)	差额/亿美元（6）
2005	678.2	1348.6	-670.4	1291.8	90.5%	1734.8	28.6%	-443.0
2006	854.4	1458.7	-604.3	1716.5	100.9%	1934.1	32.6%	-217.6

续表

年份	总值贸易标准			TiVA 标准			
	服务出口/亿美元（1）	服务进口/亿美元（2）	差额/亿美元（3）	服务出口/亿美元（4）	[(4)-(1)]/(1)	服务进口/亿美元（5）	[(5)-(2)]/(2)	差额/亿美元（6）
2007	1017.9	1657.2	-639.3	2314.7	127.4%	2287.6	38.0%	27.1
2008	1168.6	2112.2	-943.6	2803.4	139.9%	2908.7	37.7%	-105.3
2009	1067.8	2023.4	-955.6	2542.9	138.1%	2900.3	43.3%	-357.4
2010	1231.5	2657.4	-1425.9	3083.1	150.4%	3774.5	42.0%	-691.4
2011	1568.4	3535.2	-1966.8	3923.5	150.2%	5033.4	42.4%	-1109.9
2012	1732.7	3836.0	-2103.3	4438.9	156.2%	5351.3	39.5%	-912.4
2013	1916.5	4205.1	-2288.6	5085.0	165.3%	5862.9	39.4%	-777.9
2014	2083.9	4770.1	-2686.2	5722.0	174.6%	6624.3	38.9%	-902.3
2015	2123.4	4652.9	-2529.5	6045.6	184.7%	6224.5	33.8%	-178.9

资料来源：根据 OECD 发布的服务贸易数据及 OECD 和 WTO 联合发布的 TiVA 数据计算

其中，按 TiVA 标准统计的 2005~2015 年中国服务业出口规模，大于按总值贸易标准统计的出口规模的幅度，呈现明显不断扩大趋势，说明内含在货物出口中的服务业增加值出口增速，明显快于服务业自身的出口增速。而按 TiVA 标准统计的中国服务业进口规模，大于按总值贸易标准统计的进口规模的幅度，则呈现先提高、后下降的趋势，2015 年与 2005 年相比也有小幅提高，说明内含在货物进口中的服务业增加值进口增速先加快、后减慢。

从两种统计标准下中国服务贸易差额变化来看，传统总值贸易统计标准下，服务贸易从 2005 年起一直表现为贸易逆差，而且逆差规模呈持续扩大趋势，自 2010 年起服务贸易逆差规模就超过了服务出口规模。而 TiVA 统计标准下，除 2007 年外，其他年份服务贸易虽然也均为逆差，但逆差规模明显小于传统总值贸易标准下的逆差规模，且 2011 年之后 TiVA 标准下的服务贸易逆差呈现明显缩小趋势。这反映出，无论按照哪个统计标准，近年来我国服务贸易都是处于逆差状态，但是，按照 TiVA 统计标准，内含在货物出口中的服务业增加值出口，相比较服务业增加值进口增长更快，因此就使得 TiVA 标准下的中国服务贸易逆差规模大大小于传统总值贸易标准的统计结果。

在传统总值贸易标准和 TiVA 标准下，服务业进出口统计结果上的明显差异，将直接带来对服务贸易在我国对外贸易中地位和作用的重新认识。从按照传统总值贸易统计标准（图 4-1）和按照 TiVA 统计标准（图 4-2）分别测算的服务贸易占我国总贸易的比重及其变化，可以清楚地看出，在 TiVA 统计标准下，服务出口、服务进口和服务贸易总额占我国总出口（服务出口+货物出口）、总进口（服务进口+服务进口）和总贸易额（服务贸易+货物贸易）的比重，均显著高于按照传统总值贸易统计标准下的测算结果。而且，在两种统计标准下，我国服务出口和服务进口占比的变化呈现不同的特点。在总值贸易统计标准下，2015 年与 2005 年相比，我国服务出口占比下降，而服务进口占比则大幅提高。

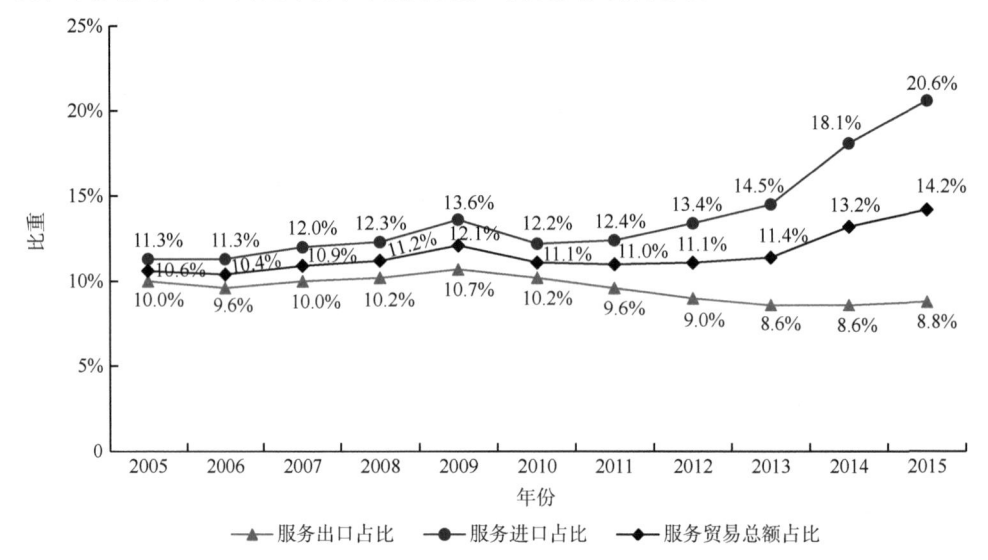

图 4-1　传统总值贸易统计标准下服务贸易占总贸易比重

资料来源：根据 OECD 和 WTO 联合发布的数据计算

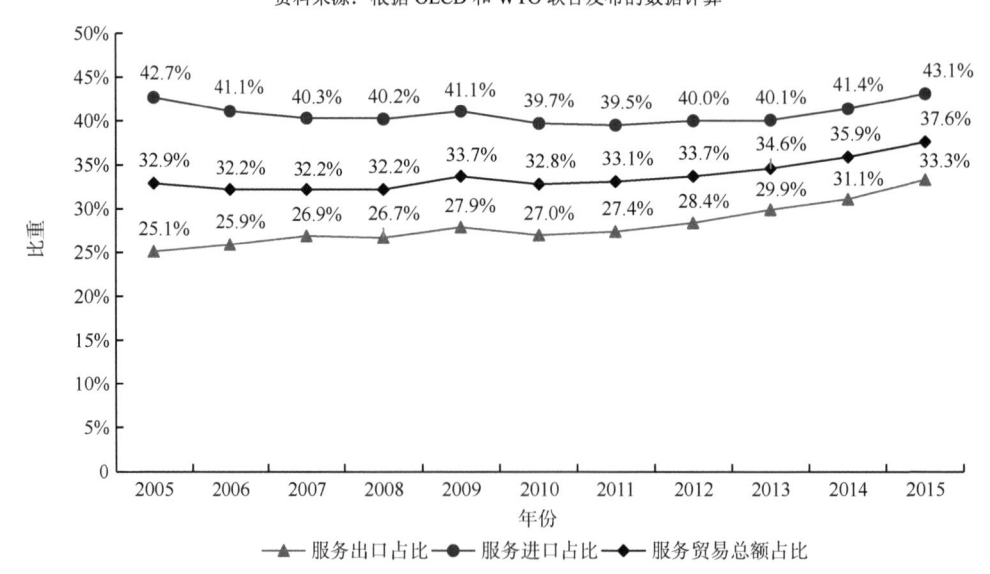

图 4-2　TiVA 统计标准下服务贸易占总贸易比重

资料来源：同图 4-1

但在 TiVA 统计标准下，同期我国服务出口占比明显上升，而服务进口占比则变化不大。这说明，由于没有考虑内含在货物贸易中的服务增加值进出口，传统总值贸易标准下的服务贸易统计结果，大大低估了服务贸易规模，以及服务业在我国整体对外贸易中的地位和作用，传统统计标准下的中国服务出口和进口占比变化，也没有真实反映出中国全部服务业增加值出口和进口的变化情况。

4.2.2 中国服务业 TiVA 贸易差额及其变化

表 4-3 为 2005~2015 年我国与主要经济体的全部服务 TiVA 贸易差额核算结果。从表中数据变化可以看出，我国与美国的服务 TiVA 贸易呈现顺差状态，且顺差额表现出波动中扩大态势，由 2005 年的 168.4 亿美元扩大到 2015 年的 233.5 亿美元。而与欧盟、日本、东盟和韩国的服务 TiVA 则均呈逆差状态，其中与日本的贸易逆差波动中表现出下降趋势，与欧盟、东盟和韩国的逆差则呈波动中增加趋势。我国与日本、欧盟、东盟和韩国这四个经济体的服务 TiVA 贸易逆差合计，由 2005 年的-396.2 亿美元扩大到 2015 年的-621.6 亿美元。这四个经济体对我国全部服务 TiVA 贸易全部逆差的贡献，由 2005 年的 89.4%上升到 2015 年的 347.5%，成为我国全部服务 TiVA 贸易逆差的主要来源。我国对除上述五个经济体之外的世界其他经济体的服务 TiVA 贸易差额，则呈现逆差和顺差交替变化态势，2011 年起贸易逆差不断缩小，至 2015 年则出现 209.2 亿美元的较大贸易顺差。

表 4-3 中国全部服务 TiVA 贸易差额变化（单位：亿美元）

经济体	年份										
	2005	2006	2007	2008	2009	2010	2011	2012	2013	2014	2015
美国	168.4	235.0	316.3	277.5	190.2	150.1	108.3	114.5	153.1	133.8	233.5
欧盟	-118.7	-81.8	-17.3	-76.5	-140.4	-191.7	-368.5	-427.2	-448.3	-514.5	-295.9
日本	-157.9	-150.1	-159.2	-202.2	-195.7	-279.0	-294.6	-186.1	-122.9	-133.6	-85.7
东盟	-60.0	-68.9	-74.6	-73.8	-89.7	-154.3	-208.3	-155.3	-160.2	-167.8	-131.5
韩国	-59.6	-50.9	-44.4	-46.0	-76.4	-106.6	-101.3	-111.4	-138.8	-161.3	-108.5
其他	-215.1	-100.9	6.3	15.7	-45.4	-109.8	-245.5	-146.9	-60.8	-58.9	209.2
合计	-443.0	-217.6	27.1	-105.3	-357.4	-691.3	-1109.9	-912.4	-777.8	-902.3	-178.9

资料来源：根据 OECD 和 WTO 联合发布的 TiVA 数据计算

从服务业自身直接（简称直接服务）TiVA 贸易差额来看，同与按照传统总值贸易标准统计的服务贸易差额变化特点相一致，我国直接服务 TiVA 贸易呈现逆差持续扩大趋势，由2005年的-435.5亿美元扩大到2015年的-1958.7亿美元。其中，与美国的直接服务TiVA贸易，2009年起由顺差转为逆差且规模不断扩大。与除美国之外的世界其他经济体的直接服务TiVA贸易，则是呈现逆差规模波动中不断扩大态势（表4-4）。

表4-4 中国直接服务TiVA贸易差额变化（单位：亿美元）

经济体	年份										
	2005	2006	2007	2008	2009	2010	2011	2012	2013	2014	2015
美国	22.5	38.1	44.3	5.8	-32.6	-81.1	-152.6	-197.3	-222.0	-308.2	-372.1
欧盟	-75.3	-59.4	-57.3	-103.0	-113.5	-144.6	-249.8	-291.5	-319.9	-390.4	-363.8
日本	-81.6	-76.3	-85.2	-108.7	-102.5	-131.9	-148.5	-117.9	-103.4	-128.1	-135.8
东盟	-33.3	-38.4	-45.3	-49.7	-53.5	-84.2	-123.1	-106.2	-120.1	-132.7	-133.7
韩国	-27.9	-21.5	-16.2	-15.6	-25.4	-36.1	-32.6	-40.0	-45.5	-60.3	-44.1
其他	-239.9	-224.2	-254.7	-317.8	-314.1	-389.8	-609.3	-712.3	-795.6	-921.7	-909.2
合计	-435.5	-381.7	-414.4	-589.0	-641.6	-867.7	-1315.9	-1465.6	-1606.5	-1941.4	-1958.7

资料来源：同表4-3

但内含在货物贸易中的我国服务业间接（简称间接服务）TiVA贸易差额，则显示出与直接服务TiVA贸易差额明显不同的变化特点。2005~2015年，除与韩国仍一直保持逆差状态外，我国与美国和除欧盟、东盟、日本与韩国之外的世界其他经济体的间接服务TiVA贸易，均表现为顺差且规模呈扩大趋势，与欧盟、东盟和日本的间接服务TiVA贸易，或者逆差与顺差交替出现，或者逆差规模波动中下降，但到2015年均实现了贸易顺差。其结果就是，我国间接服务TiVA贸易在2006年转为顺差后，顺差规模呈扩大趋势（表4-5）。

表4-5 中国间接服务TiVA贸易差额变化（单位：亿美元）

经济体	年份										
	2005	2006	2007	2008	2009	2010	2011	2012	2013	2014	2015
美国	145.9	196.9	272.0	271.7	222.8	231.2	260.9	311.8	375.1	442.0	605.6
欧盟	-43.4	-22.4	40.0	26.5	-26.9	-47.1	-118.7	-135.7	-128.4	-124.1	67.9
日本	-76.3	-73.8	-74.0	-93.5	-93.2	-147.1	-146.1	-68.2	-19.5	-5.5	50.1
东盟	-26.7	-30.5	-29.3	-24.1	-36.2	-70.1	-85.2	-48.7	-40.1	-35.1	2.2
韩国	-31.8	-29.4	-28.2	-30.4	-51.0	-70.5	-68.7	-71.4	-93.3	-101.0	-64.4
其他	24.8	123.3	261.0	333.5	268.7	280.0	363.8	565.4	734.8	862.8	1118.4
合计	-7.5	164.1	441.5	483.7	284.2	176.4	206.0	553.2	828.7	1039.1	1779.8

资料来源：同表4-3

通过比较直接与间接服务 TiVA 贸易差额及其变化,可以清楚地看出,我国全部服务 TiVA 总体贸易差额,2005 年以来尤其是 2011 年之后逆差规模的显著缩小,主要贡献来自内含在货物贸易中的间接服务 TiVA 贸易的顺差的扩大,尤其是对美国和除欧盟、东盟、日本与韩国之外的世界其他经济体的间接服务 TiVA 贸易顺差的不断扩大。这也进一步说明,考虑到内含在货物贸易中的服务进出口,不仅会带来对一经济体服务业贸易规模大小及其作用的重新理解,也会带来对该经济体服务贸易差额及其变化的重新认识。

4.2.3　中国服务业 TiVA 出口与进口结构

从服务业自身的直接服务 TiVA 进出口和内含在货物中的间接服务 TiVA 进出口比较来看,在中国全部服务 TiVA 出口中,内含在货物中的间接服务 TiVA 出口规模,显著大于服务业自身直接服务的 TiVA 出口规模,而且,间接服务 TiVA 出口大于直接服务出口的幅度在逐渐扩大,2005 年间接服务 TiVA 出口是直接服务出口的 1.59 倍,2015 年则扩大到 2.49 倍(图 4-3)。一方面,与我国货物出口中制

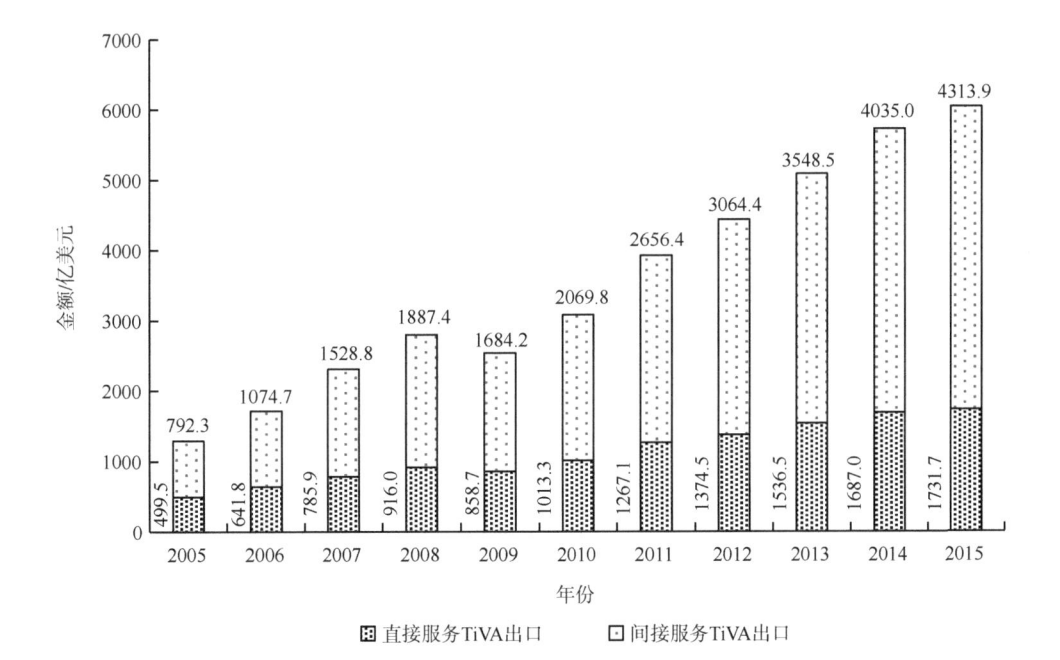

图 4-3　中国服务业 TiVA 出口结构

资料来源:根据 OECD 发布 2018 年版 ICIO 表计算

成品所占比重不断提高有关[①]；另一方面（也是更重要的），与我国制造业服务化水平不断提升有关[②]。

但是，中国全部服务 TiVA 进口却表现出与出口正好相反的结构特点，服务业自身的直接服务 TiVA 进口规模，明显大于内含在货物中的间接服务 TiVA 进口规模，并且，直接服务 TiVA 进口大于间接服务进口的幅度在逐渐扩大，2005 年直接服务 TiVA 进口比间接服务进口多 135.2 亿美元，2015 年则扩大到 1156.3 亿美元，直接服务 TiVA 进口所占比重，也由 2005 年的 53.9%上升到 2015 年的 59.3%（图 4-4）。

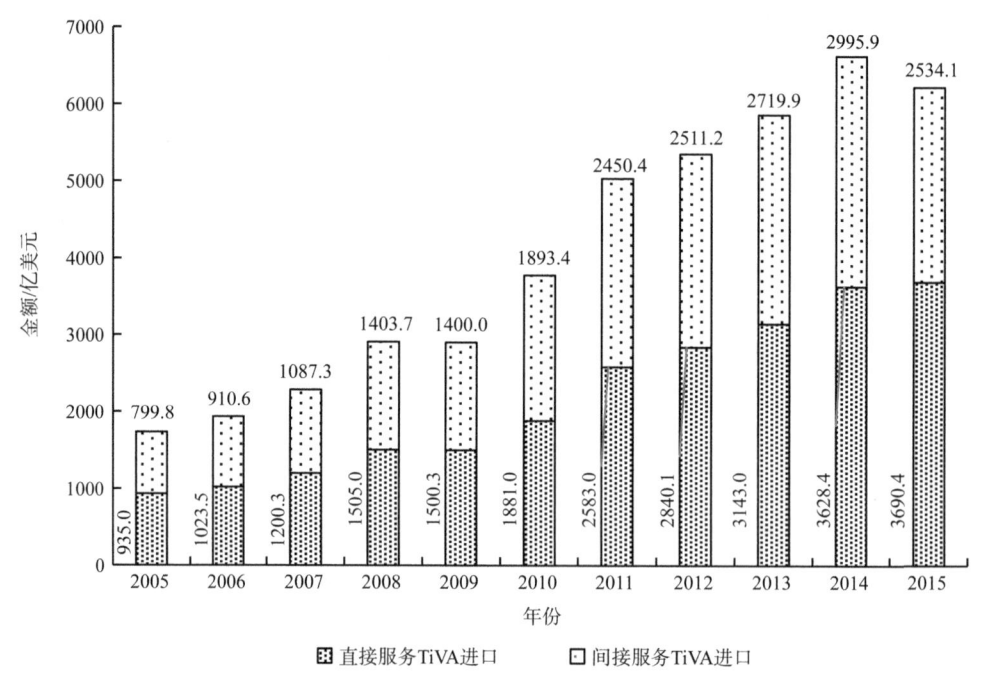

图 4-4 中国服务业 TiVA 进口结构

资料来源：同图 4-3

[①]按照总值贸易统计标准，我国工业制成品出口占货物出口的比重，由 2005 年的 93.5%提高到 2015 年的 95.5%，去掉进口后经过加工复出口的部分，该比重也由 85.2%提高到 87.6%。

[②]许和连等（2018）利用完全消耗系数测算的中国制造业服务化水平，由 2000 年的 43%提高到 2014 年的 47%；王思语和郑乐凯（2018）采用制造业出口中的服务业增加值比重，测算的中国制造业出口的服务化水平，由 2000 年的 15.1%提高到 2014 年的 18.2%；戴翔等（2018）从服务投入占制造业出口额比重角度，测算的中国制造业出口服务化水平，由 2005 年的 17.9%提高到 2014 年的 24.5%；龙飞扬和殷凤（2019）利用完全消耗系数算的中国制造业服务化水平，由 2007 年的 27%提高到 2014 年的 38%；李娟娟（2019）利用直接消耗系数测算的中国制造业服务化水平，则由 2005 年的 10.3%提高到 2014 年的 17.2%。由于采用测算方法和资料来源不同，以上文献对中国制造业服务化水平的测算结果虽然有明显差异，但都显示出制造业服务化水平在逐渐提高。

我国全部服务 TiVA 进口构成的这一特点，一方面，与我国服务业自身直接进口额增加较快、逆差规模不断扩大有关（表 4-2）；另一方面，与我国货物贸易长期存在较大顺差、货物进口中工业制成品所占比重相对较低且不断下降、初级产品所占比重相对较高有关[①]。一般而言，工业制成品生产和贸易中的服务投入（或服务化水平），要明显高于初级产品生产和贸易所需服务投入。更进一步地思考，这也反映出境内服务业发展水平相对落后，不得不通过服务的直接进口来满足境内经济发展和社会进步对高质量服务的需求。

4.3 中国服务业分部门 TiVA 核算

4.3.1 服务业分部门 TiVA 贸易额

在服务业 15 个部门中，C23（批发、零售与车辆维修）、C24（运输与仓储）、C29（金融与保险）和 C31（其他商务服务）这四个服务部门的 TiVA 贸易额，在我国全部服务 TiVA 贸易总额中列前四位，占据我国全部服务 TiVA 贸易绝大部分份额，是我国服务业 TiVA 贸易的主体。上述四个服务业部门合计占全部服务 TiVA 贸易总额的比重，2005 年为 82.6%，2015 年该比重虽有下降但仍占 79.9%。其他 11 个服务业部门的 TiVA 贸易额虽有差异，但所占比重均不超过 5%（表 4-6）。

表 4-6　中国全部服务各部门 TiVA 贸易额

项目		年份										
		2005	2006	2007	2008	2009	2010	2011	2012	2013	2014	2015
C22	贸易额/亿美元	22.9	28.2	33.2	46.5	41.5	56.1	82.5	86.3	92.4	107.1	92.0
	比重	0.8%	0.8%	0.7%	0.8%	0.8%	0.8%	0.9%	0.9%	0.8%	0.9%	0.7%
C23	贸易额/亿美元	1147.0	1390.4	1747.1	2181.7	2080.1	2675.0	3465.3	3737.5	4105.6	4522.8	4382.7
	比重	37.9%	38.1%	38.0%	38.2%	38.2%	39.0%	38.7%	38.2%	37.5%	36.6%	35.7%
C24	贸易额/亿美元	723.3	839.6	986.7	1203.2	1101.4	1401.0	1714.5	1761.4	1962.1	2158.3	2061.8
	比重	23.9%	23.0%	21.4%	21.1%	20.2%	20.4%	19.1%	18.0%	17.9%	17.5%	16.8%

---

① 按传统标准统计，我国货物贸易顺差，由 2005 年的 1018.8 亿美元，扩大到 2015 年的 5964.9 亿美元。工业制成品进口占货物进口的比重，2005 年为 77.6%，2015 年则下降到 72.0%，明显低于工业制成品出口占货物出口的比重。

续表

项目		年份										
		2005	2006	2007	2008	2009	2010	2011	2012	2013	2014	2015
C25	贸易额/亿美元	101.9	127.9	161.5	199.6	196.8	230.6	302.7	343.4	410.4	523.1	544.8
	比重	3.4%	3.5%	3.5%	3.5%	3.6%	3.4%	3.4%	3.5%	3.7%	4.2%	4.4%
C26	贸易额/亿美元	32.7	37.7	67.5	76.2	84.8	107.5	137.3	147.4	154.2	168.8	186.6
	比重	1.1%	1.0%	1.5%	1.3%	1.6%	1.6%	1.5%	1.5%	1.4%	1.4%	1.5%
C27	贸易额/亿美元	81.7	96.4	118.3	145.0	126.6	139.6	167.0	196.4	225.2	255.6	262.7
	比重	2.7%	2.6%	2.6%	2.5%	2.3%	2.0%	1.9%	2.0%	2.1%	2.1%	2.1%
C28	贸易额/亿美元	43.1	50.2	66.9	79.2	74.4	83.3	116.1	156.5	173.9	194.0	193.9
	比重	1.4%	1.4%	1.5%	1.4%	1.4%	1.2%	1.3%	1.6%	1.6%	1.6%	1.6%
C29	贸易额/亿美元	249.6	320.9	455.7	559.7	558.5	712.8	1028.6	1210.2	1368.2	1566.8	1663.0
	比重	8.2%	8.8%	9.9%	9.8%	10.3%	10.4%	11.5%	12.4%	12.5%	12.7%	13.6%
C30	贸易额/亿美元	96.8	120.9	157.2	188.0	180.4	215.2	296.3	336.7	384.1	453.3	480.5
	比重	3.2%	3.3%	3.4%	3.3%	3.3%	3.1%	3.3%	3.4%	3.5%	3.7%	3.9%
C31	亿美元	381.8	459.7	582.7	753.0	723.6	900.6	1204.0	1341.5	1525.0	1742.5	1688.5
	比重	12.6%	12.6%	12.7%	13.2%	13.3%	13.1%	13.4%	13.7%	13.9%	14.1%	13.8%
C32	贸易额/亿美元	16.1	20.3	24.0	31.2	27.6	34.2	48.5	52.3	62.6	65.0	66.7
	比重	0.5%	0.6%	0.5%	0.5%	0.5%	0.5%	0.5%	0.5%	0.6%	0.5%	0.5%
C33	贸易额/亿美元	21.0	28.2	34.1	44.5	44.1	57.9	76.0	86.0	106.0	139.9	146.7
	比重	0.7%	0.8%	0.7%	0.8%	0.8%	0.8%	0.8%	0.9%	1.0%	1.1%	1.2%
C34	贸易额/亿美元	50.7	60.7	81.4	92.4	93.6	110.0	144.0	157.1	174.3	205.2	244.9
	比重	1.7%	1.7%	1.8%	1.6%	1.7%	1.6%	1.6%	1.6%	1.6%	1.7%	2.0%
C35	贸易额/亿美元	58.0	69.5	86.0	111.9	109.8	133.7	174.1	177.5	204.0	243.9	255.3
	比重	1.9%	1.9%	1.9%	2.0%	2.0%	1.9%	1.9%	1.8%	1.9%	2.0%	2.1%

续表

项目		年份										
		2005	2006	2007	2008	2009	2010	2011	2012	2013	2014	2015
C36	贸易额/亿美元	—	—	—	—	—	—	—	—	—	—	—
	比重	—	—	—	—	—	—	—	—	—	—	—
合计	亿美元	3026.6	3650.6	4602.3	5712.1	5443.2	6857.5	8956.9	9790.2	10948.0	12346.3	12270.1

资料来源：根据 OECD 和 WTO 联合发布的 TiVA 数据计算

注：C36"家庭服务"在 OECD 和 WTO 联合发布的 TiVA 数据库中的统计数据为零

从服务业各部门贸易额变化来看，2005~2015 年，C22（建筑服务）、C28（IT 与其他信息服务）、C32（公共管理、国防与社会保障）、C34（健康与社会工作）和 C35（艺术、娱乐、休闲与其他服务）等五个服务业部门，TiVA 贸易额虽呈扩大趋势，但占全部服务 TiVA 贸易总额的比重相对稳定。C25（住宿与餐饮）、C26（出版、音像与广播）、C29（金融与保险）、C30（房地产）、C31（其他商务服务）和 C33（教育）等六个服务业部门的 TiVA 贸易额在不断扩大的同时，占全部服务 TiVA 贸易总额的比重也均有不同程度提高趋势。而 C23（批发、零售与车辆维修）、C24（运输与仓储）和 C27（电信）这三个服务业部门，TiVA 贸易额在扩大的同时，在全部服务 TiVA 贸易总额中所占比重，却呈不同程度下降趋势。服务业不同部门 TiVA 贸易额占全部服务 TiVA 贸易总额比重的不同变化趋势，既是境内外市场对服务需求变化的反映，也是各服务业部门增加值创造能力和境内外竞争力变化，在 TiVA 贸易中的表现。

借鉴樊茂清和黄薇（2014）按要素密集度对服务业各部门进行分类的方法[①]，可以进一步从劳动密集型、资本密集型、知识密集型和公共服务等四个服务大类，对我国服务业各部门 TiVA 贸易额变化做进一步分析，如表 4-7 所示。

表 4-7 按要素密集度划分的中国服务业各部门 TiVA 贸易额

项目		年份										
		2005	2006	2007	2008	2009	2010	2011	2012	2013	2014	2015
劳动密集型	贸易额/亿美元	1271.8	1546.5	1941.8	2427.8	2318.4	2961.7	3850.5	4167.2	4608.4	5153.0	5019.5
	比重	42.0%	42.4%	42.2%	42.5%	42.6%	43.2%	43.0%	42.6%	42.1%	41.7%	40.9%

---

① 按照樊茂清和黄薇（2014）的分类原则，劳动密集型服务业包括 C22、C23、C25 和 C36 等四个服务业部门；资本密集型服务业包括 C24、C27、C28 和 C30 等四个服务业部门；知识密集型服务业包括 C26、C29 和 C31 等三个服务业部门；C32、C33、C34 和 C35 等则属于公共服务部门。

续表

项目		年份										
		2005	2006	2007	2008	2009	2010	2011	2012	2013	2014	2015
资本密集型	贸易额/亿美元	944.9	1107.1	1329.1	1615.4	1482.8	1839.1	2293.9	2451.0	2745.3	3061.2	2998.9
	比重	31.2%	30.3%	28.9%	28.3%	27.2%	26.8%	25.6%	25.0%	25.1%	24.8%	24.4%
知识密集型	贸易额/亿美元	664.1	818.3	1105.9	1388.9	1366.9	1720.9	2369.9	2699.1	3047.4	3478.1	3538.1
	比重	21.9%	22.4%	24.0%	24.3%	25.1%	25.1%	26.5%	27.6%	27.8%	28.2%	28.8%
公共服务	贸易额/亿美元	145.8	178.7	225.5	280.0	275.1	335.8	442.6	472.9	546.9	654.0	713.6
	比重	4.8%	4.9%	4.9%	4.9%	5.1%	4.9%	4.9%	4.8%	5.0%	5.3%	5.8%
合计	贸易额/亿美元	3026.6	3650.6	4602.3	5712.1	5443.2	6857.5	8956.9	9790.2	10948.0	12346.3	12270.1

资料来源：根据表4-6数据计算

因四舍五入所致，各比重相加可能不等于100%，余同

从表4-7的核算结果来看，劳动密集型和资本密集型服务业部门的TiVA贸易额，位列全部服务TiVA贸易额的前2位，但这两个服务部门的TiVA贸易额占全部贸易额的比重，均呈现不同程度的下降趋势，分别从2005年的42.0%、31.2%下降到2015年的40.9%、24.4%，资本密集型服务部门TiVA贸易所占比重下降程度更大。相对应地，知识密集型和公共服务这两个部门的TiVA贸易额，占全部服务TiVA贸易额的比重则有不同幅度的提升，分别由2005年的21.9%、4.8%提升到2015年的28.8%、5.8%，知识密集型服务部门TiVA贸易所占比重提升幅度更高。

就不同服务部门TiVA贸易差额来看，C22、C26、C28、C30、C31、C32、C33和C34等八个服务部门，2005~2015年一直呈现贸易逆差状态，且贸易逆差规模呈不断扩大趋势。C25和C35两个服务部门，分别从2010年和2011年由顺差转为逆差状态。而C23、C24和C29等三个服务部门，则是由贸易逆差逐步转为顺差或者持续保持贸易顺差，且贸易顺差规模呈不断扩大趋势，是我国服务业TiVA整体贸易逆差规模，自2012年起迅速缩小的主要贡献者（表4-8）。这说明，在C23（批发、零售与车辆维修）、C24（运输与仓储）和C29（金融与保险）这三个服务业部门，我国有相对较高的增加值创造能力和国际竞争力，而其他十几个服务业部门则相对较弱，并表现出继续下降趋势。

表 4-8　中国服务业各部门 TiVA 贸易差额（单位：亿美元）

部门	2005	2006	2007	2008	2009	2010	2011	2012	2013	2014	2015
C22	−19.3	−22.0	−28.2	−32.9	−34.7	−50.7	−73.1	−74.5	−76.0	−85.7	−76.6
C23	−154.4	−69.6	10.1	1.1	−50.3	−95.6	−218.1	29.9	94.6	95.0	274.9
C24	80.5	176.4	289.9	291.6	187.0	149.4	110.7	103.0	146.5	160.9	218.2
C25	1.9	13.1	23.3	26.4	4.8	−1.0	−48.5	−73.0	−100.6	−174.7	−187.8
C26	−18.3	−18.9	−34.5	−36.4	−50.2	−71.5	−95.3	−104.6	−108.4	−118.4	−132.6
C27	4.9	15.0	23.7	21.8	8.4	−4.0	−14.2	−6.2	5.4	16.8	39.7
C28	−18.1	−16.6	−26.9	−37.6	−45.0	−59.1	−83.9	−113.1	−125.3	−131.2	−110.7
C29	−64.4	−44.9	33.3	57.9	49.5	40.0	112.2	149.0	234.4	302.2	509.6
C30	−42.4	−37.5	−37.0	−62.2	−79.8	−121.2	−150.5	−147.3	−157.7	−190.3	−140.1
C31	−158.8	−154.5	−166.7	−256.6	−258.6	−347.0	−459.2	−450.5	−450.0	−483.1	−333.3
C32	−12.5	−15.3	−17.0	−20.0	−17.6	−24.6	−37.5	−43.3	−50.8	−50.4	−48.1
C33	−16.6	−22.6	−26.3	−31.7	−32.1	−46.3	−61.8	−78.8	−91.0	−120.7	−122.1
C34	−30.1	−31.9	−32.4	−45.8	−52.6	−63.6	−88.0	−88.9	−87.3	−106.2	−70.7
C35	4.6	11.7	15.8	19.1	13.6	3.9	−2.7	−14.1	−11.8	−16.5	−0.1
C36	—	—	—	—	—	—	—	—	—	—	—
合计	−443.0	−217.6	27.1	−105.3	−357.4	−691.3	−1109.9	−912.4	−777.8	−902.3	−178.9

资料来源：同表 4-6

从按要素密集度划分的中国服务业各部门 TiVA 贸易差额分析，劳动密集型服务部门的 TiVA 贸易差额，呈现波动中减少趋势，2015 年转为贸易顺差。资本密集型服务部门的 TiVA 贸易差额，2010 年之前表现为贸易顺差，之后则转为逆差并迅速扩大，2015 年虽又转为顺差但金额不大。知识密集型服务部门的 TiVA 贸易逆差规模最大，其总体呈现逆差不断扩大态势，2015 年虽出现 44.2 亿美元的顺差，但是否能持续需要进一步观察。公共服务部门则呈现持续贸易逆差状态，且 2005～2015 年，贸易逆差规模不断扩大，成为 2015 年我国服务业 TiVA 贸易逆差的主要贡献者（表 4-9）。

表 4-9　按要素密集度划分的中国服务业各部门 TiVA 贸易差额（单位：亿美元）

项目	2005	2006	2007	2008	2009	2010	2011	2012	2013	2014	2015
劳动密集型	−171.8	−78.5	5.2	−5.4	−80.2	−147.3	−339.7	−117.6	−82.0	−165.4	10.8
资本密集型	24.9	137.3	249.7	213.6	70.6	−34.9	−137.9	−163.6	−131.1	−143.8	7.3

续表

项目	年份										
	2005	2006	2007	2008	2009	2010	2011	2012	2013	2014	2015
知识密集型	−241.5	−218.3	−167.9	−235.1	−259.2	−378.5	−442.3	−406.1	−323.8	−299.3	44.2
公共服务	−54.6	−58.1	−59.9	−78.4	−88.7	−130.6	−190.0	−225.1	−240.9	−293.8	−241.2
合计	−443.0	−217.6	27.1	−105.3	−357.4	−691.3	−1109.9	−912.4	−777.8	−902.3	−178.9

资料来源：根据表 4-8 数据计算

再进一步从我国直接服务 TiVA 贸易和内含在货物贸易中的间接服务 TiVA 贸易核算结果来看，我国服务业自身直接服务 TiVA 贸易额始终小于内含在货物贸易中的间接服务贸易额，并且二者之间的差距在不断拉大。2005 年我国服务业直接 TiVA 贸易额比间接贸易额低 157.6 亿美元，到 2015 年扩大到低 1425.9 亿美元（表 4-10 和表 4-11）。这反映出，境外对我国的服务需求和我国对境外的服务需求，更多是通过货物贸易来间接实现的，制造业的进一步服务化将趋向于继续扩大二者之间的差距。

表 4-10 按要素密集度划分的中国服务业各部门直接 TiVA 贸易额

项目		年份										
		2005	2006	2007	2008	2009	2010	2011	2012	2013	2014	2015
劳动密集型	贸易额/亿美元	608.4	720.7	870.2	1078.0	1040.3	1290.1	1726.7	1842.3	2068.7	2345.9	2381.3
	比重	42.4%	43.3%	43.8%	44.5%	44.1%	44.6%	44.8%	43.7%	44.2%	44.1%	43.9%
资本密集型	贸易额/亿美元	488.9	553.5	629.8	757.3	716.2	885.1	1122.0	1211.8	1328.1	1486.6	1489.7
	比重	34.1%	33.2%	31.7%	31.3%	30.4%	30.6%	29.1%	28.8%	28.4%	28.0%	27.5%
知识密集型	贸易额/亿美元	273.7	317.5	398.4	479.8	492.8	587.0	816.0	946.1	1033.4	1168.5	1206.0
	比重	19.1%	19.1%	20.1%	19.8%	20.9%	20.3%	21.2%	22.4%	22.1%	22.0%	22.2%
公共服务	贸易额/亿美元	63.5	73.6	87.8	105.9	109.7	132.1	185.4	214.4	249.3	314.4	345.1
	比重	4.4%	4.4%	4.4%	4.4%	4.7%	4.6%	4.8%	5.1%	5.3%	5.9%	6.4%
合计	贸易额/亿美元	1434.5	1665.3	1986.2	2421.0	2359.0	2894.3	3850.1	4214.6	4679.5	5315.4	5422.1

资料来源：同表 4-6

表 4-11　按要素密集度划分的中国服务业各部门间接 TiVA 贸易额

项目		年份										
		2005	2006	2007	2008	2009	2010	2011	2012	2013	2014	2015
劳动密集型	贸易额/亿美元	663.2	825.8	1071.6	1349.8	1278.0	1671.6	2123.8	2324.9	2539.7	2807.1	2638.1
	比重	41.7%	41.6%	41.0%	41.0%	41.4%	42.2%	41.6%	41.7%	40.5%	39.9%	38.5%
资本密集型	贸易额/亿美元	456.0	553.6	699.3	858.1	766.6	954.0	1171.9	1239.2	1417.1	1574.6	1509.1
	比重	28.6%	27.9%	26.7%	26.1%	24.9%	24.1%	22.9%	22.2%	22.6%	22.4%	22.0%
知识密集型	贸易额/亿美元	390.7	500.9	707.5	909.1	874.2	1133.9	1553.9	1753.0	2014.1	2309.6	2332.5
	比重	24.5%	25.2%	27.0%	27.6%	28.3%	28.6%	30.4%	31.4%	32.1%	32.8%	34.1%
公共服务	贸易额/亿美元	82.2	105.0	137.7	174.1	165.4	203.7	257.2	258.5	297.6	339.6	368.3
	比重	5.2%	5.3%	5.3%	5.3%	5.4%	5.1%	5.0%	4.6%	4.7%	4.8%	5.4%
合计	贸易额/亿美元	1592.1	1985.3	2616.1	3291.1	3084.2	3963.2	5106.8	5575.6	6268.5	7030.9	6848.0

资料来源：同表 4-6

从按要素密集度划分的服务业各部门 TiVA 贸易结构比较，我国服务业各部门直接 TiVA 贸易和间接 TiVA 贸易表现出近似而又有差异的特点。二者的近似之处表现在，劳动密集型服务部门 TiVA 贸易额均排在第 1 位，资本密集型服务部门 TiVA 贸易额所占比重均呈现下降趋势，知识密集型服务部门 TiVA 贸易额所占比重均呈现提高趋势。二者的差异之处在于，在我国服务业各部门直接 TiVA 贸易中，劳动密集型服务部门贸易额所占比重相对稳定，公共服务部门贸易额所占比重有所提高；而在我国服务业各部门间接 TiVA 贸易中，劳动密集型服务部门贸易额所占比重出现下降趋势，而公共服务部门贸易额所占比重则相对稳定；再就是在服务业各部门间接 TiVA 贸易中，知识密集型服务部门贸易额所占比重提升幅度，明显大于服务业直接 TiVA 贸易（表 4-10 和表 4-11）。

由此可以看出，在服务业自身的价值创造和国际竞争能力上，我国劳动密集型服务业保持相对稳定，资本密集型服务业明显下滑，而知识密集型和公共服务部门有小幅提升。制造业部门向高技术、高质量发展的转型升级，对劳动密集型、资本密集型服务投入的需求在相对下降，而对知识密集型服务投入的需求则显著提升，对公共服务的投入需求相对稳定。

就按要素密集度划分的中国直接服务 TiVA 和间接服务 TiVA 贸易差额比较可

以看到，2005～2015 年，无论总体还是分部门，我国直接服务 TiVA 贸易均表现为贸易逆差，而且逆差规模呈扩大趋势（表 4-12）。而在间接服务 TiVA 贸易中，虽然公共服务部门多数年份表现为逆差，但资本密集型服务部门始终为贸易顺差，劳动密集型和知识密集型服务部门自 2006 和 2007 年起，也分别由贸易逆差转为顺差，并且顺差规模日益扩大，这就使得间接服务 TiVA 贸易差额合计，自 2006年起出现贸易顺差并呈现波动中不断扩大趋势（表 4-13）。

表 4-12　按要素密集度划分的中国服务业各部门直接 TiVA 贸易差额（单位：亿美元）

项目	年份										
	2005	2006	2007	2008	2009	2010	2011	2012	2013	2014	2015
劳动密集型	−153.2	−129.9	−130.4	−177	−186.9	−229.3	−376.7	−352.7	−405.3	−551.1	−544.9
资本密集型	−56.3	−5.3	−11.0	−23.7	−71.8	−126.1	−222.8	−306.2	−325.7	−383.6	−395.9
知识密集型	−181.9	−196.3	−211.8	−310.2	−301.8	−405.6	−563.0	−627.7	−668.0	−740.3	−734.8
公共服务	−44.1	−50.2	−61.2	−78.1	−81.1	−106.7	−153.4	−179.0	−207.5	−266.4	−283.1
合计	−435.5	−381.7	−414.4	−589	−641.6	−867.7	−1315.9	−1465.6	−1606.5	−1941.4	−1958.7

资料来源：同表 4-6

表 4-13　按要素密集度划分的中国服务业部门间接 TiVA 贸易差额（单位：亿美元）

项目	年份										
	2005	2006	2007	2008	2009	2010	2011	2012	2013	2014	2015
劳动密集型	−18.4	51.4	146.6	171.6	106.8	82.0	37.0	235.1	323.3	385.7	555.5
资本密集型	81.2	142.6	222.7	237.3	142.4	91.2	84.9	142.6	194.7	239.8	403.1
知识密集型	−59.9	−22.1	70.9	75.1	42.6	27.1	120.7	221.6	344.1	441.0	779.1
公共服务	−10.4	−7.8	1.3	−0.3	−7.6	−23.9	−36.6	−46.1	−33.4	−27.4	42.1
合计	−7.5	164.1	441.5	483.7	284.2	176.4	206.0	553.2	828.7	1039.1	1779.8

资料来源：同表 4-6

这在一定程度上说明，国际比较而言，我国服务业自身发展水平虽然仍相对落后，各个服务部门的国际竞争力仍然相对较低，但制造业等货物生产部门服务化水平的不断提升、贸易规模的日益扩大，既带动了服务的间接进出口，又缩小了全部服务贸易逆差规模。

4.3.2　服务业分部门 TiVA 出口与进口

从表 4-14 中国服务业各部门 TiVA 出口核算结果可以看出，C23、C24、C29和 C31 这四个服务业部门的 TiVA 出口，稳居我国服务业 TiVA 出口前四位。2005～

2015年，这四个服务部门的TiVA出口，合计占我国全部服务TiVA出口的比重一直保持在85%以上，且从2005年的85.3%提升到2015年的86.6%。其他11个服务部门的TiVA出口额虽然也均呈现不断扩大趋势，但所占比重变化不大。

表4-14 中国服务业分部门TiVA出口（单位：亿美元）

部门	2005	2006	2007	2008	2009	2010	2011	2012	2013	2014	2015
C22	1.8	3.1	2.5	6.8	3.4	2.7	4.7	5.9	8.2	10.7	7.7
C23	496.3	660.4	878.6	1091.4	1014.9	1289.7	1623.6	1883.7	2100.1	2308.9	2328.8
C24	401.9	508.0	638.3	747.4	644.2	775.2	912.6	932.2	1054.3	1159.6	1140.0
C25	51.9	70.5	92.4	113.0	100.8	114.5	127.1	135.2	154.9	174.2	178.5
C26	7.2	9.4	16.5	19.9	17.4	18.0	21.0	21.4	23.0	25.2	27.5
C27	43.3	55.7	71.0	83.4	67.5	67.8	76.4	95.1	115.3	136.2	151.2
C28	12.5	16.8	20.0	20.8	14.7	12.1	16.1	21.7	24.3	31.4	41.6
C29	92.6	138.0	244.5	308.8	304.0	376.4	570.9	679.6	801.3	934.5	1086.3
C30	27.2	41.7	60.1	62.9	50.3	47.0	72.9	94.7	113.2	131.5	170.2
C31	111.5	152.6	208.0	248.2	232.5	276.5	372.4	445.5	537.5	629.7	677.6
C32	1.8	2.5	3.5	5.6	5.0	4.8	5.5	4.5	5.9	7.3	9.3
C33	2.2	2.8	3.9	6.4	6.0	5.8	7.1	3.6	7.5	9.6	12.2
C34	10.3	14.4	24.5	23.3	20.5	23.2	28.0	34.1	43.5	49.5	87.1
C35	31.3	40.6	50.9	65.5	61.7	68.8	85.7	81.7	96.1	113.7	127.6
C36	—	—	—	—	—	—	—	—	—	—	—
合计	1291.8	1716.5	2314.7	2803.4	2542.9	3083.1	3923.5	4438.9	5085.1	5722.0	6045.6

资料来源：同表4-6

在中国服务业各部门TiVA进口中，C23、C24、C29和C31这四个服务业部门，同样位列我国服务业各部门TiVA进口的前四位，只是C29排在了C31的后面。另外，其他服务业部门TiVA进口增长较快，尤其是C25（住宿与餐饮）、C30（房地产）等，使得前四个服务业部门的TiVA进口合计所占比重呈下降趋势，由2005年的80.7%下降到2015年的73.3%（表4-15）。

表4-15 中国服务业分部门TiVA进口（单位：亿美元）

部门	2005	2006	2007	2008	2009	2010	2011	2012	2013	2014	2015
C22	21.1	25.1	30.7	39.7	38.1	53.4	77.8	80.4	84.2	96.4	84.3
C23	650.7	730.0	868.5	1090.3	1065.2	1385.3	1841.7	1853.8	2005.5	2213.9	2053.9

续表

部门	2005	2006	2007	2008	2009	2010	2011	2012	2013	2014	2015
C24	321.4	331.6	348.4	455.8	457.2	625.8	801.9	829.2	907.8	998.7	921.8
C25	50.0	57.4	69.1	86.6	96.0	115.8	175.6	208.2	255.5	348.9	366.3
C26	25.5	28.3	51.0	56.3	67.4	89.5	116.3	126.0	131.2	143.6	159.1
C27	38.4	40.7	47.3	61.6	59.1	71.8	90.6	101.3	109.9	119.4	111.5
C28	30.6	33.4	46.9	58.4	59.7	71.2	100.0	134.8	149.6	162.6	152.3
C29	157.0	182.9	211.2	250.9	254.5	336.4	458.2	530.6	566.9	632.3	576.7
C30	69.6	79.2	97.1	125.1	130.1	168.2	223.4	242.0	270.9	321.8	310.3
C31	270.3	307.1	374.7	504.5	491.1	623.8	831.6	896.0	987.5	1112.8	1010.9
C32	14.3	17.8	20.5	25.6	22.6	29.4	43.0	47.8	56.7	57.7	57.4
C33	18.8	25.4	30.2	38.1	38.1	52.1	68.9	82.4	98.5	130.3	134.5
C34	40.4	46.3	56.9	69.1	73.1	86.8	116.0	123.0	130.8	155.7	157.8
C35	26.7	28.9	35.1	46.4	48.1	64.9	88.4	95.8	107.9	130.2	127.7
C36	—	—	—	—	—	—	—	—	—	—	—
合计	1734.8	1934.1	2287.6	2908.7	2900.3	3774.4	5033.4	5351.3	5862.9	6624.3	6224.5

资料来源：同表 4-6

由此可见，虽然我国服务业 TiVA 出口，对"批发、零售与车辆维修"、"运输与仓储"、"金融与保险"和"其他商业服务"等这四个产业部门的依赖度更高，进口对上述四个部门的依赖度相对较低且呈下降趋势，但依赖程度 2015 年仍超过 70%。这反映出，无论从服务消费还是从制造业生产所需服务投入来看，境内外市场对上述四个服务业部门的需求更大。只不过，随着我国服务业发展水平的日益提升，境内对上述四个服务部门的进口需求在逐渐下降。

按要素密集度划分的我国服务业 TiVA 出口中，2005～2015 年，劳动密集型和公共服务部门所占比重变化不大，但资本密集型服务部门出口所占比重显著下降，知识密集型服务部门出口所占比重则显著上升，这使得知识密集型服务业部门 TiVA 出口所占比重，自 2012 年起超过资本密集型服务业部门，在四个服务业类别中列第 2 位（表 4-16）。这在一定程度上说明，我国知识密集型服务业的发展水平和国际竞争力，在这期间有了明显提高。

表 4-16　按要素密集度划分的中国服务业分部门 TiVA 出口

项目		2005	2006	2007	2008	2009	2010	2011	2012	2013	2014	2015
劳动密集型	出口/亿美元	550.0	734.0	973.5	1211.2	1119.1	1407.2	1755.4	2024.8	2263.2	2493.8	2515.0
	比重	42.6%	42.8%	42.1%	43.2%	44.0%	45.6%	44.7%	45.6%	44.5%	43.6%	41.6%
资本密集型	出口/亿美元	484.9	622.2	789.4	914.5	776.7	902.1	1078.0	1143.7	1307.1	1458.5	1503.0
	比重	37.5%	36.2%	34.1%	32.6%	30.5%	29.3%	27.5%	25.8%	25.7%	25.5%	24.9%
知识密集型	出口/亿美元	211.3	300.0	469.0	576.9	553.9	671.2	963.8	1146.5	1361.8	1589.4	1791.4
	比重	16.4%	17.5%	20.3%	20.6%	21.8%	21.8%	24.6%	25.8%	26.8%	27.8%	29.6%
公共服务	出口/亿美元	45.6	60.3	82.8	100.8	93.2	102.6	126.3	123.9	153.0	180.1	236.2
	比重	3.5%	3.5%	3.6%	3.6%	3.7%	3.3%	3.2%	2.8%	3.0%	3.1%	3.9%
合计	出口/亿美元	1291.8	1716.5	2314.7	2803.4	2542.9	3083.1	3923.5	4438.9	5085.1	5722.0	6045.6

资料来源：根据表 4-14 数据计算

而按要素密集度划分的我国服务业 TiVA 进口，则呈现出不同的结构变化特点。2005~2015 年，劳动密集型和资本密集型服务部门 TiVA 进口所占比重呈下降趋势，而知识密集型和公共服务业部门 TiVA 进口所占比重则呈上升趋势，但是变化幅度均不大，均在 2 个百分点左右（表 4-17）。这反映出，我国服务业消费和生产对境外服务的需求结构虽有变化，但变动幅度较小。

表 4-17　按要素密集度划分的中国服务业分部门 TiVA 进口

项目		2005	2006	2007	2008	2009	2010	2011	2012	2013	2014	2015
劳动密集型	进口/亿美元	721.8	812.5	968.3	1216.6	1199.3	1554.5	2095.1	2142.4	2345.2	2659.2	2504.5
	比重	41.6%	42.0%	42.3%	41.8%	41.4%	41.2%	41.6%	40.0%	40.0%	40.1%	40.2%
资本密集型	进口/亿美元	460.0	484.9	539.7	700.9	706.1	937.0	1215.9	1307.3	1438.2	1602.5	1495.9
	比重	26.5%	25.1%	23.6%	24.1%	24.3%	24.8%	24.2%	24.4%	24.5%	24.2%	24.0%
知识密集型	进口/亿美元	452.8	518.3	636.9	812.0	813.0	1049.6	1406.1	1552.6	1685.6	1888.7	1746.7
	比重	26.1%	26.8%	27.8%	27.9%	28.0%	27.8%	27.9%	29.0%	28.8%	28.5%	28.1%
公共服务	进口/亿美元	100.2	118.4	142.7	179.2	181.9	233.2	316.3	349.0	393.9	473.9	477.4
	比重	5.8%	6.1%	6.2%	6.2%	6.3%	6.2%	6.3%	6.5%	6.7%	7.2%	7.7%

续表

项目		年份										
		2005	2006	2007	2008	2009	2010	2011	2012	2013	2014	2015
合计	进口/亿美元	1734.8	1934.1	2287.6	2908.7	2900.3	3774.4	5033.4	5351.3	5862.9	6624.3	6224.5

资料来源：根据表 4-15 数据计算

4.3.3 服务业分部门直接与间接 TiVA 出口

从我国服务业分部门直接 TiVA 出口核算结果来看，C23、C24、C29 和 C31 这四个服务业部门，在全部服务业直接 TiVA 出口中始终占 90%以上的较大比重，而且所占比重由 2005 年的 90.5%小幅提高到 2015 年的 91.3%（表 4-18）。这很明确地反映出，在服务业直接 TiVA 出口上，除上述四个服务业部门外，我国其他服务业部门的增加值创造能力和国际市场竞争力，始终没有得到提升。

表 4-18　中国服务业分部门直接 TiVA 出口（单位：亿美元）

部门	年份										
	2005	2006	2007	2008	2009	2010	2011	2012	2013	2014	2015
C22	0.2	0.4	0.3	0.7	0.4	0.3	0.5	0.7	0.8	1.0	0.8
C23	213.8	277.5	344.0	427.6	404.7	509.0	650.6	718.4	802.7	866.0	885.1
C24	197.5	248.4	298.4	337.9	295.5	357.7	419.5	412.9	455.0	496.7	480.2
C25	13.6	17.5	20.1	22.2	21.6	21.1	23.9	25.7	28.2	30.4	32.3
C26	5.2	6.2	13.1	15.2	14.1	15.3	17.3	17.6	18.5	19.3	19.3
C27	8.3	10.7	12.1	12.2	11.0	8.9	10.8	14.0	16.6	19.6	22.4
C28	3.3	4.7	4.8	4.5	5.0	4.2	5.9	7.8	8.5	11.3	11.8
C29	12.9	17.9	26.8	29.7	33.7	35.1	53.4	68.0	78.3	90.4	111.6
C30	7.2	10.3	13.1	12.2	10.7	8.7	13.4	18.1	21.1	23.9	32.5
C31	27.8	36.5	39.9	39.5	47.7	40.3	55.8	73.6	85.9	104.4	104.7
C32	0.3	0.4	0.4	0.6	0.6	0.5	0.6	0.5	0.7	0.8	1.1
C33	0.6	0.7	0.8	1.0	1.0	0.9	1.1	1.1	1.5	1.6	1.8
C34	1.8	2.5	3.6	3.1	2.9	2.7	3.4	4.4	5.4	6.1	11.0
C35	7.0	8.1	8.5	9.2	9.8	8.6	10.9	11.7	13.3	15.5	17.1
C36	—	—	—	—	—	—	—	—	—	—	—
合计	499.5	641.8	785.9	916.0	858.7	1013.3	1267.1	1374.5	1536.5	1687.0	1731.7

资料来源：同表 4-6

就内含在货物出口中的我国服务业各部门间接 TiVA 出口核算结果分析，C23、C24、C29 和 C31 这四个服务业部门，在全部服务业间接 TiVA 出口中也占有较高的比重，且从 2005 年的 82.1%提高到 2015 年的 84.6%，只不过要低于服务业直接 TiVA 出口中这四个服务业部门所占比重。这一方面显示出，C23、C24、C29 和 C31 这四个服务业部门，是货物生产和出口至关重要的生产性服务投入；另一方面也反映出，国际竞争力较弱、难以直接出口的其他服务业部门，通过作为实物产品的生产性服务投入，可以间接地实现更多的出口（表 4-19）。

表 4-19 内含在货物中的服务业分部门间接 TiVA 出口（单位：亿美元）

部门	年份										
	2005	2006	2007	2008	2009	2010	2011	2012	2013	2014	2015
C22	1.6	2.7	2.2	6.1	3.0	2.4	4.2	5.2	7.4	9.7	6.9
C23	282.5	382.9	534.6	663.8	610.2	780.7	973	1165.3	1297.4	1442.9	1443.7
C24	204.4	259.6	339.9	409.5	348.7	417.5	493.1	519.3	599.3	662.9	659.8
C25	38.3	53.0	72.3	90.8	79.2	93.7	103.2	109.5	126.7	143.8	146.2
C26	2.0	3.2	3.4	4.7	3.3	2.7	3.7	3.8	4.5	5.9	8.2
C27	35.0	45.0	58.9	71.2	56.5	58.9	65.6	81.1	98.7	116.6	128.8
C28	9.2	12.1	15.2	16.3	9.7	7.9	10.2	13.9	15.8	20.1	29.8
C29	79.7	120.1	217.7	279.1	270.3	341.3	517.0	611.6	723.0	844.1	974.7
C30	20.0	31.4	47.0	50.7	39.6	38.3	59.5	76.6	92.1	107.6	137.7
C31	83.7	116.1	168.1	208.2	184.8	236.5	316.6	371.9	451.6	525.3	572.9
C32	1.5	2.1	3.1	5.0	4.4	4.3	4.9	4.0	5.2	6.5	8.2
C33	1.6	2.1	3.1	5.4	5.0	4.9	6.0	2.5	6.0	8.0	10.4
C34	8.5	11.9	20.9	20.2	17.6	20.5	24.6	29.7	38.1	43.4	76.1
C35	24.3	32.5	42.4	56.3	51.9	60.2	74.8	70	82.8	98.2	110.5
C36	—	—	—	—	—	—	—	—	—	—	—
合计	792.3	1074.7	1528.8	1887.4	1684.2	2069.8	2656.4	3064.4	3548.6	4035.0	4313.9

资料来源：同表 4-6

从按要素密集度区分的我国服务业直接 TiVA 出口核算结果来看，劳动密集型服务业部门 TiVA 出口所占比重最大，且呈不断提高趋势，由 2005 年的 45.6%提高到 2015 年的 53.0%；资本密集型服务业部门 TiVA 出口所占比重居于第二位，但出现显著下降趋势，由 2005 年的 43.3%下降到 2015 年的 31.6%；知识密集型服务业部门 TiVA 出口所占比重，虽然也呈现波动中逐步上升态势，但与劳动密集型和资本密集型服务业相比，其所占比重仍然较低；公共服务业部门 TiVA 出口所占比重很小且变化不大。这在一定程度上反映出，在国际服务产品市场上，我国劳动密集型服务业部门的竞争力较高，且仍然在不断提升；资本密集型服务业部门虽然仍有一定的竞争力，但不断下滑；知识密集型服务业部门的发展水平和竞争力，虽然仍较低，但呈现逐步提升态势；我国公共服务部门的水平和竞争力则一直很低（表4-20）。

表 4-20　按要素密集度划分的中国服务业分部门直接 TiVA 出口

项目		年份										
		2005	2006	2007	2008	2009	2010	2011	2012	2013	2014	2015
劳动密集型	出口/亿美元	227.6	295.4	364.4	450.5	426.7	530.4	675	744.8	831.7	897.4	918.2
	比重	45.6%	46.0%	46.4%	49.2%	49.7%	52.3%	53.3%	54.2%	54.1%	53.2%	53.0%
资本密集型	出口/亿美元	216.3	274.1	328.4	366.8	322.2	379.5	449.6	452.8	501.2	551.5	546.9
	比重	43.3%	42.7%	41.8%	40.0%	37.5%	37.5%	35.5%	32.9%	32.6%	32.7%	31.6%
知识密集型	出口/亿美元	45.9	60.6	79.8	84.8	95.5	90.7	126.5	159.2	182.7	214.1	235.6
	比重	9.2%	9.5%	10.2%	9.3%	11.1%	9.0%	10.0%	11.6%	11.9%	12.7%	13.6%
公共服务	出口/亿美元	9.7	11.7	13.3	13.9	14.3	12.7	16.0	17.7	20.9	24.0	31.0
	比重	1.9%	1.8%	1.7%	1.5%	1.7%	1.3%	1.3%	1.3%	1.4%	1.4%	1.8%
合计	出口/亿美元	499.5	641.8	785.9	916.0	858.7	1013.3	1267.1	1374.5	1536.5	1687.0	1731.7

资料来源：根据表 4-18 数据计算

按要素密集度划分的我国服务业各部门间接 TiVA 出口，则表现出与直接出口有所不同的变化特点。劳动密集型服务业部门间接 TiVA 出口所占比重，虽也排在第一位，但有一定程度下降，而且其所占比重大大低于直接出口所占比重；资本密集型服务业间接 TiVA 出口所占比重，也呈现显著下降趋势，且所占比重也明显低于直接 TiVA 出口；知识密集型服务业部门间接 TiVA 出口所占比重，不仅呈现持续大幅提高趋势，而且大大高于直接出口所占比重，2015 年该比重提高到 36.1% 已接近劳动密集型服务业部门间接出口所占 37.0% 的比重；公共服务部门在间接 TiVA 出口中所占比重，也要高于直接 TiVA 出口所占比重高（表 4-21）。这显示出，在国际服务产品市场直接竞争上，竞争力较弱的我国知识密集型服务和公共服务，通过内含在货物的生产中，实现了更多的出口。这也进一步证明了，制造业服务化、货物生产和出口的结构优化升级，在带动服务业发展水平提升和结构优化上的作用。

表 4-21 按要素密集度划分的中国服务业分部门间接 TiVA 出口

项目		年份										
		2005	2006	2007	2008	2009	2010	2011	2012	2013	2014	2015
劳动密集型	出口/亿美元	322.4	438.6	609.1	760.7	692.4	876.8	1080.4	1280	1431.5	1596.4	1596.8
	比重	40.7%	40.8%	39.8%	40.3%	41.1%	42.4%	40.7%	41.8%	40.3%	39.6%	37.0%
资本密集型	出口/亿美元	268.6	348.1	461	547.7	454.5	522.6	628.4	690.9	805.9	907.2	956.1
	比重	33.9%	32.4%	30.2%	29.0%	27.0%	25.2%	23.7%	22.5%	22.7%	22.5%	22.2%
知识密集型	出口/亿美元	165.4	239.4	389.2	492.1	458.4	580.5	837.3	987.3	1179.1	1375.3	1555.8
	比重	20.9%	22.3%	25.5%	26.1%	27.2%	28.1%	31.5%	32.2%	33.2%	34.1%	36.1%
公共服务	出口/亿美元	35.9	48.6	69.5	86.9	78.9	89.9	110.3	106.2	132.1	156.1	205.2
	比重	4.5%	4.5%	4.5%	4.6%	4.7%	4.3%	4.2%	3.5%	3.7%	3.9%	4.8%
合计	出口/亿美元	792.3	1074.7	1528.8	1887.4	1684.2	2069.8	2656.4	3064.4	3548.6	4035.0	4313.9

资料来源：根据表 4-19 数据计算

4.3.4 服务业各部门直接与间接 TiVA 进口

在我国服务业各部门直接 TiVA 进口中，C23、C24、C29 和 C31 这四个服务业部门也占据较高的比重，但与直接出口相比明显较低，且这四个部门在直接进口中所占比重呈显著下降趋势，由 2005 年的 78.9%下降到 2015 年的 67.8%（表 4-22）。由此可以看出，境内发展水平相对较低，但消费和生产投入等而又必需的其他服务，越来越多地通过直接进口得到满足。

表 4-22 中国服务业分部门直接 TiVA 进口（单位：亿美元）

部门	年份										
	2005	2006	2007	2008	2009	2010	2011	2012	2013	2014	2015
C22	10.3	12.1	14.7	18.7	17.4	22.7	34.5	36.4	38.2	44.1	42.9
C23	330.0	366.8	435.2	538.9	516.0	643.5	869.6	883.8	976.2	1090.5	1083.7
C24	197.6	198.9	199.4	261.5	262.7	349.3	455.9	488.7	524.9	583.0	576.5
C25	40.5	46.4	55.9	69.9	80.2	93.5	147.6	177.3	222.6	313.9	336.5
C26	18.0	19.8	39.4	41.6	52.0	69.6	91.3	99.6	102.6	112.0	129.7
C27	19.7	20.7	24.2	32.0	30.7	35.1	46.7	56.9	62.4	69.6	70.9
C28	17.5	18.3	27.2	32.5	33.1	37.8	54.9	85.0	92.2	98.0	99.1
C29	74.3	87.6	98.4	115.5	116.8	149.2	215.1	268.2	287.0	321.2	315.1

续表

部门	2005	2006	2007	2008	2009	2010	2011	2012	2013	2014	2015
C30	37.8	41.5	50.6	64.5	67.5	83.4	114.9	128.4	147.4	184.5	196.3
C31	135.5	149.5	180.8	237.9	228.5	277.5	383.1	419.1	461.1	521.2	525.6
C32	7.1	8.8	10.1	12.5	10.9	13.7	20.9	23.7	27.7	28.5	31.0
C33	13.0	16.6	20.0	24.5	25.7	34.7	49.6	60.5	73.8	103.6	111.0
C34	17.8	19.8	24.2	28.4	29.8	33.6	46.5	52.0	57.2	70.4	77.9
C35	15.9	16.7	20.2	26.6	29.0	37.4	52.4	60.5	69.7	87.9	94.2
C36	—	—	—	—	—	—	—	—	—	—	—
合计	935.0	1023.5	1200.3	1505.0	1500.3	1881.0	2583.0	2840.1	3143.0	3628.4	3690.4

资料来源：同表 4-6

内含在货物进口中的服务业各部门间接 TiVA 进口，同内含在货物出口中的服务业各部门间接 TiVA 出口类似，C23、C24、C29 和 C31 这四个服务业部门一直占 80% 以上比重，且该比重相对稳定，2005 年是 82.7%，2015 年为 81.4%（表 4-23）。这说明，无论境内还是境外，"批发、零售与车辆维修"、"运输与仓储"、"金融与保险"和"其他商业服务"等服务部门，作为生产性服务投入，在实物部门生产和贸易中的地位和作用相同，都是最重要的四个生产性服务部门。

表 4-23 内含在货物中的服务业分部门间接 TiVA 进口（单位：亿美元）

部门	2005	2006	2007	2008	2009	2010	2011	2012	2013	2014	2015
C22	10.8	13.0	16.0	21.0	20.7	30.7	43.3	44.0	46.0	52.3	41.4
C23	320.5	363.2	433.3	551.4	549.2	741.8	972.1	970.0	1029.3	1123.4	970.2
C24	123.8	132.7	149.0	194.3	194.5	276.5	346.0	340.5	382.8	415.7	345.3
C25	9.5	11.0	13.2	16.7	15.7	22.3	28.0	30.9	32.9	35.0	29.7
C26	7.9	8.6	11.6	14.7	15.6	19.9	25.0	26.4	28.8	31.6	29.9
C27	18.7	20.0	23.1	29.6	28.4	36.7	43.9	44.4	47.5	49.8	40.5
C28	13.1	15.1	19.7	25.9	26.6	33.4	45.1	49.8	57.4	64.6	53.2
C29	82.7	95.3	112.8	135.4	137.6	187.2	243.1	262.4	279.8	311.1	261.5
C30	31.8	37.7	46.5	60.6	62.6	84.8	108.5	113.2	123.5	137.3	114.0
C31	134.7	157.6	193.9	266.9	262.6	346.7	448.5	476.9	526.4	591.6	485.3
C32	7.2	9.0	10.4	13.1	11.7	15.7	22.1	24.1	29.0	29.2	26.4
C33	5.8	8.7	10.2	13.6	12.4	17.4	19.3	21.9	24.7	26.7	23.5

续表

部门	2005	2006	2007	2008	2009	2010	2011	2012	2013	2014	2015
C34	22.6	26.5	32.7	40.7	43.3	53.2	69.5	71.0	73.6	85.3	79.8
C35	10.7	12.2	14.9	19.8	19.1	27.5	36.0	35.3	38.2	42.3	33.4
C36	—	—	—	—	—	—	—	—	—	—	—
合计	799.8	910.6	1087.3	1403.7	1400.0	1893.4	2450.4	2511.2	2719.9	2995.9	2534.1

资料来源：同表 4-6

进一步从按要素密集度划分的我国服务业各部门直接 TiVA 进口来看，2005～2015 年，劳动密集型和资本密集型服务部门直接 TiVA 进口所占比重，明显低于直接出口所占比重，且所占比重有所下降；资本密集型服务部门直接进口自 2011 年起降到第三位；而知识密集型服务和公共服务部门直接 TiVA 进口所占比重，均显著高于直接出口所占比重，且二者所占比重有所提高（表 4-24 和表 4-20）。按要素密集度划分的我国服务业各部门间接 TiVA 进口，与直接 TiVA 进口呈现出基本相同的结构特征（表 4-25）。这反映出，在境内发展水平较低，而消费和生产又必不可少的知识密集型服务和公共服务上，服务业部门的直接和间接进口，起到了基本相同且日益重要的作用。

表 4-24 按要素密集度划分的中国服务业分部门直接 TiVA 进口

项目		2005	2006	2007	2008	2009	2010	2011	2012	2013	2014	2015
劳动密集型	进口/亿美元	380.8	425.3	505.8	627.5	613.6	759.7	1051.7	1097.5	1237.0	1448.5	1463.1
	比重	40.7%	41.6%	42.1%	41.7%	40.9%	40.4%	40.7%	38.6%	39.4%	39.9%	39.6%
资本密集型	进口/亿美元	272.6	279.4	301.4	390.5	394.0	505.6	672.4	759.0	826.9	935.1	942.8
	比重	29.2%	27.3%	25.1%	25.9%	26.3%	26.9%	26.0%	26.7%	26.3%	25.8%	25.5%
知识密集型	进口/亿美元	227.8	256.9	318.6	395.0	397.3	496.3	689.5	786.9	850.7	954.4	970.4
	比重	24.4%	25.1%	26.5%	26.2%	26.5%	26.4%	26.7%	27.7%	27.1%	26.3%	26.3%
公共服务	进口/亿美元	53.8	61.9	74.5	92.0	95.4	119.4	169.4	196.7	228.4	290.4	314.1
	比重	5.8%	6.0%	6.2%	6.1%	6.4%	6.3%	6.6%	6.9%	7.3%	8.0%	8.5%
合计	进口/亿美元	935.0	1023.5	1200.3	1505.0	1500.3	1881.0	2583.0	2840.1	3143.0	3628.4	3690.4

资料来源：根据表 4-22 数据计算

表 4-25　按要素密集度划分的中国服务业分部门间接 TiVA 进口

项目		年份										
		2005	2006	2007	2008	2009	2010	2011	2012	2013	2014	2015
劳动密集型	进口/亿美元	340.8	387.2	462.5	589.1	585.6	794.8	1043.4	1044.9	1108.2	1210.7	1041.3
	比重	42.6%	42.5%	42.5%	42.0%	41.8%	42.0%	42.6%	41.6%	40.7%	40.4%	41.1%
资本密集型	进口/亿美元	187.4	205.5	238.3	310.4	312.1	431.4	543.5	548.3	611.2	667.4	553.0
	比重	23.4%	22.6%	21.9%	22.1%	22.3%	22.8%	22.2%	21.8%	22.5%	22.3%	21.8%
知识密集型	进口/亿美元	225.3	261.5	318.5	417	415.8	553.4	716.6	765.7	835	934.3	776.7
	比重	28.2%	28.7%	29.3%	29.7%	29.7%	29.2%	29.2%	30.5%	30.7%	31.2%	30.7%
公共服务	进口/亿美元	46.3	56.4	68.2	87.2	86.5	113.8	146.9	152.3	165.5	183.5	163.1
	比重	5.8%	6.2%	6.3%	6.2%	6.2%	6.0%	6.0%	6.1%	6.1%	6.1%	6.4%
合计	进口/亿美元	799.8	910.6	1087.3	1403.7	1400.0	1893.4	2450.4	2511.2	2719.9	2995.9	2534.1

资料来源：根据表 4-23 数据计算

4.4　中国服务业整体 TiVA 市场结构

4.4.1　服务业 TiVA 总体市场结构

从表 4-26 的核算结果可以看出，在中国服务业全部 TiVA 市场中，美国、欧盟（28国）、日本、东盟（10国）和韩国等经济体位列前五位，是我国服务业全部 TiVA 的主要市场。我国与这五个经济体的服务业 TiVA 规模，合计占我国服务业全部 TiVA 的比重 2005 年为 68.9%，之后这一比重虽呈下降趋势，但 2015 年仍达到 61.9%。具体而言，美国市场所占比重，虽有变化但幅度不大，东盟所占比重呈提高趋势，而欧盟、日本和韩国三个市场所占比重有不同程度降低趋势。对除上述五个市场之外的世界其他经济体的服务业全部 TiVA 所占比重，由 2005 年的 31.1% 上升到 2015 年的 38.1%。

表 4-26　中国服务业全部 TiVA 总体市场结构

项目		年份										
		2005	2006	2007	2008	2009	2010	2011	2012	2013	2014	2015
美国	金额/亿美元	659.4	810	990.1	1 125.1	1 049.8	1 311.1	1 602.7	1 865.7	2 116.2	2 451.8	2 774.1
	比重	21.8%	22.2%	21.5%	19.7%	19.3%	19.1%	17.9%	19.1%	19.3%	19.9%	22.6%

续表

项目		年份										
		2005	2006	2007	2008	2009	2010	2011	2012	2013	2014	2015
欧盟	金额/亿美元	630.7	758.8	999.7	1 284.5	1 194.8	1 433.7	1 852.7	1 913.8	2 116.3	2 504.3	2 350.7
	比重	20.8%	20.8%	21.7%	22.5%	22.0%	20.9%	20.7%	19.5%	19.3%	20.3%	19.2%
日本	金额/亿美元	472.7	514.3	582.4	714.2	652.9	808.6	1 016.4	1 026.7	1 019.7	1 144.0	1 059.9
	比重	15.6%	14.1%	12.7%	12.5%	12.0%	11.8%	11.3%	10.5%	9.3%	9.3%	8.6%
东盟	金额/亿美元	161.2	200.5	255.2	325	336.3	459.3	625.5	670.7	773.8	847.8	889.7
	比重%	5.3%	5.5%	5.5%	5.7%	6.2%	6.7%	7.0%	6.9%	7.1%	6.9%	7.3%
韩国	金额/亿美元	160.9	187.7	229.2	257.8	245.8	301.2	396.1	428.2	479	538.5	516.3
	比重	5.3%	5.1%	5.0%	4.5%	4.5%	4.4%	4.4%	4.4%	4.4%	4.4%	4.2%
其他	金额/亿美元	941.7	1 179.3	1 545.7	2 005.5	1 963.6	2 543.6	3 463.5	3 885.1	4 443	4 859.9	4 679.4
	比重	31.1%	32.3%	33.6%	35.1%	36.1%	37.1%	38.7%	39.7%	40.6%	39.4%	38.1%
合计	金额/亿美元	3 026.6	3 650.6	4 602.3	5 712.1	5 443.2	6 857.5	8 956.9	9 790.2	10 948.0	12 346.3	12 270.1

资料来源：根据 OECD 和 WTO 联合发布的 TiVA 数据计算

可见，我国服务业全部 TiVA 贸易市场，以发达经济体和周边经济体市场为主，美国的市场份额相对稳定，东盟市场所占比重不断提高，而欧盟、日本和韩国的市场地位则有不同程度下降。整体而言，2005~2015 年，我国服务业全部 TiVA 对前五位市场的依赖程度逐步降低，而世界其他经济体市场的重要性则日益提高。这反映出，我国服务业 TiVA 市场在日趋多元化。

从我国服务业直接 TiVA 总体市场分布来看，与服务业全部 TiVA 总体市场结构类似，美国、欧盟、日本、东盟和韩国仍位列前五位，但这五个市场合计占我国服务业直接 TiVA 贸易的比重更高，2005 年为 69.6%，之后虽也有下降，但 2015 年仍高达 64.7%。相应地，世界其他经济体市场所占比重，从 2005 年的 30.4% 提高到 2015 年的 35.3%，增加 4.9 个百分点（表 4-27），而在服务业全部 TiVA 贸易中，这一比重增加了 7.0 个百分点。

表 4-27 中国服务业直接 TiVA 总体市场结构

项目		年份										
		2005	2006	2007	2008	2009	2010	2011	2012	2013	2014	2015
美国	金额/亿美元	292.7	350.5	412.7	471.6	436.4	561.3	702.8	814.9	902.8	1051.2	1228.7
	比重	20.4%	21.0%	20.8%	19.5%	18.5%	19.4%	18.3%	19.3%	19.3%	19.8%	22.7%

续表

项目		年份										
		2005	2006	2007	2008	2009	2010	2011	2012	2013	2014	2015
欧盟	金额/亿美元	309.3	355.2	436.3	541.4	515.3	597.2	788.4	838.7	920.9	1089.2	1062.6
	比重	21.6%	21.3%	22.0%	22.4%	21.8%	20.6%	20.5%	19.9%	19.7%	20.5%	19.6%
日本	金额/亿美元	229.8	243.7	266.4	314.5	293.1	334.3	418.7	422.7	418.4	474.5	466.2
	比重	16.0%	14.6%	13.4%	13.0%	12.4%	11.6%	10.9%	10.0%	8.9%	8.9%	8.6%
东盟	金额/亿美元	81.7	100.8	127.1	156.7	167.7	220.6	303.5	327.2	382.9	433.5	478.9
	比重	5.7%	6.1%	6.4%	6.5%	7.1%	7.6%	7.9%	7.8%	8.2%	8.2%	8.8%
韩国	金额/亿美元	84.9	97.3	114.6	130.6	123.4	135.9	182.8	201.0	228.7	258.7	269.3
	比重	5.9%	5.8%	5.8%	5.4%	5.2%	4.7%	4.7%	4.8%	4.9%	4.9%	5.0%
其他	金额/亿美元	436.1	517.8	629.1	806.2	823.1	1045.0	1453.9	1610.1	1825.8	2008.3	1916.4
	比重	30.4%	31.1%	31.7%	33.3%	34.9%	36.1%	37.8%	38.2%	39.0%	37.8%	35.3%
合计	金额/亿美元	1434.5	1665.3	1986.2	2421.0	2359.0	2894.3	3850.1	4214.6	4679.5	5315.4	5422.1

资料来源：同表 4-26

这反映出，在服务业直接 TiVA 贸易中，我国对发达经济体和周边经济体市场的依赖程度更高，2005~2015 年，服务业直接 TiVA 贸易市场多元化程度虽也呈提高态势，但提高幅度要低于服务业全部 TiVA 贸易市场多元化程度。

再进一步从内含在货物中的服务业间接 TiVA 总体市场分析，美国、欧盟、日本、东盟和韩国等市场，也是位列我国服务业间接 TiVA 市场的前五位，但其占我国服务业间接 TiVA 贸易的比重，明显低于占我国服务业直接 TiVA 比重，且下降幅度也更大，由 2005 年的 68.2%下降到 2015 年的 59.7%，下降 8.5 个百分点。相应地，我国与除上述五个市场之外的世界其他经济体市场的服务业间接 TiVA 所占比重，同期则由 31.8%提升到 40.3%（表 4-28）。这说明，在服务业间接 TiVA 市场上，我国对列前五位的发达经济体和周边经济体市场的依赖度相对较低，市场多元化程度和改善幅度相对较高。

表 4-28　中国服务业间接 TiVA 总体市场结构

项目		年份										
		2005	2006	2007	2008	2009	2010	2011	2012	2013	2014	2015
美国	金额/亿美元	366.7	459.5	577.4	653.5	613.4	749.8	899.9	1050.8	1213.4	1400.6	1545.4
	比重	23.0%	23.1%	22.1%	19.9%	19.9%	18.9%	17.6%	18.8%	19.4%	19.9%	22.6%

续表

项目		年份										
		2005	2006	2007	2008	2009	2010	2011	2012	2013	2014	2015
欧盟	金额/亿美元	321.4	403.6	563.4	743.1	679.5	836.5	1064.3	1075.1	1195.4	1415.1	1288.1
	比重	20.2%	20.3%	21.5%	22.6%	22.0%	21.1%	20.8%	19.3%	19.1%	20.1%	18.8%
日本	金额/亿美元	242.9	270.6	316.0	399.7	359.8	474.3	597.7	604.0	601.3	669.5	593.7
	比重	15.3%	13.6%	12.1%	12.1%	11.7%	12.0%	11.7%	10.8%	9.6%	9.5%	8.7%
东盟	金额/亿美元	79.5	99.7	128.1	168.3	168.6	238.7	322.0	343.5	390.9	414.3	410.8
	比重	5.0%	5.0%	4.9%	5.1%	5.5%	6.0%	6.3%	6.2%	6.2%	5.9%	6.0%
韩国	金额/亿美元	76.0	90.4	114.6	127.2	122.4	165.3	213.3	227.2	250.3	279.8	247.0
	比重	4.8%	4.6%	4.4%	3.9%	4.0%	4.2%	4.2%	4.1%	4.0%	4.0%	3.6%
其他	金额/亿美元	505.6	661.5	916.6	1199.3	1140.5	1498.6	2009.6	2275.0	2617.2	2851.6	2763.0
	比重	31.8%	33.3%	35.0%	36.4%	37.0%	37.8%	39.4%	40.8%	41.8%	40.6%	40.3%
合计	金额/亿美元	1592.1	1985.3	2616.1	3291.1	3084.2	3963.2	5106.8	5575.6	6268.5	7030.9	6848.0

资料来源：同表 4-26

4.4.2 服务业 TiVA 出口市场结构

在我国服务业 TiVA 出口市场中，美国、欧盟、日本、东盟和韩国等前五位市场，2005 年合计占我国服务业 TiVA 出口的比重为 71.9%，至 2015 年下降到 59.6%，下降 12.3 个百分点。在这五个市场中，除对东盟的服务业 TiVA 出口所占比重上升外，对其他四个市场出口所占比重均呈下降趋势，其中对美国、欧盟和日本这三个发达经济体市场出口所占比重明显下降，由 2005 年合计占 64.0% 下降到 2015 年的 50.0%。这说明，我国服务业 TiVA 出口市场，以发达经济体和周边经济体为主，但对发达经济体出口比重呈明显下降趋势，而对周边及其他经济体出口则呈显著上升趋势（表 4-29）。反映出我国服务业 TiVA 出口市场日趋多元化，对发达经济体市场的依赖程度或集中度不断降低。

表 4-29 中国服务业全部 TiVA 出口市场结构

项目		年份										
		2005	2006	2007	2008	2009	2010	2011	2012	2013	2014	2015
美国	金额/亿美元	413.9	522.5	653.2	701.3	620.0	730.6	855.5	990.1	1134.6	1292.8	1503.8
	比重	32.0%	30.4%	28.2%	25.0%	24.4%	23.7%	21.8%	22.3%	22.3%	22.6%	24.9%

续表

项目		年份										
		2005	2006	2007	2008	2009	2010	2011	2012	2013	2014	2015
欧盟	金额/亿美元	256.0	338.5	491.2	604.0	527.2	621.0	742.1	743.3	834.0	994.9	1027.4
	比重	19.8%	19.7%	21.2%	21.5%	20.7%	20.1%	18.9%	16.7%	16.4%	17.4%	17.0%
日本	金额/亿美元	157.4	182.1	211.6	256.0	228.6	264.8	360.9	420.3	448.4	505.2	487.1
	比重	12.2%	10.6%	9.1%	9.1%	9.0%	8.6%	9.2%	9.5%	8.8%	8.8%	8.1%
东盟	金额/亿美元	50.6	65.8	90.3	125.6	123.3	152.5	208.6	257.7	306.8	340.0	379.1
	比重	3.9%	3.8%	3.9%	4.5%	4.8%	4.9%	5.3%	5.8%	6.0%	5.9%	6.3%
韩国	金额/亿美元	50.7	68.4	92.4	105.9	84.7	97.3	147.4	158.4	170.1	188.6	203.9
	比重	3.9%	4.0%	4.0%	3.8%	3.3%	3.2%	3.8%	3.6%	3.3%	3.3%	3.4%
其他	金额/亿美元	363.2	539.2	776.0	1010.6	959.1	1216.9	1609.0	1869.1	2191.2	2400.5	2444.3
	比重	28.1%	31.4%	33.5%	36.0%	37.7%	39.5%	41.0%	42.1%	43.1%	42.0%	40.4%
合计	金额/亿美元	1291.8	1716.5	2314.7	2803.4	2542.9	3083.1	3923.5	4438.9	5085.1	5722.0	6045.6

资料来源：同表4-26

在服务业直接TiVA出口市场中，美国、欧盟、日本、东盟和韩国等五个经济体所占比重，由2005年的80.4%下降到2015年的70.9%，降低了9.5个百分点。对除上述五个经济体之外的世界其他经济体市场的出口所占比重，相应地由19.6%上升到29.1%，提高9.5个百分点（表4-30）。由此可见，我国服务业直接TiVA出口相比服务业全部TiVA出口，对发达经济体及周边经济体的依赖程度或集中度相对更高，市场多元化改善进程相对较慢。

表4-30 中国服务业直接TiVA出口市场结构

项目		年份										
		2005	2006	2007	2008	2009	2010	2011	2012	2013	2014	2015
美国	金额/亿美元	157.6	194.3	228.5	238.7	201.9	240.1	275.1	308.8	340.4	371.5	428.3
	比重	31.6%	30.3%	29.1%	26.1%	23.5%	23.7%	21.7%	22.5%	22.2%	22.0%	24.7%
欧盟	金额/亿美元	117.0	147.9	189.5	219.2	200.9	226.3	269.3	273.6	300.5	349.4	349.4
	比重	23.4%	23.0%	24.1%	23.9%	23.4%	22.3%	21.3%	19.9%	19.6%	20.7%	20.2%

续表

项目		年份										
		2005	2006	2007	2008	2009	2010	2011	2012	2013	2014	2015
日本	金额/亿美元	74.1	83.7	90.6	102.9	95.3	101.2	135.1	152.4	157.5	173.2	165.2
	比重	14.8%	13.0%	11.5%	11.2%	11.1%	10.0%	10.7%	11.1%	10.3%	10.3%	9.5%
东盟	金额/亿美元	24.2	31.2	40.9	53.5	57.1	68.2	90.2	110.3	131.4	150.4	172.6
	比重	4.8%	4.9%	5.2%	5.8%	6.6%	6.7%	7.1%	8.0%	8.6%	8.9%	10.0%
韩国	金额/亿美元	28.5	37.9	49.2	57.5	49.0	49.9	75.1	80.5	91.6	99.2	112.6
	比重	5.7%	5.9%	6.3%	6.3%	5.7%	4.9%	5.9%	5.9%	6.0%	5.9%	6.5%
其他	金额/亿美元	98.1	146.8	187.2	244.2	254.5	327.6	422.3	448.9	515.1	543.3	503.6
	比重	19.6%	22.9%	23.8%	26.7%	29.6%	32.3%	33.3%	32.7%	33.5%	32.2%	29.1%
合计	金额/亿美元	499.5	641.8	785.9	916.0	858.7	1013.3	1267.1	1374.5	1536.5	1687.0	1731.7

资料来源：同表 4-26

内含在货物出口中的服务业间接 TiVA 出口市场中，美国、欧盟、日本、东盟和韩国等五个经济体所占比重，要明显低于其在我国服务业直接 TiVA 出口中所占比重，而且所占比重也呈不断下降趋势，由 2005 年的 66.5%下降到 2015 年的 55.0%，而对除这五个市场之外的其他经济体市场的出口所占比重，则由 2005 年的 33.5%提高到 2015 年的 45.0%，提高 11.5 个百分点（表 4-31）。

表 4-31 中国服务业间接 TiVA 出口市场结构

项目		年份										
		2005	2006	2007	2008	2009	2010	2011	2012	2013	2014	2015
美国	金额/亿美元	256.3	328.2	424.7	462.6	418.1	490.5	580.4	681.3	794.2	921.3	1075.5
	比重	32.3%	30.5%	27.8%	24.5%	24.8%	23.7%	21.8%	22.2%	22.4%	22.8%	24.9%
欧盟	金额/亿美元	139	190.6	301.7	384.8	326.3	394.7	472.8	469.7	533.5	645.5	678
	比重	17.5%	17.7%	19.7%	20.4%	19.4%	19.1%	17.8%	15.3%	15.0%	16.0%	15.7%
日本	金额/亿美元	83.3	98.4	121	153.1	133.3	163.6	225.8	267.9	290.9	332	321.9
	比重	10.5%	9.2%	7.9%	8.1%	7.9%	7.9%	8.5%	8.7%	8.2%	8.2%	7.5%

续表

项目		年份										
		2005	2006	2007	2008	2009	2010	2011	2012	2013	2014	2015
东盟	金额/亿美元	26.4	34.6	49.4	72.1	66.2	84.3	118.4	147.4	175.4	189.6	206.5
	比重	3.3%	3.2%	3.2%	3.8%	3.9%	4.1%	4.5%	4.8%	4.9%	4.7%	4.8%
韩国	金额/亿美元	22.1	30.5	43.2	48.4	35.7	47.4	72.3	77.9	78.5	89.4	91.3
	比重	2.8%	2.8%	2.8%	2.6%	2.1%	2.3%	2.7%	2.5%	2.2%	2.2%	2.1%
其他	金额/亿美元	265.2	392.4	588.8	766.4	704.6	889.3	1186.7	1420.2	1676.1	1857.2	1940.7
	比重	33.5%	36.5%	38.5%	40.6%	41.8%	43.0%	44.7%	46.3%	47.2%	46.0%	45.0%
合计	金额/亿美元	792.3	1074.7	1528.8	1887.4	1684.2	2069.8	2656.4	3064.4	3548.6	4035.0	4313.9

资料来源：同表4-26

由此可以看出，内含在货物中的我国服务业间接TiVA出口，相比较我国服务业直接TiVA出口，对发达经济体及周边经济体市场的依赖程度明显更低、市场多元化程度明显更高。这也进一步反映出，通过不断推进制造业服务化，日益提高服务业与制造业（及农业、采矿业）的融合发展程度，并通过货物贸易可以更加有效地降低对发达经济体服务业出口市场的依赖，加快促进我国服务业出口市场的多元化。

4.4.3 服务业TiVA进口市场结构

在我国服务业TiVA进口来源市场中，欧盟、美国、日本、东盟和韩国等五个经济体仍位列前五位，只是与我国服务业TiVA出口市场相比，欧盟取代美国占据第一位。从各个经济体在我国服务业TiVA进口中所占比重来看，欧盟所占比重较为稳定，美国和东盟所占比重有不同程度提升，而日本、韩国所占比重则有不同幅度下降。这导致前五个市场合计在我国服务业TiVA进口中所占比重，虽有所降低但幅度不大，由2005年合计占66.7%降低到2015年的64.1%，仅下降2.6个百分点。其中，自欧盟、美国和日本这三个发达经济体市场的进口，占我国服务业TiVA进口的比重，由54.0%下降到50.9%，也仅下降3.1个百分点。相应地，除上述五个市场之外的世界其他经济体市场，占我国服务业TiVA进口的比重，也仅从33.3%提高到35.9%（表4-32）。

表 4-32 中国服务业全部 TiVA 进口市场结构

项目		2005	2006	2007	2008	2009	2010	2011	2012	2013	2014	2015
欧盟	金额/亿美元	374.7	420.3	508.5	680.5	667.6	812.7	1110.6	1170.5	1282.3	1509.4	1323.3
	比重	21.6%	21.7%	22.2%	23.4%	23.0%	21.5%	22.1%	21.9%	21.9%	22.8%	21.3%
美国	金额/亿美元	245.5	287.5	336.9	423.8	429.8	580.5	747.2	875.6	981.5	1159	1270.3
	比重	14.2%	14.9%	14.7%	14.6%	14.8%	15.4%	14.8%	16.4%	16.7%	17.5%	20.4%
日本	金额/亿美元	315.3	332.2	370.8	458.2	424.3	543.8	655.5	606.4	571.3	638.8	572.8
	比重	18.2%	17.2%	16.2%	15.8%	14.6%	14.4%	13.0%	11.3%	9.7%	9.6%	9.2%
东盟	金额/亿美元	110.6	134.7	164.9	199.4	213	306.8	416.9	413	467	507.8	510.6
	比重	6.4%	7.0%	7.2%	6.9%	7.3%	8.1%	8.3%	7.7%	8.0%	7.7%	8.2%
韩国	金额/亿美元	110.3	119.3	136.8	151.9	161.1	203.9	248.7	269.8	308.9	349.9	312.4
	比重	6.4%	6.2%	6.0%	5.2%	5.6%	5.4%	4.9%	5.0%	5.3%	5.3%	5.0%
其他	金额/亿美元	578.4	640.1	769.7	994.9	1004.5	1326.7	1854.5	2016	2251.9	2459.4	2235.1
	比重	33.3%	33.1%	33.6%	34.2%	34.6%	35.1%	36.8%	37.7%	38.4%	37.1%	35.9%
合计	金额/亿美元	1734.8	1934.1	2287.6	2908.7	2900.3	3774.4	5033.4	5351.3	5862.9	6624.3	6224.5

资料来源：同表 4-26

这说明，同我国服务业 TiVA 出口一样，发达经济体和周边经济体，也是我国服务业 TiVA 进口的主要来源市场。2005～2015 年，我国服务业 TiVA 进口对这些经济体的依赖程度，虽有所降低但幅度不大。反映出此期间我国服务业 TiVA 进口的市场多元化发展进程仍然十分缓慢。

我国服务业自身直接 TiVA 进口市场结构，呈现出同服务业 TiVA 进口市场结构基本相同的特点，欧盟所占比重长期在第一位（到 2015 年才落后于美国）且变化不大，美国和东盟所占比重有不同程度提升，而日本和韩国所占比重则有不同幅度下降。结果是，上述五个市场在中国服务业直接 TiVA 进口中所占比重，由 2005 年的 63.9%下降到 2015 年的 61.7%，降低 2.2 个百分点。相应地，来自除前五位市场之外的世界其他经济体进口，占我国服务业直接 TiVA 进口的比重，由 2005 年的 36.1%提高到 2015 年的 38.3%，上升了 2.2 个百分点（表 4-33）。

表 4-33　中国服务业直接 TiVA 进口市场结构

项目		年份										
		2005	2006	2007	2008	2009	2010	2011	2012	2013	2014	2015
欧盟	金额/亿美元	192.3	207.3	246.8	322.2	314.4	370.9	519.1	565.1	620.4	739.8	713.2
	比重	20.6%	20.3%	20.6%	21.4%	21.0%	19.7%	20.1%	19.9%	19.7%	20.4%	19.3%
美国	金额/亿美元	135.1	156.2	184.2	232.9	234.5	321.2	427.7	506.1	562.4	679.7	800.4
	比重	14.4%	15.3%	15.3%	15.5%	15.6%	17.1%	16.6%	17.8%	17.9%	18.7%	21.7%
日本	金额/亿美元	155.7	160.0	175.8	211.6	197.8	233.1	283.6	270.3	260.9	301.3	301.0
	比重	16.7%	15.6%	14.6%	14.1%	13.2%	12.4%	11.0%	9.5%	8.3%	8.3%	8.2%
东盟	金额/亿美元	57.5	69.6	86.2	103.2	110.6	152.4	213.3	216.9	251.5	283.1	306.3
	比重	6.1%	6.8%	7.2%	6.9%	7.4%	8.1%	8.3%	7.6%	8.0%	7.8%	8.3%
韩国	金额/亿美元	56.4	59.4	65.4	73.1	74.4	86.0	107.7	120.5	137.1	159.5	156.7
	比重	6.0%	5.8%	5.4%	4.9%	5.0%	4.6%	4.2%	4.2%	4.4%	4.4%	4.2%
其他	金额/亿美元	338.0	371.0	441.9	562.0	568.6	717.4	1031.6	1161.2	1310.7	1465.0	1412.8
	比重	36.1%	36.2%	36.8%	37.3%	37.9%	38.1%	39.9%	40.9%	41.7%	40.4%	38.3%
合计	金额/亿美元	935.0	1023.5	1200.3	1505.0	1500.3	1881.0	2583.0	2840.1	3143.0	3628.4	3690.4

资料来源：同表 4-26

由上可以看出，我国服务业直接 TiVA 进口市场结构，同服务业 TiVA 进口市场结构一样，主要集中于发达经济体及周边经济体，来自世界其他经济体的服务业直接 TiVA 进口所占比重，虽有提高但幅度不大。

我国服务业间接 TiVA 进口，表现出与直接进口不一样的市场结构变化特点。尽管位列我国服务业间接 TiVA 进口市场前五位的经济体未变，但是各自所占比重却呈现出与直接进口不一样的演变趋势。2005~2015 年，自欧盟、美国和东盟的服务业间接 TiVA 进口所占比重，呈现不同程度提高趋势，而自日本、韩国的服务业间接 TiVA 进口，则出现不同程度下降趋势。合计来看，来自上述五个市场的服务业间接 TiVA 进口所占比重，由 2005 年的 69.9%下降到 2015 年的 67.6%，降低 2.3 个百分点，其中，来自欧盟、美国和日本三个发达经济体的服务业间接 TiVA 进口所占比重，由 56.6%下降到 53.3%，降低 3.3 个百分点。相对应地，来自世界其他经济体的服务业间接 TiVA 进口所占比重，由 2005 年的 30.1%上升到 2015 年的 32.4%，提高了 2.3 个百分点（表 4-34）。

表 4-34 中国服务业间接 TiVA 进口市场结构

项目		年份										
		2005	2006	2007	2008	2009	2010	2011	2012	2013	2014	2015
欧盟	金额/亿美元	182.4	213.0	261.7	358.3	353.2	441.8	591.5	605.4	661.9	769.6	610.1
	比重	22.8%	23.4%	24.1%	25.5%	25.2%	23.3%	24.1%	24.1%	24.3%	25.7%	24.1%
美国	金额/亿美元	110.4	131.3	152.7	190.9	195.3	259.3	319.5	369.5	419.1	479.3	469.9
	比重	13.8%	14.4%	14.0%	13.6%	14.0%	13.7%	13.0%	14.7%	15.4%	16.0%	18.5%
日本	金额/亿美元	159.6	172.2	195.0	246.6	226.5	310.7	371.9	336.1	310.4	337.5	271.8
	比重	20.0%	18.9%	17.9%	17.6%	16.2%	16.4%	15.2%	13.4%	11.4%	11.3%	10.7%
东盟	金额/亿美元	53.1	65.1	78.7	96.2	102.4	154.4	203.6	196.1	215.5	224.7	204.3
	比重	6.6%	7.1%	7.2%	6.9%	7.3%	8.2%	8.3%	7.8%	7.9%	7.5%	8.1%
韩国	金额/亿美元	53.9	59.9	71.4	78.5	86.7	117.9	141.0	149.3	171.8	190.4	155.7
	比重	6.7%	6.6%	6.6%	5.6%	6.2%	6.2%	5.8%	5.9%	6.3%	6.4%	6.1%
其他	金额/亿美元	240.4	269.1	327.8	432.9	435.9	609.3	822.9	854.8	941.2	994.4	822.3
	比重	30.1%	29.6%	30.1%	30.8%	31.1%	32.2%	33.6%	34.0%	34.6%	33.2%	32.4%
合计	金额/亿美元	799.8	910.6	1087.3	1403.7	1400.0	1893.4	2450.4	2511.2	2719.9	2995.9	2534.1

资料来源：同表 4-26

这反映出，我国服务业间接 TiVA 进口，对发达经济体和周边经济体市场的依赖程度，虽然没有发生根本性改变，但改善程度要高于服务业直接 TiVA 进口市场结构。这也显示出，2005~2015 年，我国在扩大自除前五位进口市场之外的其他经济体市场进口货物的同时，也实现了更多服务的间接进口。

4.5 中国服务业分部门 TiVA 市场结构

4.5.1 服务业分部门 TiVA 总体市场结构

从按要素密集度划分的我国服务业分部门全部 TiVA 总体市场结构来看，除在公共服务部门的 TiVA 中，欧盟所占比重排在第一位之外，在劳动密集型、资本密集型和知识密集型服务业部门，我国与美国的 TiVA 始终处于第一位，欧盟、日本、东盟和韩国则分列第二、第三、第四、第五位。与 2005 年相比，2015 年我国与美国、欧盟、日本和韩国的劳动密集型服务业 TiVA 所占比重均有不同程度下降，而与东盟特别是与世界其他经济体的劳动密集型服务业 TiVA 所占比重则有明显提高。在资本密集型服务业部门，除与东盟的贸易所占比重有少许提高外，我国与美国、欧盟、日本、韩国及世界其他经济体的 TiVA 所占比重，或者下降或者持平。而在知识密集型和公共服务业部门，除与日本的 TiVA 所占比重出现下降外，我国与其他经济体 TiVA 所占比重，均呈现出不同程度的提高或持平（表 4-35）。

表 4-35　中国服务业分部门全部 TiVA 总体市场结构

项目		美国 2005年	美国 2015年	欧盟 2005年	欧盟 2015年	日本 2005年	日本 2015年	东盟 2005年	东盟 2015年	韩国 2005年	韩国 2015年	其他 2005年	其他 2015年
劳动密集型	金额/亿美元	260.3	1028.7	224.6	883.5	235.0	501.9	76.9	408.8	61.5	209.0	413.5	1987.6
	比重	8.6%	8.4%	7.4%	7.2%	7.8%	4.1%	2.5%	3.3%	2.0%	1.7%	13.7%	16.2%
资本密集型	金额/亿美元	207.4	664.7	208.9	569.3	131.5	244.8	46.5	209.1	58.1	124.4	292.5	1186.6
	比重	6.9%	5.4%	6.9%	4.6%	4.3%	2.0%	1.5%	1.7%	1.9%	1.0%	9.7%	9.7%
知识密集型	金额/亿美元	166.0	928.0	161.6	730.8	82.0	248.9	31.9	235.2	34.7	151.1	187.9	1244.1
	比重	5.5%	7.6%	5.3%	5.9%	2.7%	2.0%	1.1%	1.9%	1.2%	1.2%	6.2%	10.1%
公共服务	金额/亿美元	25.7	152.7	35.6	167.1	24.2	64.3	5.9	36.6	6.7	31.9	47.7	261.0
	比重	0.8%	1.2%	1.2%	1.4%	0.8%	0.5%	0.2%	0.3%	0.2%	0.3%	1.6%	2.1%
合计	金额/亿美元	659.4	2774.1	630.7	2350.7	472.7	1059.9	161.2	889.7	161.0	516.4	941.6	4679.3
	比重	21.8%	22.6%	20.8%	19.2%	15.6%	8.6%	5.3%	7.3%	5.3%	4.2%	31.2%	38.1%

资料来源：根据 OECD 和 WTO 联合发布 TiVA 数据计算

我国服务业分部门直接 TiVA 总体市场结构，表现出与服务业分部门全部 TiVA 总体市场结构一致的特点，即在公共服务部门，欧盟所占比重排在第一位，在劳动密集型、资本密集型和知识密集型服务业部门，美国始终处于第一位，欧盟、日本、东盟和韩国则分列第二、第三、第四、第五位。在劳动密集型部门，与 2005 年相比，2015 年我国与欧盟、日本和韩国的服务业直接 TiVA 所占比重，持平或有不同幅度下降，而与美国尤其是与东盟和世界其他经济体的直接 TiVA 所占比重，则有较为明显的上升。在资本密集型服务部门，除与东盟的贸易所占比重有少许提高外，我国与世界其他经济体的直接 TiVA 所占比重，均出现不同幅度的下降。在知识密集型服务部门，我国与欧盟和日本的直接 TiVA 所占比重持平或下降，与世界其他经济体的直接 TiVA 所占比重则出现不同程度提升。在公共服务部门，除与日本直接 TiVA 所占比重稍有下降外，我国与世界其他经济体的直接 TiVA 所占比重，均表现出提高态势（表 4-36）。

表 4-36　中国服务业分部门直接 TiVA 总体市场结构

项目		美国		欧盟		日本		东盟		韩国		其他	
		2005年	2015年	2005年	2015年	2005年	2015年	2005年	2015年	2005年	2015年	2005年	2015年
劳动密集型	金额/亿美元	120.9	486.9	115.4	432.9	122.3	254.6	38.6	220.3	30.7	110.0	180.5	876.6
	比重	8.4%	9.0%	8.0%	8.0%	8.5%	4.7%	2.7%	4.1%	2.1%	2.0%	12.6%	16.2%
资本密集型	金额/亿美元	99.2	348.1	113.1	302.6	71.5	130.4	25.2	121.0	34.6	71.2	145.3	516.4
	比重	6.9%	6.4%	7.9%	5.6%	5.0%	2.4%	1.8%	2.2%	2.4%	1.3%	10.1%	9.5%
知识密集型	金额/亿美元	64.8	319.6	66.1	248.6	27.9	60.4	14.8	115.6	16.2	71.5	84.0	390.3
	比重	4.5%	5.9%	4.6%	4.6%	1.9%	1.1%	1.0%	2.1%	1.1%	1.3%	5.9%	7.2%
公共服务	金额/亿美元	7.8	74.1	14.7	78.5	8.1	20.7	3.1	21.9	3.4	16.7	26.4	133.2
	比重%	0.5%	1.4%	1.0%	1.4%	0.6%	0.4%	0.2%	0.4%	0.2%	0.3%	1.8%	2.5%
合计	金额/亿美元	292.7	1228.7	309.3	1062.6	229.8	466.1	81.7	478.8	84.9	269.4	436.2	1916.5
	比重	20.3%	22.7%	21.5%	19.6%	16.0%	8.6%	5.7%	8.8%	5.8%	4.9%	30.4%	35.4%

资料来源：同表 4-35

我国服务业分部门间接 TiVA 总体市场结构，与分部门全部 TiVA 和分部门直接 TiVA 总体市场结构大同小异。差异性主要表现在：2015 年与 2005 年相比，劳动密集型服务部门，与除美国、欧盟、日本、东盟和韩国等之外的其他经济体间接 TiVA 贸易所占比重提高幅度，低于同期分部门全部 TiVA 和分部门直接 TiVA 所占比重提高幅度；在资本密集型，尤其是知识密集型服务部门，我国与其他经济体间接 TiVA 贸易所占比重提高幅度，高于同期分部门全部 TiVA 和分部门直接 TiVA 所占比重提高幅度（表 4-37）。

表 4-37　中国服务业分部门间接 TiVA 总体市场结构

项目		美国		欧盟		日本		东盟		韩国		其他	
		2005年	2015年	2005年	2015年	2005年	2015年	2005年	2015年	2005年	2015年	2005年	2015年
劳动密集型	金额/亿美元	139.4	541.8	109.2	450.6	112.7	247.3	38.3	188.5	30.8	99.0	232.8	1110.9
	比重	8.8%	7.9%	6.9%	6.6%	7.1%	3.6%	2.4%	2.8%	1.9%	1.4%	14.6%	16.2%

续表

项目		美国		欧盟		日本		东盟		韩国		其他	
		2005年	2015年	2005年	2015年	2005年	2015年	2005年	2015年	2005年	2015年	2005年	2015年
资本密集型	金额/亿美元	108.2	316.6	95.8	266.7	60.0	114.4	21.3	88.1	23.5	53.2	147.2	670.1
	比重	6.8%	4.6%	6.0%	3.9%	3.8%	1.7%	1.3%	1.3%	1.5%	0.8%	9.2%	9.8%
知识密集型	金额/亿美元	101.2	608.3	95.5	481.3	54.1	188.4	17.1	120.6	18.5	79.7	104.3	854.3
	比重	6.4%	8.9%	6.0%	7.0%	3.4%	2.8%	1.1%	1.8%	1.2%	1.2%	6.6%	12.5%
公共服务	金额/亿美元	17.9	78.6	20.9	88.6	16.1	43.6	2.8	14.7	3.3	15.2	21.2	127.6
	比重	1.1%	1.1%	1.3%	1.3%	1.0%	0.6%	0.2%	0.2%	0.2%	0.2%	1.3%	1.9%
合计	金额/亿美元	366.7	1545.3	321.4	1287.2	242.9	593.7	79.5	411.9	76.1	247.1	505.5	2762.9
	比重	23.1%	22.5%	20.2%	18.8%	15.3%	8.7%	5.0%	6.1%	4.8%	3.6%	31.7%	40.4%

资料来源：同表4-35

综上可以看出，按要素密集度划分，发达经济体和周边经济体，仍旧是我国服务业TiVA的主要贸易市场，但除在直接TiVA中的资本密集型服务部门外，我国与其他经济体分部门直接、间接TiVA贸易所占比重，均有不同程度提升。这反映出，我国服务业分部门TiVA贸易市场结构也表现出多元化趋势。无论境外还是境内市场，对知识密集型和公共服务的需求都有一定程度的增加；发达经济体市场对劳动密集型和资本密集型服务的需求呈下降趋势，发展中经济体市场对劳动密集型服务的需求增加，而对资本密集型服务的需求则基本保持稳定。

4.5.2 服务业分部门TiVA出口市场结构

按要素密集度划分的我国服务业分部门全部TiVA出口市场中，2005～2015年，美国、欧盟、日本、东盟和韩国等五个主要市场的排序保持稳定。不过，美国在我国劳动密集型和资本密集型服务部门TiVA出口市场中所占比重，明显高于其余国家（地区）市场，但2015年与2005年相比，美国市场所占比重下降幅度也最大（分别下降3.2个、5.8个百分点）。具体来看，在劳动密集型服务部门，美国、欧盟、日本和韩国所占比重下降，东盟和世界其他市场所占比重提高。在资本密集型服务部门，除东盟所占比重稍有提高外，我国对其余市场出口所占比重均出现下降。而在知识密集型部门，我国对所有经济体市场出口所占比重均有不同程度提升。在公共服务部门，我国对前五位市场出口所占比重基本稳定，而对世界其他市场出口的比重上升幅度较大（表4-38）。

表 4-38 中国服务业分部门全部 TiVA 出口市场结构

项目		美国 2005年	美国 2015年	欧盟 2005年	欧盟 2015年	日本 2005年	日本 2015年	东盟 2005年	东盟 2015年	韩国 2005年	韩国 2015年	其他 2005年	其他 2015年
劳动密集型	金额/亿美元	175.4	628.8	109.8	427.5	70.1	207.8	21.1	155.2	21.7	83.4	151.9	1012.3
	比重	13.6%	10.4%	8.5%	7.1%	5.4%	3.4%	1.6%	2.6%	1.7%	1.4%	11.8%	16.7%
资本密集型	金额/亿美元	155.3	376.7	95.1	258.0	57.6	121.5	18.7	91.7	18.1	51.0	140.1	604.1
	比重	12.0%	6.2%	7.4%	4.3%	4.5%	2.0%	1.4%	1.5%	1.4%	0.8%	10.8%	10.0%
知识密集型	金额/亿美元	69.4	440.6	41.8	301.7	24.3	139.5	8.7	116.9	9.0	61.4	58.2	731.3
	比重	5.4%	7.3%	3.2%	5.0%	1.9%	2.3%	0.7%	1.9%	0.7%	1.0%	4.5%	12.1%
公共服务	金额/亿美元	13.9	57.7	9.3	40.2	5.4	18.3	2.1	16.3	1.9	8.2	13.0	95.5
	比重	1.1%	1.0%	0.7%	0.7%	0.4%	0.3%	0.2%	0.3%	0.1%	0.1%	1.0%	1.6%
合计	金额/亿美元	414.0	1503.8	256.0	1027.4	157.4	487.1	50.6	380.1	50.7	204.0	363.2	2443.2
	比重	32.1%	24.9%	19.8%	17.1%	12.2%	8.0%	3.9%	6.3%	3.9%	3.3%	28.1%	40.4%

资料来源：同表 4-35

在我国服务业分部门直接 TiVA 出口市场中，虽然前五位市场与服务业分部门全部 TiVA 出口相同，但在不同要素密集度服务部门中，部分市场所占比重出现不同的变化。在劳动密集型服务部门，美国、欧盟和日本这三个市场所占比重下降，其中日本所占比重下降幅度最大，而东盟、韩国和世界其他市场所占比重上升，尤其是东盟和世界其他市场所占比重提升幅度显著。在资本密集型服务部门，除东盟所占比重有所提高外，我国对其余市场出口的比重，均有不同程度下降。在知识密集型服务部门，对美国和日本出口所占比重有一定程度下降，而对其余市场出口所占比重则有不同程度提升。我国公共服务部门对各个市场的 TiVA 出口额虽然也在增长，但由于规模相对较小，2015 年同 2005 年相比，各个市场所占比重变化不大（表 4-39）。

表 4-39 中国服务业分部门直接 TiVA 出口市场结构

项目		美国 2005年	美国 2015年	欧盟 2005年	欧盟 2015年	日本 2005年	日本 2015年	东盟 2005年	东盟 2015年	韩国 2005年	韩国 2015年	其他 2005年	其他 2015年
劳动密集型	金额/亿美元	75.9	246.1	57.7	187.8	40.0	95.1	9.7	73.5	12.1	47.1	32.2	268.6
	比重	15.2%	14.2%	11.6%	10.8%	8.0%	5.5%	1.9%	4.2%	2.4%	2.7%	6.4%	15.5%

续表

项目		美国		欧盟		日本		东盟		韩国		其他	
		2005年	2015年	2005年	2015年	2005年	2015年	2005年	2015年	2005年	2015年	2005年	2015年
资本密集型	金额/亿美元	69.5	159.8	49.0	126.7	30.2	60.7	9.7	45.0	10.4	29.7	47.5	125.0
	比重	13.9%	9.2%	9.8%	7.3%	6.0%	3.5%	1.9%	2.6%	2.1%	1.7%	9.5%	7.2%
知识密集型	金额/亿美元	12.0	21.9	8.8	32.3	3.3	9.2	3.7	47.8	4.9	31.5	13.2	92.9
	比重	2.4%	1.3%	1.8%	1.9%	0.7%	0.5%	0.7%	2.8%	1.0%	1.8%	2.6%	5.4%
公共服务	金额/亿美元	0.2	0.5	1.5	2.6	0.6	0.2	1.1	6.3	1.1	4.3	5.2	17.1
	比重	0.0%	0.0%	0.3%	0.2%	0.1%	0.0%	0.2%	0.4%	0.2%	0.2%	1.1%	1.0%
合计	金额/亿美元	157.6	428.3	117.0	349.4	74.1	165.2	24.2	172.6	28.5	112.6	98.1	503.6
	比重	31.5%	24.7%	23.5%	20.2%	14.8%	9.5%	4.7%	10.0%	5.7%	6.4%	19.6%	29.1%

资料来源：同表4-35

注：表中0.0%为约数

我国服务业分部门间接TiVA出口市场，呈现出与服务业分部门全部TiVA出口市场结构变化基本一致的变化特点。2005~2015年，在劳动密集型和资本密集型服务部门，美国所占比重最高但也下降最明显（分别下降3.7个、5.8个百分点）。在劳动密集型服务部门，美国、欧盟、日本和韩国所占比重下降，东盟和世界其他市场所占比重提高。在资本密集型服务部门，除东盟所占比重维持不变外，我国对其余经济体市场出口所占比重均出现下降。而在知识密集型部门，我国对所有国家或地区市场出口所占比重均有不同程度提升。只是在公共服务部门，我国对美国、欧盟和日本市场出口所占比重稍有下降，而对东盟和世界其他市场的出口比重有所上升或持平（表4-40）。

表4-40　中国服务业分部门间接TiVA出口市场结构

项目		美国		欧盟		日本		东盟		韩国		其他	
		2005年	2015年	2005年	2015年	2005年	2015年	2005年	2015年	2005年	2015年	2005年	2015年
劳动密集型	金额/亿美元	99.5	382.7	52.1	239.7	30.1	112.7	11.4	81.7	9.6	36.3	119.7	743.7
	比重	12.6%	8.9%	6.6%	5.6%	3.8%	2.6%	1.4%	1.9%	1.2%	0.8%	15.1%	17.2%
资本密集型	金额/亿美元	85.8	216.9	46.1	131.3	27.4	60.8	9.0	46.7	7.7	21.3	92.6	479.1
	比重	10.8%	5.0%	5.8%	3.0%	3.5%	1.4%	1.1%	1.1%	1.0%	0.5%	11.7%	11.1%

续表

项目		美国		欧盟		日本		东盟		韩国		其他	
		2005年	2015年	2005年	2015年	2005年	2015年	2005年	2015年	2005年	2015年	2005年	2015年
知识密集型	金额/亿美元	57.4	418.7	33.0	269.4	21.0	130.3	5.0	69.1	4.1	29.9	45.0	638.4
	比重	7.2%	9.7%	4.2%	6.2%	2.7%	3.0%	0.6%	1.6%	0.5%	0.7%	5.7%	14.8%
公共服务	金额/亿美元	13.7	57.2	7.8	37.6	4.8	18.1	1.0	10.0	0.8	3.9	7.8	78.4
	比重	1.7%	1.3%	1.0%	0.9%	0.6%	0.4%	0.1%	0.2%	0.1%	0.1%	1.0%	1.8%
合计	金额/亿美元	256.4	1075.5	139.0	678.0	83.3	321.9	26.4	207.5	22.2	91.4	265.1	1939.6
	比重	32.3%	24.9%	17.6%	15.7%	10.6%	7.4%	3.2%	4.8%	2.8%	2.1%	33.5%	44.9%

资料来源：同表4-35

以上说明，无论我国服务业分部门全部TiVA出口、直接还是间接TiVA出口，发达经济体和周边经济体均是我国的主要市场，但我国劳动密集型和资本密集型服务部门对发达经济体市场出口所占比重呈明显下降趋势，而对发展中经济体出口所占比重呈明显提高趋势。以间接方式向所有市场出口知识密集型服务所占比重提高的同时，我国以直接方式对发达经济体的知识密集型服务出口比重下降，但对发展中经济体的直接方式知识密集型服务出口比重显著提升。公共服务主要是通过间接方式实现对各个市场的出口，直接方式的公共服务出口市场主要为发展中经济体。这反映出，我国服务业不同部门的TiVA出口市场虽仍以发达经济体和周边经济体为主，但在逐步趋于多元化，在按要素密集度划分的各个服务业部门，我国的服务业国际竞争力提高主要表现在对发展中经济体市场，在发达经济体市场的国际竞争力仍然较低，且劳动密集型和资本密集型服务部门的国际竞争力有不断减弱趋势。

4.5.3 服务业分部门TiVA进口市场结构

在我国服务业分部门全部TiVA进口市场中，美国、欧盟、日本、东盟和韩国等经济体位列前五位，但在劳动密集型服务部门，欧盟的地位高于美国，在其他三个服务部门，2005年欧盟的市场地位也均高于美国。只是到了2015年，在知识密集型服务进口上美国的市场地位才超过欧盟。从不同服务部门中各个市场在我国服务业TiVA进口所占比重变化来看，2015年与2005年相比，在劳动密集型服务部门，除日本和韩国所占比重下降外，美国、欧盟、东盟和其他经济体市场所占比重均有不同程度提高；在资本密集型服务部门，欧盟、日本和韩国所占比重下降，美国、东盟和其他市场所占比重上升；在知识密集型服务部门，欧盟、日本和韩国所占比重持平或下降，美国、东盟和其他市场所占比重上升；而在公共服务部门，除日本所占比重下降外,其余市场所占所占比重均有不同幅度提升(表4-41)。

表4-41 中国服务业分部门全部TiVA进口市场结构

项目		美国		欧盟		日本		东盟		韩国		其他	
		2005年	2015年	2005年	2015年	2005年	2015年	2005年	2015年	2005年	2015年	2005年	2015年
劳动密集型	金额/亿美元	84.9	399.9	114.8	456.0	164.9	294.1	55.8	253.6	39.8	125.6	261.6	975.3
	比重	4.9%	6.4%	6.6%	7.3%	9.5%	4.7%	3.2%	4.1%	2.3%	2.0%	15.1%	15.7%
资本密集型	金额/亿美元	52.1	288.0	113.8	311.3	73.9	123.3	27.8	117.4	40.0	73.4	152.4	582.5
	比重	3.0%	4.6%	6.6%	5.0%	4.3%	2.0%	1.6%	1.9%	2.3%	1.2%	8.8%	9.4%
知识密集型	金额/亿美元	96.6	487.3	119.8	428.2	57.7	109.6	23.2	119.3	25.7	89.8	130.2	513.4
	比重	5.6%	7.8%	6.9%	6.9%	3.3%	1.8%	1.3%	1.9%	1.5%	1.4%	7.5%	8.2%
公共服务	金额/亿美元	11.8	95.0	26.3	126.9	18.8	46.0	3.8	20.3	4.8	23.7	34.7	165.5
	比重	0.7%	1.5%	1.5%	2.0%	1.1%	0.7%	0.2%	0.3%	0.3%	0.4%	2.0%	2.7%
合计	金额/亿美元	245.4	1270.2	374.7	1322.4	315.3	572.7	110.6	510.6	110.3	312.5	578.9	2236.7
	比重	14.2%	20.3%	21.6%	21.2%	18.2%	9.2%	6.3%	8.2%	6.4%	5.0%	33.4%	36.0%

资料来源:同表4-35

在我服务业分部门直接TiVA进口市场中,东盟和其他的市场地位均呈现上升趋势,但美国的市场地位提升最为显著。2005年时,美国在我国所有服务业部门直接TiVA进口中的比重均低于欧盟,而到2015年,在资本密集型和知识密集型服务部门的进口上,美国市场所占比重都超过欧盟。就不同服务部门的进口市场结构变化来看,2015年与2005年相比,在劳动密集型服务部门,日本和韩国市场所占比重下降,美国、欧盟、东盟及其他市场所占比重上升;在资本密集型和知识密集型服务部门,欧盟、日本和韩国市场所占比重下降,美国、东盟和其他市场所占比重上升;而在公共服务部门,除日本市场所占比重下降外,其余市场所占比重均有不同程度提升(表4-42)。

表4-42 中国服务业分部门TiVA直接进口市场结构

项目		美国		欧盟		日本		东盟		韩国		其他	
		2005年	2015年	2005年	2015年	2005年	2015年	2005年	2015年	2005年	2015年	2005年	2015年
劳动密集型	金额/亿美元	45.0	240.8	57.7	245.1	82.3	159.5	28.9	146.8	18.6	62.9	148.3	608.0
	比重	4.8%	6.5%	6.2%	6.6%	8.8%	4.3%	3.1%	4.0%	2.0%	1.7%	15.8%	16.5%

续表

项目		美国		欧盟		日本		东盟		韩国		其他	
		2005年	2015年	2005年	2015年	2005年	2015年	2005年	2015年	2005年	2015年	2005年	2015年
资本密集型	金额/亿美元	29.7	188.3	64.1	175.9	41.3	69.7	15.5	76.0	24.2	41.5	97.8	391.4
	比重	3.2%	5.1%	6.9%	4.8%	4.4%	1.9%	1.7%	2.1%	2.6%	1.1%	10.5%	10.6%
知识密集型	金额/亿美元	52.8	297.7	57.3	216.3	24.6	51.2	11.1	67.8	11.3	40.0	70.8	297.4
	比重	5.6%	8.1%	6.1%	5.9%	2.6%	1.4%	1.2%	1.8%	1.2%	1.1%	7.5%	8.1%
公共服务	金额/亿美元	7.6	73.6	13.2	75.9	7.5	20.5	2.0	15.6	2.3	12.4	21.2	116.1
	比重	0.8%	2.0%	1.4%	2.1%	0.8%	0.6%	0.2%	0.4%	0.2%	0.3%	2.3%	3.1%
合计	金额/亿美元	135.1	800.4	192.3	713.2	155.7	300.9	57.5	306.2	56.4	156.8	338.1	1412.9
	比重	14.4%	21.7%	20.6%	19.4%	16.6%	8.2%	6.2%	8.3%	6.0%	4.2%	36.1%	38.3%

资料来源：同表 4-35

我国服务业分部门间接 TiVA 进口市场，表现出与直接 TiVA 进口市场不同，而与服务业分部门全部 TiVA 进口市场基本相同的变化特点。在我国服务业分部门间接 TiVA 进口中，欧盟的市场地位均高于美国，在公共服务部门和 2005 年时的劳动密集型和资本密集型服务部门，日本的市场地位也高于美国。就不同服务部门的进口市场结构变化来看，2015 年与 2005 年相比，在劳动密集型服务部门，日本和韩国市场所占比重下降，尤其是日本市场所占比重下降幅度较大，美国、欧盟、东盟及其他市场所占比重上升；在资本密集型服务部门，欧盟、日本和韩国市场所占比重下降，美国、东盟和其他市场所占比重上升；在知识密集型服务部门，除日本市场所占比重下降外，其余市场所占比重均有一定程度提升；而在公共服务部门，除日本市场所占比重下降、东盟所占比重持平外，其余市场所占比重均有不同幅度提升（表 4-43）。

表 4-43 中国服务业分部门 TiVA 间接进口市场结构

项目		美国		欧盟		日本		东盟		韩国		其他	
		2005年	2015年	2005年	2015年	2005年	2015年	2005年	2015年	2005年	2015年	2005年	2015年
劳动密集型	金额/亿美元	39.9	159.1	57.1	210.9	82.6	134.6	26.9	106.8	21.2	62.7	113.1	367.2
	比重	5.0%	6.3%	7.1%	8.3%	10.3%	5.3%	3.4%	4.2%	2.7%	2.5%	14.1%	14.5%
资本密集型	金额/亿美元	22.4	99.7	49.7	135.4	32.6	53.6	12.3	41.4	15.8	31.9	54.6	191.0
	比重	2.8%	3.9%	6.2%	5.3%	4.1%	2.1%	1.5%	1.6%	2.0%	1.3%	6.8%	7.5%

续表

项目		美国		欧盟		日本		东盟		韩国		其他	
		2005年	2015年	2005年	2015年	2005年	2015年	2005年	2015年	2005年	2015年	2005年	2015年
知识密集型	金额/亿美元	43.8	189.6	62.5	211.9	33.1	58.1	12.1	51.5	14.4	49.8	59.3	215.9
	比重	5.5%	7.5%	7.8%	8.4%	4.1%	2.3%	1.5%	2.0%	1.8%	2.0%	7.4%	8.5%
公共服务	金额/亿美元	4.2	21.4	13.1	51.0	11.3	25.5	1.8	4.7	2.5	11.3	13.4	49.2
	比重	0.5%	0.8%	1.6%	2.0%	1.4%	1.0%	0.2%	0.2%	0.3%	0.4%	1.7%	1.9%
合计	金额/亿美元	110.3	469.8	182.4	609.2	159.6	271.8	53.1	204.4	53.9	155.7	240.4	823.3
	比重	13.8%	18.5%	22.7%	24.0%	19.9%	10.7%	6.6%	8.0%	6.8%	6.2%	30.0%	32.4%

资料来源：同表4-35

由上可以看出，同服务业分部门 TiVA 出口市场一样，在我国服务业分部门全部 TiVA 进口、直接和间接 TiVA 进口中，美国、欧盟、日本、东盟和韩国等均是我国的主要市场。但与 TiVA 出口市场不同的是，在我国服务业分部门全部 TiVA 进口市场中，欧盟的市场地位总体而言高于美国，只是在我国服务业分部门直接 TiVA 进口中，美国所占比重提升幅度最大，到 2015 年已接近或超过欧盟所占比重。与服务业分部门 TiVA 出口市场结构变化比较，虽然我国不同服务业部门，自美国、欧盟、日本和韩国之外的东盟及其他市场的进口所占比重也有一定幅度的提高，但相对于出口市场提升幅度明显较低，这说明我国服务业分部门 TiVA 进口市场多元化虽也在改善，但改善程度明显不如 TiVA 出口市场，我国服务业不同部门进口对发达经济体及周边经济体市场的依赖程度更高。

4.6 根据吸收国不同的中国服务业 TiVA 出口分解

从图 3-9 的总出口的增加值分解可以看出，基于最终需求方法的一经济体服务业 TiVA 出口，由被进口方吸收的出口方 DVA 和被第三方吸收的出口方 DVA 构成，其中被进口方吸收的出口方 DVA，又由被进口方直接吸收的出口方 DVA 和来自第三方被进口方吸收（即进口方进口后，被出口到第三方，在第三方经过进一步加工后，又被原进口方"复进口"返回到进口方被作为最终需求吸收）的出口方 DVA 两部分构成。为给第 5 章中国服务业在 GVCs 分工中地位的测算提供数据基础，本节根据吸收国不同，对中国服务业及分部门 TiVA 出口进行分解核算。

4.6.1 中国全部服务 TiVA 出口分解

2005~2015 年，我国全部服务 TiVA 出口中，被进口方最终需求吸收的服务业 DVA 所占比重，表现出"先上升、后下降"的演变特点，2015 年与 2005 年相比该比重下降 1.6 个百分点。相应地，被第三方最终需求吸收的服务业 DVA 所占比重，则呈现出"先下降、后上升"的变化特点，2015 年与 2005 年相比，该比重提高 1.6 个百分点。在被进口方最终需求吸收的我国服务业 DVA 出口中，被进口方直接吸收的服务业 DVA 所占比重，2015 年与 2005 年相比下降 2.6 个百分点，而来自第三方被进口方吸收服务业 DVA 所占比重，同期则提高了 1.0 个百分点（表 4-44）。

表 4-44 根据吸收方不同的中国服务业全部 TiVA 出口分解

| 年份 | 被进口方吸收的服务业 DVA ||||| 被第三方吸收的服务业 DVA || TiVA 总出口/亿美元 |
| | 金额/亿美元 | 比重 | 被进口方直接吸收 || 来自第三方被进口方吸收 || 金额/亿美元 | 比重 | |
			金额/亿美元	比重	金额/亿美元	比重			
2005	904.3	70.0%	787.9	61.0%	116.4	9.0%	387.5	30.0%	1291.8
2006	1208.4	70.4%	1058.2	61.6%	150.2	8.8%	508.1	29.6%	1716.5
2007	1634.2	70.6%	1434.5	62.0%	199.7	8.6%	680.5	29.4%	2314.7
2008	2038.1	72.7%	1829.5	65.3%	208.6	7.4%	765.3	27.3%	2803.4
2009	1858.9	73.1%	1674.7	65.9%	184.2	7.2%	684.0	26.9%	2542.9
2010	2380.2	77.2%	2219.6	72.0%	160.6	5.2%	702.9	22.8%	3083.1
2011	2954.4	75.3%	2714.8	69.2%	239.6	6.1%	969.1	24.7%	3923.5
2012	3187.1	71.8%	2833.8	63.8%	353.3	8.0%	1251.8	28.2%	4438.9
2013	3650.5	71.8%	3246.1	63.8%	404.4	8.0%	1433.7	28.2%	5085.0
2014	4102.4	71.7%	3646.4	63.7%	456.0	8.0%	1619.6	28.3%	5722.0
2015	4137.3	68.4%	3531.6	58.4%	605.8	10.0%	1908.3	31.6%	6045.6

资料来源：根据 OECD 发布的 2018 年版 ICIO 表数据计算

按照第 2 章 2.1.2 节对简单与复杂 GVCs 的定义和划分，我国服务业 TiVA 出口中，被第三方吸收的服务业 DVA 和来自第三方被进口方吸收的服务业 DVA，在作为最终需求被吸收之前，均经历了至少两次的"跨越"边境过程，因此均属于复杂 GVCs 服务业国际分工。从表 4-44 的数据变化可以看出，2005~2015 年，我国服务业参与复杂 GVCs 分工的程度，虽然表现出"先下降、后上升"的演变特点，但总体在提高。

从服务业分部门 TiVA 出口来看，在被进口方吸收的服务 DVA 出口中，劳动密集型服务部门在出口中所占比重，表现出不断提高趋势，2015 年与 2005 年相比提高 7.3 个百分点，而资本密集型、知识密集型和公共服务部门所占比重，则均呈现下降态势，其中资本密集型服务部门所占比重下降最为明显，2015 年与 2005 年相比下降 8.2 个百分点。在被第三方吸收的服务 DVA 出口中，劳动密集型和资本密集型服务部门所占比重均出现一定程度提高趋势；而知识密集型和公共服务部门所占比重，则分别有不同程度的下降趋势（表 4-45）。

表 4-45 根据吸收方不同的中国服务业分部门 TiVA 出口分解

项目			年份									
			2005	2006	2007	2008	2009	2010	2011	2012	2013	2014	2015
被进口方吸收的服务 DVA	劳动密集型	金额/亿美元	440.1	596.4	817.8	1072.8	988.1	1314.5	1671.8	1885.0	2168.9	2399.0	2504.6
		比重	34.1%	34.7%	35.3%	38.3%	38.9%	42.6%	42.6%	42.5%	42.60%	41.9%	41.4%
	资本密集型	金额/亿美元	404.5	536.5	717.9	858.0	735.1	940.5	1126.0	1115.8	1264.7	1432.4	1394.8
		比重	31.3%	31.3%	31.0%	30.6%	28.9%	30.5%	28.7%	25.1%	24.9%	25.0%	23.1%
	知识密集型	金额/亿美元	51.7	66.8	89.5	98.4	125.8	117.0	146.1	173.5	203.1	254.3	223.4
		比重	4.0%	3.9%	3.9%	3.5%	4.9%	3.8%	3.7%	3.9%	4.0%	4.5%	3.7%
	公共服务	金额/亿美元	8.0	8.7	8.7	8.9	9.9	8.6	11.0	13.1	14.6	16.7	14.5
		比重	0.62%	0.51%	0.38%	0.32%	0.39%	0.28%	0.28%	0.30%	0.29%	0.29%	0.24%
被第三方吸收的服务 DVA	劳动密集型	金额/亿美元	173.4	219.4	290.7	305.5	248.0	242.2	347.8	499.2	576.4	620.9	850.0
		比重	13.4%	12.8%	12.6%	10.9%	9.8%	7.9%	8.9%	11.2%	11.3%	10.9%	14.1%
	资本密集型	金额/亿美元	170.5	229.3	311.0	371.5	331.5	377.8	515.4	630.4	721.3	841.0	884.8
		比重	13.2%	13.3%	13.5%	13.3%	13.0%	12.3%	13.1%	14.2%	14.2%	14.7%	14.6%
	知识密集型	金额/亿美元	40.5	55.7	75.0	84.2	100.2	79.4	101.6	118.0	131.2	152.7	166.4
		比重	3.1%	3.3%	3.2%	2.9%	3.9%	2.5%	2.6%	2.7%	2.6%	2.6%	2.8%
	公共服务	金额/亿美元	3.1	3.7	3.8	4.1	4.3	3.5	4.3	4.2	4.8	5.0	7.1
		比重	0.24%	0.22%	0.16%	0.15%	0.17%	0.11%	0.11%	0.09%	0.09%	0.09%	0.12%
服务业 TiVA 总出口/亿美元			1291.8	1716.5	2314.7	2803.4	2542.9	3083.1	3923.9	4438.9	5085.1	5722.0	6045.6

资料来源：同表 4-44

进一步从被进口方吸收的我国服务业分部门出口中的 DVA 来看，劳动密集型服务部门中，被进口方直接吸收和来自第三方被进口方吸收的我国服务业 DVA 所占比重，均表现为提高趋势，2015 年与 2005 年相比分别提高 7.0 个和 0.3 个百分点；资本密集型和知识密集型两个服务业部门，被进口方直接吸收的服务业 DVA 所占比重均表现出下降趋势，2015 年与 2005 年相比分别下降 8.7 个和 0.5 个百分点，而来自第三方被进口方吸收的服务业 DVA 所占比重，则均呈现提高态势，分别提高 0.5 个和 0.2 个百分点；而在公共服务部门中，被进口方直接吸收和来自第三方被进口方吸收的我国服务业 DVA 所占比重，则均有小幅下降（表 4-46）。

表 4-46 被进口方吸收的中国服务业分部门出口中的 DVA 分解

项目			2005	2006	2007	2008	2009	2010	2011	2012	2013	2014	2015
劳动密集型	被进口方直接吸收	金额/亿美元	384.6	527.7	725.2	980.3	906.7	1243.2	1569.3	1729.6	1985.8	2193.0	2226.5
		比重	29.8%	30.7%	31.3%	35.0%	35.7%	40.3%	40.0%	39.0%	39.0%	38.3%	36.8%
	来自第三方被进口方吸收	金额/亿美元	55.5	68.7	92.6	92.5	81.4	70.9	102.0	155.4	183.1	206.0	278.1
		比重	4.3%	4.0%	4.0%	3.3%	3.2%	2.3%	2.6%	3.5%	3.6%	3.6%	4.6%
资本密集型	被进口方直接吸收	金额/亿美元	354.1	467.8	627.6	759.9	648.6	866.5	1012.2	946.8	1076.4	1220.7	1128.8
		比重	27.4%	27.3%	27.1%	27.1%	25.5%	28.1%	25.8%	21.3%	21.2%	21.3%	18.7%
	来自第三方被进口方吸收	金额/亿美元	50.4	68.7	90.3	98.1	86.5	74.0	113.8	168.7	188.3	211.7	266.0
		比重	3.9%	4.0%	3.9%	3.5%	3.4%	2.4%	2.9%	3.8%	3.7%	3.7%	4.4%
知识密集型	被进口方直接吸收	金额/亿美元	42.6	55.5	76.1	84.7	112.5	103.9	125.2	146.7	173.5	220.0	169.0
		比重	3.3%	3.2%	3.3%	3.1%	4.4%	3.4%	3.2%	3.3%	3.4%	3.8%	2.8%
	来自第三方被进口方吸收	金额/亿美元	9.0	11.3	13.7	13.7	13.3	13.1	20.9	26.8	29.4	34.3	54.4
		比重	0.7%	0.7%	0.6%	0.5%	0.5%	0.4%	0.5%	0.6%	0.6%	0.7%	0.9%
公共服务	被进口方直接吸收	金额/亿美元	6.19	6.47	6.15	6.10	6.85	6.13	8.25	9.99	11.04	12.69	7.25
		比重	0.48%	0.38%	0.27%	0.22%	0.27%	0.20%	0.21%	0.23%	0.22%	0.22%	0.12%
	来自第三方被进口方吸收	金额/亿美元	1.81	2.23	2.55	2.80	3.05	2.47	2.75	3.11	3.56	4.01	7.25
		比重	0.14%	0.13%	0.11%	0.10%	0.12%	0.08%	0.07%	0.07%	0.07%	0.07%	0.12%
服务业 TiVA 总出口/亿美元			1291.8	1716.5	2314.7	2803.4	2542.9	3083.1	3923.5	4438.9	5085.1	5722.0	6045.6

资料来源：同表 4-44

综合表 4-45 和表 4-46 的数据及其变化可以发现，2005~2015 年，我国服务业各部门参与复杂 GVCs 分工的规模和程度均在扩大和提高，只是从不同服务业部门被第三方吸收和来自第三方被进口方吸收的 DVA 所占比重变化来看，劳动密集型和资本密集型服务业部门，参与复杂 GVCs 分工的程度提高更快，而知识密集型和公共服务部门，参与复杂 GVCs 分工的程度提升速度较慢。

4.6.2 中国直接服务 TiVA 出口分解

在中国直接服务 TiVA 出口中，被进口方吸收的服务 DVA 所占比重，呈现波动中下降趋势，2015 年相比 2005 年下降 3.5 个百分点，但该比重高于我国服务业全部 TiVA 出口中被进口方吸收的服务业 DVA 所占比重。相应地，被第三方吸收的服务 DVA 所占比重，则呈现出波动中上升态势，2005~2015 年上升 3.5 个百分点，但该比重低于我国服务业全部 TiVA 出口中，被第三方吸收的服务 DVA 所占比重（表 4-47 和表 4-44）。

表 4-47 根据吸收方不同的中国直接服务业 TiVA 出口分解

年份	被进口方吸收的服务业 DVA					被第三方吸收的服务业 DVA		TiVA 直接出口/亿美元
	金额/亿美元	比重	被进口方直接吸收		来自第三方被进口方吸收		金额/亿美元	比重	
			金额/亿美元	比重	金额/亿美元	比重			
2005	411.9	82.5%	384.4	77.0%	27.5	5.5%	87.6	17.5%	499.5
2006	526.8	82.1%	491.5	76.6%	35.3	5.5%	115.0	17.9%	641.8
2007	636.5	81.0%	591.7	75.3%	44.8	5.7%	149.4	19.0%	785.9
2008	727.7	79.4%	671.8	73.3%	55.9	6.1%	188.3	20.6%	916.0
2009	690.6	80.4%	641.7	74.7%	48.9	5.7%	168.1	19.6%	858.7
2010	804.4	79.4%	742.6	73.3%	61.8	6.1%	208.9	20.6%	1013.3
2011	1013.0	79.9%	937.0	73.9%	76.0	6.0%	254.1	20.1%	1267.1
2012	1100.0	80.0%	1018.9	74.1%	81.1	5.9%	274.5	20.0%	1374.5
2013	1223.2	79.6%	1132.5	73.7%	90.7	5.9%	313.3	20.4%	1536.5
2014	1347.9	79.9%	1246.7	73.9%	101.2	6.0%	339.1	20.1%	1687.0
2015	1368.1	79.0%	1262.5	72.9%	105.6	6.1%	363.6	21.0%	1731.7

资料来源：同表 4-44

在被进口方吸收的服务业 DVA 中，被进口方直接吸收的服务业 DVA 所占比重，2005~2015 年下降 4.1 个百分点，来自第三方被进口方吸收的服务业 DVA 所占比重，同期则提高了 0.6 个百分点，但该比重也是低于我国服务业全部 TiVA 出口中，来自第三方被进口方吸收的服务业 DVA 所占比重。

比较表 4-44 和表 4-47 的数据及其变化可以看出，我国服务业自身直接参与 GVCs 分工，更多地以简单 GVCs 参与方式为主，参与复杂 GVCs 分工的程度，要低于（包括作为制造业服务投入的）全部服务业。不过，服务业自身直接参与复杂 GVCs 分工的提升幅度更加显著。

从我国分部门直接服务 TiVA 出口分解结果来看，在被进口方吸收的服务业 DVA 出口中，同服务业分部门全部 TiVA 出口一样，劳动密集型服务部门所占比重呈提高趋势，2015 年与 2005 年相比提高 4.4 个百分点，而资本密集型、知识密集型和公共服务部门所占比重则均出现下降趋势，合计下降约 7.92 个百分点，其中资本密集型服务业部门所占比重下降最为明显（下降 6.7 个百分点）。在被第三方吸收的服务业 DVA 出口中，劳动密集型、资本密集型和知识密集型服务部门所占比重，均出现一定程度提高，2015 年相比 2005 年分别提高 0.8 个、1.5 个和 1.2 个百分点；而公共服务部门所占比重则稍有下降（表 4-48）。

表 4-48 根据吸收方不同的中国分部门直接服务业 TiVA 出口分解

项目			年份									
			2005	2006	2007	2008	2009	2010	2011	2012	2013	2014	2015
被进口方吸收的服务DVA	劳动密集型	金额/亿美元	196.7	250.3	304.8	357.5	335.8	406.0	525.7	590.7	660.3	706.1	758.0
		比重	39.4%	39.0%	38.8%	39.1%	39.2%	40.1%	41.5%	43.0%	43.0%	41.9%	43.8%
	资本密集型	金额/亿美元	182.3	235.1	283.2	319.4	289.9	344.1	420.4	433.0	478.1	532.1	515.4
		比重	36.5%	36.6%	36.0%	34.9%	33.8%	34.0%	33.2%	31.5%	31.1%	31.5%	29.8%
	知识密集型	金额/亿美元	29.4	37.6	45.1	47.4	61.1	51.1	62.9	72.0	80.1	104.6	89.8
		比重	5.9%	5.9%	5.8%	5.1%	7.0%	5.0%	4.9%	5.2%	5.2%	6.2%	5.1%
	公共服务	金额/亿美元	3.5	3.8	3.4	3.4	3.8	3.2	3.7	4.3	4.7	5.1	4.9
		比重	0.70%	0.59%	0.44%	0.37%	0.45%	0.31%	0.29%	0.31%	0.30%	0.30%	0.28%
被第三方吸收的服务DVA	劳动密集型	金额/亿美元	33.5	42.4	54.2	65.0	54.1	75.0	95.0	101.7	113.7	128.2	129.9
		比重	6.7%	6.6%	6.9%	7.1%	6.3%	7.4%	7.5%	7.4%	7.4%	7.6%	7.5%
	资本密集型	金额/亿美元	35.5	47.5	62.9	82.4	75.6	88.2	102.6	111.3	127.5	140.0	148.9
		比重	7.1%	7.4%	8.0%	9.0%	8.8%	8.7%	8.1%	8.1%	8.3%	8.3%	8.6%
	知识密集型	金额/亿美元	17.5	23.8	30.9	39.3	36.8	43.7	54.4	59.0	69.5	67.9	82.0
		比重	3.5%	3.7%	3.9%	4.3%	4.3%	4.3%	4.3%	4.3%	4.5%	4.0%	4.7%

续表

项目			年份									
			2005	2006	2007	2008	2009	2010	2011	2012	2013	2014	2015
被第三方吸收的服务DVA	公共服务	金额/亿美元	1.05	1.28	1.41	1.56	1.55	2.03	2.41	2.47	2.61	3.04	2.77
		比重	0.21%	0.20%	0.18%	0.17%	0.18%	0.20%	0.19%	0.18%	0.17%	0.18%	0.16%
服务业 TiVA 直接出口/亿美元			499.5	641.8	785.9	916.0	858.7	1013.3	1267.1	1374.5	1536.5	1687.0	1731.7

资料来源：同表 4-44

进一步从被进口方吸收的我国分部门直接服务出口 DVA 分解来看，劳动密集型服务部门中，被进口方直接吸收和来自第三方被进口方吸收的服务业 DVA 所占比重均呈提高趋势；资本密集型和公共服务业部门，被进口方直接吸收和来自第三方被进口方吸收的服务业 DVA 所占比重均呈下降趋势；而知识密集型服务部门中，被进口方直接吸收的服务业 DVA 所占比重呈下降趋势，来自第三方被进口国吸收的服务业 DVA 所占比重，则稍有提升（表 4-49）。

表 4-49　被进口方吸收的中国分部门直接服务出口中的 DVA 分解

项目			年份										
			2005	2006	2007	2008	2009	2010	2011	2012	2013	2014	2015
劳动密集型	被进口方直接吸收	金额/亿美元	183.7	234.0	284.4	332.5	314.9	376.4	486.8	548.2	612.1	653.8	703.4
		比重	36.8%	36.5%	36.2%	36.4%	36.8%	37.1%	38.4%	39.9%	39.8%	38.8%	40.6%
	来自第三方被进口方吸收	金额/亿美元	13.0	16.3	20.4	25.0	20.9	29.6	38.9	42.5	48.2	52.3	54.6
		比重	2.6%	2.5%	2.6%	2.7%	2.4%	2.9%	3.1%	3.1%	3.1%	3.1%	3.2%
资本密集型	被进口方直接吸收	金额/亿美元	169.5	217.9	260.8	291.0	264.7	314.5	387.7	398.4	439.4	489.0	472.1
		比重	33.9%	34.0%	33.2%	31.8%	30.8%	31.0%	30.6%	29.0%	28.6%	29.0%	27.3%
	来自第三方被进口方吸收	金额/亿美元	12.8	17.2	22.4	28.4	25.2	29.6	33.2	34.6	38.7	43.1	43.3
		比重	2.6%	2.7%	2.8%	3.1%	2.9%	2.9%	2.6%	2.5%	2.5%	2.6%	2.5%
知识密集型	被进口方直接吸收	金额/亿美元	28.4	36.2	43.3	45.4	58.5	49.0	60.3	68.9	76.6	97.4	84.7
		比重	5.7%	5.6%	5.5%	5.0%	6.8%	4.8%	4.8%	5.0%	5.0%	5.8%	4.8%
	来自第三方被进口方吸收	金额/亿美元	1.0	1.4	1.8	2.0	2.6	2.1	2.6	3.1	3.5	7.2	5.1
		比重	0.21%	0.22%	0.22%	0.22%	0.30%	0.21%	0.21%	0.22%	0.23%	0.42%	0.29%

续表

项目			年份									
			2005	2006	2007	2008	2009	2010	2011	2012	2013	2014	2015
公共服务	被进口方直接吸收	金额/亿美元	3.2	3.4	3.0	2.9	3.2	2.7	3.2	3.7	4.1	4.4	4.3
		比重	0.64%	0.53%	0.38%	0.32%	0.37%	0.27%	0.25%	0.27%	0.27%	0.26%	0.25%
	来自第三方被进口方吸收	金额/亿美元	0.3	0.4	0.4	0.5	0.6	0.5	0.5	0.6	0.6	0.7	0.6
		比重	0.06%	0.06%	0.05%	0.05%	0.07%	0.05%	0.04%	0.04%	0.04%	0.04%	0.03%
服务业 TiVA 直接出口/亿美元			499.5	641.8	785.9	916.0	858.7	1013.3	1267.1	1374.5	1536.5	1687.0	1731.7

资料来源：同表 4-44

综合表 4-48 和表 4-49 的数据及其变化可以看出，2005～2015 年，我国服务业各部门直接参与复杂 GVCs 分工的规模和程度，也均在不同程度地扩大和提高。相比较而言，我国劳动密集型、资本密集型和知识密集型三个服务业部门，直接参与复杂 GVCs 分工的程度提升更快，只有公共服务部门，参与复杂 GVCs 分工的程度提升较慢。

4.6.3 中国间接服务 TiVA 出口分解

表 4-50 为根据吸收国不同内含在货物中的我国间接服务 TiVA 出口分解核算结果。从表中数据及其变化可以看出，与直接服务 TiVA 出口不同，我国间接服务 TiVA 出口中，被进口方吸收的服务业 DVA 所占比重，呈现出"先上升、后下降"的变化特点，但 2015 年与 2005 年相比，该比重仍提升 2.1 个百分点。相应地，被第三方吸收的服务业 DVA 所占比重，则呈现"先下降、后上升"但总体为下降趋势的变化特征，2005～2015 年，该比重下降 2.1 个百分点。在被进口方吸收的我国服务业 DVA 中，被进口方直接吸收的服务 DVA 所占比重，2005～2015 年"先上升、后下降"，结果是提升 2.2 个百分点，而来自第三方被进口方吸收的服务业 DVA 所占比重，同期则表现为"先下降、后上升"，结果是微降 0.1 个百分点（表 4-50）。

表 4-50　根据吸收方不同的中国服务业间接 TiVA 出口分解

年份	被进口方吸收的服务业 DVA						被第三方吸收的服务业 DVA		TiVA 间接出口/亿美元
	金额/亿美元	比重	被进口方直接吸收		来自第三方被进口方吸收		金额/亿美元	比重	
			金额/亿美元	比重	金额/亿美元	比重			
2005	492.4	62.1%	396.5	50.0%	95.9	12.1%	299.9	37.9%	792.3
2006	681.6	63.4%	558.4	52.0%	123.2	11.5%	393.1	36.6%	1074.7
2007	997.7	65.3%	834.2	54.6%	163.5	10.7%	531.1	34.7%	1528.8
2008	1310.4	69.4%	1140.3	60.4%	170.1	9.0%	577.0	30.6%	1887.4
2009	1168.3	69.4%	1016.7	60.4%	151.6	9.0%	515.9	30.6%	1684.2
2010	1575.8	76.1%	1447.6	69.9%	128.2	6.2%	494.0	23.9%	2069.8
2011	1941.4	73.1%	1756.3	66.1%	185.1	7.0%	715.0	26.9%	2656.4
2012	2087.1	68.1%	1795.7	58.6%	291.4	9.5%	977.3	35.2%	3064.4
2013	2427.3	68.4%	2093.6	59.0%	333.7	9.4%	1121.2	31.6%	3548.5
2014	2754.8	68.2%	2375.5	58.8%	379.0	9.4%	1280.5	31.7%	4035.0
2015	2769.2	64.2%	2252.8	52.2%	516.4	12.0%	1544.7	35.8%	4313.9

资料来源：同表 4-44

与表 4-47 根据吸收国不同的我国直接服务 TiVA 出口分解核算结果相比，我国间接服务 TiVA 出口中，被进口方吸收的服务业 DVA，以及其中被进口方直接吸收的服务业 DVA 所占比重明显较低，而来自第三方被进口方吸收和被第三方吸收的服务业 DVA 所占比重则明显较高。这说明，由于制造业产品生产过程的可分割性更强，因而，制造业参与复杂 GVCs 分工的程度也更高，从而带来内含在货物出口中的服务，能够更多地参与复杂 GVCs 分工。当然，这是伴随着货物中间品或最终产品的多次跨越国境而间接实现的。而来自第三方被进口方吸收和被第三方吸收的服务业 DVA 所占比重，2014 年与 2005 年相比均有明显下降，则反映出，这期间我国制造业参与复杂 GVCs 分工的程度有明显降低，因而，伴随货物出口的我国服务业间接参与复杂 GVCs 分工的程度相应地也在降低，不过，从 2015 年这两项比重迅速回升来看，我国服务业间接参与复杂 GVCs 分工的程度呈现快速回升态势。

对比表 4-44、表 4-47 和表 4-50 的数据及其变化，就可以清楚地看出，尽管我国服务业直接参与复杂 GVCs 分工的比重，仍然低于服务业间接参与 GVCs 的比重，但 2005~2015 年我国服务业整体参与复杂 GVCs 分工的程度在提高，其贡献主要来自服务业自身直接参与复杂 GVCs 分工程度的显著提升。这也在一定程度上反映出，技术进步尤其是现代数字信息技术的创新和应用，带来服务品生产可分割性和可贸易性的不断增强，使得我国服务业和服务贸易自身在加快发展的同时,直接参与GVCs分工特别是参与复杂GVCs分工的程度也在日益提高。

从我国分部门间接服务TiVA出口分解结果来看,在被进口方吸收的服务业DVA中,劳动密集型和知识密集型服务部门所占比重有不同程度上升,2005～2015年分别上升9.7个和0.3个百分点;而资本密集型和公共服务部门所占比重则有一定程度下降,同期分别下降7.6个和0.35个百分点。在被第三方吸收的服务业DVA中,2015年与2005年相比,四个服务业部门所占比重均有不同程度下降(表4-51)。

表4-51 根据吸收方不同的中国分部门间接服务TiVA出口分解

项目			年份									
			2005	2006	2007	2008	2009	2010	2011	2012	2013	2014	2015
被进口方吸收的服务DVA	劳动密集型	金额/亿美元	243.4	346.1	513.0	715.2	652.5	908.1	1145.3	1294.3	1508.3	1692.9	1746.6
		比重	30.7%	32.2%	33.7%	37.9%	38.8%	43.9%	43.2%	42.2%	42.6%	42.2%	40.4%
	资本密集型	金额/亿美元	222.2	301.4	434.7	538.6	445.2	596.4	705.6	682.5	786.1	900.3	879.4
		比重	28.0%	28.0%	28.4%	28.5%	26.4%	28.9%	26.6%	22.3%	22.2%	22.3%	20.4%
	知识密集型	金额/亿美元	22.3	29.2	44.7	51.1	64.5	65.9	83.2	101.5	123.0	149.7	133.6
		比重	2.8%	2.7%	2.9%	2.7%	3.9%	3.1%	3.1%	3.3%	3.4%	3.6%	3.1%
	公共服务	金额/亿美元	4.5	4.9	5.3	5.5	6.1	5.4	7.3	8.8	9.9	11.6	9.6
		比重	0.57%	0.46%	0.35%	0.29%	0.36%	0.26%	0.27%	0.29%	0.28%	0.29%	0.22%
被第三方吸收的服务DVA	劳动密集型	金额/亿美元	139.4	177.3	237.0	241.6	193.7	165.6	249.7	353.5	464.9	498.2	724.7
		比重	17.6%	16.5%	15.5%	12.8%	11.5%	8.0%	9.4%	11.5%	13.1%	12.30%	16.8%
	资本密集型	金额/亿美元	134.7	181.6	247.7	283.1	256.0	287.7	409.1	545.5	585.5	680.9	720.4
		比重	17.0%	16.9%	16.2%	15.0%	15.2%	13.9%	15.4%	17.8%	16.5%	16.80%	16.7%
	知识密集型	金额/亿美元	24.0	31.8	43.9	49.3	63.3	37.2	51.7	72.5	65.1	95.3	93.6
		比重	3.1%	3.0%	2.8%	2.6%	3.7%	1.8%	1.9%	2.4%	1.8%	2.4%	2.2%
	公共服务	金额/亿美元	1.82	2.36	2.45	3.02	2.86	3.52	4.52	5.82	5.68	6.05	6.04
		比重	0.23%	0.22%	0.16%	0.16%	0.17%	0.17%	0.17%	0.19%	0.16%	0.15%	0.14%
服务业TiVA间接出口/亿美元			792.3	1074.7	1528.8	1887.4	1684.2	2069.8	2656.4	3064.5	3548.6	4035.0	4313.9

资料来源:同表4-44

再从被进口方吸收的我国分部门间接服务 DVA 分解来看，在劳动密集型服务部门中，被进口方直接吸收的 DVA 所占比重呈上升趋势，来自第三方被进口方吸收的 DVA 所占比重呈下降趋势；资本密集型服务业部门，被进口方直接吸收的服务业 DVA 所占比重则呈下降趋势，而来自第三方被进口方吸收的服务 DVA 所占比重则呈上升趋势；在知识密集型服务部门中，被进口方直接吸收和来自第三方被进口方吸收的服务 DVA 所占比重，均有小幅上升趋势；在公共服务部门中，被进口方直接吸收和来自第三方被进口方吸收的服务 DVA 所占比重，则均有小幅下降趋势（表 4-52）。

表 4-52 被进口方吸收的中国分部门间接服务出口中的 DVA 分解

项目			2005	2006	2007	2008	2009	2010	2011	2012	2013	2014	2015
劳动密集型	被进口方直接吸收	金额/亿美元	197.4	289.1	436.6	639.7	583.4	854.3	1070.9	1174.8	1366.4	1527.5	1513.6
		比重	24.9%	26.9%	28.7%	33.9%	34.7%	41.3%	40.4%	38.3%	38.6%	37.9%	35.1%
	来自第三方被进口方吸收	金额/亿美元	46.0	57.0	76.4	75.5	69.1	53.8	74.4	119.5	141.9	165.4	233.0
		比重	5.8%	5.3%	5.0%	4.0%	4.1%	2.6%	2.8%	3.9%	4.0%	4.3%	5.3%
资本密集型	被进口方直接吸收	金额/亿美元	182.6	248.7	362.8	461.2	377.8	538.4	615.3	538.5	626.4	718.7	650.8
		比重	23.0%	23.1%	23.7%	24.4%	22.4%	26.1%	23.2%	17.6%	17.7%	17.8%	15.1%
	来自第三方被进口方吸收	金额/亿美元	39.6	52.7	71.9	77.4	67.4	58.0	90.3	144.0	159.7	181.6	228.6
		比重	5.0%	4.9%	4.7%	4.1%	4.0%	2.8%	3.4%	4.7%	4.5%	4.5%	5.3%
知识密集型	被进口方直接吸收	金额/亿美元	13.5	17.7	31.9	36.7	51.2	51.0	63.8	76.1	93.2	120.2	83.4
		比重	1.7%	1.5%	2.1%	2.0%	3.1%	2.4%	2.4%	2.5%	2.6%	2.9%	1.9%
	来自第三方被进口方吸收	金额/亿美元	8.8	11.5	12.8	14.4	13.3	14.9	19.4	25.4	29.8	29.5	50.2
		比重	1.1%	1.1%	0.8%	0.7%	0.8%	0.7%	0.7%	0.8%	0.7%	0.7%	1.2%
公共服务	被进口方直接吸收	金额/亿美元	2.99	3.07	3.16	3.24	3.57	3.33	4.91	6.35	7.06	8.37	3.99
		比重	0.38%	0.29%	0.21%	0.17%	0.21%	0.16%	0.18%	0.21%	0.20%	0.21%	0.09%
	来自第三方被进口方吸收	金额/亿美元	1.51	1.83	2.14	2.26	2.53	2.07	2.39	2.45	2.84	3.23	5.61
		比重	0.19%	0.17%	0.14%	0.12%	0.15%	0.10%	0.09%	0.08%	0.08%	0.08%	0.13%
服务业 TiVA 间接出口/亿美元			792.3	1074.7	1528.5	1887.4	1684.2	2069.8	2656.7	3064.4	3548.6	4035.0	4313.9

资料来源：同表 4-44

综合表 4-51 和表 4-52 的数据及其变化可以看出，2005~2015 年，我国服务业间接参与 GVCs 分工中，资本密集型服务部门间接参与复杂 GVCs 分工的规模和程度均有所扩大和提高，而劳动密集型、知识密集型和公共服务部门间接参与复杂 GVCs 分工的规模在扩大，但是参与程度则均有一定幅度的下降。

4.7 中国服务业总出口中的增加值来源分解

正如前文分析中所指出的，在 GVCs 分工下，一个经济体总出口中的增加值，不仅仅是本地创造的 DVA，还可能有一定比例的 FVA，出口后又返回（复进口）到境内的增加值（RDV）和因产品多次跨越国境而导致的 PDC。为厘清我国服务业直接和内含在货物中的服务业间接出口中的增加值来源，并为后续测算服务业 GVCs 分工地位提供基础数据，本节将通过核算对中国服务业直接和间接出口的增加值来源进行分解。

4.7.1 直接服务出口中的增加值分解

按增加值来源，我国服务业自身直接出口可以分解为 DVA（即 TiVA 出口）、FVA、RDV、内含的制造业增加值（即服务业产品生产和销售过程中，所需的制造业增加值投入）和 PDC 等五个部分。

从表 4-53 的数据变化可以看出，2005~2015 年我国服务业自身的直接服务出口中，DVA 占 70% 以上的绝大部分比重，且这一比重波动中呈逐步提高的趋势，由 2005 年的 73.6% 提高到 2015 年的 81.6%，提升 8.0 个百分点。FVA 所占比重，则呈波动中不断下降趋势，2015 年与 2005 年相比下降 5.3 个百分点。内含的制造业增加值所占比重，也表现出下降趋势，同期由 12.0% 下降到 9.5%，下降 2.5 个百分点。PDC 部分所占比重不到 3% 且下降幅度不大（下降 0.2 个百分点），而 RDV 所占比重较低且相对稳定。

表 4-53 中国服务业直接出口增加值来源分解

项目		年份										
		2005	2006	2007	2008	2009	2010	2011	2012	2013	2014	2015
出口中的 DVA（DVA=TiVA）	金额/亿美元	499.5	641.8	785.9	916.0	858.7	1013.3	1267.1	1374.5	1536.5	1687.0	1731.7
	比重	73.6%	75.1%	77.2%	78.4%	80.4%	82.3%	80.8%	79.3%	80.2%	81.0%	81.6%
出口中的 FVA	金额/亿美元	76.5	91.8	91.6	105.2	75.0	86.1	124.7	138.5	145.6	150.0	129.0
	比重	11.3%	10.7%	9.0%	9.0%	7.0%	7.0%	8.0%	8.0%	7.6%	7.2%	6.0%

续表

项目		年份										
		2005	2006	2007	2008	2009	2010	2011	2012	2013	2014	2015
RDV	金额/亿美元	0.95	1.31	1.47	1.65	1.22	1.22	1.91	2.27	2.62	2.99	3.26
	比重	0.15%	0.15%	0.15%	0.14%	0.11%	0.10%	0.12%	0.13%	0.14%	0.14%	0.16%
内含的制造业增加值	金额/亿美元	80.7	96.8	111.2	112.9	103.9	100.8	132.5	172.5	182.6	192.1	199.9
	比重	12.0%	11.5%	11.0%	9.8%	9.9%	8.3%	8.5%	10.1%	9.7%	9.4%	9.5%
PDC	金额/亿美元	19.6	21.4	26.3	31.2	27.8	28.9	40.3	42.7	46.6	48.9	56.3
	比重	2.9%	2.5%	2.6%	2.7%	2.6%	2.3%	2.6%	2.5%	2.4%	2.3%	2.7%
服务业直接出口/亿美元		678.2	854.4	1017.9	1168.6	1067.8	1231.5	1568.4	1732.7	1916.5	2084.0	2123.4

资料来源：同表4-44

由上可以清楚地看出，我国服务业自身的增加值创造能力，呈现出明显的不断提高趋势，FVA和内含的制造业增加值在我国服务业直接出口中的作用，均呈现出逐渐减弱趋势。这也从一定程度上反映出，在制造业服务化水平提高的同时，服务业自身的服务化水平也在不断提升。

进一步可以对服务业分部门直接出口按增加值来源进行分解。

表4-54为我国劳动密集型服务部门直接出口增加值来源分解结果，从中可以看出，2005~2015年各部分所占比重变化趋势，与服务业整体直接出口完全一致，只是变动幅度有所差异。DVA所占比重提升9.3个百分点，FVA和内含的制造业增加值所占比重，分别下降4.6个和4.1个百分点，PDC部分所占比重下降0.6个百分点（表4-54）。

表4-54 中国劳动密集型服务部门直接出口增加值来源分解

项目		年份										
		2005	2006	2007	2008	2009	2010	2011	2012	2013	2014	2015
出口中的DVA（DVA=TiVA）	金额/亿美元	227.6	295.4	364.4	450.5	426.7	530.4	675.0	744.8	831.7	897.4	918.2
	比重	74.4%	76.3%	78.0%	80.8%	82.8%	85.6%	84.6%	83.0%	83.6%	84.2%	83.7%
出口中的FVA	金额/亿美元	27.7	31.4	32.4	33.6	22.0	23.0	35.2	43.5	45.7	44.9	48.2
	比重	9.0%	8.1%	6.9%	6.0%	4.3%	3.7%	4.4%	4.8%	4.6%	4.2%	4.4%
RDV	金额/亿美元	0.39	0.51	0.59	0.59	0.39	0.38	0.63	0.80	0.96	1.06	1.40
	比重	0.13%	0.13%	0.13%	0.11%	0.08%	0.06%	0.08%	0.09%	0.10%	0.10%	0.13%

续表

项目		年份										
		2005	2006	2007	2008	2009	2010	2011	2012	2013	2014	2015
内含的制造业增加值	金额/亿美元	40.5	48.6	55.7	56.7	52.2	50.6	66.5	86.5	91.8	96.6	99.2
	比重	13.3%	12.7%	12.2%	10.3%	10.1%	8.3%	8.4%	9.7%	9.4%	9.2%	9.2%
PDC	金额/亿美元	9.8	10.7	13.2	15.6	13.9	14.5	20.2	21.4	23.3	24.5	28.2
	比重	3.2%	2.8%	2.8%	2.8%	2.7%	2.3%	2.5%	2.4%	2.3%	2.3%	2.6%
劳动密集型服务直接出口/亿美元		306.4	387.1	466.9	557.6	515.6	619.3	798.2	897.8	994.4	1065.5	1097.6

资料来源：同表 4-44

从表 4-53 和表 4-54 的数据变化对比来看，2005~2015 年，我国劳动密集型服务部门的价值创造能力提高更加显著；劳动密集型服务部门出口对 FVA 的依赖更低；劳动密集型服务部门自身的服务化水平提升更加明显。

在我国资本密集型服务部门直接出口中，DVA 和 FVA 所占比重，与劳动密集型服务部门直接出口的变化趋势一致，即 DVA 所占比重提升，FVA 所占比重下降，但变化幅度较小。2015 年与 2005 年相比，在资本密集型服务部门直接出口中，DVA 所占比重提高 3.4 个百分点，明显低于劳动密集型服务部门中的提升 9.3 个百分点。FVA 所占比重下降 4.4 个百分点，也低于劳动密集型服务部门中的下降 4.6 个百分点。与劳动密集型服务部门不同的是，资本密集型服务部门直接出口中，RDV、内含制造业增加值和 PDC 所占比重，均有不同程度的提高（表 4-55）。

表 4-55 中国资本密集型服务部门直接出口增加值来源分解

项目		年份										
		2005	2006	2007	2008	2009	2010	2011	2012	2013	2014	2015
出口中的 DVA（DVA=TiVA）	金额/亿美元	216.3	274.1	328.4	366.8	322.2	379.5	449.6	452.8	501.2	551.5	546.9
	比重	72.1%	72.9%	75.3%	74.9%	76.5%	77.6%	74.8%	72.2%	73.1%	73.9%	75.5%
出口中的 FVA	金额/亿美元	42.9	53.2	51.6	63.7	45.4	56.6	80.6	86.0	90.7	95.3	72.0
	比重	14.3%	14.2%	11.8%	13.0%	10.8%	11.6%	13.4%	13.7%	13.2%	12.8%	9.9%
RDV	金额/亿美元	0.47	0.66	0.73	0.90	0.67	0.71	1.10	1.28	1.44	1.67	1.58
	比重	0.16%	0.18%	0.17%	0.18%	0.16%	0.15%	0.18%	0.20%	0.21%	0.22%	0.22%
内含的制造业增加值	金额/亿美元	32.3	38.6	44.2	44.9	41.4	40.1	52.7	68.5	72.6	76.4	81.2
	比重	10.8%	10.4%	10.3%	9.3%	9.9%	8.2%	8.9%	11.2%	10.8%	10.5%	11.2%

续表

项目		年份										
		2005	2006	2007	2008	2009	2010	2011	2012	2013	2014	2015
PDC	金额/亿美元	7.8	8.6	10.5	12.5	11.1	11.6	16.1	17.1	18.6	19.6	22.5
	比重	2.6%	2.3%	2.4%	2.6%	2.6%	2.4%	2.7%	2.7%	2.7%	2.6%	3.1%
资本密集型服务直接出口/亿美元		300.2	375.8	436.2	489.7	421.4	489.2	601.2	627.0	686.0	746.1	724.2

资料来源：同表4-44

这反映出，与劳动密集型服务业相比，2005~2015年，我国资本密集型服务业的增加值创造能力虽然也在提升，但提升幅度较低；FVA对我国资本密集型服务业直接出口的作用虽然在降低，但降低的幅度较小；资本密集型服务业生产和出口对制造业增加值投入的需求不断提高，2011年起开始超过劳动密集型服务业。

在我国知识密集型服务部门直接出口中，DVA所占比重明显高于劳动密集型、资本密集型服务部门，2007年之后也高于公共服务部门，且该比重提升幅度也最高，2015年与2005年相比提高11.9个百分点。而FVA和内含的制造业增加值所占比重，在四个服务业部门中下降幅度也较大，2015年与2005年相比，分别下降6.0个和4.8个百分点。RDV和PDC所占比重，也均有明显的下降（表4-56）。

表4-56 中国知识密集型服务部门直接出口增加值来源分解

项目		年份										
		2005	2006	2007	2008	2009	2010	2011	2012	2013	2014	2015
出口中的DVA（DVA=TiVA）	金额/亿美元	45.9	60.8	79.8	84.8	95.5	90.7	126.4	159.1	182.7	214.1	235.6
	比重	77.0%	78.9%	81.2%	81.5%	84.1%	84.4%	84.8%	85.9%	86.9%	88.0%	88.9%
出口中的FVA	金额/亿美元	5.48	6.71	7.27	7.50	7.27	6.24	8.50	8.52	8.83	9.49	8.48
	比重	9.2%	8.7%	7.4%	7.2%	6.4%	5.8%	5.7%	4.6%	4.2%	3.9%	3.2%
RDV	金额/亿美元	0.091	0.127	0.145	0.147	0.150	0.116	0.171	0.179	0.209	0.247	0.266
	比重	0.15%	0.16%	0.15%	0.14%	0.13%	0.11%	0.11%	0.10%	0.10%	0.10%	0.10%
内含的制造业增加值	金额/亿美元	6.5	7.6	8.8	9.0	8.3	8.0	10.6	13.9	14.6	15.4	16.2
	比重	10.9%	10.0%	9.1%	8.8%	7.4%	7.6%	7.2%	7.6%	7.0%	6.4%	6.1%

续表

项目		年份										
		2005	2006	2007	2008	2009	2010	2011	2012	2013	2014	2015
PDC	金额/亿美元	1.57	1.71	2.10	2.50	2.22	2.31	3.22	3.42	3.73	3.91	4.50
	比重	2.6%	2.2%	2.1%	2.4%	2.0%	2.1%	2.2%	1.8%	1.8%	1.6%	1.7%
知识密集型服务直接出口/亿美元		59.6	77.1	98.3	104.1	113.6	107.5	149.1	185.3	210.3	243.4	265.1

资料来源：同表 4-44

以上非常清楚地表明，我国知识密集型服务业的增加值创造能力，在四个服务业部门中最高，且在 2005～2015 年提升幅度最大。知识密集型服务业的生产和直接出口中，FVA 的作用显著下降，对制造业增加值投入的需求也呈现更加明显的减弱。

在我国公共服务部门直接出口增加值来源分解结果中，各个项目所占比重，表现出与劳动密集型服务部门相同的变化趋势，但 DVA 所占比重提升幅度仅高于资本密集型服务部门，2015 年相比 2005 年提高 4.4 个百分点。FVA 所占比重，在四个服务部门中最低，且呈不断下降趋势。内含的制造业增加值所占比重，在四个服务部门中最高，该比重虽然也呈下降趋势，但 2015 年仍与资本密集型服务部门相当。RDV 和 PDC 所占比重，虽有变化但幅度不大（表 4-57）。

表 4-57　中国公共服务部门直接出口增加值来源分解

项目		年份										
		2005	2006	2007	2008	2009	2010	2011	2012	2013	2014	2015
出口中的 DVA（DVA=TiVA）	金额/亿美元	9.7	11.7	13.3	13.9	14.3	12.7	16.0	17.7	20.9	24.0	31.0
	比重	80.3%	80.3%	80.6%	80.9%	82.8%	81.5%	80.5%	79.1%	80.8%	82.2%	84.7%
出口中的 FVA	金额/亿美元	0.39	0.44	0.36	0.36	0.30	0.30	0.36	0.31	0.32	0.31	0.35
	比重	3.2%	3.0%	2.2%	2.1%	1.7%	1.9%	1.8%	1.4%	1.2%	1.1%	1.0%
RDV	金额/亿美元	0.006	0.009	0.007	0.007	0.007	0.006	0.007	0.006	0.008	0.009	0.012
	比重	0.05%	0.06%	0.04%	0.04%	0.04%	0.04%	0.04%	0.03%	0.03%	0.03%	0.03%
内含的制造业增加值	金额/亿美元	1.60	2.00	2.29	2.30	2.11	2.00	2.71	3.49	3.70	3.91	4.10
	比重	13.2%	13.7%	13.9%	13.4%	12.3%	12.9%	13.6%	15.7%	14.4%	13.3%	11.2%

续表

项目		年份										
		2005	2006	2007	2008	2009	2010	2011	2012	2013	2014	2015
PDC	金额/亿美元	0.39	0.43	0.53	0.62	0.56	0.58	0.81	0.85	0.93	0.98	1.13
	比重	3.2%	2.9%	3.2%	3.6%	3.2%	3.7%	4.1%	3.8%	3.6%	3.4%	3.1%
公共服务直接出口/亿美元		12.1	14.6	16.5	17.2	17.3	15.6	19.9	22.4	25.9	29.2	36.6

资料来源：同表 4-44

由上可见，我国公共服务部门的增加值创造能力虽然较高，但是提升速度相对较慢，仅高于资本密集型服务部门。FVA 在我国公共服务部门直接出口中的作用最低，且还在不断下降。但制造业增加值投入对公共服务部门生产和出口的作用相对较高，虽也呈下降趋势，但仍与资本密集型服务部门相当。

综上所述可以看出，2005～2015 年，在我国服务业各部门中，知识密集型服务部门直接出口中的 DVA 比重，在四个服务业部门中最高，且在 2005～2015 年提升幅度最大；公共服务部门所占比重次之，但提升速度相对较慢；劳动密集型服务部门所占比重列第三位，提升幅度列第二位；资本密集型服务部门所占比重最低，且增长幅度最低。因此，我国服务业自身增加值创造能力的提升，主要贡献来自劳动密集型和知识密集型服务部门增加值创造能力的快速提高。FVA 对不同要素密集型服务部门直接出口的作用存在较大差异，但均表现出不同程度的下降趋势。内含的制造业增加值投入对整体服务业直接出口作用的下降，主要归因于劳动密集型和知识密集型部门对内含的制造业增加值投入需求的不断减少，而在资本密集型服务部门，内含的制造业增加值投入的作用有波动中提高趋势。

4.7.2　间接服务出口的增加值来源分解

GVCs 分工下，我国货物出口中内含的间接服务出口的增加值来源，可以分解为：内含服务 DVA、内含服务 FVA、内含服务 RDV（返回的 DVA）和 PDC 等四个部分。

表 4-58 为我国货物出口中内含的间接服务出口增加值来源分解结果。从表中数据及其变化可以看出，内含服务 DVA 所占比重大幅提升，2015 年与 2005 年相比提高 21.4 个百分点。相对应地，内含服务 FVA 所占比重则大幅下降，下降 21.0 个百分点，即 2005～2015 年，我国货物出口中所需的服务 FVA 投入全部被服务 DVA 替代。内含服务 RDV 所占比重，在这期间增加 2.15 个百分点，而 PDC 所占比重则下降 2.6 个百分点（表 4-58）。

表 4-58　中国货物内含的间接服务出口增加值来源分解

项目		年份										
		2005	2006	2007	2008	2009	2010	2011	2012	2013	2014	2015
内含服务 DVA（TiVA）	金额/亿美元	792.3	1074.7	1528.8	1887.4	1684.2	2069.8	2656.4	3064.4	3548.6	4035.0	4313.9
	比重	50.3%	52.4%	56.2%	59.1%	64.4%	62.1%	61.9%	64.7%	66.3%	68.2%	71.7%
内含服务 FVA	金额/亿美元	671.8	827.0	995.5	1089.2	777.9	1045.8	1330.9	1355.8	1430.0	1497.8	1308.9
	比重	42.7%	40.3%	36.6%	34.1%	29.7%	31.4%	31.0%	28.6%	26.7%	25.3%	21.7%
内含服务 RDV	金额/亿美元	16.1	27.2	39.4	52.1	50.6	67.7	101.4	111.9	142.6	175.3	190.8
	比重	1.02%	1.33%	1.45%	1.63%	1.93%	2.03%	2.36%	2.36%	2.66%	2.96%	3.17%
PDC	金额/亿美元	93.7	123.9	155.5	163.0	102.4	149.6	201.8	205.7	230.1	205.6	205.3
	比重	6.0%	6.0%	5.7%	5.1%	3.9%	4.5%	4.7%	4.3%	4.3%	3.5%	3.4%
内含服务出口/亿美元		1573.9	2052.8	2719.2	3191.7	2615.1	3332.9	4290.5	4737.8	5351.3	5914.0	6018.9

资料来源：同表 4-44

可见，2005~2015 年，我国货物生产和出口中所需服务增加值投入，越来越多地依赖境内市场提供，对境外服务投入需求大大减少。这在很大程度上反映出，随着境内服务业发展质量和水平的不断提高，境内服务业对制造业投入需求的满足程度有了显著提升，或者说我国服务业与制造业生产和出口的耦合度有了显著提高。

不过对比表 4-53 和表 4-58 的数据可以发现，虽然我国货物出口中内含服务业间接出口中，内含服务 FVA 所占比重有大幅下降，但仍然大大高于同期我国服务业直接出口增加值中的 FVA 比重。这说明，随着制造业生产和出口产品结构的不断优化升级，境内服务业在质量和品种上离更大程度满足制造业需求仍存在不小的差距。另外，这也与货物出口中加工贸易所占比重较高有很大的关系，因为加工贸易中进口零部件的生产和贸易过程，就内含了大量的境外服务增加值投入。

我国货物出口中内含的服务业分部门间接出口增加值来源分解中，各个部分所占比重与服务业全部间接出口增加值分解结果，表现出一致的变化趋势，即内含服务 DVA 和 RDV 所占比重逐步提升，内含服务 FVA 和 PDC 所占比重逐渐下降，所不同的只是提升或下降的幅度大小。

内含服务 DVA 所占比重提升幅度，知识密集型服务部门最大（29.1 个百分点），其次是劳动密集型服务部门（21.5 个百分点），然后是公共服务部门（20.2 个百分点），资本密集型服务部门提升幅度最小（12.5 个百分点）。相对应地，内含服务 FVA 所占比重下降幅度，也是知识密集型服务部门最大（29.5 个百分点），劳动密集型服务部门次之（21.4 个百分点），再次是公共服务部门（19.9 个百分点），下降幅度最小的是资本密集型服务部门（12.1 个百分点）。内含服务 RDV 所占比重提高幅度，劳动密集型、资本密集型和知识密集型三个服务部门分别为 2.3、2.2 和 2.24 个百分点，公共服务部门提升幅度稍低，为 2.18 个百分点。而 PDC 所占比重下降幅度，劳动密集型、资本密集型和公共服务三个部门差别不大，分别下降 2.3 个、2.6 个和 2.5 个百分点，知识密集型服务部门下降幅度稍小，为 1.9 个百分点（表 4-59～表 4-62）。

表 4-59 中国劳动密集型服务部门间接出口增加值来源分解

项目		年份										
		2005	2006	2007	2008	2009	2010	2011	2012	2013	2014	2015
内含服务 DVA（TiVA）	金额/亿美元	322.4	438.6	609.1	760.7	692.4	876.8	1080.4	1280.0	1431.5	1596.4	1596.8
	比重	47.4%	49.6%	53.0%	56.7%	62.3%	60.8%	59.8%	63.5%	64.8%	66.7%	68.9%
内含服务 FVA	金额/亿美元	312.0	383.8	461.5	491.9	355.3	471.2	598.3	600.9	621.2	641.2	568.7
	比重	45.9%	43.4%	40.2%	36.7%	32.0%	32.7%	33.1%	29.8%	28.1%	26.8%	24.5%
内含服务 RDV	金额/亿美元	7.1	11.8	16.7	22.4	21.8	30.3	44.8	50.2	62.0	74.6	77.4
	比重	1.04%	1.33%	1.45%	1.67%	1.96%	2.10%	2.48%	2.49%	2.81%	3.12%	3.34%
PDC	金额/亿美元	38.1	50.6	62.0	65.7	42.1	63.4	82.1	85.9	92.8	81.5	76.0
	比重	5.6%	5.7%	5.4%	4.9%	3.8%	4.4%	4.5%	4.3%	4.2%	3.4%	3.3%
内含劳动密集型服务出口/亿美元		679.6	884.8	1149.3	1340.7	1111.6	1441.7	1805.6	2017.0	2207.5	2393.7	2318.9

资料来源：同表 4-44

表 4-60 中国资本密集型服务部门间接出口增加值来源分解

项目		年份										
		2005	2006	2007	2008	2009	2010	2011	2012	2013	2014	2015
内含服务 DVA（TiVA）	金额/亿美元	268.6	348.1	461.0	547.7	454.5	522.6	628.4	690.9	805.9	907.2	956.1
	比重	57.0%	58.5%	61.2%	62.6%	66.2%	61.5%	60.3%	62.4%	63.8%	65.9%	69.5%
内含服务 FVA	金额/亿美元	157.0	184.9	214.5	241.8	172.5	241.7	301.8	298.5	325.1	340.5	291.2
	比重	33.3%	31.1%	28.5%	27.7%	25.1%	28.5%	28.9%	27.0%	25.7%	24.7%	21.2%
内含服务 RDV	金额/亿美元	7.3	11.6	15.2	19.2	17.3	21.8	30.5	31.8	39.8	48.4	51.6
	比重	1.55%	1.95%	2.02%	2.20%	2.52%	2.57%	2.92%	2.87%	3.15%	3.51%	3.75%

续表

项目		年份										
		2005	2006	2007	2008	2009	2010	2011	2012	2013	2014	2015
PDC	金额/亿美元	38.1	50.6	62.0	65.7	42.1	63.4	82.1	85.9	92.8	81.5	76.0
	比重	8.1%	8.4%	8.3%	7.5%	6.2%	7.4%	7.9%	7.7%	7.3%	5.9%	5.5%
内含资本密型服务出口/亿美元		471.0	595.2	752.7	874.4	686.4	849.5	1042.8	1107.1	1263.6	1377.6	1374.9

资料来源：同表 4-44

表 4-61　中国知识密集型服务部门间接出口增加值来源分解

项目		年份										
		2005	2006	2007	2008	2009	2010	2011	2012	2013	2014	2015
内含服务 DVA（TiVA）	金额/亿美元	165.5	239.2	389.3	492.1	458.4	580.7	837.3	987.3	1179.1	1375.3	1555.8
	比重	46.5%	49.5%	55.7%	58.7%	65.1%	63.6%	65.3%	67.5%	69.5%	71.5%	75.6%
内含服务 FVA	金额/亿美元	169.2	213.1	263.9	294.0	207.9	276.9	358.6	381.3	403.9	431.6	373.0
	比重	47.6%	44.1%	37.7%	35.1%	29.5%	30.3%	27.9%	26.1%	23.8%	22.4%	18.1%
内含服务 RDV	金额/亿美元	1.5	3.7	6.4	9.3	10.0	13.6	23.5	27.1	37.0	47.4	54.8
	比重	0.42%	0.77%	0.92%	1.11%	1.42%	1.49%	1.83%	1.85%	2.18%	2.46%	2.66%
PDC	金额/亿美元	19.6	27.6	39.6	42.5	27.9	42.0	63.6	66.3	76.5	70.2	74.0
	比重	5.5%	5.7%	5.7%	5.1%	4.0%	4.6%	5.0%	4.5%	4.5%	3.6%	3.6%
内含知识密集型服务出口/亿美元		355.8	483.6	699.2	837.9	704.2	913.2	1283.0	1462.0	1696.5	1924.5	2057.6

资料来源：同表 4-44

表 4-62　中国公共服务部门间接出口增加值来源分解

项目		年份										
		2005	2006	2007	2008	2009	2010	2011	2012	2013	2014	2015
内含服务 DVA（TiVA）	金额/亿美元	35.9	48.6	69.5	86.9	78.9	89.9	110.3	106.2	132.1	156.1	205.2
	比重	48.7%	48.8%	52.2%	55.3%	61.9%	58.3%	57.0%	55.5%	58.9%	61.6%	68.9%
内含服务 FVA	金额/亿美元	33.5	45.0	55.6	61.4	42.3	56.0	72.2	75.2	79.8	84.5	76.0
	比重	45.4%	45.2%	41.8%	39.1%	33.2%	36.3%	37.3%	39.3%	35.6%	33.3%	25.5%

续表

项目		年份										
		2005	2006	2007	2008	2009	2010	2011	2012	2013	2014	2015
内含服务 RDV	金额/亿美元	0.10	0.40	0.90	1.30	1.40	1.80	2.70	2.80	3.80	4.90	6.90
	比重	0.14%	0.40%	0.68%	0.83%	1.10%	1.17%	1.39%	1.46%	1.69%	1.93%	2.32%
PDC	金额/亿美元	4.25	5.60	7.07	7.50	4.80	6.50	8.38	7.13	8.57	7.97	9.77
	比重	5.8%	5.6%	5.3%	4.8%	3.8%	4.2%	4.3%	3.7%	3.8%	3.1%	3.3%
内含公共服务出口/亿美元		73.7	99.6	133.1	157.1	127.4	154.2	193.6	191.3	224.3	253.5	297.9

资料来源：同表 4-44

不过从 2015 年各服务部门间接出口中内含服务 DVA 和内含服务 FVA 所占比重高低来看，内含服务 DVA 所占比重由高到低的排序是：知识密集型服务部门、资本密集型服务部门、劳动密集型和公共服务部门；内含服务 FVA 所占比重由低到高的排序是：知识密集型部门、资本密集型服务部门、劳动密集型和公共服务部门。

以上说明，从境内服务业满足制造业对服务投入需求的程度上比较而言，知识密集型服务满足程度最高，资本密集型服务满足程度次之，劳动密集型和公共服务较低。而从满足程度提升幅度比较，我国劳动密集型、知识密集型和公共服务部门，在替代境外进口服务满足制造业生产和出口对服务的需求上，明显强于资本密集型服务部门。这在一定程度上反映出，我国资本密集型服务业，虽然能在较高程度上满足货物生产和出口的需求，但要在更高程度上满足制造业高质量发展和出口的需求，仍需加快质量和水平的提升。这与前文对表 4-54~表 4-57 我国服务业分部门直接出口增加值分解的分析结果基本一致。

通过表 4-59~表 4-62 的数据进行对比也可以进一步看出，尽管不同要素密集型服务部门，在满足货物生产和出口对服务投入的需求上，均有较大幅度提升，但从服务业各部门间接出口中 DVA 所占比重，仍明显低于同期我国服务业各部门直接出口中的 DVA 比重和服务业各部门间接出口中 FVA 所占比重，仍显著高于同期我国服务业各部门直接出口中的 FVA 比重来看，加快各类服务业发展，以在更大程度和更高水平上满足制造业高质量生产和出口需求，仍需做出新的努力和探索。

4.8 小　结

根据第 3 章所建立的服务业 TiVA 核算公式，基于 OECD 发布的 2018 年版

ICIO 数据，在本章我们对传统总值贸易和 TiVA 统计标准下，我国服务贸易进出口规模、差额变化及直接和间接服务 TiVA 进出口结构做出了测算和比较；从全部服务、直接服务和间接服务三个层面，对我国服务业分部门 TiVA 出口和进口规模及其变化，进行了详细核算与比较；从整体和分部门角度，对我国全部服务、直接服务和间接服务 TiVA 市场结构及演变做出了全面分析；根据最终吸收国不同，对中国服务业及各部门 TiVA 出口中的 DVA 流向及其变化，进行了核算、分解和追踪；并对我国直接和间接服务出口中的增加值来源进行了具体解析。

核算结果比较来看，按 TiVA 核算的我国服务贸易规模，明显高于传统总值贸易统计标准下的贸易规模。按 TiVA 计算的我国服务贸易逆差规模，不仅大大低于按传统标准的计算结果，而且逆差规模呈明显缩小趋势，我国服务业 TiVA 贸易逆差的逐步缩小，主要贡献来自间接服务 TiVA 贸易顺差的不断扩大。按 TiVA 计算的 2015 年我国服务贸易、服务出口和进口占总贸易中的比重，远远大于传统总值贸易统计标准下各自所占比重。在我国服务业 TiVA 出口中，内含在货物中的间接服务出口规模，明显大于服务业自身的直接出口规模，而在服务业 TiVA 进口中，间接服务进口规模仍然小于直接进口。按要素密集度划分的我国各部门直接服务 TiVA 贸易一直为逆差，而各部门间接服务 TiVA 贸易差额，2015 年全部转为顺差，并呈不断扩大趋势。

这反映出，由于没有考虑内含在货物贸易中的服务增加值进出口，传统总值贸易标准下的服务贸易统计结果，大大低估了我国服务贸易规模，以及服务业在我国整体对外贸易中的地位和作用，同时也显著高估了我国服务贸易逆差规模，传统统计标准下的中国服务贸易进出口占比变化，也没有真实反映出服务业对我国进出口贸易的真实贡献情况。因此，考虑到内含在货物贸易中的服务进出口，不仅会带来对一国服务贸易规模及其作用的重新理解，也会带来对该国服务贸易差额及其变化的重新认识。

在我国 15 个服务业分部门中，"批发、零售与车辆维修"、"运输与仓储"、"金融与保险"和"其他商务服务"这四个服务部门的 TiVA 贸易额、出口和进口额，均位居前四位，2005~2015 年所占比重虽然有升降但仍在 70%以上。按要素密集度划分，2005 年我国劳动密集型服务部门的 TiVA 贸易额、出口和进口额均排第一位，资本密集型服务部门次之，知识密集型和公共服务部门分列第三、第四位。但自 2012 年起知识密集型服务部门的 TiVA 贸易额、出口和进口额，开始超过资本密集型服务部门上升到第二位。从直接服务与间接服务 TiVA 比较，贸易额、出口额间接服务均高于直接服务，但进口额直接服务仍高于间接服务。间接服务 TiVA 出口中，知识密集型和公共服务部门所占比重，明显高于直接服务出口。这反映出，在国际服务产品市场直接竞争上，竞争力相对较弱的我国知识密集型和公共部门服务，通过内含在货物中实现了更多的出口。这也进一步证明了，制造业服务化、货物生产和出口的结构优化升级，在带动服务业发展水平提升和结构优化上的作用。

无论从整体还是分部门 TiVA 市场结构分析，不管从全部服务 TiVA、直接服务还是间接服务 TiVA 进出口市场结构比较，美国、欧盟、日本、东盟和韩国等经济体，始终位列我国 TiVA 贸易市场的前五位。不过，除美国市场在我国 TiVA 贸易中所占比重相对稳定外，欧盟、日本、东盟和韩国等市场所占比重均呈现下降趋势，而除上述五个市场之外的世界其他经济体市场，占我国服务业 TiVA 贸易的比重则持续提高。尤其是我国劳动密集型和资本密集型服务部门，对发达经济体市场出口所占比重明显下降，而对发展中经济体出口所占比重明显提高。我国知识密集型和公共服务部门 TiVA 出口的增加，主要表现在对发展中经济体市场。这反映出，我国服务业及各部门的 TiVA 出口市场虽仍以发达经济体和周边经济体为主，但在逐步趋于多元化；我国服务业及各部门国际竞争力的提升，主要表现在发展中经济体市场。

按吸收国不同的我国服务业 TiVA 出口分解核算结果显示，我国间接服务 TiVA 出口中，被进口方吸收的服务业 DVA，以及其中被进口方直接吸收的服务业 DVA 所占比重，明显低于直接服务 TiVA 出口，而来自第三方被进口方吸收和被第三方吸收的服务业 DVA 所占比重，则明显高于直接服务。不过，从比重变化比较来看，间接服务 TiVA 出口中，被进口方吸收的服务业 DVA 占比提高，被第三方吸收和被进口方直接吸收的服务业 DVA 占比下降或基本持平，而直接服务 TiVA 出口中，被进口方吸收的服务业 DVA 占比明显下降，被第三方吸收和被进口方直接吸收的服务业 DVA 占比则明显提高。反映出，我国间接服务参与复杂 GVCs 分工的程度虽然高于直接服务，但是，间接服务参与复杂 GVCs 分工的程度有所下降，而直接服务参与复杂 GVCs 分工的程度，则有明显提升，并推动我国全部服务参与复杂 GVCs 分工的程度有小幅提高。这在一定程度上反映出，我国制造业参与复杂 GVCs 分工的程度在下降（在很大程度上意味着制造业的 GVCs 长度在缩短），从而带来内含在其中的间接服务参与复杂 GVCs 分工的程度下降。

从分部门按吸收国不同的服务 TiVA 出口分解结果比较来看，全部服务中，劳动密集型和资本密集型服务业部门，参与复杂 GVCs 分工的程度提高更快，而知识密集型和公共服务部门，参与复杂 GVCs 分工的程度提升速度较慢。直接服务中，劳动密集型、资本密集型和知识密集型三个服务业部门参与复杂 GVCs 分工的程度提升更快，公共服务部门参与复杂 GVCs 分工程度的提升相对较慢。而在间接服务中，除资本密集型服务部门参与复杂 GVCs 分工的程度有所提高外，劳动密集型、知识密集型和公共服务部门参与复杂 GVCs 分工的程度则均有一定幅度的下降。这也再次说明了，由于我国制造业参与复杂 GVCs 分工程度的下降，从而带来内含在其中的多个部门间接服务参与复杂 GVCs 分工程度的下降。

从直接服务和间接服务出口增加值来源分解结果可以发现，我国直接和间接服务出口中的 DVA 占比均持续提高，而 FVA 占比都在不断下降，不过，间接服务出口中的 DVA 和 FVA 比重，仍分别明显低于和高于直接服务出口。分服务部门来看，直接服务出口中，知识密集型服务部门 DVA 比重，在四个服务业部门中最高，且提升幅度最大；公共服务部门所占比重次之，但提升速度相对较慢；劳动密集型服务部门所占比重列第三位，提升幅度列第二位；资本密集型服务部门所占比重最低，且增长幅度最低。而在间接服务出口中，知识密集型服务部门 DVA 比重，在四个服务业部门中最高，且提升幅度最大；资本密集型服务部门所占比重其次，但增长幅度最低；劳动密集型和公共服务部门所占比重相当，且提升幅度也基本相当。

这一方面说明，我国服务业整体的增加值创造能力在持续提升，服务业出口对 FVA 的依赖在不断减弱，制造业生产和出口所需服务增加值投入，越来越多地依靠境内市场提供；另一方面也反映出，随着制造业生产和出口产品结构的不断优化升级，境内服务业在满足制造业对高水平服务投入的需求上仍存在不小的差距（不得不使用进口的境外服务）。另外，由于我国货物出口中加工贸易所占比重较高，因此加工贸易中进口零部件内含的境外服务增加值投入，也相应提高了间接服务出口中的 FVA 比例。从未来制造业服务化趋势下，在更大程度上满足制造业高质量发展和出口结构优化升级，对更高质量和水平服务投入的需求考虑，提高服务业及各部门发展质量和水平，也需做出新的、更大的努力。

第5章 中国服务业全球价值链分工地位演变

5.1 服务业在 GVCs 分工中地位测算方法

由于一个经济体产业在 GVCs 分工中的地位及其演变，在很大程度上决定着该经济体产业在GVCs分工中所获利益大小及其变化。因此,对我国服务业在GVCs分工中的地位进行测算和分析，具有显著的理论价值、应用价值和政策含义。在已有研究的基础上，本章将通过引入修正后的新 GVCs 地位指数，对我国服务业在 GVCs 分工中的地位高低及变化，开展定量测算和比较研究。

由于传统基于总值贸易统计数据，测算一个经济体产业在国际产业间或产业内分工地位的方法，不适用于 GVCs 分工（即国际产品内分工），Koopman 等（2010）提出了 GVCs 地位指数和 GVCs 参与度指数，用来测算和比较各国（地区）及其不同产业在 GVCs 分工中的地位及参与程度。之后，被许多国内学者用于测算和比较我国制造业（周升起等，2014；王岚，2014；尚涛，2015；陈立敏和周材荣，2016；黄灿和林桂军，2017；刘宏曼和郎邯妮，2018）或服务业（王厚双等，2015；柴静玉，2016；李惠娟和蔡伟宏，2016；孟东梅等，2017；乔小勇等，2017；何树全，2018）在 GVCs 分工中的地位及其变化。

在 Fally（2011，2012）和 Antràs 等（2012）提出产业 GVCs 上游度指数（GVCs upstreamness index）之后，国内不少学者也开始利用该指数来测算和比较分析我国制造业（鞠建东和余心玎，2014；马风涛，2015；刘洪铎和曹瑜强，2016；戴翔和李洲，2017a；仲志源等，2018；闫云凤，2019）或服务业（刘祥和和曹瑜强，2014；张为付和戴翔，2017；龚静和尹忠明，2018；邓光耀和张忠杰，2018）在 GVCs 分工中的地位及其变化。

苏庆义（2016）、赵玉林和谷军健（2018）与郑玉（2020）则将 Hausmann 等（2007）提出的出口复杂度指数（export sophistication index）或倪红福（2017）构建的出口技术含量指数，应用于测算中国制造业或服务业在 GVCs 分工中的技术地位及其变化。

Koopman 等（2010）建立的 GVCs 地位指数测算方法，是在基于来源的方法（resource-based approach）对一个经济体出口进行增加值分解的基础上（参见第 3 章图 3-3）提出的，未能将来自第三方被进口方吸收的 DVA 考虑在内。因此，使得利用该指数测算的结果,不能全面、准确反映一个经济体制造业或服务业在 GVCs 分工中的地位及其变化(周升起等,2014;苏庆义,2016;乔小勇等,2017)。

而对产业 GVCs 上游度指数测算结果大小,所反映的产业在 GVCs 分工中的地位高低,不同学者之间存在截然相反的两种观点。刘祥和和曹瑜强(2014)、马风涛(2015)和钟惠芸(2018)等认为,GVCs 上游度指数越大,在 GVCs 分工中的地位越高;而 Fally(2012)、Antràs 等(2012)、苏杭和李化营(2016)、戴翔和李洲(2017a)、龚静和尹忠明(2018)及邓光耀和张忠杰(2018)等学者则认为,GVCs 上游度指数越大,在 GVCs 分工中的地位越低。

对于苏庆义(2016)、赵玉林和谷军健(2018)与郑玉(2020)等学者认为的,GVCs 地位指数主要考虑了一个经济体某产业从 GVCs 分工中获取价值和利益的能力,仅反映了国际贸易视角下该经济体某产业在 GVCs 分工中的经济地位,因此,还应从技术角度来测算并分析该产业在 GVCs 分工中的技术地位的观点。我们认为,国际分工地位概念的提出,就是为了考察各经济体产业通过参与国际分工所获经济利益大小,而不是为了衡量各经济体产业的技术地位变化。而且,技术(无论用"技术复杂度"还是用"技术含量"表达)同资本、劳动和自然资源等一样,更多的是作为生产要素直接或间接地影响产业国际分工地位高低及其变化。如果把"技术地位"纳入国际分工地位的测算和比较中去,那恐怕也要把"资本地位"、"劳动地位"和"自然资源地位"等,纳入国际分工地位的内涵中去。如果这样做,显然是对国际分工地位概念内涵的随意扩大。其实,国际分工的本质就是国际劳动分工(international division of labor),测算一个经济体某产业的国际分工地位,也就是为了弄清楚该国该产业参与国际劳动分工所获经济利益高低。很显然,没有资本、自然资源和技术等生产要素的参与及合理有效配置,国际劳动分工及其经济利益不仅难以获取,更谈不上获取利益的高低或多少了。这也就是说,一个经济体某产业在 GVCs 分工中的经济地位本身,就已经包含了该产业在 GVCs 分工中的"技术地位"、"资本地位"和"自然资源地位"。

因此,下文对我国服务业及各部门在 GVCs 分工中的地位测算和分析,我们仍基于 Koopman 等(2010)提出的 GVCs 地位指数,但需要对该指数的计算公式进行修正。

$$\text{GVCs\_position}_{ir} = \ln\left(1 + \frac{\text{IV}_{ir}}{E_{ir}}\right) - \ln\left(1 + \frac{\text{FV}_{ir}}{E_{ir}}\right) \quad (5-1)$$

式(5-1)为 Koopman 等(2010)提出的 GVCs 地位指数,其中,GVCs_position$_{ir}$ 代表 r 经济体 i 产业在 GVCs 分工中的地位;IV$_{ir}$ 代表 r 经济体 i 产业间

接增加值出口，即 r 经济体 i 产业向其他经济体出口的中间品增加值，其衡量的是有多少增加值被包含在 r 经济体 i 产业的中间品出口中，经进口方加工后又出口给第三方；FV_{ir} 代表 r 经济体 i 产业出口最终品中包含的境外中间品增加值；E_{ir} 代表 r 经济体 i 产业的增加值总出口。

可以看出，GVCs 地位指数中，IV_{ir} 和 FV_{ir} 所代表的中间品增加值，均跨越边境两次或两次以上。也就是说，只有参与一个经济体某产业复杂 GVCs 分工的中间品增加值，才能被纳入该国 GVCs 地位指数的计算，参与复杂 GVCs 分工的最终品中的 DVA 和 FVA 均被不包括在内。

Koopman 等（2010，2012）认为，如果一个经济体某产业处于 GVCs 分工的上游环节，它会通过向其他经济体提供中间品参与 GVCs 生产分工，对于这样的经济体，其间接增加值出口（IV_{ir}）占总出口（E_{ir}）的比例，就会高于 FVA（FV_{ir}）占总出口（E_{ir}）的比例。相反，如果该经济体产业处于 GVCs 生产分工的下游环节，就会使用大量来自其他经济体的中间品来进一步生产加工最终品出口，此时，IV_{ir} 占 E_{ir} 的比例就有可能会小于 FV_{ir} 占 E_{ir} 的比例。因此，$GVCs\_position_{ir}$ 的数值可能大于 0，也可能小于 0。$GVCs\_position_{ir}$ 的数值越大，表明一个经济体某产业在 GVCs 分工中的地位越高，在 GVCs 分工中获取的经济利益越大；反之这一数值越小，则表明该经济体某产业在 GVCs 分工中的地位越低，在 GVCs 分工中获取的经济利益也就越小。

正如我们在第 3 章中的分析，从基于最终需求的方法对一个经济体总出口按照增加值进行分解可以看出，一个经济体的 DVA 出口后，除一部分被进口方直接吸收外（这部分 DVA 仅仅跨越边境一次），其余的 DVA，一部分经进口方加工后被作为中间品或最终品返回境内并被吸收；另一部分经进口方加工后被第二次出口到第三方，这部分增加值在第三方加工后，可能一部分被该第三方吸收，另一部分被再次出口到其他第三方并被吸收（在第 3 章的核算原理和第 4 章的分解核算中，这两部分 DVA，合并列为被第三方吸收的 DVA）、一部分则返销回进口方并被吸收（这部分 DVA，在第 4 章的分解核算中，被列为来自第三方被进口方吸收的 DVA）。上述其余的 DVA，在被最终吸收前，均跨越边境两次或两次以上，因此，均应被纳入一个经济体产业 GVCs 地位指数的计算。

对服务业而言，还需考虑的是，服务业中间品和最终品的区分，不像制造业那样清晰。对消费者而言是最终品的服务，对企业而言则多数情况下是作为中间品的服务性投入（如通信、银行、保险、物流等服务）。对一个经济体某个企业而言是最终品的服务，在另一家企业也可能变为中间品服务性投入，如一项 IT 服务，对一家服务企业而言，是作为最终品被购买和消费，而相同的一项 IT 服务，对制造业企业而言则变为该企业的中间品服务性投入。其实，对制造业而言，也存在着中间品和最终品界限模糊，和在不同企业之间存在角色相互转变的现象，只是程度不同而已。所以，采用 Koopman 等（2010）提出的 GVCs 地位指数，即式（5-1），将跨越边境两次或两次以上，参与复杂 GVCs 分工的最终品中的 DVA 和 FVA 排除在外，难以做到全面、准确地测算和分析一个经济体服务业在 GVCs 分工中的地位及其变化。

综合上述分析，我们提出修正后的测算一个经济体服务业在 GVCs 分工中地位的新 GVCs 地位指数计算公式：

$$\mathrm{NGVCs\_position}_{ir} = \ln\left(1 + \frac{\mathrm{DVA}_{ir}^{3rd} + \mathrm{RDV}_{ir}^{m} + \mathrm{RDV}_{ir}^{e}}{E_{ir}}\right) - \ln\left(1 + \frac{\mathrm{FVA}_{ir}}{E_{ir}}\right) \quad (5\text{-}2)$$

其中，$\mathrm{NGVCs\_position}_{ir}$ 代表 r 经济体 i 服务业在 GVCs 分工中的地位；DVA_{ir}^{3rd} 代表被第三方最终需求吸收的 r 经济体 i 服务业的 DVA；RDV_{ir}^{m} 代表进口方出口到第三方后，又返回到进口方并被最终吸收的 r 经济体 i 服务业的 DVA；RDV_{ir}^{e} 代表经进口方加工后，又返回到 r 经济体并被吸收的 i 服务业的 DVA；E_{ir} 代表 r 经济体 i 服务业的增加值总出口，包括服务业自身的直接 TiVA 出口和内含在货物中的服务业间接 TiVA 出口。这里的服务业 DVA，不再区分服务业中间品和最终品。

同 $\mathrm{GVCs\_position}_{ir}$ 指数一样，$\mathrm{NGVCs\_position}_{ir}$ 指数的值可能大于 0，也可能小于 0。其数值越大，表明一个经济体服务业在 GVCs 分工中的地位越高，在 GVCs 分工中获取的经济利益越大；反之，其数值越小，则表明该经济体服务业在 GVCs 分工中的地位越低，在 GVCs 分工中获取的经济利益也就越小。

根据式（5-2）对我国服务业及各部门在 GVCs 分工中的地位进行测算所需要的数据，来自第 4 章对我国服务业 TiVA 贸易核算结果。对其他代表性经济体服务业及各部门在 GVCs 分工中的地位测算所需数据，则来自 OECD 发布的 2018 年版 ICIO 表和 OECD 和 WTO 联合发布的 TiVA 数据库。

5.2 中国服务业在 GVCs 分工中的地位及其变化

5.2.1 中国服务业整体 GVCs 分工地位及其变化

图 5-1 是根据式（5-2）计算的新 GVCs 地位指数结果绘制的 2005~2015 年中国全部服务、直接服务和间接服务，在 GVCs 分工中的地位变化曲线。

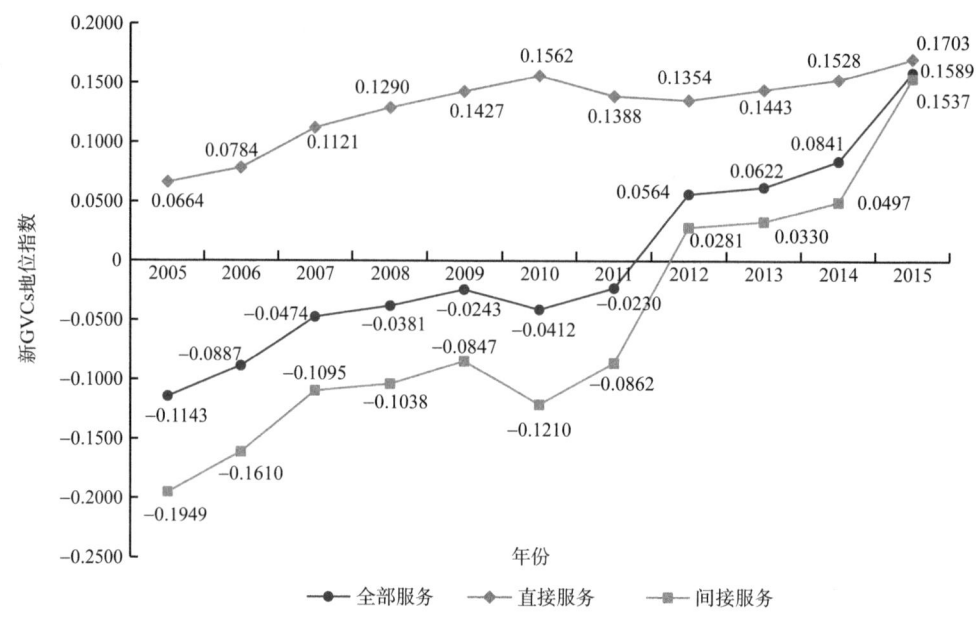

图 5-1 中国服务业整体在 GVCs 分工中的地位变化

资料来源：根据第 4 章核算数据整理计算

从图 5-1 可以看出，虽然个别年份出现波动，但 2005~2015 年，我国全部服务、直接服务和间接服务，在 GVCs 分工中的地位均表现出总体上升趋势，尤其是内含在货物中的间接服务，在 GVCs 分工中地位的提升幅度明显高于直接服务，使得直接服务和间接服务在 GVCs 分工中的地位差距大幅缩小。比较而言，2005~2015 年，我国直接服务在 GVCs 分工中国的地位一直高于间接服务。不过，从全部服务和间接服务整体在 GVCs 分工中的地位演变过程进行对比可以发现，我国全部服务在 GVCs 分工中的地位提升，更多的是由间接服务在 GVCs 分工中的地位提高带动实现的。

由上可以看出，考虑和不考虑内含在货物中的间接服务，对我国服务业在 GVCs 分工中的地位高低有着显著差别。将内含在货物中的间接服务考虑进来后，我国全部服务在 GVCs 分工中的地位虽然被拉低，但是，提升幅度则显著增大。这反映出，受我国制造业整体发展水平和制造业服务化水平仍然相对较低的限制，制造业在 GVCs 分工中的地位仍较低（周升起等，2014；刘琳，2015；陈立敏和周材荣，2016；黄灿和林桂军，2017；张会清和翟孝强，2018；魏如青等，2018；邓光耀和张忠杰，2018），这在一定程度上拉低了我国全部服务在 GVCs 分工中的地位。然而，从变化趋势看，随着我国制造业发展水平和制造业服务化水平的逐步提高，制造业生产和出口对服务业间接需求规模、质量和水平的日益提升，其对我国服务业在 GVCs 分工地位提升的拉动作用和程度也在迅速增大，这与戴翔和李洲（2017b）、张为付和戴翔（2017）、董有德和唐云龙（2017）、占丽等（2018）的研究结论一致。从图 5-1 的曲线走势判断，间接服务在 GVCs 分工中的地位与全部服务和直接服务在 GVCs 分工中的地位差距越来越小，超越后二者只是时间问题。

5.2.2 中国服务业分部门 GVCs 分工地位及其变化

图 5-2 为按要素密集度划分的我国全部服务业分部门在 GVCs 分工中的地位及其变化曲线。可以看出，2005~2015 年，我国劳动密集型服务、资本密集型服务、知识密集型服务和公共服务部门在 GVCs 分工中的地位，总体均呈现逐步提高变化趋势。相比较而言，我国资本密集型服务部门在 GVCs 分工中的地位最高，劳动密集型服务部门次之，知识密集型和公共服务部门分列第三、第四位。从在 GVCs 分工中的地位增长幅度来看，我国劳动密集型服务部门的增长幅度最大，新 GVCs 地位指数由 -0.1946 上升到 0.1167 提高了 0.3113；资本密集型部门的增长幅度次之，新 GVCs 地位指数由 0.0436 上升到 0.2184 提高了 0.1748；公共服务和知识密集型服务部门的新 GVCs 地位指数增长幅度，则分别为 0.1646 和 0.1572。

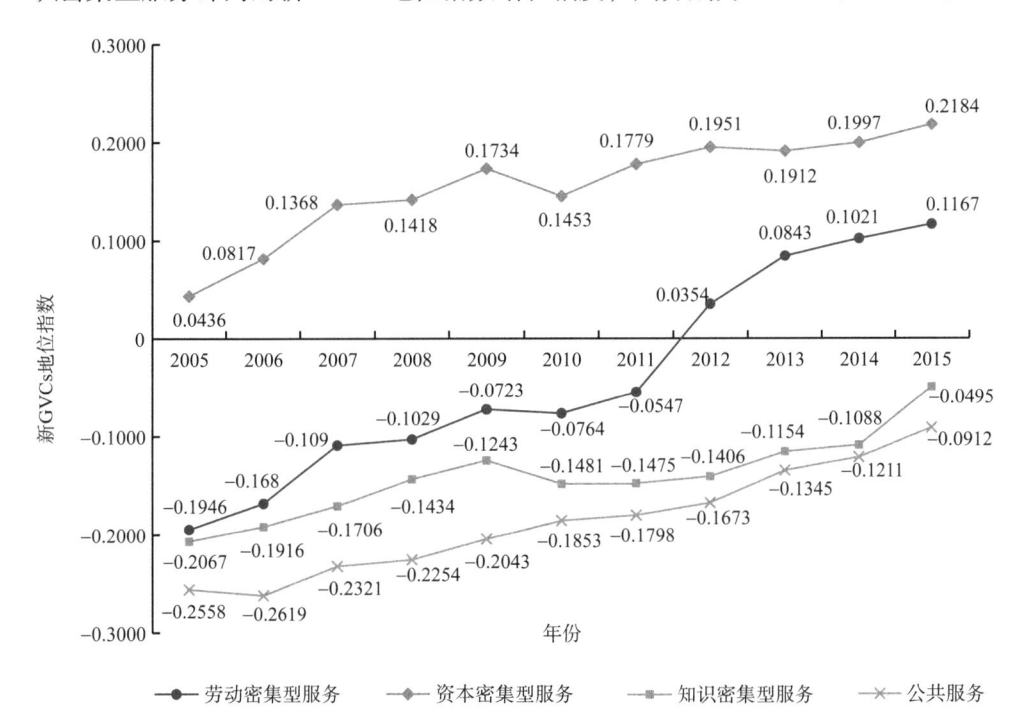

图 5-2 中国服务业分部门在 GVCs 分工中的地位变化

资料来源：同图 5-1

由此可见，2005～2015年，随着我国服务业规模的不断扩大，服务业发展质量、发展水平的逐步提高，按要素密集度划分的各个服务业部门在GVCs分工中的地位，均表现出日益提升的变化趋势，反映出各个服务业部门的国际竞争力都在增强。比较来看，我国资本密集型和劳动密集型服务部门的国际竞争力，明显高于其他两个服务业部门，并且从在GVCs分工中的地位提升幅度来看，我国这两个服务部门的国际竞争力提高程度也更大。

从直接服务分部门来看，我国四个服务业部门在GVCs分工中的地位，也均呈现日益提高的变化态势，其中，知识密集型服务部门在GVCs分工中的地位最高，公共服务部门次之，劳动密集型和资本密集型服务部门分列第三、第四位。从在GVCs分工中的地位提高幅度比较来看，资本密集型服务部门提升幅度最大，新GVCs地位指数由0.0224上升到0.1596提高了0.1372，而劳动密集型、知识密集型和公共服务等三个部门的新GVCs地位指数，则分别提高了0.0537、0.0612和0.0568，提升幅度均低于资本密集型服务部门（图5-3）。

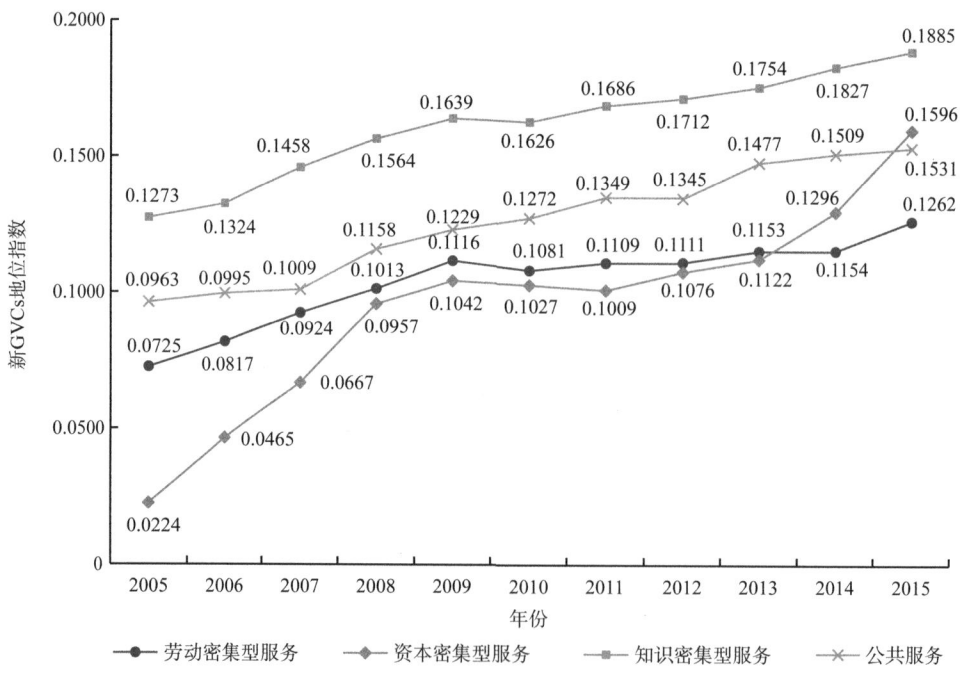

图5-3　中国直接服务分部门在GVCs分工中的地位变化

资料来源：同图5-1

因此，仅从服务业自身直接参与GVCs分工来看，2005～2015年，我国知识密集型和公共服务业部门，表现出比劳动密集型和资本密集型服务部门更强的国际竞争力，但资本密集型服务部门的国际竞争力提升速度最快。这也在一定程度上反映出，在此期间，我国知识密集型和公共服务业部门的发展质量和水平优于其他两个服务部门，不过，资本密集型服务部门的发展水平提高速度更快。

不过，内含在货物中的间接服务各部门在 GVCs 分工中的地位变化，与全部服务业分部门在 GVCs 分工中的地位变化特征，表现出很高的一致性，即间接服务四个部门在 GVCs 分工中的地位均表现出提高趋势，相比较来看，资本密集型服务部门在 GVCs 分工中的地位最高，劳动密集型服务部门次之，知识密集型和公共服务部门分列第三、第四位。不过，与全部服务业 GVCs 分工地位变化有所不同而是，四个服务部门在 GVCs 分工中的地位增长幅度有所差别，劳动密集型服务部门的增长幅度最大，新 GVCs 地位指数由−0.2087 上升到 0.0851 提高了 0.2938；资本密集型服务部门的增长幅度次之，新 GVCs 地位指数由 0.0562 上升到 0.2603 提高了 0.2041；知识密集型和公共服务部门的新 GVCs 地位指数增长幅度，则分别为 0.1106 和 0.1604（图 5-4）。

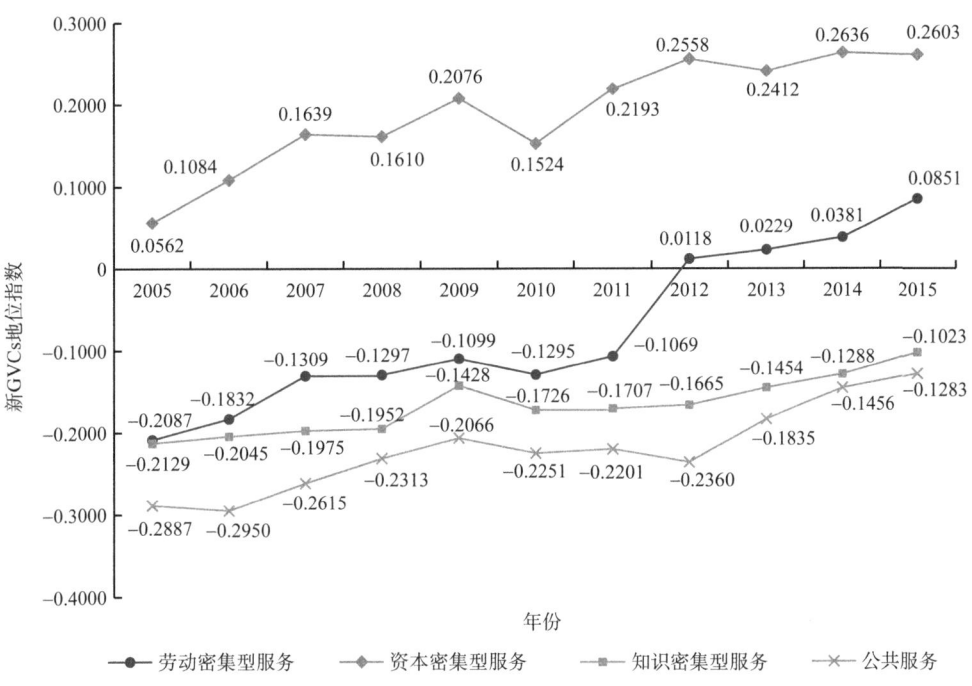

图 5-4 中国间接服务分部门在 GVCs 分工中的地位变化

资料来源：同图 5-1

上述间接服务各部门在 GVCs 分工中的地位及其变化特点，在很大程度上反映了我国制造业生产和出口的结构及其变化特征。虽然，2005~2015 年，我国制造业发展水平和制造业服务化水平的提升，对所有服务业的间接投入需求都有增加，但制造业生产和出口仍然以资本密集型和劳动密集型产品为主的结构特点，决定着对资本密集型和劳动密集型服务的需求所占比重更大和增长更快,从而导致在通过货物贸易间接参与服务业 GVCs 分工中,资本密集型和劳动密集型服务部门,表现出比知识密集型和公共服务部门更高的国际分工地位和增长幅度。

通过进一步比较图 5-2、图 5-3 和图 5-4 中四个服务部门在 GVCs 分工中的地位(新 GVCs 地位指数)高低,可以清楚地看出,虽然我国全部服务业分部门在 GVCs 分工中的地位,是由直接服务和间接服务分部门在 GVCs 分工中的地位共同决定的,但由于内含在货物中的间接服务出口规模(参见图 4-3、表 4-20 和表 4-21)明显大于服务业直接出口规模,从而导致间接服务出口中第三方吸收的出口方 DVA(DVA_{ir}^{3rd})、来自第三方被进口方吸收的 DVA(RDV_{ir}^{m})和返回我国的 DVA(RDV_{ir}^{e})规模,都要大于服务业直接出口中的规模(参见表 4-47～表 4-61),并且,二者之间的出口规模差距有进一步拉大趋势(参见图 4-3)。因此,我国全部服务业及各个部门在 GVCs 分工中的地位及其变化,在更大程度上取决于间接服务及各部门在 GVCs 分工中的地位高低及其变化。这也就解释了图 5-2 和图 5-4 四个服务业部门在 GVCs 分工中的地位(新 GVCs 地位指数)曲线的形状及走势高度一致的原因。

上述研究发现,凸显了考察和分析一个经济体服务业在 GVCs 分工中的地位及其变化,必须将内含在货物贸易中的间接服务考虑在内的重要价值,同时这也是本章研究的最主要贡献和创新之处——只有将内含在货物贸易中的间接服务与服务业自身的直接服务,综合在一起测算和分析,才能准确地反映一个经济体服务业整体及各部门在 GVCs 分工中的地位高低及其变化的真实状况。

上述研究发现也预示着,随着制造业服务化程度或者说服务业与制造业融合发展程度的日益深化和提升,内含在货物中的间接服务出口规模将会进一步扩大,从而货物生产和出口规模特别是货物出口产品质量和结构,在决定一个经济体服务业及各部门在 GVCs 分工中的地位高低及其变化上,将起到更加突出的重要作用。因此,要持续提升我国服务业在 GVCs 分工中的地位,除了服务业部门自身提高发展质量和水平之外,应更加重视制造业高质量发展、货物贸易质量提升结构优化和参与 GVCs 分工深化,对服务业 GVCs 分工地位提升所形成的巨大带动作用。

5.3 中国与部分经济体服务业 GVCs 分工地位比较

5.3.1 服务业整体 GVCs 分工地位比较

我们选取服务业发达、服务和货物贸易规模大,同时是中国主要贸易伙伴的美国、欧盟、日本和韩国等发达经济体，以及同属新兴发展中经济体，也是中国重要贸易伙伴的巴西、印度、俄罗斯和东盟等发展中经济体作为比较样本，对中国服务业在 GVCs 分工中的地位进行比较，以考察中国服务业在 GVCs 分工中的地位高低、变化趋势，明确优势及差距所在。

图 5-5 是根据式（5-2）计算出的新 GVCs 地位指数结果绘制的中国与八个代表性经济体，2005~2015 年全部服务在 GVCs 分工中的地位及其变化曲线。通过比较可以看出，中国服务业在 GVCs 分工中的地位，明显低于美国、欧盟、日本和韩国等四个发达经济体。与发展中经济体相比较，2014 年之前，中国服务业在 GVCs 分工中的地位，也低于同属金砖国家的俄罗斯、巴西和印度，只是高于东盟地区。不过，从提升速度和变化趋势来看，中国服务业在 GVCs 分工中的地位提升速度最快，2015 年已经超过巴西和印度，与排在前列的美国、欧盟、日本和韩国等四个发达经济体及俄罗斯的地位劣势差距明显缩小，同时与东盟的地位优势差距在迅速扩大。

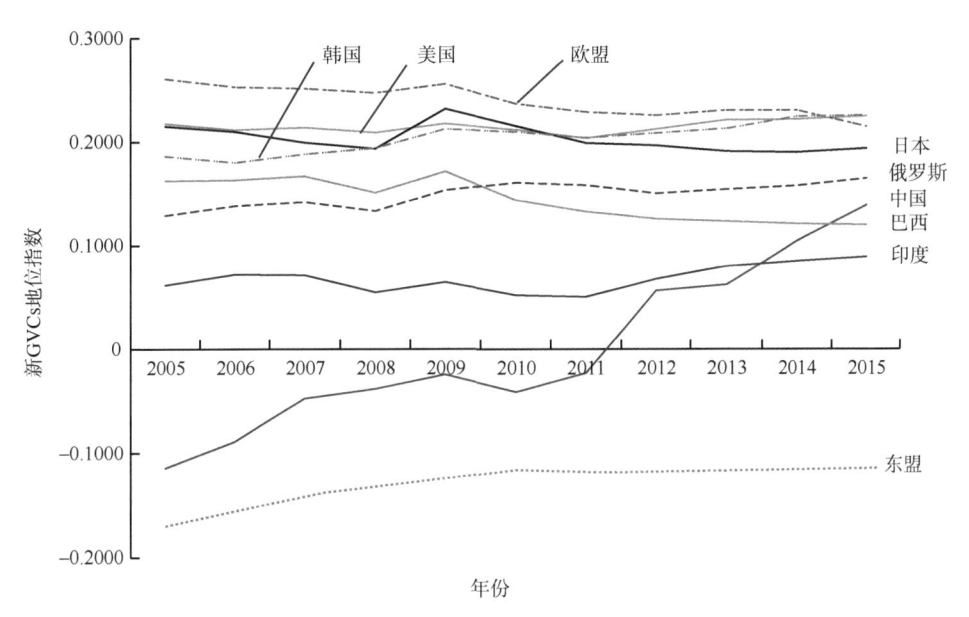

图 5-5　中国与部分经济体服务业整体 GVCs 分工地位比较

资料来源：根据 OECD 发布 2018 年版 ICIO 表数据计算

从直接服务在 GVCs 分工中的地位来比较，与全部服务类似，2005~2015 年，中国的地位低于美国、欧盟、日本、韩国及俄罗斯等经济体，高于东盟地区，但 2008 年之前中国的地位也低于印度和巴西两国。从地位提升幅度和变化趋势比较，中国直接服务在 GVCs 分工中的地位提升幅度最大（尤其是 2010 年之前），从而使得中国的分工地位与美国、欧盟、日本、韩国及俄罗斯等经济体的地位劣势差距越来越小，与东盟的地位优势差距不断拉大，并于 2008 年超过巴西和印度（图 5-6）。

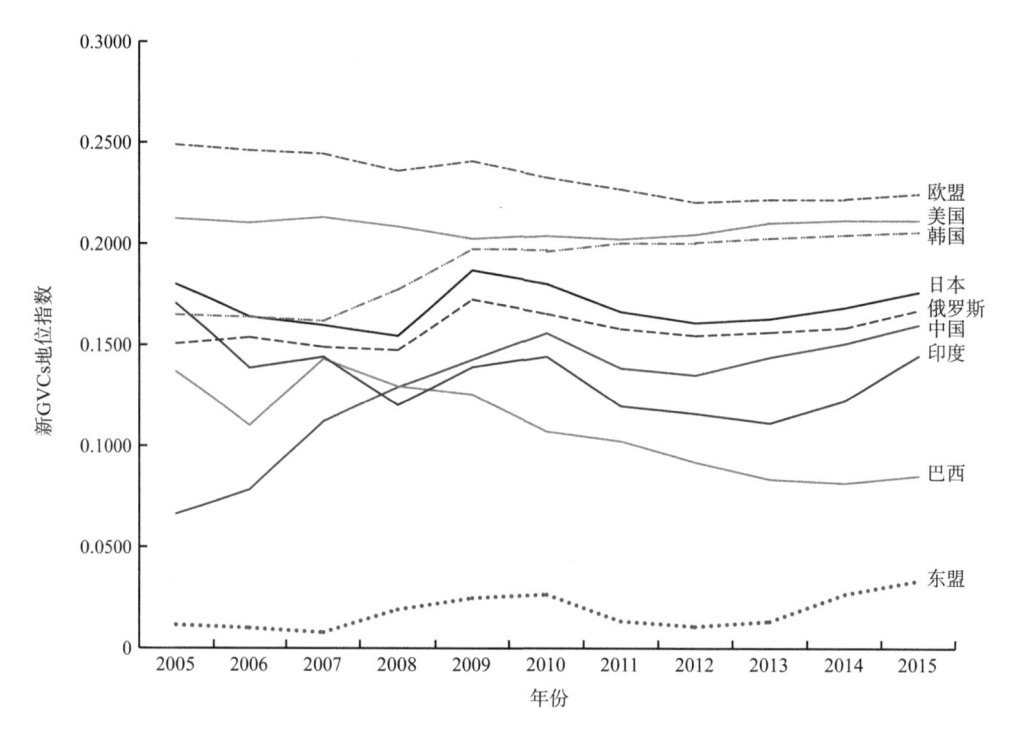

图 5-6　中国与部分经济体直接服务 GVCs 分工地位比较
资料来源：同图 5-5

内含在货物中的中国间接服务在 GVCs 分工中的地位及其变化，与全部服务和直接服务相比，既有相同也有不同之处。相同之处在于，中国间接服务在 GVCs 分工中的地位，2005~2015 年，明显低于美国、欧盟、日本和韩国等四个发达经济体，但中国地位的快速提升，使得与四个发达经济体的地位劣势差距越来越小。不同之处在于，2005~2015 年，中国的分工地位始终高于东盟和印度两个经济体，并且地位优势差距在明显扩大，2014 年之前，中国的地位虽然大大低于巴西和俄罗斯两国，但 2012 年起差距明显缩小，并于 2015 年超过巴西和俄罗斯两国（图 5-7）。

综合图 5-6 和图 5-7 我们可以看到，无论在直接服务还是在间接服务领域，中国在 GVCs 分工中的地位，与发达经济体相比虽然仍处于劣势，但地位劣势差距均越来越小；与发展中经济体相比，我国在 GVCs 分工中的地位优势越来越明显，已居于发展中经济体的前列。从国际比较的角度，也证明了中国服务业整体的发展水平和国际竞争力在迅速提高。

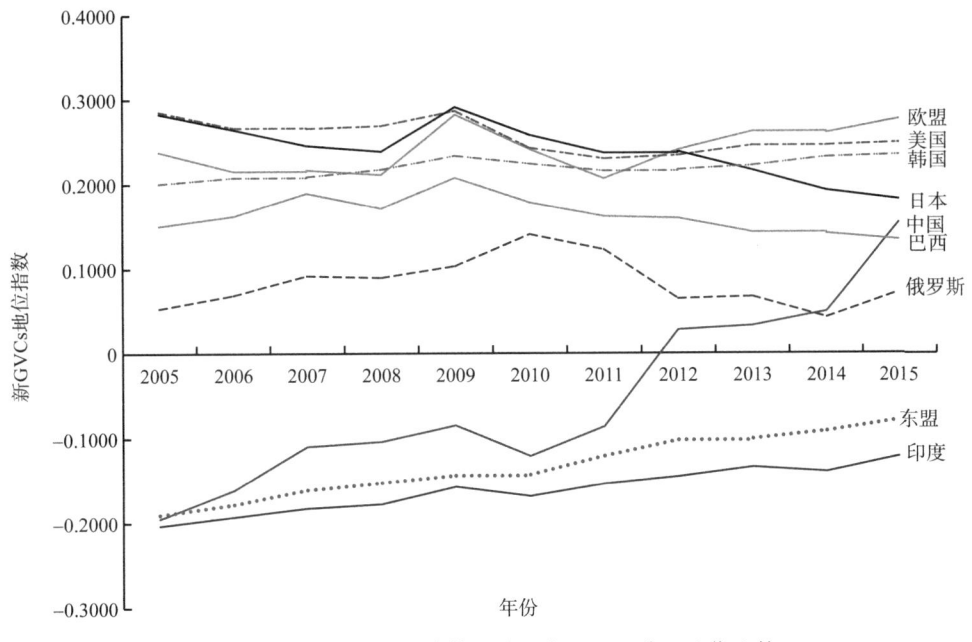

图 5-7 中国与部分经济体间接服务 GVCs 分工地位比较

资料来源：同图 5-5

5.3.2 服务业分部门 GVCs 分工地位比较

在劳动密集型服务部门的 GVCs 分工中，与其他八个经济体相比，2011 年之前中国的分工地位最低，2012 年起超过印度和东盟，并在 2015 年超过韩国。与排在前列的美国、欧盟、日本、俄罗斯和巴西等经济体相比，中国在劳动密集型服务部门 GVCs 分工中的地位虽然仍有一定差距，但差距明显越来越小。2005~2015年，除中国的分工地位提升幅度最大外，东盟的分工地位也有显著提升，美国、俄罗斯、印度的分工地位稍有提高，欧盟、日本、巴西和韩国的分工地位，则分别有不同程度的下降（图 5-8）。

虽然，通常认为发展中经济体在劳动密集型服务部门有较强的比较优势和国际竞争力，理论上在该部门的 GVCs 分工中应该处于较高的地位，但实际情况却是，美国、欧盟和日本等三个发达经济体在劳动密集型 GVCs 分工中的地位仍排在前列，这在很大程度上与发达经济体劳动密集型服务业参与复杂 GVCs 分工的程度较高有关。在发展中新兴经济体中，只有巴西和俄罗斯的分工地位较高，在这个时期内超过韩国。不过，从发展趋势看，在劳动密集型服务部门均具有比较优势的中国和东盟，在该服务部门的 GVCs 分工地位提升更快，除中国的分工地位已超过韩国外，东盟的地位也有望迅速接近韩国。

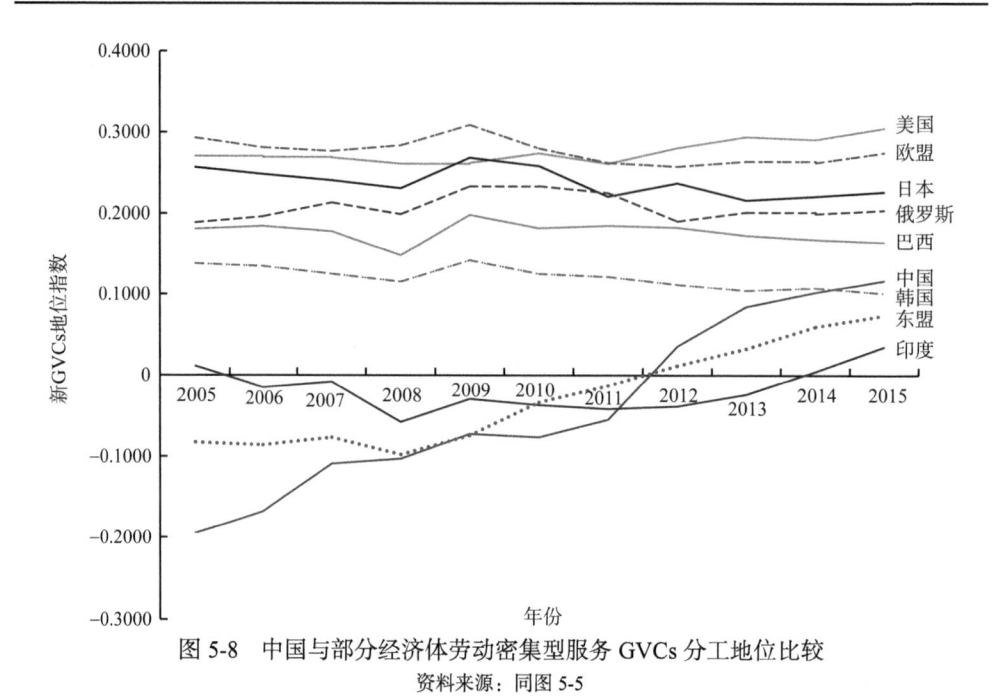

图 5-8　中国与部分经济体劳动密集型服务 GVCs 分工地位比较

资料来源：同图 5-5

在资本密集型服务部门的 GVCs 分工中，虽然 2005 年中国（与东盟一起）处于最低的分工地位，但更快的提升速度，使得中国在该服务部门的分工地位，在 2007 年超过印度、2011 年超过巴西和俄罗斯后，在 2015 年又同时超过日本和韩国，并在逐步缩小与欧盟和美国在分工地位的差距（图 5-9）。

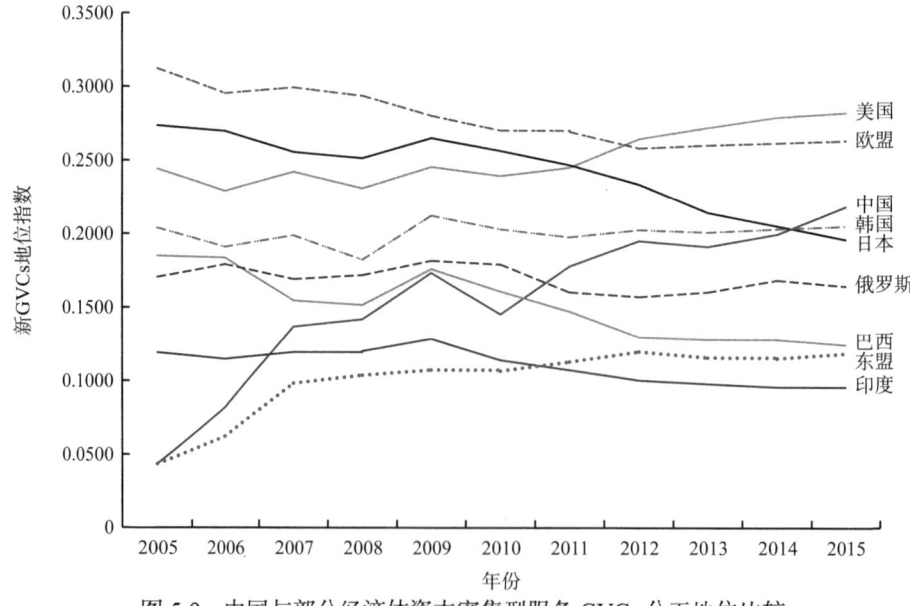

图 5-9　中国与部分经济体资本密集型服务 GVCs 分工地位比较

资料来源：同图 5-5

由此可以看出，资本密集型服务业质量和水平的日益提高、扩大开放所带来的比较优势的释放和国际竞争力的提升，以及货物出口对资本密集型服务需求的带动，使中国在资本密集型服务部门 GVCs 分工中的地位得到快速提升。自 2011 年起，中国在该服务部门的分工地位，不仅在发展中经济体中的优势不断扩大，而且在 2015 年超过日本和韩国后，进一步缩小了与欧美的差距。

然而，在知识密集型服务部门的 GVCs 分工中，2005~2015 年，相比较其他八个经济体，中国的分工地位虽然也提升幅度最大，但仍然处于较低的地位。在五个发展中经济体中，中国在该服务部门的分工地位，2009 年超过东盟后，到 2015 年才超过俄罗斯。中国与巴西、印度的分工地位差距虽在缩小（很大程度上，也与这两个国家的地位明显下滑有关），但仍有一段距离。中国与四个发达经济体的差距仍然巨大。

值得注意的是，与 2005 年相比，2015 年四个发达经济体知识密集型服务部门在 GVCs 分工中的地位均有不同程度提高，而且仍表现出继续提高态势。而在五个发展中经济体中，除中国在该服务部门 GVCs 分工中的地位呈不断提升趋势外，巴西、印度、俄罗斯和东盟等四个经济体的分工地位，均有不同幅度的下降，尤其是巴西和印度，其分工地位下滑态势更加明显（图 5-10）。

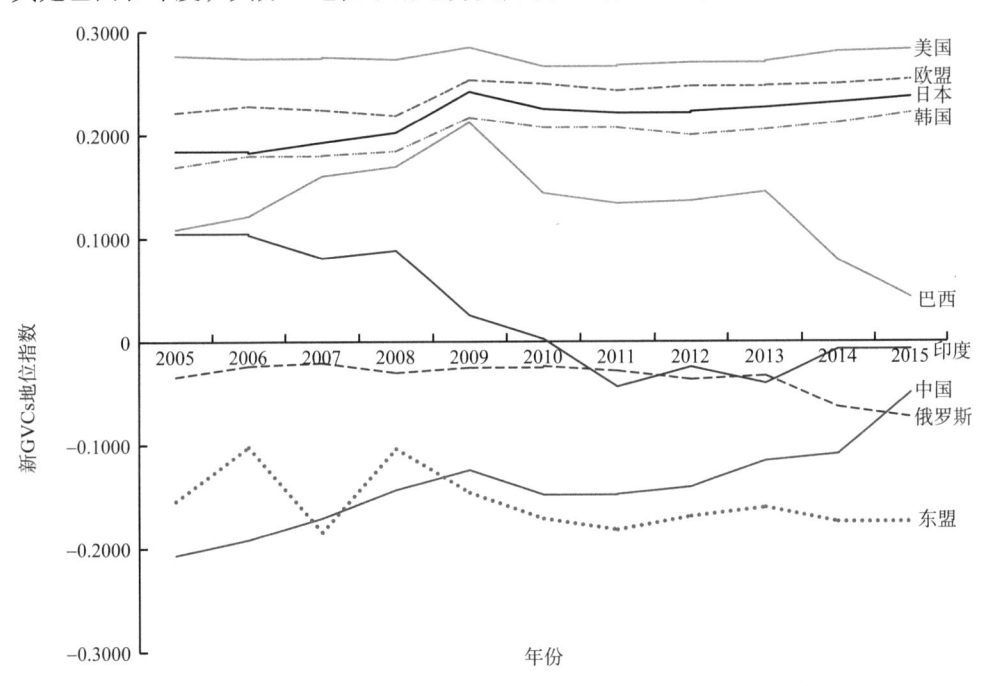

图 5-10 中国与部分经济体知识密集型服务 GVCs 分工地位比较

资料来源：同图 5-5

在知识密集型服务部门 GVCs 分工中，各个经济体分工地位及其变化的不同表现，是各个经济体知识密集型服务发展水平、竞争力大小和 GVCs 分工参与程度的具体反映。相对于发达经济体，发展中经济体的知识密集型服务业发展质量和水平仍相对较低，中国的表现虽稍好于巴西、印度、俄罗斯和东盟等经济体，但与发达经济体的差距仍十分显著。进一步提高知识密集型服务业的 GVCs 分工地位，既需要知识密集型服务业自身加快发展，也需要先进制造业 GVCs 分工发展的带动。

在公共服务部门的 GVCs 分工中，美国、欧盟、日本和韩国等发达经济体的分工地位，虽普遍低于知识密集型服务部门，但发展中经济体在该服务部门 GVCs 分工中的地位更低，除巴西在该服务部门的 GVCs 分工地位（新 GVCs 地位指数）为正外，中国和俄罗斯、东盟、印度的分工地位指数均为负。

从分工地位变化幅度和发展趋势看，2005~2015 年，中国在该服务部门的 GVCs 分工地位提升幅度最为明显，其次为巴西，印度、东盟和四个发达经济体的分工地位，也分别有一定程度的提升，只有俄罗斯的分工地位出现少许下降。与 2005 年相比，2015 年发展中经济体该服务部门在 GVCs 分工中的地位，与发达经济体的差距，除中国和巴西有明显缩小外，俄罗斯、东盟和印度的分工地位差距，或者有所扩大或者未发生变化（图 5-11）。

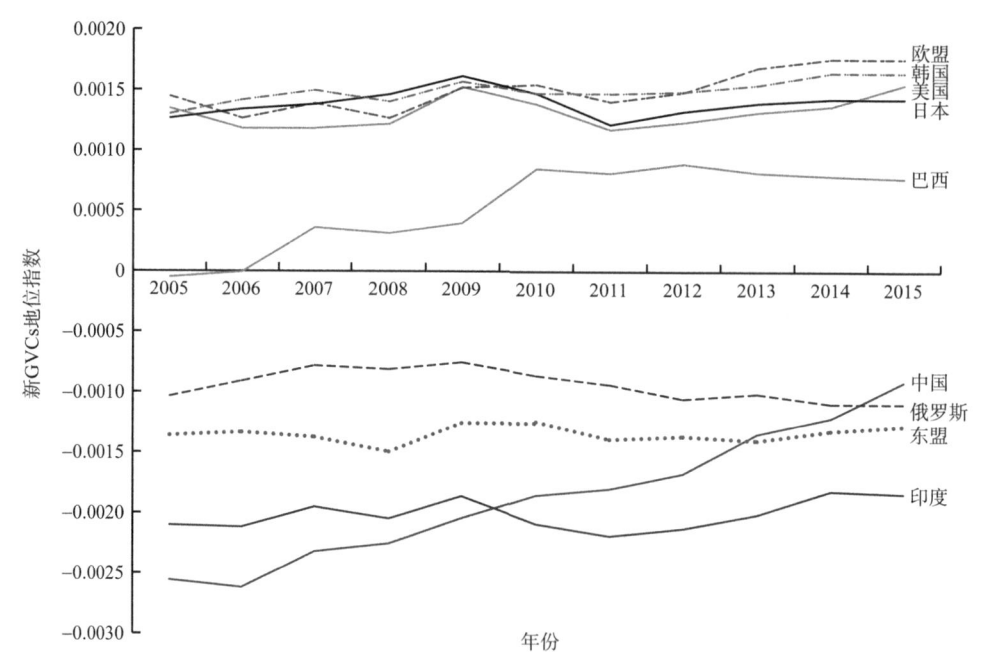

图 5-11 中国与部分经济体公共服务 GVCs 分工地位比较
资料来源：同图 5-5

这反映出，在公共服务部门的发展质量、水平和国际竞争力上，同知识密集型服务部门一样，发达经济体仍具有显著的领先优势。在此期间，中国的公共服务部门虽然有了较快的发展、参与 GVCs 分工的程度明显提高，但仍处于低水平增长阶段,与发达经济体的差距巨大。

综合图 5-8～图 5-11 我们可以发现,与所选取的代表性发达和发展中经济体相比,2005～2015 年,无论在劳动密集型、资本密集型还是知识密集型和公共服务部门,我国的 GVCs 分工地位提升幅度均最为显著;各个服务部门的 GVCs 分工地位,已处于发展中经济体的前列,与发达经济体的差距有明显缩小;比较来看,我国资本密集型服务部门在 GVCs 分工中的地位最高,劳动密集型服务部门次之,知识密集型服务部门再次,公共服务部门最低。我国不同服务业部门的 GVCs 分工地位差异,基本反映了各个服务部门的发展质量、水平和国际竞争力现状。

5.3.3 直接服务分部门 GVCs 分工地位比较

在劳动密集型服务部门直接参与 GVCs 分工中,美国和欧盟的分工地位明显高于其他经济体,中国劳动密集型直接服务在 GVCs 分工中的地位,2011 年之前在九个经济体中仅高于东盟,2011 年之后也仅仅高于印度和东盟两个经济体。从变动幅度和趋势看,中国的分工地位虽持续提高,但提升幅度明显小于全部服务(图 5-5)。另外八个经济体中,除印度、巴西的分工地位变动(下降)幅度稍大外,其他经济体的分工地位上升(美国、俄罗斯和东盟)或下降(欧盟、日本和韩国)均不大(图 5-12)。

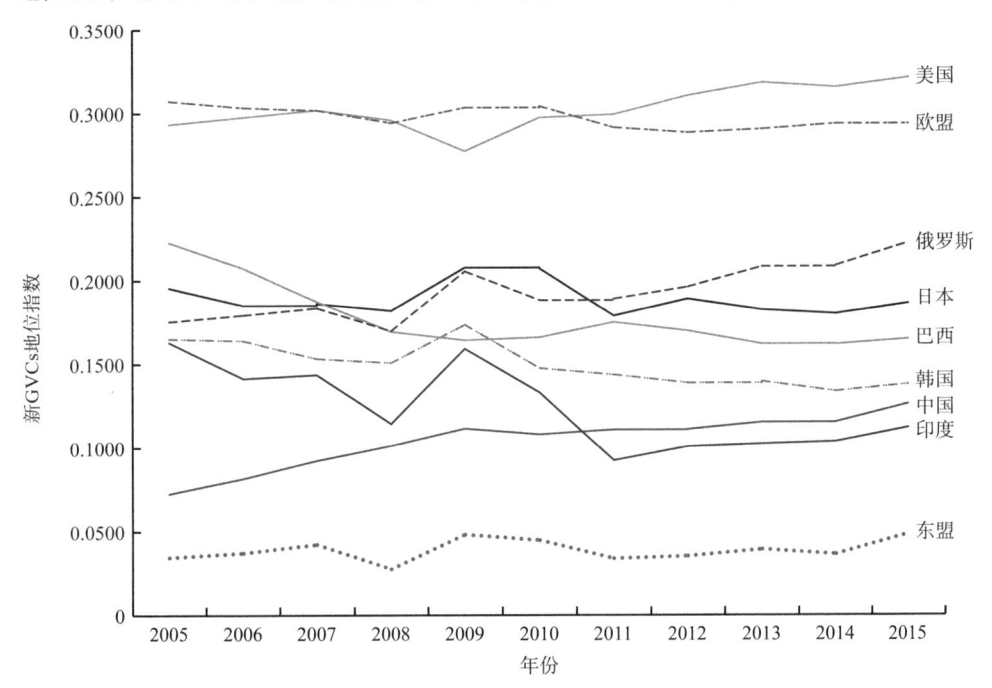

图 5-12 中国与部分经济体劳动密集型直接服务 GVCs 分工地位比较

资料来源:同图 5-5

这说明，中国劳动密集型直接服务的 GVCs 分工地位，不仅低于发达国家或地区，而且低于同属新兴经济体的巴西和俄罗斯两国。与 2005 年相比，2015 年我国的分工地位虽有一定幅度提升，但与美国、欧盟、日本和俄罗斯的差距仍未见明显缩小。不过，这也显示出，中国劳动密集型直接服务进一步提升在 GVCs 中分工中的地位仍有很大潜力和空间。

在资本密集型服务部门直接参与 GVCs 分工中，2005 年中国的分工地位在所比较的九个经济体中最低，但随着之后分工地位的快速持续提升，到 2015 年中国该服务部门在 GVCs 中的分工地位，已超越东盟、印度和巴西等三个经济体，接近俄罗斯的分工地位，并与美国、欧盟、日本和韩国等四个发达经济体的分工地位差距显著缩小（图 5-13）。这在很大程度上说明，我国资本密集型服务业的发展质量和水平有了显著提升，该服务部门直接参与 GVCs 分工的程度在持续提升，尤其是参与复杂 GVCs 分工的程度在逐步提高。

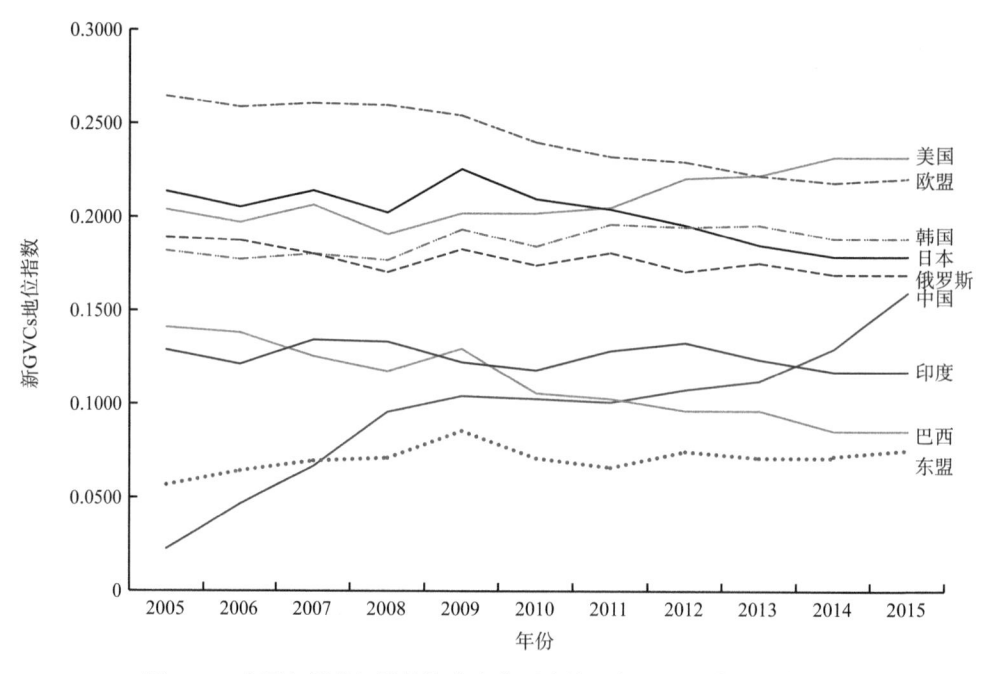

图 5-13 中国与部分经济体资本密集型直接服务 GVCs 分工地位比较

资料来源：同图 5-5

在知识密集型服务部门直接参与 GVCs 分工中，2005～2015 年，我国的分工地位提升幅度虽然不如资本密集型服务部门的提升幅度大，但在所比较的九个经济体中位次相对较高。2005 年时，我国该服务部门在 GVCs 中的分工地位，虽低于印度、巴西及四个发达经济体，但明显高于俄罗斯和东盟。到 2015 年，我国该服务部门的分工地位，已大大高于巴西、印度、俄罗斯和东盟等发展中经济体，与四个发达经济体的分工地位差距也有一定程度的缩小（图5-14）。这说明，虽然由于起步晚，我国知识密集型服务业发展质量、水平和参与GVCs分工的程度，与发达经济体相比还有很大差距，但与同类发展中经济体相比，我国却显示出越来越明显的优势。

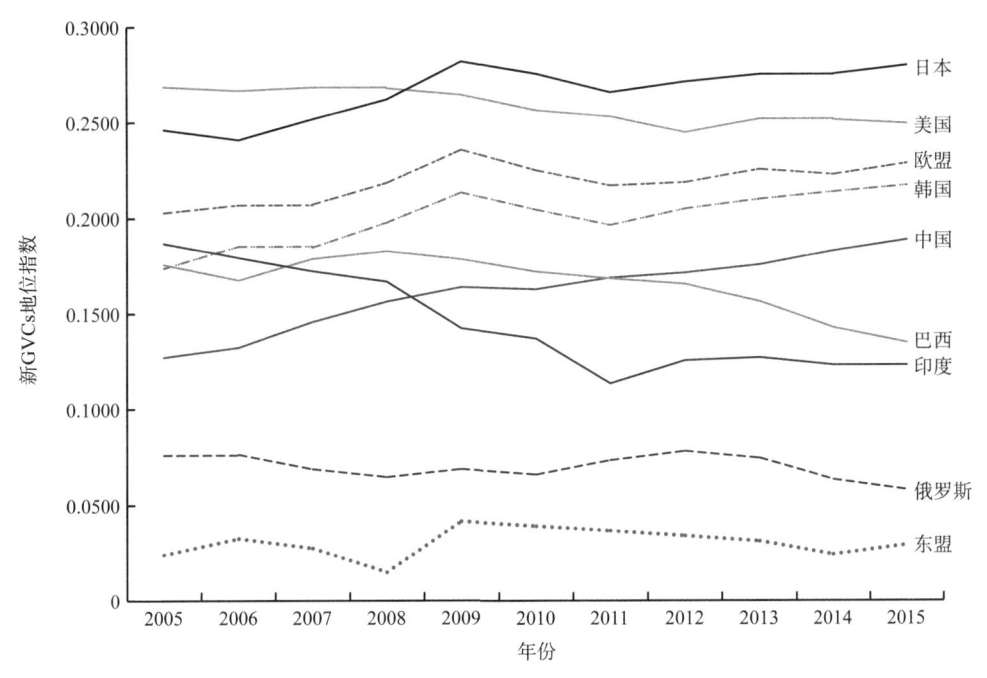

图5-14 中国与部分经济体知识密集型直接服务GVCs分工地位比较

资料来源：同图5-5

在公共服务部门直接参与GVCs分工中，同知识密集型服务部门类似，我国的国际分工地位相对要高于劳动密集型和资本密集型服务部门。从图5-15可以看出，2005年时，我国公共服务部门在直接参与GVCs分工中的地位，虽然仍显著低于美国、欧盟、日本和韩国等四个发达经济体和印度，但已远远高于俄罗斯、印度和东盟等经济体。到2015年，我国在该服务部门的GVCs分工地位，已大大超过俄罗斯、印度、巴西和东盟等四个发展中经济体，与四个发达经济体的差距也有明显缩小。这也在一定程度上反映出，我国公共服务部门在参与GVCs分工上的优势日益显现。

综合比较图5-12～图5-15我们可以较为清楚地发现：就在GVCs分工中的相对地位而言，我国知识密集型服务部门直接参与GVCs分工的地位最高，公共服务部门次之，资本密集型服务部门再次，劳动密集型服务部门最低。就GVCs分工地位位次提升速度而言，资本密集型服务部门位次提升速度最快，知识密集型服务部门次之，劳动密集型服务部门再次，公共服务部门位次提升最慢。

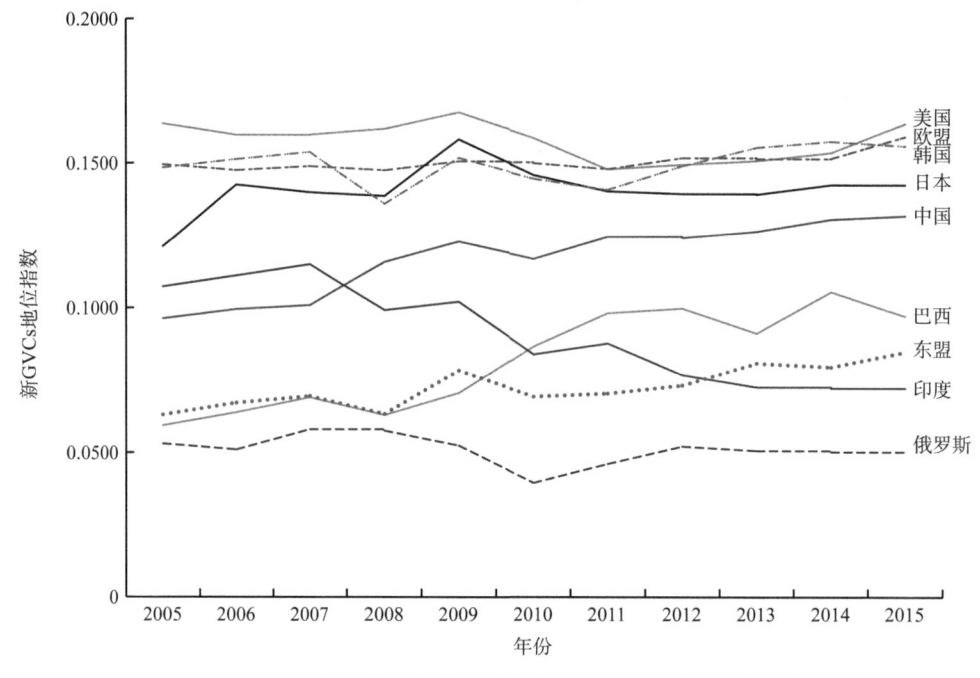

图 5-15　中国与部分经济体公共直接服务 GVCs 分工地位比较

资料来源：同图 5-5

5.3.4　间接服务分部门 GVCs 分工地位比较

内含在货物生产和贸易中的服务，通过制造业（及农业、采矿业）GVCs 分工来间接参与服务业的 GVCs 分工，是影响一个国家（地区）全部服务在 GVCs 分工中地位高低的重要组成部分。间接服务在 GVCs 分工中的地位，既取决于制造业本身在 GVCs 分工中的地位高低，也取决于货物生产和贸易中对不同服务的需求数量及结构变化。

在劳动密集型间接服务参与 GVCs 分工中，2005 年时，在所参与比较的九个经济体中，中国的分工地位最低，之后分工地位逐步提高，2011 年之后提升速度加快，到 2015 年时已大大超过印度和东盟，并且由于除中国、印度和东盟之外的其他经济体，分工地位或者下降（日本、欧盟、韩国和巴西）或者上升幅度较小（美国、俄罗斯），从而使得中国劳动密集型间接服务的 GVCs 分工地位，与这些经济体的差距大幅度缩小（图 5-16）。因此，虽然从位次变化来看，中国的分工地位仅超过印度和东盟提高了两个位次，但从与领先经济体的分工地位差距来看显著缩小。

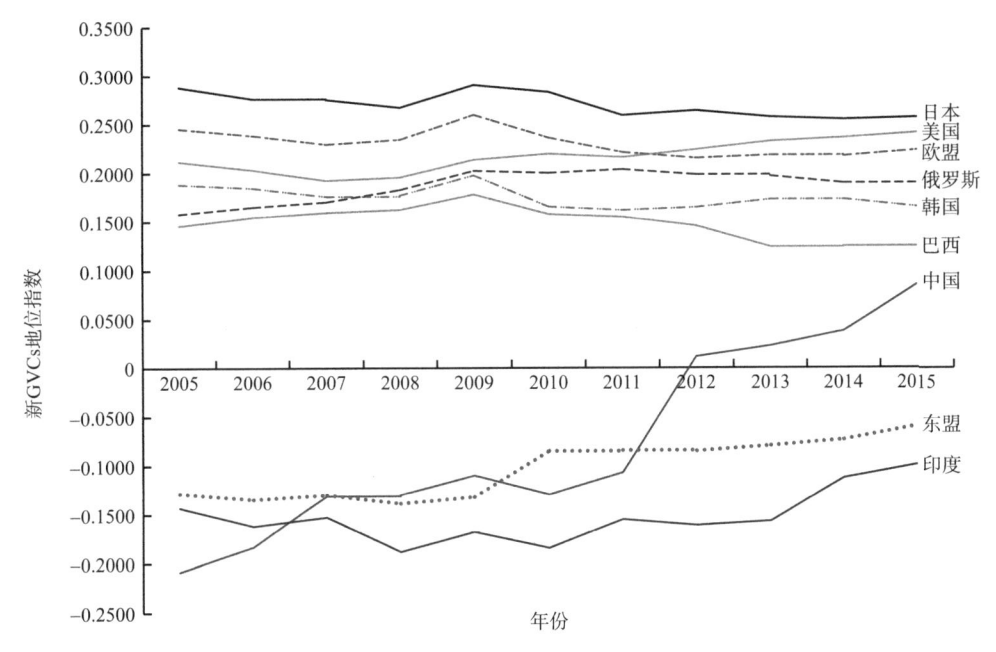

图 5-16　中国与部分经济体劳动密集型间接服务 GVCs 分工地位比较

资料来源：同图 5-5

这反映出，我国货物生产和出口通过扩大对劳动密集型服务的需求，对加快劳动密集型间接服务 GVCs 分工地位提升，提到了重要的带动作用。

在资本密集型间接服务参与 GVCs 分工中，中国分工地位提升的表现更加突出。2005 年时，中国资本密集型间接服务的 GVCs 分工地位，仅比东盟地区稍高，但随后分工地位的迅速提升（尽管 2010 年出现波动），使得中国在该服务部门的分工地位，接连超过印度、俄罗斯、巴西和韩国，并在 2014 年超越日本，同时大幅度缩小了与美国和欧盟的分工地位差距（图 5-17）。

这在一定程度上说明，我国货物出口结构的优化升级，带来对资本密集型服务投入需求的迅速增加，从而带动了资本密集型间接服务参与 GVCs 分工地位的大幅度快速提升。

但是，在知识密集型间接服务参与 GVCs 分工中，我国分工地位的提升表现则逊色不少。虽然从分工地位的变化上看，在所参与比较的九个经济体中，中国的提升幅度最大，并且在 2015 年超过了印度、东盟和俄罗斯。但相比同时期内劳动密集型（图 5-16）、资本密集型（图 5-17）部门的提升幅度，我国知识密集型间接服务 GVCs 分工地位的提升幅度最小。同时，尽管在该服务部门 GVC 分工中，中国分工地位与领先国家或地区（美国、欧盟、韩国、日本和巴西）的差距有一定程度缩小，但差距仍然巨大（图 5-18）。

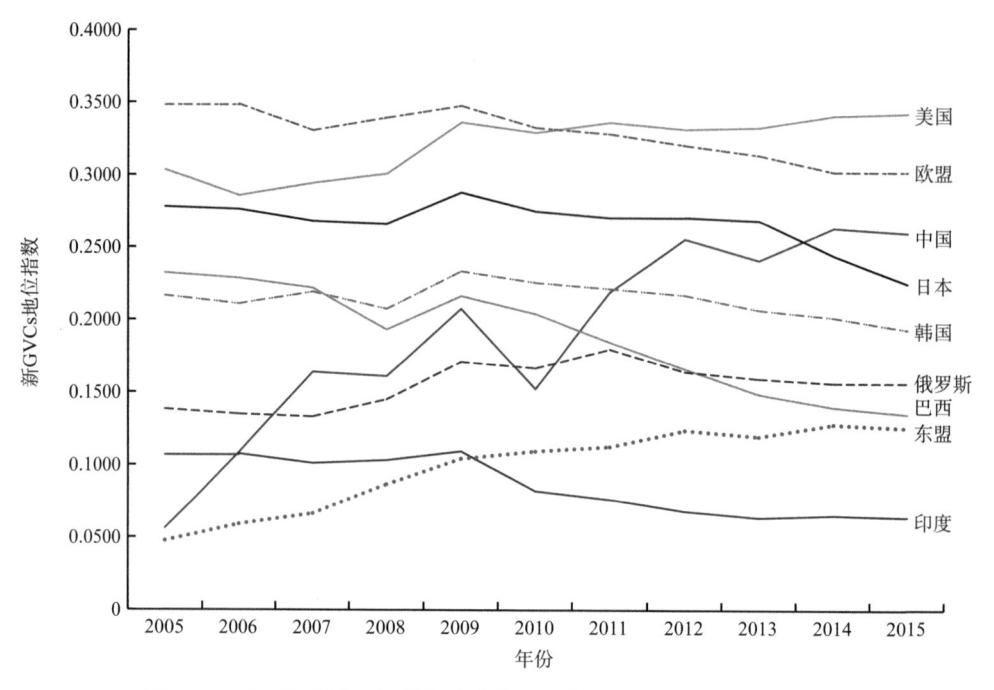

图 5-17 中国与部分经济体资本密集型间接服务 GVCs 分工地位比较

资料来源：同图 5-5

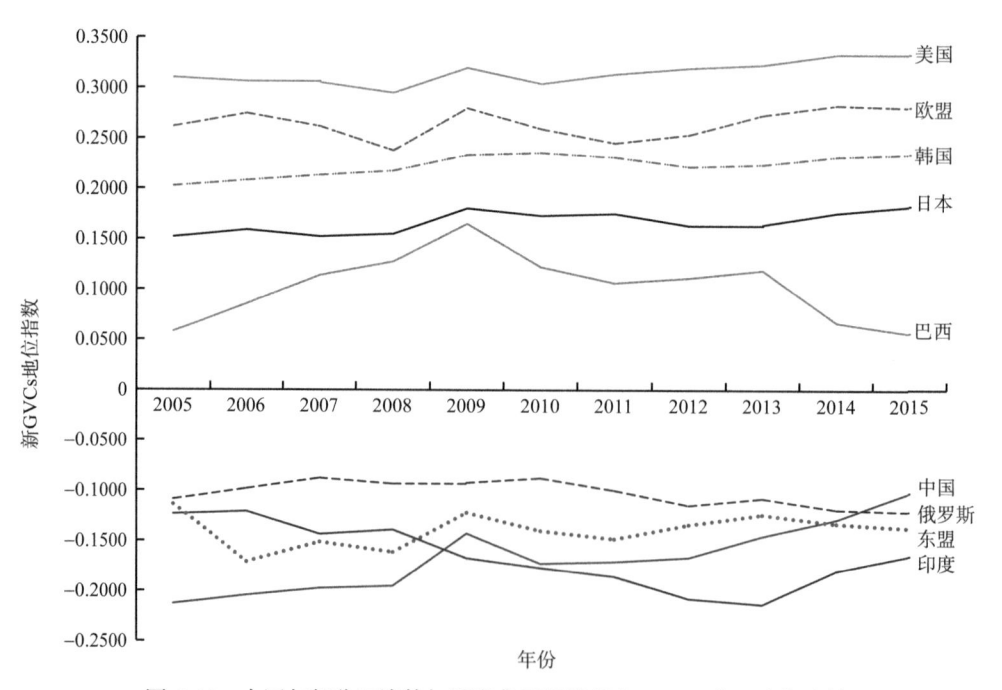

图 5-18 中国与部分经济体知识密集型间接服务 GVCs 分工地位比较

资料来源：同图 5-5

这反映出，我国制造业生产和出口所处发展阶段，仍以劳动密集型和资本密集型服务为主，对知识密集型服务的需求仍然有限且增长缓慢，从而导致该服务部门通过货物生产和出口间接参与 GVCs 分工的地位较低，且提升速度相对较低。

在公共服务部门间接参与 GVCs 分工的地位变化上，我国表现出与知识密集型服务部门类似的特征。从图 5-19 可以看出，在参与比较的九个经济体中，2005年时我国在该服务部门的分工地位最低，之后表现出不断提升趋势，到 2015 年超过印度、东盟和俄罗斯。从分工地位变化幅度来看，中国的提升幅度与巴西相当，并高于其他七个经济体。同分工地位领先的美国、欧盟、日本、韩国和巴西的差距有所缩小，但由于这几个经济体在该服务部门的 GVCs 分工地位，也均有不同程度提升，所以，同图 5-18 中的知识密集型服务部门一样，中国的地位劣势差距仍十分显著。中国公共服务部门间接服务 GVCs 分工地位变化的上述表现，同样受到我国制造业生产所处发展阶段对该部门服务需求的制约。

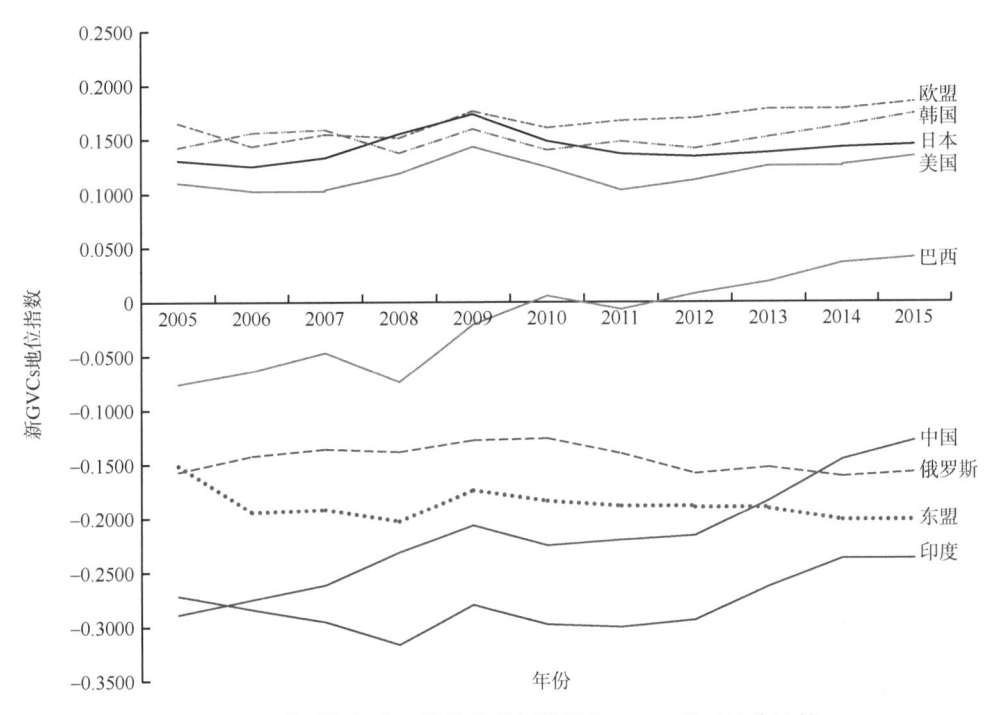

图 5-19 中国与部分经济体公共间接服务 GVCs 分工地位比较

资料来源：同图 5-5

综合比较图 5-16～图 5-19 可以较看出：就在 GVCs 分工中的相对地位而言，我国资本密集型服务部门间接参与 GVCs 分工的地位最高，公共服务部门次之，知识密集型服务部门再次，劳动密集型服务部门最低。就 GVCs 分工地位位次提升速度而言，资本密集型服务部门位次提升速度最快，公共服务部门次之，劳动密集型服务部门再次，知识密集型服务部门位次提升最慢。

进一步将图 5-8、图 5-12 与图 5-16，图 5-9、图 5-13 与图 5-17，图 5-10、图 5-14 与图 5-18，图 5-11、图 5-15 与图 5-19 对比可以发现，单纯就服务业自身直接参与 GVCs 分工测算和考察，从位次和新 GVCs 地位指数大小综合来看，我国公共服务部门参与 GVCs 分工的地位最高，知识密集型服务部门次之，资本密集型服务部门再次，劳动密集型服务部门最低。而将内含在货物生产和贸易中的间接服务纳入之后，测算出的我国全部服务在 GVCs 分工中的地位，则是资本密集型服务部门在 GVCs 分工中的地位最高，劳动密集型服务部门次之，知识密集型服务部门再次，公共服务部门最低。

对参与比较的其他经济体而言，也是如此，比如巴西，仅从服务业自身直接参与 GVCs 分工测算，综合考虑位次和新 GVCs 地位指数大小，巴西劳动密集型服务部门参与 GVCs 分工的地位最高，知识密集型服务部门次之，资本密集型服务部门再次，公共服务部门最低。而纳入间接服务后的巴西全部服务的 GVCs 分工地位，则是劳动密集型服务部门在 GVCs 分工中的地位最高，资本密集型服务部门次之，知识密集型服务部门再次，公共服务部门最低。

对参与比较的发达经济而言，其服务业和制造业（及农业、采矿业）发展质量和水平均较高，无论服务业还是制造业在 GVCs 分工中均居于主导地位。因此，从直接服务和从全部服务两个方面对服务业不同部门在 GVCs 分工中的地位进行测算，分工地位的相对位次和新 GVCs 地位指数大小之间的差别，不如发展中经济体的差别那么明显，但也会有不同。再如日本，直接服务不同部门在 GVCs 分工中的地位，由高到低的顺序是：知识密集型服务部门、劳动密集型服务部门、资本密集型服务部门和公共服务部门；而全部服务不同部门在 GVCs 分工中的地位，由高到低的排位顺序是：劳动密集型服务部门、知识密集型服务部门、资本密集型服务部门和公共服务部门。再比如韩国，直接服务不同部门在 GVCs 分工中的地位，由高到低的顺序是：资本密集型服务部门、知识密集型服务部门、公共服务部门和劳动密集型服务部门；而全部服务不同部门在 GVCs 分工中的地位，由高到低的排位顺序是：公共服务部门、知识密集型服务部门、资本密集型服务部门和劳动密集型服务部门。

由此可见，是否将内含在货物中的间接服务纳入一个经济体服务业参与 GVCs 分工地位的测算，对该经济体服务业整体或分部门的分工地位高低及其变化，均有不同程度的影响。而既然内含在制造业（及农业、服务业）生产和贸易中的服务业增加值投入，也是一经济体全部服务业增加值的组成部分，将其纳入该经济体的全部服务中来考察参与 GVCs 分工地位的高低及其变化，才能完整、准确反映该国（地区）服务业整体及各部门在 GVCs 分工中地位的真实状况。对一个经济体直接服务和间接服务在 GVCs 分工中的地位及其变化，分别进行测量并对测量结果做出比较分析，才能明晰各自对全部服务 GVCs 分工地位高低的影响或者贡献大小。

5.4 小 结

本章基于对 Koopman 等（2010）建立的 GVCs 地位指数在测算一国（地区）服务业 GVCs 分工地位上存在缺陷的分析，通过修正提出了更准确测算服务业 GVCs 分工地位的新 GVCs 地位指数。根据第 4 章完成的服务业 TiVA 核算数据结果，从全部服务、直接服务和间接服务三个层面，对我国服务业整体及分部门在 GVCs 分工中的地位及变化趋势，开展了详细测算和系统考察。并选择美国、欧盟、日本和韩国等发达经济体，以及印度、俄罗斯、巴西和东盟等发展中经济体作为比较样本，对上述三个层面的我国服务业及分部门 GVCs 分工地位，做出了进一步的国际比较研究。

Koopman 等（2010）建立的 GVCs 地位指数测算方法，未将出口后又返回的出口方 DVA 和来自第三方被进口方吸收的出口方 DVA 考虑在内。因此，使得利用该指数测算的结果，不能准确反映一个经济体制造业或服务业在 GVCs 分工中的地位及其变化。同时，服务业中间品和最终品之间界限的模糊性，也使得计算服务业 GVCs 分工地位，如果只考虑服务中间品，不能反映一个经济体全部服务业，尤其是内含在货物中的间接服务的 GVCs 分工地位。为此，我们将出口后又返回的出口方 DVA 和来自第三方被进口方吸收的出口方 DVA 考虑在内，并不区分服务业中间品和最终品 DVA，经过对 GVCs 地位指数进行修正，提出了新 GVCs 地位指数，用来测算我国服务业及各部门 GVCs 分工地位。

新 GVCs 地位指数的测算结果表明：考虑和不考虑内含在货物中的间接服务，对我国服务业在 GVCs 分工中的地位高低及其变化测算结果有着显著差别。将内含在货物中的间接服务考虑进来后，我国全部服务在 GVCs 分工中的地位虽然被拉低，至 2015 年仍低于直接服务的 GVCs 分工地位。但是，从分工地位提升幅度比较，考虑间接服务后的我国全部服务的 GVCs 分工地位提升速度更快。这反映出，受我国制造业整体发展水平、制造业服务化水平及制造业在 GVCs 分工中的地位仍较低的限制，间接服务在一定程度上拉低了我国全部服务业在 GVCs 分工中的地位。然而，从变化趋势看，随着我国制造业发展水平和制造业服务化水平的逐步提高，制造业生产和出口对服务业间接需求规模、质量和水平的日益提升，其对我国服务业在 GVCs 分工地位提升的拉动作用和程度也在迅速增大。从未来走势判断，间接服务在 GVCs 分工地位与全部服务和直接服务在 GVCs 分工地位的差距越来越小，超越后二者只是时间问题。

上述研究发现，凸显了考察和分析一国服务业在 GVCs 分工中的地位及其变化，必须将内含在货物贸易中的间接服务考虑在内的重要价值，同时这也是本章研究的最主要贡献和创新之处——只有将内含在货物贸易中的间接服务与服务业自身的直接服务，综合在一起测算和分析，才能准确地反映一个经济体服务业整体及各部门在 GVCs 分工中的地位高低及其变化的真实状况。

上述研究发现也预示着，随着制造业服务化程度或者说服务业与制造业融合发展程度的日益深化和提升，内含在货物中的间接服务出口规模将会进一步扩大，从而制造业生产和出口规模、质量和结构，在决定一个经济体服务业及各部门在 GVCs 分工中的地位高低及其变化上，将起到更加突出的重要作用。因此，要持续提升我国服务业在 GVCs 分工中的地位，除了服务业部门自身提高发展质量和水平之外，应更加重视制造业高质量发展、货物贸易质量提升结构优化和参与 GVCs 分工的深化，对服务业 GVCs 分工地位提升所形成的巨大带动作用。

与美国、欧盟、日本和韩国等发达经济体，以及印度、俄罗斯、巴西和东盟等发展经济体服务业及各部门 GVCs 分工地位测算结果的比较显示：2005~2015 年，我国全部服务业 GVCs 分工地位，虽然仍明显低于发达经济体，然而，由于提升速度明显更快，到 2015 年我国服务业在 GVCs 分工中的地位，已超过东盟、巴西和印度，与俄罗斯及四个发达经济体的差距也在明显缩小。无论在劳动密集型、资本密集型还是知识密集型、公共服务部门，我国的 GVCs 分工地位提升幅度均最为显著；各个服务部门的 GVCs 分工地位，已处于发展中经济体的前列，与发达经济体的差距也在逐步缩小。综合比较而言，我国资本密集型服务部门在 GVCs 分工中的地位最高，劳动密集型服务部门次之，知识密集型服务部门再次，公共服务部门最低。

通过国际比较进一步发现：在直接服务部分，我国知识密集型服务部门的 GVCs 分工地位最高，公共服务部门次之，资本密集型服务部门再次，劳动密集型服务部门最低。就分工地位位次提升速度而言，资本密集型服务部门的位次提升速度最快，知识密集型服务部门次之，劳动密集型服务部门再次，公共服务部门位次提升最慢。在间接服务部分，我国资本密集型服务部门的 GVCs 分工地位最高，公共服务部门次之，知识密集型服务部门再次，劳动密集型服务部门最低。就分工地位位次提升速度而言，资本密集型服务部门的位次提升速度最快，公共服务部门次之，劳动密集型服务部门再次，知识密集型服务部门位次提升最慢。而综合直接与间接服务后的我国全部服务各部门的 GVCs 分工地位，则是资本密集型服务部门的地位最高，劳动密集型服务部门次之，知识密集型服务部门再次，公共服务部门最低。参与比较的其他八个经济体分部门 GVCs 分工地位，也不同程度地存在着与中国类似的现象。

上述发现再次说明，是否将内含在货物中的间接服务纳入一个经济体服务业 GVCs 分工地位测算，对该经济体服务业整体和分部门 GVCs 分工地位高低及其变化，均有不同程度的影响。而既然内含在货物生产和贸易中的服务业增加值投入，也是一个经济体全部服务业增加值的组成部分，只有将其纳入全部服务中来考察，才能完整、准确地反映该经济体服务业整体及各部门在 GVCs 分工中的地位及其变化的真实状况。

第6章 中国服务业全球价值链分工地位影响因素

6.1 服务业 GVCs 分工地位影响因素理论分析

在对服务业 GVCs 分工地位及其变化研究的过程中，国内外学者也关注了对服务业 GVCs 分工地位影响因素的研究（见第 1 章 1.2 节），他们的研究方法和结论构成了本书研究的重要基础。但现有对 GVCs 分工地位影响因素的研究文献，主要是以服务业自身直接参与 GVCs 分工为分析对象，很少将内含在货物生产和贸易中的间接服务的 GVCs 分工地位考虑在内，也未能对不同要素密集度服务部门 GVCs 分工地位影响因素之间，是否存在差异或异质性做出考察。因此，这些文献通过实证检验寻找出的影响因素，不可避免地存在一定程度的遗漏或偏差。这就需要在理论分析的基础上，通过实证检验就影响我国全部服务、直接服务和间接服务 GVCs 分工地位的因素进行再考察，并就不同要素密集度服务部门 GVCs 分工地位影响因素之间，存在的异质性及其大小开展进一步深入检验和分析。先对服务业 GVCs 分工地位可能的主要影响因素，进行理论上的梳理和分析。

（1）服务业发展水平：服务业参与国际分工（无论产业间分工、产业内分工还是 GVCs 分工）是通过国际贸易实现的，因此，由规模、结构和质量构成的一国（地区）的服务业发展水平（国家统计局服务业调查中心课题组，2009；潘海岚，2011；吴传清等，2013），会通过国际贸易来影响该国服务业参与国际分工的程度和地位。理论上，一国（地区）的服务业规模越大，服务贸易规模也会越大，其参与 GVCs 分工的程度就会越高，其 GVCs 分工地位则取决于分工参与方式，即前向参与与后向参与程度的比较。一国（地区）的服务业结构，即按服务内容、要素密集度或先进程度划分的服务业各部门所占比重，代表了服务业内部的协调发展和优化升级状况。在规模一定的条件下，知识或技术密集型的新兴服务部门所占比重或各部门服务产品的知识或技术含量越高，其 DVA 创造能力就会越高，对其他服务部门的 DVA 创造能力提升的带动作用也会越大，从而带动以增加值计算的服务业及各部门在 GVCs 分工中的地位不断提升（黄繁华等，2019；郑玉，2020）。在规模和结构一定的条件下，服务业质量更明显地体现在服务业的增加值创造能力和国际竞争力,因此,一个经济体的服务业及各部门发展质量越高,国际市场需求会越大,其价值创造能力和国际竞争力也越高,从而其在 GVCs 分工中的地位也会越高(来有为和陈红娜,2017;刘奕和夏杰长,2018)。

综合以上分析,一个经济体服务业规模对其 GVCs 分工地位的影响不确定,而服务业结构和质量对其参与 GVCs 分工地位的影响则呈正向关系。

(2)服务贸易自由化水平:服务贸易自由化,是逐步减少对服务贸易进口的各种限制,同时不断削减对服务出口的各类支持的过程(傅京燕,2001;郑吉昌,2002)。经济体对服务贸易进口限制的减少,一般会扩大境外服务中间品和最终品的进口,使得该经济体服务业后向参与 GVCs 分工的程度提升,即引发该经济体直接服务和间接服务出口中的 FVA 的占比上升。同时,进口服务品规模的扩大会通过竞争效应,降低该经济体同类服务业的生产规模和增加值创造能力,从而引起该经济体服务业 GVCs 分工地位的下降(Hoekman and Mattoo,2013;林僖和鲍晓华,2018)。但是,境外服务中间品和最终品的进口扩大,也会弥补本国服务供给的不足,改善本经济体服务要素资源配置状况、优化服务业内部结构,更大程度上满足本经济体服务业和制造业(及农业和采矿业)生产和出口对服务投入的需求。与此同时,境外服务品进口扩大带来的竞争压力,也会在很大程度上转变为本地服务企业创新发展动力,促使本地服务企业通过增加研发、改善管理、创新产品和经营模式等,来提升增加值创造能力和市场竞争力,进而扩大该经济体服务业及各部门 DVA 出口,并推动服务业前向参与 GVCs 分工程度加深和水平的提升(郑丹青和于津平,2015;戴翔,2016a;Woori,2017;Biryukova and Vorobjeva,2017;姚战琪,2018;马盈盈,2019)。

同样,经济体对服务品生产和出口支持的削减,一方面,会降低服务品出口竞争力和 DVA 出口规模,并在降低服务业 GVCs 前向参与度的基础上,降低 GVCs 分工地位;另一方面,也会迫使服务生产和贸易企业,更加积极主动地提高服务要素资源配置和利用效率,通过研发、产品、管理、营销创新,服务产品质量和品牌价值提升,提高增加值创造和出口能力,促进服务 GVCs 前向参与度和分工地位的提升(戴翔和张二震,2015;Hoekman and Shepherd,2015;Hoekman,2017;Heuser and Mattoo,2017;Aichele and Heiland,2018;马弘和李小帆,2018;Lee,2019)。

可见,一个经济体服务贸易自由化水平的提升,对该经济体服务业 GVCs 分工地位的影响,既可能为正也可能为负,取决于其对该经济体服务业 GVCs 分工后向参与与前向参与度影响结果大小的比较。

(3)服务业利用 FDI 水平:服务业 FDI,不仅可以优化东道方经济体服务要素资源配置和利用效率,直接增加服务产品生产和供给、改善服务业内部结构、扩大服务产品品种和提升服务产品质量,而且其内含的知识、技术给该经济体本地企业带来的学习效应和溢出效应,也会带动本地内资服务企业产品品种的扩大、质量的提升和增加值创造能力的增强,从而扩大服务品出口、提高服务业 GVCs 分工前向参与度,进而促进该经济体服务业 GVCs 分工地位的提升(van Tuijl,2014;Tian et al.,2016;张鹏杨和唐宜红,2018;Cadestin et al.,2019;李平等,2018)。

但服务业 FDI 所带来的竞争效应和挤出效应,也可能挤压东道方经济体服务企业的生产能力和市场空间,降低本土服务企业创新发展和增加值创造能力,并且 FDI 企业自国际市场进口服务中间品的增加,也会在一定程度上提高本土服务业 GVCs 分工后向参与程度,从而阻碍该经济体服务业 GVCs 分工地位的提升(刘海云和毛海欧,2015;唐宜红和张鹏杨,2017;Buelens and Tirpák,2017)。

因此,类似服务贸易自由化水平,服务业 FDI 水平对一个经济体服务业参与 GVCs 分工地位的影响也存在不确定性,同样取决于 FDI 对该经济体服务业 GVCs 分工后向参与与前向参与度影响结果大小的比较。

(4)服务业 OFDI 水平:服务业企业通过 OFDI,向外转移了相对落后的服务生产能力,在淘汰落后服务业的同时,可以为境内服务业转型升级腾出市场发展空间,促进现代新兴服务业态的兴起和发展,增强服务业增加值生产、出口能力,提升服务业 GVCs 分工前向参与度。与此同时,服务业 OFDI 企业,将扩大对投资方经济体服务业中间品和最终品的需求,不仅会提升该经济体服务业 GVCs 分工前向参与度,而且将通过在东道方经济体的 OFDI 企业向第三方的再出口,提升服务业复杂 GVCs 分工参与度,从而推动投资方经济体服务业 GVCs 分工地位的提升(Pananond,2013a,2013b;张宏和王建,2013;刘斌等,2015;杨连星和罗玉辉,2017;Cadestin et al.,2018a,2018b;迟歌,2018;李俊久和蔡琬琳,2018;郑丹青,2019;戴翔和宋婕,2020)。

另外,向服务业发达的东道方经济体开展服务业 OFDI,通过模仿或人员流动机制把发达经济体先进的服务产品、服务技术和服务理念,通过逆向溢出反馈回投资方经济体,会对该经济体服务业发展的转型升级产生促进作用(Driffield and Love,2003;赵伟等,2006;Dunning and Lundan,2009;白洁,2009;Herzer,2011,2012;Di Minin et al.,2012;沙文兵,2012;黄锦明,2016;尹东东和张建清,2016;许晓芹等,2019),从而,提高该经济体服务业增加值创造能力和 GVCs 分工前向参与能力。同时,制造业的日益服务化,也使得制造业 OFDI 越来越多地带动相关服务业走出去,从而间接对投资方经济体的服务业 GVCs 分工地位提升产生促进作用。

由此可见,一个经济体服务业 OFDI 水平与该经济体服务业 GVCs 分工地位变化,呈现正向影响关系。

(5)制造业服务化水平:制造业服务化,是制造业与服务业不断融合发展的互动过程。因此,制造业服务化,即可以看作是服务业对制造业发展贡献份额的不断增加,也可以看作是制造业对服务业发展带动作用的不断增强(Vandermerwe and Rada, 1988; Francois, 1990; 陈宪和黄建锋, 2004; Pilat and Wölfl, 2005; Francois and Woerz, 2008; Lodefalk, 2013; 张晓涛和李芳芳, 2013）。这就预示着，从参与 GVCs 分工活动而言，较高的服务业发展水平，会随着制造业服务化水平的提升，加快制造业向更高水平发展，进而增强增加值创造、出口能力和国际竞争力，促进制造业 GVCs 分工地位的不断攀升（Nordås and Kim, 2013; Lodefalk, 2014; Lanz and Maurer, 2015; 刘斌等, 2016; 许和连等, 2018; 吕越等, 2017; 王思语和郑乐凯, 2018; 戴翔等, 2019; 黄繁华等, 2019）。

同样，制造业的逐步转型升级和向高质量发展，也会通过扩大和提升对高质量、高技术服务品投入的需求，带动制造业上、下游服务业尤其是生产服务业不断向更高水平发展。由制造业需求带动的生产服务业的高质量发展，也会通过服务业部门间的关联效应和示范效应，促动其他服务业部门的质量提升、产品创新、价值创造和竞争力增强。上述进程演进的结果，将会使得一个经济体服务业各部门的增加值生产和出口能力增强、GVCs 分工前向参与程度提高，进而实现服务业自身参与 GVCs 分工地位不断提升（Elms and Low, 2013; 周大鹏, 2013; Pasadilla and Wirjo, 2014; Lodefalk, 2017; 梁敬东和霍景东, 2017; Thangavelu et al., 2018; 杜运苏和彭冬冬, 2018; 祝树金等, 2019）。

由以上分析可以看出，制造业服务化水平与一个经济体服务业 GVCs 分工地位变化之间，存在正相关关系。

（6）制造业 GVCs 分工地位：由于世界各国制造业和服务业对外开放水平，或者说货物贸易与服务贸易自由化水平，普遍存在差异，主要表现为服务业贸易自由化程度明显低于货物贸易。因此，制造业服务化对服务业自身直接参与 GVCs 分工地位的影响，往往因为服务贸易限制较多而难以显著实现。然而，内含在货物生产和贸易中的间接服务，由于隐藏于货物之中，因而就规避了各经济体对服务贸易的限制，伴随着货物贸易而间接实现服务业参与 GVCs 分工的目标和利益（Rainer and Andeas, 2015; 戴翔, 2016b; Miroudot and Cadestin, 2017a, 2017b）。

因此，制造业（及农业、采矿业）参与 GVCs 分工的地位高低，对服务业自身直接参与 GVCs 分工的地位高低，有一定程度影响但程度和显著性均不会太高，但对内含于货物中的这部分间接服务在 GVCs 分工中的地位高低，却会有重要而显著的影响，即制造业 GVCs 分工地位，对直接服务和间接服务在 GVCs 分工中的地位均有正向影响，但程度和显著性会有明显差异，而对全部服务业 GVCs 分工地位则有正向影响。

需要说明的是，上述理论分析是从对服务业 GVCs 分工地位产生最直接影响的视角进行的阐析，对更深层的间接影响因素，由于是通过直接影响因素而对服务业 GVCs 分工地位发挥作用，为在实证检验中尽可能消除多重共线性和内生性问题，这里并未开展理论上的分析。例如，部分文献实证检验论证过的要素禀赋

（即劳动、资本和技术及其结构）因素（Choi，2013；黎峰，2015；聂聆和李三妹，2016；黄灿和林桂军，2017；戴翔和刘梦，2018；Yameogo and Jammeh，2019）、劳动生产率因素（Costinot et al., 2013；马风涛，2015），其对一个经济体服务业GVCs分工地位的影响，是通过该经济体的服务业发展水平来实现的。也就说，一个经济体的服务业发展水平，是该经济体要素禀赋及其结构状况和劳动生产率高低的具体体现，服务业发展水平已经代表了一个经济体的要素禀赋和劳动生产率状况。同样，制度环境与制度质量、本土市场规模等影响因素，也都是先影响服务业发展水平，然后再通过服务业发展水平来影响服务业GVCs分工地位。因此，有了服务业发展水平这一可观察的直接影响因素，也就没有必要再考虑它背后的间接因素。再如，很多文献实证检验结论认为，GVCs参与度和参与方式（王岚和李宏艳，2015；盛斌和陈帅，2016；乔小勇等，2017；刘宏曼和郎郸妮，2018；魏如青等，2018）对服务业GVCs分工地位有重要影响。从GVCs分工地位的计算方式来看，这是显而易见的。因为，GVCs分工地位的计算（无论根据GVCs地位指数还是GVCs上游度指数），是通过一个经济体产业的GVCs前向参与度和后向参与度的比较来实现的，因此，GVCs前向参与度越高，该经济体服务业的GVCs分工地位越高，反之亦反。如果把GVCs参与度和参与方式作为主要影响因素（变量），显然就会产生内生性问题。

6.2 变量选取与数据来源

1. 被解释变量

中国服务业GVCs分工地位（GVC^S），是实证检验的被解释变量，采用第5章中国服务业及分部门GVCs分工地位测算结果。

2. 解释变量

（1）服务业发展水平：服务业规模、结构和质量共同决定着一个经济体的服务业发展水平，由于规模、结构和质量，代表着服务业发展水平的不同维度，且计量单位不同，难以用一个综合指标来衡量，因此，我们将分别检验服务业规模、结构和质量对服务业参与GVCs分工地位的影响及其大小。

服务业规模（SVR^v），用服务业增加值占GDP比重衡量，数据来自历年《中国统计年鉴》。

服务业结构（SVR^s），用知识密集型和公共服务这两个部门的增加值占服务业增加值的比重来衡量，数据来自历年《中国统计年鉴》。

服务业质量（SVR^q），由于尚没有单独衡量服务业质量的直接指标，但一个经济体服务业质量高低与其国际竞争力强弱呈正向关系，因此，我们选用通常用来衡量服务业国际竞争力强弱的指标——RCA 指数来代理。不过由于 Balassa（1965b）提出的传统 RCA 指数计算公式，没有考虑到一经济体出口所包含的 FVA 成分，以及出口后又复进口，即返回出口方的 DVA（RDV），所以，无法准确反映 GVCs 分工下该经济体服务业竞争力强弱及其变化。为此，王直等（2015）、Liu 等（2018）提出了新 RCA 指数（new RCA index），用来测算分析 GVCs 分工下一个经济体产业的国际竞争力水平及其变化。本节将采用新 RCA 指数来计算中国服务业及各部门的国际竞争力水平，计算公式见式（6-1）：

$$\text{NRCA}_i^r = \frac{\left.(\text{TiVA}_i^r + \text{RDV}_i^r)\middle/\sum_{i=1}^{N}(\text{TiVA}_i^r + \text{RDV}_i^r)\right.}{\left.\sum_{r=1}^{G}(\text{TiVA}_i^r + \text{RDV}_i^r)\middle/\sum_{i=1}^{N}\sum_{r=1}^{G}(\text{TiVA}_i^r + \text{RDV}_i^r)\right.} \quad (6\text{-}1)$$

其中，r 代表经济体；i 代表服务业部门；N 代表服务业部门数；G 代表经济体数量；NRCA_i^r 代表 r 经济体 i 服务业的新 RCA 指数，表示 r 经济体 i 服务业的国际竞争力水平；TiVA_i^r 代表 r 经济体 i 服务业的增加值出口；RDV_i^r 代表 r 经济体 i 服务业出口后又返回的 DVA；（$\text{TiVA}_i^r + \text{RDV}_i^r$）实际上代表了 r 经济体 i 服务业部门出口的全部 DVA；$\sum_{i=1}^{N}(\text{TiVA}_i^r + \text{RDV}_i^r)$ 代表 r 经济体全部服务业 DVA 出口；$\sum_{r=1}^{G}(\text{TiVA}_i^r + \text{RDV}_i^r)$ 代表世界所有经济体 i 服务业部门 DVA 出口额；而 $\sum_{i=1}^{N}\sum_{r=1}^{G}(\text{TiVA}_i^r + \text{RDV}_i^r)$ 代表世界全部服务业 DVA 出口额。

计算中国服务业及各部门的新 RCA 指数所需数据，均来自第 5 章的计算结果。

（2）服务贸易自由化水平：虽然，世界银行和 OECD 分别开发了服务贸易限制指数（services trade restrictions indices，STRI），用于衡量和比较不同国家的服务贸易自由化水平。但这两个 STRI 均未涵盖所有服务业部门，不涉及服务业分部门。而且世界银行仅发布 2008~2011 年部分国家的 STRI 数据，OECD 发布的 STRI 数据也仅涉及 2014~2019 年，无法满足实证检验的需要。

因此，对于服务贸易自由化水平（SVR^o）我们仍采用服务贸易额占服务业总产值的比重来衡量。数据来自历年《中国统计年鉴》。

（3）服务业 FDI 水平：同服务业发展水平一样，服务业 FDI 水平也要从服务业 FDI 规模、结构和质量三个维度来考察，不过，服务业 FDI 结构在很大程度上体现了 FDI 质量，因此，我们将从服务业 FDI 规模和结构这两个维度来实证检验服务业 FDI 水平对服务业 GVCs 分工地位的具体影响。

服务业 FDI 规模（FDI^v），用服务业 FDI 占我国全部 FDI 比重来衡量，数据来自历年《中国统计年鉴》和商务部历年《中国外资统计公报》。

服务业 FDI 结构（FDI^s），用知识密集型和公共服务这两个部门 FDI 占全部服务业 FDI 的比重来衡量，数据来自历年《中国统计年鉴》和商务部历年"利用外资统计"。

（4）服务业 OFDI 水平：基于与服务业 FDI 水平相同的处理方式，用服务业 OFDI 规模和结构来衡量我国服务业 OFDI 水平。

服务业 OFDI 规模（$OFDI^v$），用服务业 OFDI 占我国全部 OFDI 比重来衡量，数据来自历年《中国对外直接投资统计公报》。

服务业 OFDI 结构（$OFDI^s$），用知识密集型和公共服务这两个部门 OFDI 占全部服务业 OFDI 的比重来衡量，数据同样来自历年《中国对外直接投资统计公报》。

（5）制造业服务化水平：关于制造业服务化水平（MNF^S）的测度，目前学者主要采用投入产出法中的直接消耗系数法和完全消耗系数法（顾乃华和夏杰长，2010；刘斌等，2016；许和连等，2017）。由于与直接消耗系数相比，完全消耗系数能更全面地反映制造业与服务业各部门之间的相互依存关系，本节借鉴刘斌等（2016），使用 OECD 发布的 2018 年版的 2005~2015 年投入产出数据，采用完全消耗系数来测度中国制造业服务化水平，但在计算时剔除了外国进口服务投入消耗。具体测算公式为

$$\mathrm{MNF}_{ij}^S = a_{ij} + \sum_{k=1}^{n} a_{ik}a_{kj} + \sum_{s=1}^{n}\sum_{k=1}^{n} a_{is}a_{sk}s_{kj} + \cdots \quad (6\text{-}2)$$

其中，j 代表制造业；i 代表服务业；MNF_{ij}^S 代表制造业 j 的服务化水平；a_{ij} 代表 j 制造业对第 i 服务业的直接消耗；$\sum_{k=1}^{n} a_{ik}a_{kj}$ 代表第一轮间接消耗；第 $n+1$ 项代表第 n 轮间接消耗。

（6）制造业 GVCs 分工地位：制造业 GVCs 分工地位（GVC^M），按照第 5 章新 GVCs 地位指数计算式（5-2），根据 2018 年 12 月 OECD 和 WTO 联合发布的 TiVA 数据和 OECD 发布的 2018 年版 ICIO 表数据计算。

综上，中国服务业 GVCs 分工地位影响因素实证检验所选取变量及数据来源详见表 6-1。

表 6-1 变量描述与数据来源

	变量名称		符号	变量说明	资料来源
被解释变量	服务业 GVCs 分工地位		GVC^S	服务业新 GVCs 地位指数	第 5 章计算结果
解释变量	服务业发展水平	规模	SVR^v	服务业增加值占 GDP 比重	历年《中国统计年鉴》
		结构	SVR^s	知识密集型和公共服务的增加值占全部服务业增加值的比重	
		质量	SVR^q	服务业国际竞争力（新 RCA 指数）	根据式（6-1）计算
	服务贸易自由化水平		SVR^o	服务贸易额额占服务业总产值比重	历年《中国统计年鉴》
	服务业 FDI 水平	规模	FDI^v	服务业 FDI 占全部 FDI 比重	历年《中国统计年鉴》和商务部历年《中国外资统计公报》
		结构	FDI^s	知识密集型和公共服务部门 FDI 占全部服务业 FDI 比重	
	服务业 OFDI 水平	规模	$OFDI^v$	服务业 OFDI 占全部 OFDI 比重	历年《中国对外直接投资统计公报》
		结构	$OFDI^s$	知识密集型和公共服务部门 OFDI 占全部服务业 OFDI 比重	
	制造业服务化水平		MNF^S	服务业对制造业的增加值投入比例	根据式（6-2）计算
	制造业 GVCs 分工地位		GVC^M	制造业新 GVCs 地位指数	根据式（5-2）计算

6.3 模型建立与实证检验

根据以上理论分析和选取变量，我们建立如式（6-3）所示的普通最小二乘法（ordinary least squares, OLS）计量模型：

$$\begin{aligned} GVC_t^S = &\alpha_0 + \left(\beta_1 SVR_t^v + \beta_2 SVR_t^s + \beta_3 SVR_t^q\right) + \beta_4 SVR_t^o \\ &+ \left(\beta_5 FDI_t^v + \beta_6 FDI_t^s\right) + \left(\beta_7 OFDI_t^v + \beta_8 OFDI_t^s\right) \\ &+ \beta_9 MNF_t^S + \beta_{10} GVC_t^M + \mu_t + \gamma_t + \varepsilon_t \end{aligned} \quad (6\text{-}3)$$

其中，下标 t 代表时间（年度）；μ_t 代表时间固定效应；γ_t 代表市场固定效应；ε_t 代表误差项，其他符号的含义见表 6-1。为避免方程出现伪回归现象，本节对面板数据采用 ADF（augmented dickey-fuller）和 LLC（levin-lin-chu）检验方法进行了单位根检验，检验结果拒绝原假设，变量不存在单位根，故时间序列是平稳的。对该模型进行 Hausman 检验，结果接受原假设，说明不存在内生解释变量，可以使用 OLS 估计法进行回归。

由于服务业及各部门 TiVA 出口包括服务业自身的直接出口和内含在货物中的间接出口两部分，因此，为考察各被解释变量对直接服务、间接服务及各部门

GVCs 分工地位的影响，是否存在差异或异质性，我们将从全部服务及各部门、直接服务及各部门和间接服务及各部门，分三次进行 OLS 回归，回归结果分别见表 6-2、表 6-3 和表 6-4。

表 6-2 全部服务及分部门 GVCs 分工地位影响因素 OLS 回归结果

变量		全部服务及各部门 GVCs 分工地位（GVC^S）				
		服务业整体	劳动密集型服务	资本密集型服务	知识密集型服务	公共服务
服务业发展水平	SVR^v	0.1533***	0.1767**	0.1873***	0.1162***	0.0851*
		(3.21)	(2.09)	(3.12)	(3.17)	(1.76)
	SVR^s	0.2126***	0.1872**	0.2039**	0.2437***	0.2235***
		(3.25)	(2.67)	(2.51)	(3.31)	(3.18)
	SVR^q	0.2567**	0.3127***	0.3264***	0.2135**	0.2028**
		(2.56)	(3.23)	(3.08)	(2.36)	(2.65)
服务贸易自由化水平	SVR^o	0.1707***	0.1715***	0.2035***	0.1358**	0.1297**
		(3.22)	(3.15)	(3.31)	(2.97)	(2.85)
服务业 FDI 水平	FDI^v	−0.0233*	−0.0317*	−0.0376*	−0.0157	−0.0189
		(−1.54)	(−1.87)	(−1.92)	(−1.23)	(−1.19)
	FDI^s	0.1137*	0.0867*	0.1153*	0.1238**	0.1132*
		(1.85)	(1.57)	(1.75)	(2.53)	(1.78)
服务业 OFDI 水平	$OFDI^v$	0.1565**	0.1728***	0.2013***	0.1151***	0.0718**
		(2.11)	(3.23)	(3.36)	(3.42)	(2.50)
	$OFDI^s$	0.0621*	0.0833**	0.1179**	0.0582*	0.0451
		(1.71)	(2.80)	(2.91)	(1.87)	(1.33)
制造业服务化水平	MNF^S	0.0873	−0.0627*	0.1263**	−0.0758**	−0.0825**
		(1.08)	(−1.41)	(2.57)	(−2.07)	(−2.19)
制造业 GVCs 分工地位	GVC^M	0.0949	0.0543	0.0865	0.0537	0.0487
		(1.52)	(1.17)	(1.72)	(1.13)	(1.55)
常数项		0.2763***	0.2182***	0.2085***	0.3233***	0.3358***
		(6.23)	(5.96)	(6.78)	(5.75)	(4.61)
R^2		0.656	0.695	0.672	0.673	0.677
时间固定效应		Y	Y	Y	Y	Y
市场固定效应		Y	Y	Y	Y	Y
样本观测值		165	44	44	33	44

注：系数下方括号内的数字为 t 统计量。
*、**和***分别代表 10%、5%和 1%的显著性水平。

表 6-3　直接服务及分部门 GVCs 分工地位影响因素 OLS 回归结果

变量		直接服务及各部门 GVCs 分工地位（GVC^S）				
		服务业整体	劳动密集型服务	资本密集型服务	知识密集型服务	公共服务
服务业发展水平	SVR^v	0.1656***	0.1239*	0.1598**	0.1782***	0.1812***
		(3.37)	(1.25)	(2.61)	(3.06)	(3.45)
	SVR^s	0.2262***	0.1923**	0.2274***	0.2571***	0.2354***
		(3.25)	(2.52)	(2.83)	(3.14)	(3.58)
	SVR^q	0.2675***	0.2727***	0.3064***	0.2355***	0.2183**
		(2.84)	(3.35)	(3.51)	(3.60)	(2.57)
服务贸易自由化水平	SVR^o	0.2069***	0.1858**	0.1937***	0.2182**	0.2372**
		(3.22)	(2.05)	(3.57)	(2.70)	(2.55)
服务业 FDI 水平	FDI^v	−0.0157*	−0.0271*	−0.0276*	−0.0057	−0.0089
		(−1.12)	(−1.70)	(−1.24)	(−1.03)	(−1.28)
	FDI^s	0.1297**	0.1067**	0.1332**	0.1481***	0.1332**
		(2.53)	(2.36)	(2.07)	(3.72)	(2.25)
服务业 OFDI 水平	OFDI^v	0.1756***	0.1941***	0.2235***	0.1318***	0.0984**
		(3.29)	(3.37)	(3.63)	(3.27)	(2.08)
	OFDI^s	0.0813**	0.1045**	0.1216**	0.0783*	0.0661*
		(2.12)	(2.53)	(2.21)	(1.77)	(1.56)
制造业服务化水平	MNF^S	0.0172	0.0098	0.0331	0.0258	0.0152
		(1.31)	(1.41)	(1.07)	(1.25)	(1.69)
制造业 GVCs 分工地位	GVC^M	0.0295	0.0143	0.0165	0.0317	0.0276
		(1.27)	(1.35)	(1.63)	(1.32)	(1.68)
常数项		0.3341***	0.3485***	0.3079***	0.2978***	0.3481***
		(3.39)	(2.98)	(4.27)	(3.65)	(4.17)
R^2		0.795	0.751	0.726	0.733	0.787
时间固定效应		Y	Y	Y	Y	Y
市场固定效应		Y	Y	Y	Y	Y
样本观测值		165	44	44	33	44

注：系数下方括号内的数字为 t 统计量

*、**和***分别代表 10%、5%和 1%的显著性水平

表 6-4　间接服务及分部门 GVCs 分工地位影响因素 OLS 回归结果

变量		间接服务及各部门 GVCs 分工地位（GVC^S）				
		服务业整体	劳动密集型服务	资本密集型服务	知识密集型服务	公共服务
服务业发展水平	SVR^v	0.1326***	0.0975**	0.1931***	0.0727**	0.0553**
		(3.35)	(2.20)	(3.27)	(2.11)	(2.60)

续表

变量		间接服务及各部门 GVCs 分工地位（GVC^S）				
		服务业整体	劳动密集型服务	资本密集型服务	知识密集型服务	公共服务
服务业发展水平	SVR^s	0.1562***	0.1529**	0.2197***	0.1098***	0.0855***
		(3.53)	(2.72)	(3.05)	(3.65)	(3.63)
	SVR^q	0.1677***	0.1773***	0.2243***	0.0855**	0.0692**
		(3.05)	(3.37)	(3.81)	(2.62)	(2.50)
服务贸易自由化水平	SVR^o	0.1472***	0.1654***	0.2383***	0.1056**	0.0877**
		(3.47)	(3.58)	(3.17)	(2.70)	(2.55)
服务业 FDI 水平	FDI^v	−0.0452	−0.0373	−0.0165	−0.0671	−0.0598
		(−1.40)	(−1.72)	(−1.24)	(−1.35)	(−1.34)
	FDI^s	0.0724*	0.0775	0.1036**	0.0687**	0.0532*
		(1.53)	(1.70)	(2.56)	(2.32)	(1.81)
服务业 OFDI 水平	$OFDI^v$	0.1159	0.1086	0.1232	0.0911	0.0783
		(1.32)	(1.09)	(1.51)	(1.24)	(1.36)
	$OFDI^s$	0.0519	0.0728	0.1117	0.0328	0.0215
		(1.18)	(1.08)	(1.32)	(1.74)	(1.45)
制造业服务化水平	MNF^s	0.1372**	−0.0827*	0.1736***	−0.1085**	−0.1152**
		(2.87)	(−1.43)	(3.22)	(−2.71)	(−2.83)
制造业 GVCs 分工地位	GVC^M	0.1491	0.1134	0.1653**	0.0923	0.0785
		(1.24)	(1.31)	(1.92)	(1.31)	(1.52)
常数项		0.2291***	0.2046***	0.2158***	0.2234***	0.2357***
		(3.34)	(4.69)	(5.83)	(3.57)	(3.18)
R^2		0.616	0.609	0.614	0.631	0.606
时间固定效应		Y	Y	Y	Y	Y
市场固定效应		Y	Y	Y	Y	Y
样本观测值		165	44	44	33	44

注：系数下方括号内的数字为 t 统计量

*、**和***分别代表 10%、5%和 1%的显著性水平

6.4 实证检验结果分析

6.4.1 对全部服务及分部门 GVCs 分工地位的影响

（1）从表 6-2 中的回归结果可以看出：构成服务业发展水平的服务业规模、结

构和质量，对全部服务业及按要素密集度划分的各服务部门 GVCs 分工地位的影响均为正，且均通过了显著性检验，说明服务业发展水平的确对我国服务业及各部门 GVCs 分工地位具有显著的正向影响，符合前文的理论分析预期。但是，从影响系数大小来看，服务业规模、结构和质量分别对服务业整体和劳动密集型服务、资本密集型服务 GVCs 分工地位的影响，呈现递增现象，即服务业规模的影响程度小于服务业结构的影响，而服务业结构的影响又小于服务业质量的影响。只是在知识密集型和公共服务部门，服务业质量对 GVCs 分工地位的影响，小于服务业结构的影响。这也就预示着，进一步提高我国服务业在 GVCs 分工中的地位，在继续扩张服务业规模的同时，应更加重视改善服务业结构（加快发展知识密集型服务业和公共服务业），更加重视通过创新提高服务业发展质量。

（2）服务贸易自由化水平，对全部服务业及各服务部门 GVCs 分工地位的影响均为正，且通过了显著性检验。说明我国服务贸易自由化水平的不断提高，所带来的服务业各部门 GVCs 分工后向参与度的提高程度，要明显低于前向参与度的提高程度，即我国服务贸易自由化水平提高，对服务业及各部门 GVCs 分工地位的负向影响效应，要低于正向影响效应，因此，总体影响结果是促进了服务业及各部门 GVCs 分工地位的提升。这为我国继续扩大和深化服务业对外开放，以进一步提高服务业 GVCs 分工地位和贸易利益，提供了实证依据。

（3）构成服务业 FDI 水平的两个变量中，服务业 FDI 规模对全部服务业及各部门 GVCs 分工地位的影响均为负，但对全部服务、劳动密集型和资本密集型服务部门的影响通过了显著性检验，对知识密集型、公共服务部门的影响则不显著。出现上述差异的可能原因在于，在我国服务业 FDI 中，批发零售、住宿餐饮等劳动密集型服务业和运输仓储、IT 及房地产等资本密集型服务业，所占比重较高，且这两个部门的外商投资企业，绝大多数业务以服务境内市场为主，这两个服务部门的外商投资企业，利用进口贸易优惠政策，在扩大服务进口提高了我国服务业 GVCs 分工后向参与度的同时，并未对前向参与度的提高产生促进作用。但服务业 FDI 结构对全部服务及各部门 GVCs 分工地位的影响系数均为正，且都通过了显著性检验，说明我国服务业 FDI 结构的不断优化，对服务业及各部门在 GVCs 分工中的地位提升产生了促进作用。这也显示出，与扩大利用 FDI 规模相比，进一步优化 FDI 结构对继续提升服务业 GVCs 分工地位有更加积极和重要的作用。通过优化服务业 FDI 结构，进而提高服务业 FDI 质量，应成为我国服务业外商直接投资负面清单调整的着力点。

（4）反映服务业 OFDI 水平的服务业 OFDI 规模和结构两个变量，对我国全部服务业及各部门 GVCs 分工地位的影响均为正，且除服务业 OFDI 结构对公共服务部门 GVCs 分工地位的影响不显著外，其余均通过了显著性检验。只是从回归结果的系数大小比较，服务业 OFDI 规模对服务业及各部门 GVCs 分工地位的影响，明显大于服务业 OFDI 结构的影响。这说明，我国服务业 OFDI 对服务业 GVCs 分工地位的促进作用，主要还是通过服务业 OFDI 规模的不断扩大来实现的，受境内服务业发展水平的制约，服务业 OFDI 结构对服务业 GVCs 分工地位的促进作用还很有限。但这也从另一个角度反映出，随着境内服务业结构的优化和发展质量的提升，未来服务业 OFDI 结构优化和升级对促进服务业 GVCs 分工地位的提升有着更大的潜力和空间。

（5）值得关注的是，制造业服务化水平对全部服务业 GVCs 分工地位的影响为正，但是未通过显著性检验。分服务业部门来看，制造业服务化水平仅对资本密集型服务部门 GVCs 分工地位有显著正向影响，对劳动密集型、知识密集型和公共服务部门 GVCs 分工地位的影响均显著为负。这说明，与国内外许多文献研究结论显示的制造业服务化显著促进制造业国际分工地位提升相比，制造业服务化水平的提升，尚未发挥其对服务业 GVCs 分工地位提升应有的作用，而且还在一定程度上降低了劳动密集型、知识密集型和公共服务部门的 GVCs 分工地位。这一实证检验结果明显也与前文的理论分析预期不符。造成这一结果的原因，很大地可能与我国制造业转型发展和出口结构优化升级所处阶段有关，正是由于我国制造业正处于由劳动密集型向资本密集型转型，而只有部分企业进入技术密集型制造业的时期，对资本密集型服务的投入有较大需求，对劳动密集型服务的投入需求相对下降，而同时对知识密集型和公共服务的投入需求也相对较低。这一实证检验结果也更加凸显了，在制造业服务化日益提升的趋势下，通过加快制造业转型升级、结构优化和高质量发展，来带动服务业发展水平提高和参与 GVCs 分工地位提升上的重要性和紧迫性。

（6）表 6-2 的回归结果来看，制造业 GVCs 分工地位，对服务业及各部门 GVCs 分工地位的影响为正，但无论对全部服务业还是对各服务部门，其影响均不显著。出现这一实证检验结果，一方面，与上述我国制造业发展所处阶段有关；另一方面，也与现有文献研究表明的我国制造业及按要素密集度划分的各制造业部门的 GVCs 分工地位出现波动、总体提升缓慢（周升起等，2014；岑丽君，2015；尹彦罡和李晓华，2015；聂聆和李三妹，2016；黄灿和林桂军，2017；刘宏曼和郎郸妮，2018），并明显表现出低端锁定效应直接相关（王岚，2014；刘洪铎和曹瑜强，2016；肖威和刘德学，2016；卢仁祥，2017；王秋红和赵乔 2018；吕越等，2018；闫云凤，2019）。这一结果明确告诉我们，加快提升制造业 GVCs 分工地位，不仅关系到制造业自身的发展和利益实现，还关乎服务业 GVCs 分工地位和分工利益的提升，在制造业服务化不断加速的背景下，加快提升制造业 GVCs 分工地位的意义更加重大。

另外，从各解释变量对劳动密集型、资本密集型、知识密集型和公共服务等部门 GVCs 分工地位的影响系数大小可以清楚地看出，各解释变量对服务业不同部门 GVCs 分工地位的影响存在明显差异或异质性。这也从另一个角度说明，在政策制定和实施层面，提升不同服务部门在 GVCs 分工中的地位，应分类施策、精准发力。

6.4.2 对直接服务及分部门 GVCs 分工地位的影响

（1）表 6-3 的回归结果显示，服务业发展水平对直接服务及各部门 GVCs 分工地位的影响结果，与对全部服务业及各部门 GVCs 分工地位的影响，呈现相同的特点。服务业规模、结构和质量，对直接服务及各部门的 GVCs 分工地位均显著为正；服务业规模、结构和质量分别对直接服务业整体和劳动密集型、资本密集型服务 GVCs 分工地位的影响，呈现递增现象，即服务业规模的影响程度小于服务业结构的影响，而服务业结构的影响又小于服务业质量的影响；在知识密集型和公共服务部门，服务业质量对其 GVCs 分工地位的影响，小于服务业结构的影响。并且从影响系数大小比较，服务业结构对直接服务及各部门 GVCs 分工地位的影响程度，要大于对全部服务及各部门 GVCs 分工地位的影响。服务业规模和质量对直接服务及各部门 GVCs 分地位的影响程度，除劳动密集型和资本密集型服务部门外，也要大于对全部服务业及各部门 GVCs 分工地位的影响。这说明，服务业发展水平对全部服务业及各部门 GVCs 分工地位的影响，更大程度上取决于对直接服务及各部门 GVCs 分工地位的影响程度。

（2）服务贸易自由化水平，对直接服务及各部门 GVCs 分工地位的影响结果，也显著为正。在影响程度上，除资本密集型服务部门外，服务贸易自由化水平，对直接服务及各部门 GVCs 分工地位的影响程度，高于对全部服务业 GVCs 分工地位的影响。这反映出，我国服务贸易自由化程度的提高，加快了除资本密集型服务部门外的其他各部门及服务业整体的发展，促进了除资本密集型服务部门外的其他各部门及服务业整体 GVCs 分工地位的提升。

（3）服务业 FDI 水平，对直接服务及各部门 GVCs 分工地位的影响，也呈现与对全部服务及各部门 GVCs 分工地位的影响，基本一致的特征。服务业 FDI 规模对直接服务及各部门 GVCs 分工地位的影响均为负，对直接服务业整体和劳动密集型、资本密集型服务部门的影响显著，而对知识密集型和公共服务部门分工地位的影响不显著。服务业 FDI 结构对直接服务及各部门 GVCs 分工地位产生显著的正向影响，并且在影响程度上，也要高于表 6-2 中对全部服务的影响。这同样说明，服务业 FDI 水平对全部服务及各部门 GVCs 分工地位的影响，更大程度上取决于对直接服务及各部门 GVCs 分工地位的影响程度。

（4）服务业 OFDI 水平，对直接服务及各部门 GVCs 分工地位的影响，符合前文的理论分析和预期，均呈现正向影响并都通过了显著性检验。无论服务业 OFDI

规模还是 OFDI 结构，其对直接服务及各部门 GVCs 分工地位的影响程度，均高于表 6-2 中对全部服务及各部门分工地位的影响。从影响系数大小比较而言，服务业 OFDI 规模对直接服务及各部门 GVCs 分工地位的影响程度，要明显高于服务业 OFDI 结构的影响。这反映出，服务业 OFDI 水平对直接服务及各部门 GVCs 分工地位的影响，目前主要还是通过服务业 OFDI 规模的扩大实现的，服务业 OFDI 结构对直接服务业 GVCs 分工地位提升的作用仍较小。

（5）制造业服务化水平，对直接服务及各部门 GVCs 分工地位的影响均为正，也符合前文的理论分析，但是均没有通过显著性检验。这说明，制造业服务化水平的提高，虽然对服务业投入需求的规模、结构和质量要求也在不断扩大和提高，但受我国制造业转型升级发展所处阶段限制，制造业服务化对服务业发展水平提升，进而对服务业 GVCs 分工地位提升的正向促进作用，尚未从理论转化为现实。

（6）制造业 GVCs 分工地位，对直接服务及各部门 GVCs 分工地位的影响，表现出与制造业服务化水平相同的特点，即对直接服务及各部门 GVCs 分工地位的影响为正，但仍不显著。其可能的原因，主要受前文所述的我国制造业及各部门在 GVCs 分工中的地位出现波动、提升缓慢和存在低端锁定效应影响，潜在的提升促进作用尚未发挥出来。

同各解释变量对全部服务业各部门 GVCs 分工地位的影响一样，从影响系数结果大小比较来看，各解释变量对直接服务各部门 GVCs 分工地位的影响，同样存在较为明显的异质性。

6.4.3 对间接服务及分部门 GVCs 分工地位的影响

（1）从表 6-4 可以看出，服务业发展水平对内含在货物中的间接服务及各部门 GVCs 分工地位的影响结果，表现出与对全部服务和直接服务类似的特征。所不同的是，在影响程度上要低于对全部服务、直接服务及各部门 GVCs 分工地位的影响。这在很大程度上反映出，服务业规模、结构和质量，均对我国间接服务及各部门的 GVCs 分工地位具有显著的正向影响，但受制造业发展阶段对服务业投入需求规模、结构和质量要求的反向制约，影响程度明显低于服务业发展水平对直接服务及各部门 GVCs 分工地位的影响。这也在一定程度上说明，进一步提高间接服务及各部门的 GVCs 分工地位，即需要服务业自身发展水平提升，为制造业投入更多高质量、高知识技术含量的服务，更需要制造业的高质量、高水平发展和出口，带动对更多高质量、高知识技术含量服务的需求。

（2）贸易自由化水平，对间接服务及各部门 GVCs 分工地位也呈现显著的正向影响，与前文的理论分析和预期一致。但是，除对资本密集型间接服务的 GVCs

分工地位影响较大外，其对间接服务业整体和劳动密集型、知识密集型及公共服务 GVCs 分工地位的影响程度，均小于服务贸易自由化对直接服务 GVCs 分工地位的影响。这一方面与我国制造业正处于资本密集型占主导地位，对资本密集型服务投入需求较大有关，另一方面也可能与服务贸易自由化提高后，制造业企业经过比较会更多地选择性价比更高的外国进口的知识密集型和公共服务中间品来满足自己的需求有关。导致这些服务部门的 GVCs 分工后向参与度提高，进而造成服务贸易自由化水平对间接服务业整体和劳动密集型、知识密集型、公共服务部门 GVCs 分工地位提升的影响程度，低于对直接服务 GVCs 分工地位的影响。

（3）服务业 FDI 水平，对间接服务及各部门 GVCs 分工地位的影响，与对直接服务及各部门分工地位的影响结果，表现出不同的特点。服务业 FDI 规模对间接服务及各部门 GVCs 分工地位的影响，虽然也均为负，但都不显著。这说明，服务业外商投资企业的服务产出规模，相对于制造业对服务投入的需求规模而言较小，其对内含在制造业中的间接服务 GVCs 分工地位所产生的负面影响较小，且难以显示出来。服务业 FDI 结构，对间接服务及各部门 GVCs 分工地位的影响均为正，但影响程度要低于其对直接服务 GVCs 分工地位的影响，并且其对劳动密集型间接服务分工地位的影响不显著。这可能与服务业外商投资企业，主要以满足我国境内服务市场需求为主，对我国货物生产和出口的服务投入相对比例较低，以及在服务业 FDI 中，劳动密集型服务业 FDI 占比越来越低有关。

（4）服务业 OFDI 水平，对间接服务及各部门 GVCs 分工地位的影响，虽然与前文理论分析预期的结果一致均为正，但是都没有通过显著性检验，且影响程度也均低于其对直接服务及各部门 GVCs 分工地位的影响。这说明，虽然从理论上分析，服务业 OFDI 水平对间接服务及各部门 GVCs 分工地位具有正向影响，但是要通过首先提升本国服务业发展水平，进而提高对制造业服务投入水平这一迂回路径来实现，并且要受到制造业发展阶段的制约。因此，服务业 OFDI 水平对间接服务及各部门 GVCs 分工地位的影响，尚未得到显现。

（5）制造业服务化水平，对间接服务业整体 GVCs 分工地位虽表现出显著的正向影响，且影响程度明显高于对直接服务业整体的影响，但从对各服务部门 GVCs 分工地位的影响结果来看，除对资本密集型间接服务的 GVCs 分工地位显著为正外，对其他三个服务部门 GVCs 分工地位的影响均显著为负，与前文的理论分析明显不符。其最可能的原因，同样与我国制造业发展所处阶段，导致制造业服务化对劳动密集型服务投入需求下降，同时对知识密集型和公共服务投入需求不足直接相关。

（6）制造业 GVCs 分工地位，对间接服务及各部门 GVCs 分工地位的影响虽然为正，并且影响系数均高于表 6-3 中对直接服务及各部门 GVCs 分工地位的影响，但只有对资本密集型间接服务 GVCs 分工地位的影响通过了显著性检验，对间接服务业整体和其他三个服务部门分工地位的影响均不显著。这说明，虽然理论上制造业 GVCs 分工地位变化，对内含于货物中的间接服务应该有较强的正向影响，但由于前文所述的我国制造业及各部门在 GVCs 分工中的地位出现波动、提升缓慢和存在低端锁定效应，潜在的提升作用只对资本密集型服务部门显示出来，对间接服务业整体及其他三个服务部门分工地位的正向影响，尚未得到发挥。

从影响系数结果大小来看，各解释变量对间接服务各部门 GVCs 分工地位的影响，同样存在明显的异质性。

综合比较表 6-2、表 6-3 和表 6-4 的 OLS 回归结果和以上对回归结果的分析，可以进一步发现以下问题。

从实证检验结果中各解释变量的影响系数大小比较来看，在对全部服务、直接服务及各部门 GVCs 分工地位的影响中，按影响程度由高到低排序为：服务业发展水平、服务贸易自由化水平、服务业 OFDI 水平、服务业 FDI 水平、制造业 GVCs 分工地位和制造业服务化水平（但影响结果的显著性存在差异）。而在对间接服务及各部门 GVCs 分工地位的影响中，按影响程度由高到低排序为：服务业发展水平、服务贸易自由化水平、制造业 GVCs 分工地位、制造业服务化水平、服务业 OFDI 水平和服务业 FDI 水平（影响结果的显著性也存在差异）。这说明，在各解释变量对全部服务、直接服务和间接服务 GVCs 分工地位的影响程度及显著性上，同样存在明显的异质性。

除制造业服务化水平、制造业 GVCs 分工地位两个因素对直接服务业及各部门 GVCs 分工地位影响不显著，以及服务贸易自由化水平对资本密集型直接服务 GVCs 分工地位影响低于对资本密集型间接服务 GVCs 分工地位影响外，其他解释变量对直接服务业整体及各部门 GVCs 分工地位的影响程度，均高于对间接服务业整体及各部门 GVCs 分工地位的影响程度（尽管显著性上存在差异）。这就使得实证检验期内（2005~2015 年），除制造业服务化和制造业 GVCs 分工地位两个变量外的其他变量，对全部服务及各部门 GVCs 分工地位的影响程度高低，主要取决于这些变量对直接服务及各部门分工地位的影响程度。或者说，在 2005~2015 年实证检验期内，通过上述影响因素的作用，我国全部服务及各部门参与 GVCs 分工地位的高低，主要还是由直接服务及各部门参与 GVCs 分工地位的高低来决定，除在资本密集型服务部门外，间接服务业整体及其他三个服务部门 GVCs 分工地位，对全部服务及各部门 GVCs 分工地位提升的促进作用，尚未得到有效发挥。在知识密集型和公共服务部门，间接服务较低的 GVCs 分工地位，还反而明显拉低了全部服务中这两个服务部门的 GVCs 分工地位，这从第 5 章中图 5-2~图 5-4 的比较中，可以更加清晰地看出来。

不过，从图 5-2～图 5-4 全部服务、直接服务和间接服务中各部门 GVCs 分工地位的走势和提升幅度比较来看，2005～2015 年，间接服务中各部门参与 GVCs 分工地位的提升幅度，均明显高于直接服务中各部门分工地位的提升幅度。也就是说，间接服务中各部门 GVCs 分工地位提升，对全部服务中各部门 GVCs 分工地位提升的贡献度，要明显超过直接服务中各个部门的贡献。因此可以预计，2015 年之后，通过各解释变量的影响，尤其是制造业服务化和制造业 GVCs 分工地位两个变量的影响，由不显著转向显著，并且影响程度逐步提高，间接服务业整体及各部门 GVCs 分工地位提升，对我国全部服务及各部门 GVCs 分工地位提升的贡献度将明显提高，并会很快超过直接服务及各部门的贡献度，成为拉动我国服务业及各部门 GVCs 分工地位进一步提高的主要力量。当然，这还需要在获得相关数据的基础上，进行实证检验。

6.5 稳健性检验

为验证 6.3 节 OLS 回归结果的稳定性和可靠性，我们采用系统 GMM 估计方法做进一步检验。考虑到各解释变量的滞后性，使得服务业及各部门 GVCs 分工地位变化具有持续性和惯性特征，因此，加入被解释变量的滞后一期作为工具变量，计量模型就改写为式（6-4）：

$$\begin{aligned}\text{GVC}_t^S = {} & \alpha_0 + \beta_0 \text{GVC}_{t-1}^S + \left(\beta_1 \text{SVR}_t^v + \beta_2 \text{SVR}_t^s + \beta_3 \text{SVR}_t^q\right) + \beta_4 \text{SVR}_t^o \\ & + \left(\beta_5 \text{FDI}_t^v + \beta_6 \text{FDI}_t^s\right) + \left(\beta_7 \text{OFDI}_t^v + \beta_8 \text{OFDI}_t^s\right) \\ & + \beta_9 \text{MNF}_t^S + \beta_{10} \text{GVC}_t^M + \mu_t + \gamma_t + \varepsilon_t \end{aligned} \quad (6\text{-}4)$$

其中，GVC_{t-1}^S 代表滞后一期的服务业及各部门 GVCs 分工地位，其他各变量符号的含义同式（6-3）。全部服务、直接服务和间接服务及各部门系统 GMM 的估计结果，见表 6-5、表 6-6 和表 6-7。

表 6-5　全部服务及分部门 GVCs 分工地位影响因素系统 GMM 估计结果

变量		全部服务及各部门 GVCs 分工地位（GVC^S）				
		服务业整体	劳动密集型服务	资本密集型服务	知识密集型服务	公共服务
滞后一期服务业 GVCs 分工地位	GVC_{t-1}^S	0.8979*** （9.37）	0.8608*** （8.15）	0.9056*** （7.34）	0.9137*** （8.73）	0.9067*** （7.17）
服务业发展水平	SVR^v	0.1542*** （3.19）	0.1713** （2.25）	0.1835*** （3.27）	0.1193*** （3.71）	0.0866* （1.62）
	SVR^s	0.2157*** （3.50）	0.1838** （2.72）	0.2057** （2.33）	0.2471*** （3.11）	0.2250*** （3.26）

续表

变量		全部服务及各部门 GVCs 分工地位（GVC^S）				
		服务业整体	劳动密集型服务	资本密集型服务	知识密集型服务	公共服务
服务业发展水平	SVR^q	0.2583***	0.3170***	0.3276***	0.2152**	0.2083**
		(3.61)	(3.30)	(3.58)	(2.61)	(2.55)
服务贸易自由化水平	SVR^o	0.1732***	0.1727***	0.2052***	0.1369**	0.1281**
		(3.12)	(3.05)	(3.47)	(2.72)	(2.57)
服务业 FDI 水平	FDI^v	−0.0252*	−0.0329*	−0.0383*	−0.0172	−0.0184
		(−1.41)	(−1.75)	(−1.27)	(−1.34)	(−1.31)
	FDI^s	0.1146*	0.0870	0.1139*	0.1252*	0.1156*
		(1.56)	(1.25)	(1.53)	(2.38)	(1.32)
服务业 OFDI 水平	$OFDI^v$	0.1537**	0.1712***	0.2030***	0.1163***	0.0721**
		(2.28)	(3.31)	(3.16)	(3.05)	(2.47)
	$OFDI^s$	0.0659*	0.0841**	0.1192**	0.0567*	0.0446
		(1.15)	(2.07)	(2.52)	(1.70)	(1.37)
制造业服务化水平	MNF^S	0.0897	−0.0607**	0.1291**	−0.0735**	−0.0837**
		(1.32)	(−2.13)	(2.73)	(−2.71)	(−2.08)
制造业 GVCs 分工地位	GVC^M	0.0983	0.0537	0.0875	0.0529	0.0471
		(1.27)	(1.43)	(1.20)	(1.34)	(1.61)
常数项		0.2336***	0.3128***	0.2958***	0.2336***	0.3022***
		(7.74)	(3.67)	(6.10)	(3.57)	(2.68)
时间固定效应		Y	Y	Y	Y	Y
市场固定效应		Y	Y	Y	Y	Y
样本观测值		150	40	40	30	40
Wald-χ^2 统计量		1986.50	1918.07	1725.80	1724.06	1717.70
		(0.00)	(0.00)	(0.00)	(0.00)	(0.00)
Sargan 检验		139.26	143.63	137.45	139.52	138.57
		(0.348)	(0.317)	(0.361)	(0.309)	(0.321)
AR（1）检验 p 值		0.1099	0.1142	0.1053	0.1178	0.1069
AR（2）检验 p 值		0.6612	0.5832	0.6658	0.6382	0.5725

注：系数下方括号内的数字为估计值的 z 统计量

*、**和***分别代表 10%、5%和 1%的显著性水平

表 6-6 　直接服务及分部门 GVCs 分工地位影响因素系统 GMM 估计结果

变量		全部服务及各部门 GVCs 分工地位（GVC^S）				
		服务业整体	劳动密集型服务	资本密集型服务	知识密集型服务	公共服务
滞后一期服务业 GVCs 分工地位	GVC^S_{t-1}	0.8527***	0.8381***	0.8863***	0.8926**	0.8834***
		(8.62)	(7.85)	(8.34)	(7.65)	(8.29)

续表

变量		全部服务及各部门GVCs分工地位（GVC^S）				
		服务业整体	劳动密集型服务	资本密集型服务	知识密集型服务	公共服务
服务业发展水平	SVR^v	0.1688*** (3.07)	0.1257* (1.52)	0.1618** (2.15)	0.1797*** (3.63)	0.1861*** (3.50)
	SVR^s	0.2236*** (3.42)	0.1934** (2.27)	0.2248*** (2.37)	0.2591*** (3.40)	0.2356*** (3.08)
	SVR^q	0.2653*** (2.53)	0.2751** (2.45)	0.3005*** (3.17)	0.2318*** (3.21)	0.2135** (2.65)
服务贸易自由化水平	SVR^o	0.2021*** (3.62)	0.1822** (2.52)	0.1979*** (3.46)	0.2125** (2.09)	0.2327** (2.39)
服务业FDI水平	FDI^v	−0.0171* (−1.24)	−0.0284* (−1.33)	−0.0253* (−1.47)	−0.0078 (−1.33)	−0.0065 (−1.07)
	FDI^s	0.1275** (2.30)	0.1038** (2.61)	0.1321** (2.11)	0.1459*** (3.37)	0.1302** (2.52)
服务业OFDI水平	OFDI^v	0.1785*** (3.41)	0.1972*** (3.73)	0.2255*** (3.37)	0.1363** (2.52)	0.0947** (2.54)
	OFDI^s	0.0835** (2.27)	0.1059** (2.33)	0.1264** (2.14)	0.0757* (1.81)	0.0636* (1.60)
制造业服务化水平	MNF^S	0.0139 (1.10)	0.0073 (1.28)	0.0345 (1.76)	0.0224 (1.56)	0.0147 (1.09)
制造业GVCs分工地位	GVC^M	0.0258 (1.54)	0.0137 (1.50)	0.0149 (1.37)	0.0306 (1.42)	0.0255 (1.61)
常数项		0.3116*** (4.73)	0.2753*** (3.82)	0.3365*** (4.32)	0.2687*** (3.50)	0.3077*** (2.89)
时间固定效应		Y	Y	Y	Y	Y
市场固定效应		Y	Y	Y	Y	Y
样本观测值		150	40	40	30	40
Wald-χ^2统计量		1452.62 (0.00)	1572.70 (0.00)	1654.332 (0.00)	1343.60 (0.00)	1279.27 (0.00)
Sargan检验		135.61 (0.331)	137.36 (0.306)	142.50 (0.401)	130.27 (0.392)	132.71 (0.364)
AR（1）检验p值		0.1187	0.1026	0.1239	0.1213	0.1197
AR（2）检验p值		0.6425	0.6821	0.7082	0.6726	0.6553

注：系数下方括号内的数字为估计值的z统计量

*、**和***分别代表10%、5%和1%的显著性水平

表 6-7　间接服务及分部门 GVCs 分工地位影响因素系统 GMM 估计结果

变量		全部服务及各部门 GVCs 分工地位（GVC^S）				
		服务业整体	劳动密集型服务	资本密集型服务	知识密集型服务	公共服务
滞后一期服务业 GVCs 分工地位	GVC^S_{t-1}	0.7625*** (7.29)	0.7312*** (8.57)	0.8047*** (8.33)	0.7567** (7.36)	0.7645*** (8.61)
服务业发展水平	SVR^v	0.1358*** (3.37)	0.0953** (2.33)	0.1917*** (3.07)	0.0746** (2.34)	0.0535** (2.56)
	SVR^s	0.1527*** (3.41)	0.1551** (2.21)	0.2174*** (3.52)	0.1073*** (3.40)	0.0815*** (3.03)
	SVR^q	0.1645*** (3.74)	0.1732*** (3.07)	0.2234*** (3.15)	0.0828** (2.26)	0.0655** (2.19)
服务贸易自由化水平	SVR^o	0.1457*** (3.61)	0.1642*** (3.08)	0.2359*** (3.57)	0.1060** (2.32)	0.0856** (2.50)
服务业 FDI 水平	FDI^v	−0.0430 (−1.39)	−0.0335 (−1.27)	−0.0151 (−1.44)	−0.0648 (−1.53)	−0.0572 (−1.41)
	FDI^s	0.0754* (1.31)	0.0756 (1.05)	0.1019** (2.60)	0.0673* (1.25)	0.0521* (1.17)
服务业 OFDI 水平	$OFDI^v$	0.1122 (1.20)	0.1062 (1.51)	0.1225 (1.17)	0.0937 (1.40)	0.0736 (1.06)
	$OFDI^s$	0.0531 (1.08)	0.0709 (1.33)	0.1130 (1.24)	0.0311 (1.43)	0.0231 (1.29)
制造业服务化水平	MNF^S	0.1337** (2.71)	−0.0835* (−1.33)	0.1715** (2.26)	−0.1071** (−2.12)	−0.1148** (−2.30)
制造业 GVCs 分工地位	GVC^M	0.1465 (1.54)	0.1108 (1.17)	0.1632** (1.27)	0.0936 (1.45)	0.0750 (1.34)
常数项		0.2291*** (3.34)	0.2046*** (4.69)	0.2158*** (5.83)	0.2234*** (3.57)	0.2357*** (3.18)
时间固定效应		Y	Y	Y	Y	Y
市场固定效应		Y	Y	Y	Y	Y
样本观测值		150	40	40	30	40
Wald-χ^2 统计量		1576.23 (0.00)	1438.09 (0.00)	1763.20 (0.00)	1529.84 (0.00)	1485.70 (0.00)
Sargan 检验		137.10 (0.343)	141.45 (0.351)	147.06 (0.427)	139.70 (0.309)	142.18 (0.342)
AR（1）检验 p 值		0.1065	0.0987	0.1174	0.0859	0.1073
AR（2）检验 p 值		0.5572	0.5364	0.6236	0.5667	0.6031

注：系数下方括号内的数字为估计值的 z 统计量
*、**和***分别代表 10%、5%和 1%的显著性水平

将表 6-5 与表 6-2、表 6-6 与表 6-3、表 6-7 与表 6-4 的估计结果进行对比可以清楚地看出，两种估计方法下，各解释变量的回归系数没有明显差异，且显著性水平也基本一致，因此证明了 OLS 回归结果的稳健性。从滞后一期被解释变量估计值的系数和显著性结果看，服务业及各部门 GVCs 分工地位的确具有持续性。

6.6 小　　结

本章就可能对我国服务业 GVCs 分工地位产生直接影响的因素——服务业发展水平、服务贸易自由化水平、服务业 FDI 水平、服务业 OFDI 水平、制造业服务化水平及制造业 GVCs 分工地位等，进行了理论分析，在此基础上选取并确定被解释变量、解释变量及所需数据来源，并建立计量模型。在对面板数据进行单位根检验、对计量模型进行 Hausman 检验的基础上，采用 OLS 估计法就上述因素对我国服务业 GVCs 分工地位的具体影响，及各因素对服务业分部门 GVCs 分工地位影响是否存在异质性开展了实证检验，随后采用系统 GMM 估计法对实证结果做出了进一步的稳健性检验，结果显示以下几点。

（1）服务业发展水平，对全部服务、直接服务和间接服务及按要素密集度划分的各部门服务在 GVCs 分工中的地位，均呈现显著的正向影响，除服务业结构对知识密集型和公共服务部门 GVCs 分工地位的影响程度，超过服务业质量对这两个部门分工地位的影响外，对服务业整体、劳动密集型和资本密集型服务部门的 GVCs 分工地位的影响程度，由高到低的排序是：服务业质量、服务业结构和服务业规模。

（2）服务贸易自由化水平，对全部服务、直接服务和间接服务及各部门 GVCs 分工地位，均呈现显著的正向影响。其中，对间接服务中资本密集型服务部门 GVCs 分工地位的正向影响最为显著。

（3）服务业 FDI 水平中的服务业 FDI 规模，对全部服务、直接服务及各部门 GVCs 分工地位的影响均为负，但仅对服务业整体、劳动密集型和资本密集型服务部门分工地位的影响显著，而对知识密集型和公共服务部门分工地位的影响尚不显著；服务业 FDI 规模对间接服务及各部门 GVCs 分工地位的影响，也均为负但不显著。而服务业 FDI 结构对全部服务、直接服务和间接服务及各部门 GVCs 分工地位的影响均为正，且仅对间接服务中劳动密集型服务 GVCs 分工地位的影响不显著，对其余服务业整体及各部门分工地位的影响都通过了显著性检验。

（4）服务业 OFDI 水平，对全部服务、直接服务和间接服务及各部门 GVCs 分工地位的影响均为正，但仅对全部服务和直接及各部门分工地位的影响显著，而对间接服务及各部门分工地位的影响尚不显著。

（5）制造业服务化，对全部服务业整体 GVCs 分工地位的影响为正但不显著，对全部服务中资本密集型服务部门分工地位的影响显著为正，但对其他三个服务部门分工地位的影响则显著为负；对直接服务及各部门 GVCs 分工地位的影响为正，但均不显著；对间接服务业整体及资本密集型服务部门 GVCs 分工地位的影响显著为正，但对其他三个服务部门分工地位的影响显著为负。

（6）制造业 GVCs 分工地位，对全部服务、间接服务和间接服务及各部门 GVCs 分工地位的影响均为正，但仅对间接服务中资本密集型服务部门分工地位的影响，通过了显著性检验。

（7）通过对回归结果中各解释变量的影响系数的比较可以发现，服务业发展水平、服务贸易自由化水平、服务业 FDI 水平和服务业 OFDI 水平这四个因素，对直接服务及各部门 GVCs 分工地位的影响，除服务贸易自由化水平对资本密集型服务部门分工地位的影响程度，低于全部服务和间接服务外，均高于对全部服务、间接服务及各部门分工地位的影响程度。

以上实证结果说明，在考察期内（2005~2015 年），各影响因素对服务业及各部门 GVCs 分工地位的影响存在显著的异质性；在上述六个影响因素中，服务业发展水平、服务贸易自由化水平、服务业 OFDI 水平和服务业 FDI 水平等四个因素，对全部服务、直接服务和间接服务及各部门 GVCs 分工地位高低及其变化的总体影响，要明显大于制造业 GVCs 分工地位和制造业服务化水平的影响；总体而言，上述影响因素对全部服务及各部门 GVCs 分工地位的影响，主要是通过影响直接服务及各部门分工地位来实现，对间接服务及各部门分工地位的影响，在一定程度上拉低了全部服务及各部门的 GVCs 分工地位（这与第 5 章图 5-2~图 5-4 中我国服务业各部门 GVCs 分工地位实际测算结果，所绘制曲线的走势相一致）。

上述实证结果反映出，受我国制造业发展处于资本密集型为主阶段、制造业服务化水平仍不高和制造业 GVCs 分工地位波动较大、提升缓慢等制约，除对资本密集型服务部门外，制造业服务化和制造业 GVCs 分工地位这两个因素，对拉升我国服务业多数部门 GVCs 分工地位的作用尚未发挥出来。这也就启示我们，加快提升制造业 GVCs 分工地位，不仅关系到制造业自身的发展和利益实现，还关乎服务业 GVCs 分工地位及分工利益的提升，在制造业服务化加速的背景下，加快提升制造业 GVCs 分工地位的意义更加重大。

第 7 章　结论与讨论

7.1　研　究　结　论

沿着服务业 GVCs 分工理论分析—服务业 TiVA 核算原理提出—中国服务业 TiVA 核算—中国服务业 GVCs 分工地位考察—中国服务业 GVCs 分工地位影响因素实证检验的逻辑研究思路，采用 OECD 发布的 2018 年版 ICIO 表数据，对"中国服务业 TiVA 核算及在 GVCs 国际分工中的地位研究"这一选题，开展了系统研究，得出以下主要研究结论。

（1）GVCs 分工理论初步形成，服务业参与 GVCs 分工方式多样且相互交融。

随着技术进步、治理方式、各国政策调整及参与分工的企业数量和力量变化，GVCs 分工类型日趋多样化，根据 GVCs 形成中的中间品跨境次数多少，可以划分为简单 GVCs 和复杂 GVCs；按照 GVCs 上下游厂商之间的链接方式，可以划分为蛇形 GVCs 和蛛网形 GVCs；参照 GVCs 主导厂商的主营业务属性，可以划分生产商驱动型 GVCs 和采购商驱动型 GVCs；依据 GVCs 治理方式差异，可以区分为市场型、模块型、关系型、俘获型和层级型 GVCs。

对 GVCs 分工概念的理解和术语的使用，经过了一个从"混乱"到"统一"的过程。研究者从经济学和管理学两条路径，对 GVCs 分工现象进行了认识、分析和归纳。经过几十年的理论阐释、经验检验和案例研究，基本形成由跨境生产组织理论、TiVA 核算与 GVCs 分工测度方法和 GVCs 治理与升级理论构成的基本理论框架。这一理论框架的形成，一方面，以传统比较优势、要素禀赋、规模经济和不完全竞争理论为基础；另一方面，是把新制度经济学中的制度与交易成本作为重要基础和动因，而更重要的是在企业异质性和契约理论基础上，创新性地提出企业跨境生产组织理论。

服务业 GVCs 的形成，与制造业 GVCs 具有相同的背景，并且始终伴随着制造业 GVCs 分工的发展和形成过程，但服务业自身的生产组织特点，使得服务业 GVCs 中增加值与生产流程顺序的关系，呈现递减趋势的烟斗形或"L"形曲线，而不是制造业 GVCs 典型的"U"形曲线。服务业参与 GVCs 分工的方式，相比制造业 GVCs 分工更加复杂，可以概括为跨境服务外包式、制造业内含服务式和服务跨境直接投资式等三种 GVCs 分工参与方式。在具体实践中，这三种服务业 GVCs 参与方式会相互交叉与融合，日益表现出网络化 GVCs 分工特征。

（2）从 GVCs 分工前向参与、按最终需求对总出口进行增加值分解，并基于分解结果开展服务业 TiVA 核算，与 TiVA 的含义更加吻合。

TiVA 是由一个经济体生产并通过出口而被其他经济体吸收的增加值，只有该经济体生产某种出口产品或服务时所增加的价值，被境外最终消费吸收，才会被记为该经济体的出口，被称为增加值出口。同理，一个经济体进口产品或服务中，只有在境外所创造的增加值，被本经济体最终消费吸收，才应被记为该经济体的进口，被称为增加值进口。在 GVCs 分工下，TiVA 比传统总值贸易能更加准确地衡量一个经济体所创造的真实价值和所获分工利益。

学界经过探索提出的一个经济体总出口增加值分解框架，以及国际机构经过努力编制的国际投入产出表，为各经济体开展 TiVA 贸易统计、GVCs 分工地位和分工利益测算分析，提供了重要的标准、方法和数据基础。但这些已建立的总出口增加值分解框架，或者是从 GVCs 分工后向参与视角、按增加值来源方法进行分解，或者是从 GVCs 分工后向参与和前向参与结合视角，沿增加值来源和最终需求双向路径进行分解。这些分解方式，不仅与 TiVA 概念的内涵有偏离，而且因采用不同方法而带来内部不一致问题。

根据 TiVA 的含义，同时为避免采用不同方法而带来的内部不一致，从 GVCs 分工前向参与视角、按基于最终需求的方法（即按最终需求）对总出口进行增加值分解，不仅能根据分解结果准确地用来核算服务业及各部门 TiVA 状况，而且可以用来考察服务业增加值沿 GVCs 的流动情况，尤其是追踪增加值出口的最终需求市场（即出口增加值的最终吸收地），并用来更加精确地测算和衡量一经济体服务业及各部门在 GVCs 分工中的地位及变化。

为此，根据国家间非竞争性投入产出原理，从 GVCs 分工前向参与视角、按基于最终需求的方法，经过数学推导，本书对一个经济体总出口按增加值进行了重新分解，提出了由 16 个部分组成的增加值出口分解框架，并归纳合并为被进口方吸收的 DVA、被第三方吸收的 DVA、出口后又返回的 DVA、出口中的 FVA 和 PDC 等五个部分。基于上述总出口增加值分解框架，推出了核算一个经济体服务业 TiVA 出口和进口的计算公式。

（3）中国服务业 TiVA 贸易规模及占总对外贸易比重，明显高于传统总值贸易标准下的服务贸易统计结果，而贸易逆差则显著小于传统服务贸易统计结果；在我国服务业 TiVA 进出口中，批发、零售与车辆维修，运输与仓储，金融与保险和其他商务服务等这四个服务部门始终占据绝大部分份额；按要素密集度划分，劳动密集型服务部门 TiVA 规模最大，知识密集型服务部门次之，资本密集型和公共服务部门分列第三、第四位；美国、欧盟、日本、东盟和韩国等等经济体始终位列我国服务业 TiVA 进出口市场的前五位，不过所占比重整体呈不断下降趋势核算结果比较来看，按 TiVA 核算的我国服务贸易规模，明显高于传统总值贸易统计标准下的贸易规模。按 TiVA 计算的我国服务贸易逆差规模，不仅大大低于按传统标准的计算结果，而且逆差规模呈明显缩小趋势，我国服务业 TiVA 贸易逆差的逐步缩小，主要贡献来自间接服务 TiVA 贸易顺差的不断扩大。按 TiVA 计算的 2015 年我国服务贸易、服务出口和进口占总贸易中的比重，远远大于传统总值贸易统计标准下各自所占比重。在我国服务业 TiVA 出口中，内含在货物中的间接服务出口规模，明显大于服务业自身的直接出口规模，而在服务业 TiVA 进口中，间接服务进口规模仍然小于直接进口。

从全部服务、直接服务和间接服务三个层面，对我国服务业及分部门 TiVA 出口和进口规模及其变化的详细核算结果表明，在我国 15 个服务业部门中，批发、零售与车辆维修，运输与仓储，金融与保险和其他商务服务这四个服务部门的 TiVA 贸易额、出口和进口额，均位居前四位。按要素密集度划分，2015 年我国劳动密集型服务部门的 TiVA 贸易额、出口和进口额均排第一位，知识密集型服务部门次之，资本密集型服务部门和公共服务部门分列第三、第四位。

美国、欧盟、日本、东盟和韩国等经济体，始终位列我国 TiVA 贸易市场的前五位。不过，除美国市场在我国 TiVA 贸易中所占比重相对稳定外，欧盟、日本、东盟和韩国等市场所占比重均呈现下降趋势，而除上述五个市场之外的世界其他经济体市场，占我国服务业 TiVA 贸易的比重则持续提高。尤其是我国劳动密集型和资本密集型服务部门，对发展中经济体出口所占比重明显提高。我国知识密集型和公共服务部门 TiVA 出口的增加，也主要表现在对发展中经济体市场。我国服务业 TiVA 市场分布，呈现出日趋多元化趋势。

按吸收国不同的我国服务业 TiVA 出口分解核算结果显示，我国间接服务 TiVA 出口中，被进口方吸收的服务业 DVA，以及其中被进口方直接吸收的服务业 DVA 所占比重，明显低于直接服务 TiVA 出口，而来自第三方被进口方吸收和被第三方吸收的服务业 DVA 所占比重，则明显高于直接服务出口。不过，从比重变化比较来看，间接服务 TiVA 出口中，被进口方吸收的服务业 DVA 占比提高，被第三方吸收和被进口方直接吸收的服务业 DVA 占比下降或基本持平，而直接服务 TiVA 出口中，被进口方吸收的服务业 DVA 占比明显下降，被第三方吸收和被进口方直接吸收的服务业 DVA 占比则明显提高。

从直接服务和间接服务出口增加值来源分解结果可以发现，我国直接和间接服务出口中的 DVA 占比均持续提高，而 FVA 占比都在不断下降；不过，间接服务出口中的 DVA 和 FVA 比重，仍分别明显低于和高于直接服务出口。分服务部门来看，直接服务出口中，知识密集型服务部门 DVA 比重，在四个服务业部门中最高，且提升幅度最大；公共服务部门所占比重次之，但提升速度相对较慢；劳动密集型服务部门所占比重列第三位，提升幅度列第二位；资本密集型服务部门所占比重最低,且增长幅度最低。而在间接服务出口中,知识密集型服务部门 DVA 比重,在四个服务业部门中最高,且提升幅度最大;资本密集型服务部门所占比重其次,但增长幅度最低;劳动密集型和公共服务部门所占比重相当,且提升幅度也基本相当。

(4)我国全部服务在 GVCs 分工中的地位逐渐提高,主要得益于直接服务的 GVCs 分工地位高于间接服务,但从对全部服务 GVCs 分工地位提高的贡献度来看,间接服务的贡献要明显大于直接服务;国际比较而言,由于更快的提升速度,我国服务业及各部门 GVCs 分工地位虽仍低于发达经济体,但差距在不断缩小,在发展中经济体中,我国服务业 GVCs 分工地位已位居前列。

通过将出口后又返回的 DVA 和来自第三方被进口方吸收的 DVA 考虑在内,并不再区分服务业中间品和最终品 DVA,我们提出了新 GVCs 地位指数,用来测算我国服务业及各部门 GVCs 分工地位。

新 GVCs 地位指数的测算结果表明:考虑和不考虑内含在货物中的间接服务,对我国服务业在 GVCs 分工中的地位高低及其变化测算结果有着显著影响。将内含在货物中的间接服务考虑进来后,我国全部服务在 GVCs 分工中的地位虽然被拉低,至 2015 年仍低于直接服务的 GVCs 分工地位。但是,从分工地位提升幅度比较,考虑间接服务后的我国全部服务的 GVCs 分工地位提升速度更快。从未来走势判断,间接服务在 GVCs 分工中的地位与全部服务和直接服务在 GVCs 分工中的地位差距越来越小。

与美国、欧盟、日本和韩国等发达经济体,以及印度、俄罗斯、巴西和东盟等发展中经济体服务业及各部门 GVCs 分工地位测算结果的比较显示,我国全部服务业整体 GVCs 分工地位,虽然仍明显低于发达经济体,然而,由于提升速度明显更快,到 2015 年我国服务业 GVCs 分工地位,已超过东盟、巴西和印度,与俄罗斯及四个发达经济体的差距也在明显缩小。无论在劳动密集型、资本密集型还是知识密集型、公共服务部门,我国的 GVCs 分工地位提升幅度均最为显著;各个服务部门的 GVCs 分工地位已处于发展中经济体的前列,与发达经济体的差距也逐步缩小。综合比较而言,我国资本密集型服务部门在 GVCs 分工中的地位最高,劳动密集型服务部门次之,知识密集型服务部门再次,公共服务部门最低。

(5)按影响程度及显著性排序,中国服务业 GVCs 分工地位的主要影响因素为:服务业发展水平、服务贸易自由化水平、服务业 OFDI 水平、服务业 FDI 水平;制造业 GVCs 分工地位和制造业服务化水平,对中国服务业 GVCs 分工地位虽然有影响,但基本不显著。各因素对不同服务部门 GVCs 分工地位的影响,存在明显的异质性。

通过对回归结果中各解释变量的影响系数的比较可以发现,服务业发展水平、服务贸易自由化水平、服务业 OFDI 水平和服务业 FDI 水平等四个因素,对全部服务、直接服务和间接服务及各部门 GVCs 分工地位高低及其变化的总体影响，要明显大于制造业 GVCs 分工地位和制造业服务化水平的影响。整体来看，上述影响因素对全部服务业及各部门 GVCs 分工地位的影响，主要是通过影响直接服务及各部门分工地位来实现，对间接服务及各部门分工地位的影响，在一定程度上拉低了全部服务及各部门的 GVCs 分工地位。无论全部服务、直接服务还是间接服务，上述各因素对按要素密集度划分的各服务部门 GVCs 分工地位的影响，均存在不同程度的差异，即存在异质性。

上述实证结果反映出，受我国制造业发展处于资本密集型为主阶段、制造业服务化水平尤其是结构水平仍不高、制造业 GVCs 分工地位波动较大且提升缓慢等制约，除对资本密集型服务部门外，制造业服务化和制造业 GVCs 分工地位这两个因素，对拉升我国服务业多数部门 GVCs 分工地位的作用尚未发挥出来。这也就启示我们，加快提升制造业 GVCs 分工地位，不仅关系到制造业自身的发展和利益实现，还关乎服务业 GVCs 分工地位及分工利益的提升，在制造业服务化加速的背景下，加快提升制造业 GVCs 分工地位的意义更加重要。

7.2 对结论的讨论

（1）国内学术界对 GVCs 和 GVCs 分工的研究主要集中在理解与应用方面，对 GVCs 分工理论发展的贡献仍十分有限：从第 1 章导论对本书研究学术史的梳理、对国内外研究进行的文献综述，尤其是第 2 章对 GVCs 含义、GVCs 类型的分析，对 GVCs 分工理论从萌芽、发展到初步形成发展历程的归纳等，可以清楚地看到，国内学术界对 GVCs 和 GVCs 分工的研究，以介绍、解释已有理论和方法，对中国制造业或服务业参与 GVCs 分工实践开展应用研究为主。除王直等（2015）和 Wang 等（2013，2017，2018）等为代表的少数华人经济学家，对 GVCs 分工下国家/产业总出口增加值分解框架的建立、TiVA 核算原理的提出（两人均是 KPWW、KWW 和 WWZ 模型的主要建立者）和对 ADB、ADB-MRIO 的编制等做出了突出贡献，张二震等（2002，2005）、张幼文（2005）和方勇（2012）等国内学者，从要素分工的角度来解释 GVCs 分工现象外，在现有 GVCs 分工理论基本框架内，尚未见到更多国内学者研究成果的理论贡献。

这与我国改革开放以来各产业（特别是制造业）参与 GVCs 分工实践的广度和深度，以及所取得的经济贸易发展成就相比形成鲜明的反差。如何通过对中国各产业和不同类型企业参与 GVCs 分工具体实践和现象的更深入细致观察，能有所新发现并上升到理论，对丰富和发展 GVCs 分工理论尽快做出贡献，是需要国内学术界认真思考、高度重视并亟待实现突破的重要课题。

（2）本书对服务业 TiVA 核算及 GVCs 分工地位测算所提出的思路、原理和方法，对制造业（及其他产业）TiVA 重新核算和 GVCs 分工地位再考察，有较强的借鉴价值：正如各国经济实践和文献研究所证实，制造业（及农业、采矿业）发展越来越离不开服务业投入的支持，而且，随着制造业服务化程度的不断提高，制造业实现的全部增加值中内含服务业增加值比例会越来越高。同样，服务业的发展也不可能脱离开制造业（及其他产业）投入的支持，尽管制造业对服务业的投入支持以增加值占比计算，要远远低于服务业对制造业投入的增加值占比，但在某些服务部门其内含制造业增加值占比也可能会较高。WTO 发布的《世界贸易报告 2019——服务贸易的未来》的研究显示，按增加值计算，制造业及其主要活动的增加值占服务业全部增加值的比重在 10%左右（WTO，2019）。本书第 4 章 4.7 节对我国服务业直接出口增加值来源分解结果显示，服务业中内含的制造业增加值所占比重，平均而言虽从 2005 年的 12.0%下降到 2015 年的 9.5%，但在资本密集型服务部门，同期这一比重由 10.8%提高到 11.2%，在公共服务部门这一比重，虽然从 13.2%下降到 11.2%，但明显高于平均水平（表 4-53、表 4-55 和表 4-57）。

正如本书把制造业产品中内含的服务业增加值，作为间接服务贸易纳入全部服务 TiVA 核算和 GVCs 分工地位考察一样，要准确对一个经济体制造业 TiVA 真实状况与 GVCs 分工真实地位做出测算，也应该剔除掉其中内含的全部服务业增加值，同时，应把服务业内含的制造业投入增加值，作为制造业增加值的间接进出口纳入核算范围。但遗憾的是，现有境内外对制造业 TiVA 核算和 GVCs 分工地位分析研究的文献，均未将其中内含的服务业增加值剔除，更没有把服务业内含的制造业增加值纳入，这必然使测算结果和研究结论在一定程度上偏离现实。

因此，本书为更准确测算与分析服务业 TiVA 状况和在 GVCs 分工中的地位，所提出的思路、原理和方法，可被借鉴用于对各经济体制造业及各部门 TiVA 状况、GVCs 分工地位及其变化的更准确测量和分析，而根据测算和分析结果所提出的对策建议，也就会更有针对性、更具可行性。

（3）以 TiVA 为标准，把内含在货物中的服务进出口，纳入我国全部服务贸易考察范围，能更加全面、客观地反映我国服务贸易发展状况：从本书第 4 章按传统总值贸易标准和按 TiVA 标准统计核算的我国服务贸易结果的比较，可以很清晰地发现，由于没有考虑内含在货物中的服务增加值进出口，传统总值贸易标准下的服务贸易统计结果，大大低估了我国服务贸易规模，以及服务业在我国整体对外贸易中的地位和作用，同时也显著高估了我国服务贸易逆差规模。而传统总值贸易标准下的中国服务贸易进出口占比变化，也没有真实反映出服务业所创造增加值对我国全部进出口贸易的实际贡献。因此，考虑内含在货物中的服务增加值间接进出口，不仅会带来对一个经济体服务贸易规模及其作用的重新理解，也会带来对该经济体服务贸易差额及其变化的重新认识。

我国服务业 TiVA 出口中，内含在货物中的间接服务出口规模，明显大于服务业自身的直接出口规模，而在服务业 TiVA 进口中，间接服务进口规模仍然小于直接进口规模的核算结果说明，内含在货物中的 TiVA 贸易顺差，在很大程度上抵消了我国服务业自身直接贸易的大规模逆差。而内含在货物中的间接服务进出口中，知识密集型和公共服务部门所占比重，明显高于直接服务出口的核算结果则反映出，在国际服务产品市场直接竞争上，竞争力相对较弱的我国知识密集型和公共部门服务，通过内含在货物中实现了更多的出口。这也进一步证明了，制造业服务化及货物出口贸易发展，在拉动发展水平和竞争力相对较弱的服务部门扩大出口和加快发展上，具有不可忽视的作用。

尽管按 TiVA 标准统计的我国全部服务、直接服务和间接服务市场分布中，美国、欧盟、日本、东盟和韩国等经济体，始终位列我国 TiVA 贸易市场的前五位。但从我国间接服务 TiVA 出口市场中，美国、欧盟、日本和韩国等市场所占比重持续下降，且低于其在我国直接服务出口市场中所占比重，而世界其他经济体市场所占比重持续提高，且明显高于在我国直接服务出口市场中所占比重的核算结果可以看出，内含在货物中的间接服务出口，对改善我国服务出口市场结构，起到了显著的推动作用。

因此，把内含在货物中的间接服务进出口，纳入我国全部服务贸易考察范围，比仅仅从服务业自身直接进出口考察和分析，能更加全面、客观地反映我国服务贸易发展和结构状况。

（4）按吸收方不同的服务业 TiVA 出口分解，以及按增加值来源的直接和间接服务出口分解结果，能在很大程度上反映我国服务业参与复杂 GVCs 分工的程度变化，以及 DVA 创造能力变化：从按吸收国不同的我国全部服务、直接服务和间接服务 TiVA 出口分解核算中，被进口方直接吸收、来自第三方被进口方吸收和被第三方吸收的服务业 DVA 所占比重大小及变化的比较可以看出，我国服务业复杂 GVCs 分工参与的规模和程度均在扩大和提高。间接服务复杂 GVCs 分工参与度虽然高于直接服务，但是间接服务复杂 GVCs 分工参与度的增速有所下降，而直接服务复杂 GVCs 分工参与度的增速则有明显提升。这说明，我国全部服务复杂 GVCs 分工参与度的不断提高，主要是由直接服务推动的，这也在一定程度上反映出，我国制造业复杂 GVCs 分工参与度增速的下降，带来内含在其中的间接服务复杂 GVCs 分工参与度增速的下降。

从分部门按吸收国不同的服务 TiVA 出口分解结果比较来看，全部服务中，劳动密集型和资本密集型服务部门，复杂 GVCs 分工参与度提高更快，而知识密集型和公共服务部门，复杂 GVCs 分工参与度的提升速度较慢。直接服务中，劳动密集型、资本密集型和知识密集型三个服务业部门复杂 GVCs 分工参与度提升更快，公共服务部门复杂 GVCs 分工参与度的提升相对较慢。而在间接服务中，除资本密集型服务部门复杂 GVCs 分工参与度有所提高外，劳动密集型、知识密集型和公共服务部门复杂 GVCs 分工参与度则均有一定幅度的下降。这也再次说明了，由于我国制造业复杂 GVCs 分工参与度增速的下降，带来内含在其中的间接服务复杂 GVCs 分工参与度增速的下降。

从直接服务和间接服务出口增加值来源分解结果可以看出，我国直接和间接服务出口中的 DVA 所占比重均持续提高，而 FVA 所占比重都在不断下降。不过，间接服务出口中的 DVA、FVA 比重，仍分别明显低于、高于直接服务出口。这一方面说明，我国服务业整体的增加值创造能力在持续提升，服务业出口对 FVA 的依赖在不断减弱，货物生产和出口所需服务增加值投入，越来越多地依靠境内市场提供；另一方面也反映出，随着制造业生产和出口产品结构的不断优化升级，境内服务业在满足制造业对高水平服务投入的需求上仍存在不小的差距，企业不得不选择使用进口的境外服务。另外，由于我国货物出口中加工贸易所占比重较高，因此加工贸易中进口零部件内含的境外服务增加值投入，也相应提高了间接服务出口中的 FVA 比例。从未来制造业服务化趋势下，在更大程度上满足制造业高质量发展和出口结构优化升级，对更高质量和水平服务业投入的需求考虑，提高服务业及各部门发展质量和水平，尚需做出新的更大努力。

（5）随着制造业服务化程度的不断提高，内含在其中的间接服务在 GVCs 分工中的地位，对我国全部服务 GVCs 分工地位的影响作用会越来越大：从第 5 章对我国服务业及各部门全部服务、直接服务与间接服务 GVCs 分工地位的测算结果进行分析比较可以看出，考虑和不考虑内含在货物中的间接服务，对我国全部服务在 GVCs 分工中的地位高低及其变化测算结果有着显著差别。将内含在货物中的间接服务考虑进来后，我国全部服务在 GVCs 分工中的地位虽然被拉低，2015 年仍低于直接服务的 GVCs 分工地位。但是，从分工地位提升幅度比较，考虑间接服务后的我国全部服务的 GVCs 分工地位提升速度更快。这反映出，受我国制造业整体发展水平、制造业服务化水平及制造业在 GVCs 分工中的地位仍较低的限制，间接服务在一定程度上拉低了我国全部服务在 GVCs 分工中的地位。然而，从变化趋势看，随着我国制造业发展水平和制造业服务化水平的逐步提高，制造业生产和出口对服务业间接需求规模、质量和水平的日益提升，其对我国全部服务 GVCs 分工地位的拉升作用也会逐步提高。从未来走势判断（图 5-1），间接服务在 GVCs 分工中的地位与全部服务和直接服务在 GVCs 分工中的地位差距越来越小，超越后两者只是时间问题。

间接服务分部门 GVCs 分工地位的测算结果显示出，我国资本密集型间接服务部门 GVCs 分工地位及提升幅度最高，劳动密集型服务部门次之，知识密集型服务部门再次，公共服务部门最低。这与直接服务分部门 GVCs 分工地位中，公共服务部门的地位最高，知识密集型服务部门次之，资本密集型服务部门再次，劳动密集型服务部门最低的结果形成鲜明的反差。这在很大程度上说明，我国制造业转型升级发展所处阶段，对服务投入的需求结构，决定着对不同部门服务的需求规模大小，从而进一步决定着不同部门间接服务在 GVCs 分工中的地位高低。这反过来也预示着，要持续提升我国服务业各部门在 GVCs 分工中的地位，除了服务业自身继续提高发展质量和水平之外，应更加重视制造业的高质量发展、结构优化和参与 GVCs 分工的深化，对 GVCs 分工地位落后服务部门的提升所形成的有效带动作用。

（6）我国服务业 GVCs 分工地位在发展中经济体中位居前列，但与发达经济体仍差距明显，预示着我国服务业 GVCs 分工地位仍有较大的发展潜力和提升空间：从与美国、欧盟、日本和韩国等发达经济体，以及东盟、印度、俄罗斯和巴西等发展中经济体服务业及各部门 GVCs 分工地位测算结果的比较来看，2005～2015 年，我国全部服务业整体 GVCs 分工地位，由于提升速度明显更快，到 2015 年已超过东盟、巴西和印度，与俄罗斯及四个发达经济体的差距也在明显缩小。无论在劳动密集型、资本密集型还是知识密集型、公共服务部门，我国的 GVCs 分工地位提升幅度均最为显著，各个服务部门的 GVCs 分工地位，已处于发展中经济体的前列，与发达经济体的差距均在逐步缩小（但差距仍较为明显）。综合直接与间接服务后的我国全部服务中各部门的 GVCs 分工地位，资本密集型服务部门最高，劳动密集型服务部门次之，知识密集型服务部门再次，公共服务部门最低，这与我国当前服务业部门结构和发展水平现状基本一致。

上述研究结果反映出，我国服务业近年来在质量和水平的提升速度上，不仅快于发达经济体，也高于发展中经济体，因此带来了服务业及各部门 GVCs 分工地位的更快提高，与发达经济体 GVCs 分工地位差距的缩小。但受制于服务业整体水平多年来累积的巨大差距，以及制造业对服务业发展质量和水平提升的带动作用仍然不足，目前我国服务业及各部门在 GVCs 分工中的地位，仍明显低于各发达经济体。这显然预示着我国服务业 GVCs 分工地位，仍有较大的发展潜力和提升空间。坚持实施服务业加快发展政策，坚持有序扩大服务业对外开放，坚持推进制造业的高质量发展，我国服务业及各部门的 GVCs 分工地位，将会继续扩大在发展中经济体中的优势，进一步缩小与发达经济体的差距。

（7）对服务业 GVCs 分工地位影响因素的实证检验结果，为我国坚持实施有序扩大服务业对外开放政策的必要性和重要性，提供了进一步的佐证：尽管面临着因百年未有之大变局和新型冠状病毒肺炎疫情在全球蔓延而引发的经济全球化逆转或去全球化的加速，很有可能导致全球产业链、供应链断裂，进而带来 GVCs 分工出现停滞甚至重大调整的不确定性风险，我国依然在推进制造业走向全面开放的同时，加快了服务业特别是知识密集型和公共服务部门有序扩大对外开放的步伐，向世界展示了我国坚定扩大和深化对外开放、建立开放型世界经济体系的决心和信心。

本书第 6 章对我国服务业 GVCs 分工地位影响因素的实证检验结果显示，服务贸易自由化水平、服务业 FDI 水平和服务业 OFDI 水平这三个衡量服务业对外开放水平的因素，对我国服务业及各部门 GVCs 分工地位的影响程度，仅次于服务业发展水平。尽管受开放水平仍有限的制约，部分变量，如服务业 FDI 规模、服务业 OFDI 规模和结构，对某些服务部门 GVCs 分工地位的具体影响仍为负，或者影响为正但不显著（参见表 6-2～表 6-4）。但这一实证检验结果，与我国近年来推进实施的服务业扩大开放政策方向完全一致，这在很大程度上佐证了扩大服务业对外开放政策，在加快我国服务业全面发展、提升服务业国际竞争力和在 GVCs 分工中地位的必要性和重要性。

这也预示着，随着我国服务业开放水平的不断提高，服务贸易自由化水平、服务业 FDI 水平和服务业 OFDI 水平都会进一步提升，这些因素对服务业及各部门 GVCs 分工地位的影响及程度，也会进一步显现和提高，服务业 FDI 规模对 GVCs 分工地位的负向作用，也很可能会逐步减小甚至很快转为正向作用。当然，这需要在 2015 年之后的相关数据可获得的基础上，通过开展新的实证分析来验证。

（8）通过加快制造业高质量发展，提升制造业服务化水平和结构，提高制造业 GVCs 分工地位，来促进服务业及各部门 GVCs 分工地位的提升，应成为今后重要的政策选项：第 6 章的实证检验结果也显示，制造业服务化水平和制造业 GVCs 分工地位两个因素，对我国服务业及各部门 GVCs 分工地位的影响程度，明显小于其他几个因素。而且，制造业服务化水平仅对全部服务中的资本密集型服务部门、间接服务整体及其资本密集型服务部门 GVCs 分工地位的影响显著为正，对直接服务及各部门分工地位的影响虽为正但尚不显著。制造业 GVCs 分工地位对全部服务、直接服务和间接服务及各部门的影响都为正但仅对间接服务中资本密集型服务部门 GVCs 分工地位的影响通过了显著性检验。上述实证检验结果，在很大程度上验证了第 5 章对我国间接服务及各部门 GVCs 分工地位的测算结果。

这虽然反映出，受我国制造业发展处于资本密集型为主阶段、制造业服务化水平尤其是结构水平仍不高，和制造业 GVCs 分工地位波动较大、提升缓慢等制约，制造业服务化和制造业 GVCs 分工地位这两个因素，对拉升我国服务业多数部门 GVCs 分工地位的作用尚未发挥出来。

但也清楚地启示我们，改善制造业服务化水平尤其是结构水平、提升制造业 GVCs 分工地位，不仅关系到制造业自身的发展和利益实现，还关乎服务业 GVCs 分工地位及分工利益的进一步提升。因此，应通过政策调整进一步加快新技术在制造业各领域的应用，加速制造业向高质量发展的转型升级步伐，以改善制造业服务化对服务投入的需求结构，扩大其对知识密集型和公共服务的更多需求，并通过制造业中间品出口规模、品种的扩大和质量提升，逐步提高制造业各部门

GVCs 分工地位，进而实现其对服务业及各部门 GVCs 分工地位提升的拉动作用。

（9）从各因素对我国服务业及各部门 GVCs 分工地位影响的异质性考虑，加快我国服务业各部门发展和 GVCs 分工地位的进一步提升，应分类施策、精准发力：第 6 章实证检验结果中显示的构成服务业发展水平的服务业规模、结构和质量，以及其他因素对服务业及各部门 GVCs 分工地位影响程度及显著性上表现出的异质性，明确提示我们，在未来制定和实施加快服务业发展，以进一步提升 GVCs 分工地位的政策措施时，应分类施策、精准发力，最大程度发挥各项政策措施，通过各影响因素对服务业各部门 GVCs 分工地位提升的促进作用。

比如，提升服务业发展水平的政策措施，应重点围绕优化服务业部门结构和提高服务业发展质量，而其中应更加聚焦于加快发展知识密集型服务和公共服务，以及促进与制造业密切相关的生产型服务的质量与效率提升。而对提升我国服务业 OFDI 水平的政策措施，应鼓励和支持更多服务类企业走出去开展 OFDI 投资，以继续扩大各服务部门 OFDI 规模，尤其是扩大对我国具有长远战略意义的"一带一路"沿线国家的 OFDI 规模。一方面，通过扩大 OFDI 规模，可以推动我国各类服务提升复杂 GVCs 分工前向参与度，进而提高 GVCs 分工地位；另一方面，也能为境内服务业更快提高质量、优化结构，创造更多机会和发展空间。

（10）充分利用数字化、网络化技术，积极参与全球数字价值链分工，加快发展数字服务贸易，尽快缩小与发达经济体在服务业各部门，尤其是在知识密集型和公共服务部门发展水平及 GVCs 分工地位上的差距：与传统技术相比，在现代数字化、信息化、网络化技术上，我国与发达经济体基本处于同一发展水平，在个别领域，如大数据、云计算、区块链和 5G 通信技术等领域甚至具有一定的领先优势。因此，充分利用与发达经济体不存在发展代差的现代数字信息技术，为我国服务业和服务贸易发展赋能，能更快缩小与发达经济体在服务业各部门，尤其是在知识密集型和公共服务部门发展水平和 GVCs 分工地位上的差距。

而服务产品的无形性、越来越多服务产品的传递与交付在减少对物理介质的依赖性，使得服务产品更加适合利用数字化技术生产、存储和网络化传输与交付，这也就为以数字化交付（digitally delivered）模式为代表的数字服务贸易快速发展创造了新机遇。同数字信息技术一样，在数字服务贸易领域，我国与发达经济体也不存在明显的发展水平差距。通过不断提高数字服务贸易便利化程度，并利用我国在数字服务经济发展上具有的本土市场规模优势，完全有可能实现数字服务贸易的超常规发展，进而促进服务业 GVCs 分工地位的快速提升。不过，仍然面临的最大障碍是，由于规范数字服务贸易发展的国际标准和规则缺失，以及各国普遍较高的对数字服务贸易的限制，严重制约了数字服务贸易的快速发展。因此，在数字服务贸易国际规则的谈判制定上，我国应更加积极主动提出中国方案、提高话语权，为未来数字服务贸易快速发展争取创造有利的规则与制度环境。

7.3 研 究 展 望

（1）从微观层面开展对 TiVA 及 GVCs 分工地位的研究：从本书第 1 章对国内外文献的综述可以看出，除 Linden 等（2009，2011）、Xing 和 Detert（2010）、Dedrick 等（2010，2011）及 Kraemer（2011）等少数学者，对部分跨境企业的 GVCs 分工行为、分工地位及利益分配进行的案例研究外，绝大多数现有文献还主要是从宏观（经济体或国家）或中观（产业）层面，对 TiVA 统计核算及 GVCs 分工地位开展研究。从经济体或产业层面开展研究的价值和意义毋庸置疑，但不可否认的是，企业是 GVCs 分工的主体，企业参与 GVCs 分工的行为及绩效，对经济体和产业 TiVA 规模大小、竞争力强弱，对 GVCs 分工地位高低和分工利益大小起着决定性作用，对政府政策制定和调整也有着根本性影响。

但囿于按增加值统计的企业层面的微观数据的可得性困难，本书的研究对象同样也只能限定在服务业及各部门层面。但随着企业微观数据的可得性越来越强，预计未来研究关注的重点将越来越多地转向对 GVCs 分工下企业增加值创造、TiVA 行为、分工模式选择、分工地位变化及利益分配等问题的研究。

（2）基于属权原则对服务跨境直接投资式 GVCs 分工的研究：从本书第 2 章对 GVCs 分工理论发展与形成过程的梳理中可以发现，企业跨境生产是 GVCs 形成和 GVCs 分工发展的主要生产组织方式（在此基础上建立的跨境生产组织理论也成为 GVCs 分工理论的核心内容之一）。因此，服务跨境直接投资式 GVCs 分工也就成为服务业参与 GVCs 分工的基本方式之一（本书在 2.3.3 节有详细阐释）。跨境公司在境外投资设立 FDI 企业所取得的利润，按照属权原则（按投资股权比例或合同约定）进行分配后，由投资主体支配和处置（汇回投资方母公司或用于再投资）。同理，从 GVCs 分工中的增加值来源考虑，FDI 企业在东道方经济体生产中创造的全部增加值，也应该按照属权原则在东道方与外方投资主体之间进行分拆，并将分拆给外方投资主体的那部分增加值看作为 FVA，计入东道方的服务业 TiVA 进口统计内（Miroudot and Ye，2018a，2019；Cadestin et al.，2018a，2018b；2019）。

但是，无论各经济体的国民经济统计、国别投入产出表的编制，还是国际组织对国际投入产出表的编制，目前还都是把 FDI 企业等同于东道方境内企业，其所创造的增加值全部被统计为东道方 DVA，这就造成按当前国际投入产出表数据所统计核算的服务业（及制造业）TiVA 结果，以及依据该结果所进行的 GVCs 分工地位、分工利益研究结果，不能反映跨境投资企业的贡献、影响和作用（Miroudot and Ye，2017；Andrenelli et al.，2018，2019；Cadestin et al.，2018a，2018b；WTO，2019）。

为解决这一问题，OECD 尝试编制并于 2018 年发布了分析性多国企业活动数据库（analytical activity of multinational enterprise database），对跨境企业在东道方所设立分支机构的销售额，按照属权原则进行了增加值分拆。截至 2021 年 12 月该数据库涉及的产业（34 个）和经济体数量（59 个）仍有限，数据的完整性、系统性不够，尚无法用于对各经济体服务跨境直接投资式 GVCs 分工下的服务业 TiVA 核算及分工地位考察。正是由于这一原因，本书也未能实现对服务跨境直接投资式 GVCs 分工下的中国服务业 TiVA 及分工地位，做出单独的核算和分析。

与对企业层面的研究一样，随着更加完整、全面的跨境企业活动数据库的建立，研究所需数据的可得性增强，对服务跨境直接投资式 GVCs 分工下的各经济体服务业 TiVA 状况及分工地位开展单独研究，或与服务业直接、间接参与 GVCs 分工行为进行比较分析与综合研究，可能将成为未来国内外研究的重点选题。

（3）对各国服务业 TiVA 及 GVCs 分工地位的跟踪研究：受国际投入产出表编制发布数据普遍滞后的制约，国内外文献对服务业（包括制造业及其他产业）TiVA、GVCs 分工地位及其他选题的研究成果及结论，自然也就会普遍滞后，本书也不例外。由于受所采用的 OECD 发布的 2018 年版 ICIO 数据的年代限制，对我国服务业及各部门 TiVA 核算及在 GVCs 分工地位的测算和分析比较，仅进行到 2015 年。虽然研究过程中，对之后的发展趋势也给出了预测性观点，但准确与否都需要今后利用新的可获得数据，通过定量核算和实证分析做出实际检验。

因此，随着新的国际投入产出表的陆续发布，利用更新的数据对本选题及其他相关选题，持续进行跟踪研究，也是未来值得关注的研究方向。

参 考 文 献

白洁. 2009. 对外直接投资的逆向技术溢出效应——对中国全要素生产率影响的经验检验[J]. 世界经济研究,（8）：65-69, 89.

蔡伟宏, 李惠娟. 2017. 中、日、韩服务贸易的东亚分工地位比较——基于增加值贸易的视角[J]. 经济经纬, 34（5）：75-80.

岑丽君. 2015. 中国在全球生产网络中的分工与贸易地位——基于 TiVA 数据与 GVC 指数的研究[J]. 国际贸易问题,（1）：3-13, 131.

柴静玉. 2016. 基于增加值贸易的中国服务业全球价值链国际分工地位探讨[J]. 商业经济研究,（2）：131-133.

陈菲. 2005. 服务外包动因机制分析及发展趋势预测：美国服务外包的验证[J]. 中国工业经济,（6）：67-73.

陈立敏, 周材荣. 2016. 全球价值链的高嵌入能否带来国际分工的高地位——基于贸易增加值视角的跨国面板数据分析[J]. 国际经贸探索, 32（10）：26-43.

陈明, 魏作磊. 2016. 中国服务业开放对产业结构升级的影响[J]. 经济学家,（4）：24-32.

陈雯, 李强. 2014. 全球价值链分工下我国出口规模的透视分析——基于增加值贸易核算方法[J]. 财贸经济,（7）：107-115.

陈宪, 黄建锋. 2004. 分工、互动与融合：服务业与制造业关系演进的实证研究[J]. 中国软科学,（10）：65-71, 76.

程大中. 2006. 中国生产者服务业的增长、结构变化及其影响——基于投入—产出法的分析[J]. 财贸经济,（10）：45-52, 96-97.

程大中. 2008. 中国经济正在趋向服务化吗？——基于服务业产出、就业、消费和贸易的统计分析[J]. 统计研究,（9）：36-43.

程大中, 陈宪. 2006. 上海生产者服务与消费者服务互动发展的实证研究[J]. 上海经济研究,（1）：40-49.

程大中, 程卓. 2015. 中国出口贸易中的服务含量分析[J]. 统计研究, 32（3）：46-53.

程大中, 魏如青, 郑乐凯. 2017b. 中国服务贸易出口复杂度的动态变化及国际比较——基于贸易增加值的视角[J]. 国际贸易问题,（5）：103-113.

程大中, 虞丽, 汪宁. 2019. 服务业对外开放与自由化：基本趋势、国际比较与中国对策[J]. 学术月刊, 51（11）：40-59.

程大中, 郑乐凯, 魏如青. 2017a. 全球价值链视角下的中国服务贸易竞争力再评估[J]. 世界经济研究,（5）：85-97, 136-137.

迟歌. 2018. 中国对外直接投资对全球价值链升级的影响研究——基于灰色关联理论的实证分析[J]. 工业技术经济, 37（5）：88-96.

戴翔. 2011. 服务贸易出口技术复杂度与经济增长——基于跨国面板数据的实证分析[J]. 南开经

济研究，(3)：57-68.
戴翔. 2012. 中国服务贸易出口技术复杂度变迁及国际比较[J]. 中国软科学，(2)：52-59.
戴翔. 2015a. 中国制造业国际竞争力——基于贸易附加值的测算[J]. 中国工业经济，(1)：78-88.
戴翔. 2015b. 中国服务出口竞争力：增加值视角下的新认识[J]. 经济学家，(3)：31-38.
戴翔. 2015c. 中国出口贸易利益究竟有多大——基于附加值贸易的估算[J]. 当代经济科学，37（3）：80-88，127.
戴翔. 2016a. 服务贸易自由化是否影响中国制成品出口复杂度[J]. 财贸研究，27（3）：1-9.
戴翔. 2016b. 中国制造业出口内涵服务价值演进及因素决定. 经济研究，51（9）：44-57，174.
戴翔. 2018. 在扩大服务业开放中发展更高层次开放型经济[J]. 国家治理，(45)：3-7.
戴翔. 2020-12-02. 扩大服务业对外开放重在"有序"[N]. 学习时报，3版.
戴翔，李洲. 2017a. 全球价值链上的中国产业：地位变迁及国际比较[J]. 财经科学，(7)：77-89.
戴翔，李洲. 2017b. 全球价值链下中国制造业国际竞争力再评估：基于Koopman分工地位指数的研究[J]. 上海经济研究，(8)：89-100.
戴翔，李洲，张雨. 2019. 服务投入来源差异、制造业服务化与价值链攀升[J]. 财经研究，45(5)：30-43.
戴翔，刘梦. 2018. 人才何以成为红利——源于价值链攀升的证据[J]. 中国工业经济，(4)：98-116.
戴翔，刘梦，张为付. 2017. 本土市场规模扩张如何引领价值链攀升[J]. 世界经济，40(9)：27-50.
戴翔，宋婕. 2020. 中国OFDI的全球价值链构建效应及其空间外溢[J]. 财经研究，46(5)：125-139.
戴翔，张二震. 2015. 服务业开放的国际分工地位提升效应——基于江苏数据的实证研究[J]. 江苏行政学院学报，(1)：45-51.
戴翔，张二震. 2017. 要素分工与国际贸易理论新发展[M]. 北京：人民出版社.
邓光耀，张忠杰. 2018. 全球价值链视角下中国和世界主要国家（地区）分工地位的比较研究——基于行业上游度的分析[J]. 经济问题探索，(8)：125-132.
邓晶，张文倩. 2015. 生产性服务贸易自由化对制造业升级的影响——基于全球价值链视角[J]. 云南财经大学学报，31（6）：45-49.
邓军. 2014. 所见非所得：增加值贸易统计下的中国对外贸易特征[J]. 世界经济研究，(1)：35-40，88.
董虹蔚，孔庆峰. 2017. 中国总出口的价值构成及演进研究——基于2000—2014年世界投入—产出表的产业和国别分析[J]. 商业经济与管理，(12)：77-91.
董有德，唐云龙. 2017. 中国产业价值链位置的定量测算——基于上游度和出口国内增加值的分析[J]. 上海经济研究，(2)：42-48，71.
杜传忠，张丽. 2013. 中国工业制成品出口的国内技术复杂度测算及其动态变迁——基于国际垂直专业化分工的视角[J]. 中国工业经济，(12)：52-64.
杜运苏，彭冬冬. 2018. 制造业服务化与全球增加值贸易网络地位提升——基于2000—2014年世界投入产出表[J]. 财贸经济，39（2）：102-117.
樊茂清，黄薇. 2014. 基于全球价值链分解的中国贸易产业结构演进研究[J]. 世界经济，37（2）：50-70.
方勇，戴翔，张二震. 2012. 要素分工论[J]. 江海学刊，(4)：88-96，238.
傅家荣. 1997. 消费需求结构是产业结构演进的根本动因——对消费需求结构与产业结构关系问题的思考[J]. 消费经济，(2)：22-26.

傅京燕. 2001. 服务贸易自由化对我国服务贸易的影响及对策研究[J]. 世界经济与政治论坛, (1): 41-44.

高敬峰, 张艳华. 2014. 中国出口中的国内增加值与要素报酬解构[J]. 世界经济研究, (7): 22-27, 87.

龚静, 尹忠明. 2018. 增加值核算体系下我国服务贸易出口的国际分工地位与竞争力研究——基于世界投入产出数据库的上游度指数与显示性比较优势指数分析[J]. 国际商务（对外经济贸易大学学报）, (5): 73-84.

顾乃华, 夏杰长. 2010. 对外贸易与制造业投入服务化的经济效应——基于2007年投入产出表的实证研究[J]. 社会科学研究, (5): 17-21.

国家统计局服务业调查中心课题组. 2009. 服务业发展水平的综合评价[J]. 中国统计, (6): 9-10.

何树全. 2018. 中国服务业在全球价值链中的地位分析[J]. 国际商务研究, 39(5): 29-38.

胡昭玲, 宋佳. 2013. 基于出口价格的中国国际分工地位研究[J]. 国际贸易问题, (3): 15-25.

黄灿, 林桂军. 2017. 全球价值链分工地位的影响因素研究: 基于发展中国家的视角[J]. 国际商务（对外经济贸易大学学报）, (2): 5-15.

黄繁华, 姜悦, 黄嘉雯. 2019. 服务业对全球价值链分工影响和异质性研究[J]. 世界经济与政治论坛, (5): 77-96.

黄锦明. 2016. 技术获取型对外直接投资提升全球价值链分工位次的作用机制与中国对策——以中国企业华为为例[J]. 现代经济探讨, (4): 54-58.

黄先海, 杨高举. 2010. 中国高技术产业的国际分工地位研究: 基于非竞争型投入占用产出模型的跨国分析[J]. 世界经济, 33(5): 82-100.

贾怀勤. 2013. 增加值贸易统计的意义、研究途径和应用前景——贾怀勤答某权威媒体采访的前呼后应[J]. 经济统计学, (1): 197-201.

江小涓. 2008. 服务外包: 合约形态变革及其理论蕴意——人力资本市场配置与劳务活动企业配置的统一[J]. 经济研究, (7): 4-10.

江小涓, 李辉. 2004. 服务业与中国经济: 相关性和加快增长的潜力[J]. 经济研究, (1): 4-15.

金芳. 2003. 国际分工的深化趋势及其对中国国际分工地位的影响[J]. 世界经济研究, (3): 4-9.

金京, 戴翔, 张二震. 2013. 全球要素分工背景下的中国产业转型升级[J]. 中国工业经济, (11): 57-69.

金莹, 戴翔. 2019. 本土市场规模扩大一定有助于价值链攀升吗?[J]. 南京社会科学, (3): 18-25.

鞠建东, 余心玎. 2014. 全球价值链上的中国角色——基于中国行业上游度和海关数据的研究[J]. 南开经济研究, (3): 39-52.

来有为, 陈红娜. 2017. 以扩大开放提高我国服务业发展质量和国际竞争力[J]. 管理世界, (5): 17-27.

黎峰. 2015. 全球价值链下的国际分工地位: 内涵及影响因素[J]. 国际经贸探索, 31(9): 31-42.

黎峰. 2016. 要素结构与价值链分工[M]. 上海: 格致出版社.

李钢, 郝治军, 聂平香. 2015. 对我国服务业开放的多维度评估[J]. 国际贸易, (1): 53-58.

李宏, 陈圳. 2018. 制度约束与全球价值链地位提升: 制度红利的门槛效应[J]. 现代财经（天津财经大学学报）, 38(2): 41-53.

李惠娟, 蔡伟宏. 2016. 中国服务业在全球价值链的国际分工地位评估[J]. 国际商务（对外经济贸易大学学报）, (5): 28-40.

参考文献

李惠娟，蔡伟宏. 2017. 中美服务贸易国际分工地位的比较研究——基于增加值贸易的视角[J]. 经济问题探索，（2）：102-110.

李娟娟. 2019. 制造业服务化对价值链升级的影响研究[D]. 南京：南京财经大学.

李俊，马风涛. 2015. 中国制造业产品服务增加值的测算及其产出效应——基于世界投入产出表的研究[J]. 中南财经政法大学学报，（6）：109-117.

李俊久，蔡琬琳. 2018. 对外直接投资与中国全球价值链分工地位升级：基于"一带一路"的视角[J]. 四川大学学报（哲学社会科学版），（3）：157-168.

李平，江强，林洋. 2018. FDI与"国际分工陷阱"——基于发展中东道国GVC嵌入度视角[J]. 国际贸易问题，（6）：119-132.

李昕. 2014. 用于贸易增加值核算的全球三大ICIO数据库比较[J]. 经济统计学（季刊），（1）：74-99.

李昕，徐滇庆. 2013. 中国外贸依存度和失衡度的重新估算：全球生产链中的增加值贸易[J]. 中国社会科学，（1）：29-55，205.

李燕. 2011. 我国参与产品内分工与贸易：研究综述[J]. 广西经济管理干部学院学报，23（1）：44-50.

李勇坚，夏杰长. 2009. 我国经济服务化的演变与判断——基于相关国际经验的分析[J]. 财贸经济，（11）：96-103.

梁敬东，霍景东. 2017. 制造业服务化与经济转型：机理与实证[J]. 首都经济贸易大学学报，19（2）：65-72.

林桂军，何武. 2015. 中国装备制造业在全球价值链的地位及升级趋势[J]. 国际贸易问题，（4）：3-15.

林僖，鲍晓华. 2018. 区域服务贸易协定如何影响服务贸易流量？——基于增加值贸易的研究视角[J]. 经济研究，53（1）：169-182.

刘斌，王杰，魏倩. 2015. 对外直接投资与价值链参与：分工地位与升级模式[J]. 数量经济技术经济研究，32（12）：39-56.

刘斌，魏倩，吕越，等. 2016. 制造业服务化与价值链升级[J]. 经济研究，51（3）：151-162.

刘方棫. 1983. "小康水平"的需求结构与产业结构调整对策[J]. 经济问题，（10）：31-36.

刘海云，毛海欧. 2015. 国家国际分工地位及其影响因素——基于"GVC地位指数"的实证分析[J]. 国际经贸探索，31（8）：44-53.

刘宏曼，郎郸妮. 2018. 对我国制造业全球价值链分工地位的政治经济学分析[J]. 毛泽东邓小平理论研究，（1）：94-100，108.

刘洪铎，曹瑜强. 2016. 中美两国在全球价值链上的分工地位比较研究——基于行业上游度测算视角[J]. 上海经济研究，（12）：11-19.

刘景卿，车维汉. 2019. 基于GVC的贸易问题研究：一个文献综述[J]. 财经理论研究，（3）：14-27.

刘丽萍. 2013. 全球价值链与贸易增加值的核算[J]. 国际经济评论，（4）：110-115，7.

刘琳. 2015. 中国参与全球价值链的测度与分析——基于附加值贸易的考察[J]. 世界经济研究，（6）：71-83，128.

刘伟. 1991. 经济发展中的产业结构与消费结构[J]. 北京大学学报（哲学社会科学版），（6）：58-68，96，130.

刘祥和，曹瑜强. 2014. "金砖四国"分工地位的测度研究——基于行业上游度的视角[J]. 国际经贸探索, 30 (6): 92-100.

刘奕, 夏杰长. 2014. 以服务业促进农业现代化:思路之辨与路径选择[J]. 宏观经济研究, (5): 11-18, 28.

刘奕, 夏杰长. 2018. 推动中国服务业高质量发展:主要任务与政策建议[J]. 国际贸易, (8): 53-59.

刘志彪. 2008. 生产者服务业及其集聚:攀升全球价值链的关键要素与实现机制[J]. 中国经济问题, (1): 3-12.

龙飞扬, 殷凤. 2019. 制造业投入服务化与出口产品质量升级——来自中国制造企业的微观证据[J]. 国际经贸探索, 35 (11): 19-35.

隆国强. 2017. 中国对外开放的新形势与新战略[J]. 中国发展观察, (8): 5-8, 36.

卢锋. 2004. 产品内分工[J]. 经济学(季刊), (4): 55-82.

卢锋. 2007. 当代服务外包的经济学观察:产品内分工的分析视角[J]. 世界经济, (8): 22-35.

卢进勇, 杨杰, 郭凌威. 2016. 中国在全球生产网络中的角色变迁研究[J]. 国际贸易问题, (7): 3-14.

卢仁祥. 2017. 中国参与全球价值链分工的低端锁定问题研究——基于增加值贸易数据的分析[J]. 华东经济管理, 31 (6): 72-78.

罗军. 2019. 生产性服务进口与制造业全球价值链升级模式——影响机制与调节效应[J]. 国际贸易问题, (8): 65-79.

吕越, 陈帅, 盛斌. 2018. 嵌入全球价值链会导致中国制造的"低端锁定"吗?[J]. 管理世界, 34 (8): 11-29.

吕越, 罗伟, 刘斌. 2015. 异质性企业与全球价值链嵌入:基于效率和融资的视角[J]. 世界经济, 38 (8): 29-55.

吕越, 吕云龙, 包群. 2017. 融资约束与企业增加值贸易——基于全球价值链视角的微观证据[J]. 金融研究, (5): 63-80.

吕云龙, 吕越. 2017. 制造业出口服务化与国际竞争力——基于增加值贸易的视角[J]. 国际贸易问题, (5): 25-34.

吕政, 刘勇, 王钦. 2006. 中国生产性服务业发展的战略选择——基于产业互动的研究视角[J]. 中国工业经济, (8): 5-12.

马风涛. 2015. 中国制造业全球价值链长度和上游度的测算及其影响因素分析——基于世界投入产出表的研究[J]. 世界经济研究, (8): 3-10, 127.

马弘, 李小帆. 2018. 服务贸易开放与出口附加值[J]. 国际经济评论, (2): 82-92, 6.

马莉莉, 张亚楠. 2019. 增加值视角下东亚区域服务贸易分工地位比较[J]. 亚太经济, (6): 45-54, 145.

马涛, 刘仕国. 2013. 全球价值链下的增加值贸易核算及其影响[J]. 国际经济评论, (4): 97-109, 6.

马盈盈. 2019. 服务贸易自由化与全球价值链:参与度及分工地位[J]. 国际贸易问题, (7): 113-127.

马盈盈, 盛斌. 2017. 全球价值链视角下中国总进口的增加值分解[J]. 世界经济研究, (12): 118-131, 134.

马永伟, 黄茂兴. 2018. 中国对外开放战略演进与新时代实践创新[J]. 亚太经济, (4): 74-83, 151.

孟东梅,姜延书,何思浩. 2017. 中国服务业在全球价值链中的地位演变——基于增加值核算的研究[J]. 经济问题,(1): 79-84.

孟猛. 2012. 中国在国际分工中的地位:基于出口最终品全部技术含量与国内技术含量的跨国比较[J]. 世界经济研究,(3): 17-21, 52, 87.

倪红福. 2017. 中国出口技术含量动态变迁及国际比较[J]. 经济研究, 52(1): 44-57.

聂聆,李三妹. 2016. 我国在制造业产品全球价值链中的分工地位研究——基于价值链高度指数的分析[J]. 现代财经(天津财经大学学报), 36(6): 3-16.

潘海岚. 2011. 服务业发展水平的评价指标的构建[J]. 统计与决策,(3): 23-25.

彭水军,袁凯华,韦韬. 2017. 贸易增加值视角下中国制造业服务化转型的事实与解释[J]. 数量经济技术经济研究, 34(9): 3-20.

乔小勇,王耕,郑晨曦. 2017. 我国服务业及其细分行业在全球价值链中的地位研究——基于"地位–参与度–显性比较优势"视角[J]. 世界经济研究,(2): 99-113, 137.

邱斌,叶龙凤,孙少勤. 2012. 参与全球生产网络对我国制造业价值链提升影响的实证研究——基于出口复杂度的分析[J]. 中国工业经济,(1): 57-67.

沙文兵. 2012. 对外直接投资、逆向技术溢出与国内创新能力——基于中国省际面板数据的实证研究[J]. 世界经济研究,(3): 69-74, 89.

尚涛. 2015. 全球价值链与我国制造业国际分工地位研究——基于增加值贸易与Koopman分工地位指数的比较分析[J]. 经济学家,(4): 91-100.

盛斌,陈帅. 2016. 全球价值链、出口国内附加值与比较优势:基于跨国样本的研究[J]. 东南大学学报(哲学社会科学版), 18(6): 95-102, 147-148.

盛斌,景光正. 2019. 金融结构、契约环境与全球价值链地位[J]. 世界经济, 42(4): 29-52.

盛斌,马盈盈. 2018. 中国服务贸易出口结构和国际竞争力分析:基于贸易增加值的视角[J]. 东南大学学报(哲学社会科学版), 20(1): 39-48, 146, 2.

施炳展. 2010. 中国出口产品的国际分工地位研究——基于产品内分工的视角[J]. 世界经济研究,(1): 56-62, 88-89.

施炳展,李坤望. 2008. 中国制造业国际分工地位研究:基于产业内贸易形态的跨国比较[J]. 世界经济研究,(10): 3-8, 87.

苏杭,李化营. 2016. 行业上游度与中国制造业国际竞争力[J]. 财经问题研究,(8): 31-37.

苏庆义. 2016. 中国国际分工地位的再评估——基于出口技术复杂度与国内增加值双重视角的分析[J]. 财经研究, 42(6): 40-51.

孙红燕,李欣欣,刘晴. 2017. 全球价值链中价值增值测算的研究综述[J]. 工业技术经济, 36(4): 107-115.

孙军,梁东黎. 2010. 全球价值链、市场规模与发展中国家产业升级机理分析[J]. 经济评论,(4): 34-41, 55.

谭人友. 2017. 全球价值链的概念性理论框架:一个国际分工的视角[J]. 现代管理科学,(5): 40-42.

汤碧. 2012. 基于产品内分工视角的我国贸易转型升级路径研究[J]. 国际贸易问题,(9): 16-27.

唐海燕,张会清. 2009. 中国在新型国际分工体系中的地位——基于价值链视角的分析[J]. 国际贸易问题,(2): 18-26.

唐晓华,张欣珏,李阳. 2018. 中国制造业与生产性服务业动态协调发展实证研究[J]. 经济研究,

53（3）：79-93.

唐宜红，张鹏杨. 2017. FDI、全球价值链嵌入与出口国内附加值[J]. 统计研究，34（4）：36-49.

田彦征. 1997. 美国公司人事管理职能的"外包化"[J]. 中国人才，（4）：46-47.

童剑锋. 2013. "全球价值链贸易增加值"系列之一：世界制造与国际贸易统计制度改革[J]. 国际商务财会，（1）：9-11.

王佃凯. 2016. 技术复杂度、国外需求与服务贸易出口[C]. 服务贸易评论. 厦门：厦门大学出版社，81-92.

王厚双，李艳秀，朱奕绮. 2015. 我国服务业在全球价值链分工中的地位研究[J]. 世界经济研究，（8）：11-18，127.

王岚. 2013. 全球价值链分工背景下的附加值贸易：框架、测度和应用[J]. 经济评论,（3）：150-160.

王岚. 2014. 融入全球价值链对中国制造业国际分工地位的影响[J]. 统计研究，31（5）：17-23.

王岚. 2020. 投入服务化是否提高了中国制造业全要素生产率[J]. 国际贸易问题，（2）：29-43.

王岚，李宏艳. 2015. 中国制造业融入全球价值链路径研究——嵌入位置和增值能力的视角[J]. 中国工业经济，（2）：76-88.

王岚，马涛. 2016. 贸易增加值核算方法的演进及主要研究结论[C]//赵晋平，宋泓. APEC地区贸易增加值核算及相关政策研究. 北京：科学出版社：117-147.

王秋红，赵乔. 2018. 中国制造业附加值贸易影响因素的实证分析——基于全球价值链分工的视角[J]. 开发研究，（1）：106-116.

王时杰，王东京. 1987. 论消费结构的先导演进趋势及其诱导[J]. 消费经济，（1）：1-5.

王思语，郑乐凯. 2018. 制造业出口服务化与价值链提升——基于出口复杂度的视角[J]. 国际贸易问题，（5）：92-102.

王永进，盛丹，施炳展，等. 2010. 基础设施如何提升了出口技术复杂度？[J]. 经济研究，45（7）：103-115.

王直，魏尚进，祝坤福. 2015. 总贸易核算法：官方贸易统计与全球价值链的度量[J]. 中国社会科学，（9）：108-127，205-206.

魏龙，王磊. 2017. 全球价值链体系下中国制造业转型升级分析[J]. 数量经济技术经济研究，34（6）：71-86.

魏如青，郑乐凯，程大中. 2018. 中国参与全球价值链研究——基于生产分解模型[J]. 上海经济研究，（4）：107-117.

吴传清，李绍腾，陈扬亚. 2013. 湖北省服务业发展水平的统计评价[J]. 统计与决策,（23）：71-74.

夏杰长，陈军. 2017. 世界经济格局变迁与服务业开放[J]. 全球化，（8）：47-61，133-134.

夏杰长，倪红福. 2017. 服务贸易作用的重新评估：全球价值链视角[J]. 财贸经济，38（11）：115-130.

夏杰长，姚战琪. 2018. 中国服务业开放40年——渐进历程、开放度评估和经验总结[J]. 财经问题研究，（4）：3-14.

肖威，刘德学. 2016. 全球价值链分工条件下的贸易增加值核算——基于制造业的跨国跨行业比较分析[J]. 开发研究，（5）：127-131.

幸炜，李长英. 2018. 双边嵌套视角下全球服务业价值链分工地位与利益分配研究[J]. 当代财经，（4）：98-110.

徐瑾. 2009. 中国软件外包业研究综述与展望[J]. 经济学动态，（11）：75-78.

徐久香, 拓晓瑞. 2016. 中国仅仅是制造大国吗——基于出口增加值测算角度[J]. 南方经济, (6): 51-65.

徐康宁, 王剑. 2006. 要素禀赋、地理因素与新国际分工[J]. 中国社会科学, (6): 65-77, 204-205.

许和连, 成丽红, 孙天阳. 2017. 制造业投入服务化对企业出口国内增加值的提升效应——基于中国制造业微观企业的经验研究[J]. 中国工业经济, (10): 62-80.

许和连, 成丽红, 孙天阳. 2018. 离岸服务外包网络与服务业全球价值链提升[J]. 世界经济, 41 (6): 77-101.

许晖, 许守任, 王睿智. 2014. 嵌入全球价值链的企业国际化转型及创新路径——基于六家外贸企业的跨案例研究[J]. 科学学研究, 32 (1): 73-83.

许晓芹, 周雪松, 张清正. 2019. 中国省域视角下对外直接投资、逆向技术溢出与创新能力研究[J]. 经济问题探索, (12): 70-78.

闫云凤. 2018. 中日韩服务业在全球价值链中的竞争力比较[J]. 现代日本经济, (1): 48-59.

闫云凤. 2019. 中国被锁定在全球价值链低端了吗?——中美 GVC 位置与价值获取程度的比较[J]. 西安交通大学学报(社会科学版), 39 (2): 33-42.

杨高举, 周俊子. 2012. 中国高技术产业国际分工地位的区域差异[J]. 经济地理, 32(12): 117-121.

杨连星, 罗玉辉. 2017. 中国对外直接投资与全球价值链升级[J]. 数量经济技术经济研究, 34(6): 54-70.

杨珍增, 刘晶. 2018. 知识产权保护对全球价值链地位的影响[J]. 世界经济研究, (4): 123-134, 137.

姚战琪. 2018. 服务业开放度视角下中国攀升全球价值链研究[J]. 学术论坛, 41 (4): 92-101.

尹东东, 张建清. 2016. 我国对外直接投资逆向技术溢出效应研究——基于吸收能力视角的实证分析[J]. 国际贸易问题, (1): 109-120.

尹伟华. 2017. 中美服务业参与全球价值链分工程度与地位分析: 基于最新世界投入产出数据库[J]. 世界经济研究, (9): 120-131, 137.

尹彦罡, 李晓华. 2015. 中国制造业全球价值链地位研究[J]. 财经问题研究, (11): 18-26.

原小能. 2016. 全球服务价值链与中国现代服务业发展战略[M]. 北京: 经济科学出版社.

原小能. 2017. 全球服务价值链及中国服务业价值链的位置测度[J]. 云南财经大学学报, 33 (1): 104-114.

占丽, 戴翔, 张为付. 2018. 产业上游度、出口品质与全球价值链攀升——中美"悖论"的经验证据及启示[J]. 财经科学, (9): 63-73.

张二震, 安礼伟. 2002. 国际分工新特点与我国参与国际分工的新思路[J]. 经济理论与经济管理, (12): 64-67.

张二震, 方勇. 2005. 要素分工与中国开放战略的选择[J]. 南开学报, (6): 9-15.

张宏, 王建. 2013. 中国对外直接投资与全球价值链升级[M]. 北京: 中国人民大学出版社.

张辉. 2004. 全球价值链理论与我国产业发展研究[J]. 中国工业经济, (5): 38-46.

张会清, 翟孝强. 2018. 中国参与全球价值链的特征与启示——基于生产分解模型的研究[J]. 数量经济技术经济研究, 35 (1): 3-22.

张纪. 2013. 基于要素禀赋理论的产品内分工动因研究[J]. 世界经济研究, (5): 3-9, 87.

张磊, 徐琳. 2013. 全球价值链分工下国际贸易统计研究[J]. 世界经济研究, (2): 48-53, 88.

张立群. 2000. 试析我国经济发展阶段的转变[J]. 管理世界, (5): 26-31, 40.

张鹏杨,唐宜红. 2018. FDI 如何提高我国出口企业国内附加值?——基于全球价值链升级的视角[J]. 数量经济技术经济研究, 35 (7): 79-96.

张少军,刘志彪. 2013. 国内价值链是否对接了全球价值链:基于联立方程模型的经验分析[J]. 国际贸易问题, (2): 14-27.

张为付,戴翔. 2017. 中国全球价值链分工地位改善了吗?——基于改进后出口上游度的再评估[J]. 中南财经政法大学学报, (4): 90-99.

张夏,汪莉,郑乐凯. 2020. 全球生产分工体系下的服务贸易出口被低估了吗?——兼论服务贸易的"粘合剂"作用[J]. 北京理工大学学报(社会科学版), 22 (1): 101-108.

张向晨,徐清军. 2013. 国内外贸易增加值问题研究的进展[J]. 国际经济评论, (4): 128-138, 7-8.

张晓涛,李芳芳. 2013. 论生产性服务业与制造业的融合互动发展[J]. 广东社会科学, (5): 39-47.

张幼文. 2005. 从廉价劳动力优势到稀缺要素优势——论"新开放观"的理论基础[J]. 南开学报, (6): 1-8, 61.

赵红,彭馨. 2014. 中国出口技术复杂度测算及影响因素研究[J]. 中国软科学, (11): 183-192.

赵晋平,宋泓,马涛,等. 2016. APEC 地区贸易增加值核算及相关政策研究[M]. 北京:科学出版社.

赵伟,古广东,何元庆. 2006. 外向 FDI 与中国技术进步:机理分析与尝试性实证[J]. 管理世界, (7): 53-60.

赵玉焕,常润岭. 2012. 全球价值链和增加值视角下国际贸易统计方法研究[J]. 国际贸易, (12): 25-27.

赵玉焕,史巧玲,尹斯祺,等. 2019. 中国参与全球价值链分工的测度及对就业的影响研究[J]. 经济与管理研究, 40 (2): 13-26.

赵玉林,谷军健. 2018. 中美制造业发展质量的测度与比较研究[J]. 数量经济技术经济研究, 35 (12): 116-133.

郑丹青. 2019. 对外直接投资与全球价值链分工地位——来自中国微观企业的经验证据[J]. 国际贸易问题, (8): 109-123.

郑丹青,于津平. 2015. 外资进入与企业出口贸易增加值——基于中国微观企业异质性视角[J]. 国际贸易问题, (12): 96-107.

郑吉昌. 2002. 论国际服务贸易及自由化趋势[J]. 国际经贸探索, (1): 63-65.

郑玉. 2020. 中国产业国际分工地位演化及国际比较[J]. 数量经济技术经济研究, 37 (3): 67-85.

钟惠芸. 2018. 中国服务业在全球价值链上的角色研究:基于行业上游度的视角[J]. 重庆理工大学学报(社会科学), 32 (5): 58-63.

仲志源,张梦,马野青. 2018. 生产性服务业对中国制造业全球价值链地位的影响研究[J]. 统计与决策, 34 (15): 146-150.

周大鹏. 2013. 制造业服务化对产业转型升级的影响[J]. 世界经济研究, (9): 17-22, 48, 87.

周升起,张鹏. 2014. 中国创意服务国际分工地位及其演进——基于"相对复杂度"指数的考察[J]. 国际经贸探索, 30 (10): 39-50.

周升起,兰珍先,付华. 2014. 中国制造业在全球价值链国际分工地位再考察——基于 Koopman 等的"GVC 地位指数"[J]. 国际贸易问题, (2): 3-12.

周天勇. 2017. 国内外形势变化与中国对外开放战略调整[J]. 当代世界与社会主义, (2): 174-180.

参考文献

祝树金，谢煜，段凡. 2019. 制造业服务化、技术创新与企业出口产品质量[J]. 经济评论，（6）：3-16.

邹全胜，王莹. 2006. 服务外包：理论与经验分析[J]. 国际贸易问题，（5）：54-61.

曾慧萍. 2012. 全球价值链理论研究综述——基于发展中国家外向型经济发展视角[J]. 西南农业大学学报（社会科学版），10（12）：13-16.

曾铮，王鹏. 2007a. 产品内分工理论的历史沿承及其范式嬗变[J]. 首都经济贸易大学学报，（1）：86-91.

曾铮，王鹏. 2007b. 产品内分工理论与价值链理论的渗透与耦合[J]. 财贸经济，（3）：121-125.

曾铮，张亚斌. 2005. 价值链的经济学分析及其政策借鉴[J]. 中国工业经济，（5）：104-111.

Abraham KG, Taylor SK. 1996. Firms' use of outside contractors: theory and evidence[J]. Journal of Labor Economics, 14（3）：394-424.

Abramovsky L, Griffith R, Sako M. 2004. Offshoring of business service and its impact on the UK economy[R]. Institute for Fiscal Studies Briefing Note No. 51.

Ahamad N. 2013. Estimating trade in value-added: why and how?[C]//Elms D, Low P. Global Value Chains in a Changing World. Geneva: WTO Publications: 85-108.

Aichele R, Heiland I. 2018. Where is the value added? Trade liberalization and production networks[J]. Journal of International Economics, 115（11）：130-144.

Alfaro L, Antràs P, Chor D, et al. 2015. Internalizing global value chains: a firm-level analysis[R]. NBER Working Paper No. 21582.

Altomonte C, Colantone I, Rungi A, et al. 2015. Global value networks[C]//Amador J, Di Mauro F. The age of global valuec hains: maps and policy issues. London: Center of Economic Policy Research, VoxEU, e-Book: 85-106.

Amador J, Di Mauro F. 2015. The age of global valuec hains: maps and policy issues[C]. London: Center of Economic Policy Research.

Amiti M, Wei S J. 2004. Fear of service outsourcing: is it justified?[R]. NBER Working Paper No. 10808.

Amiti M, Wei S J. 2009. Service offsouring and productivity: evidence from the US[J]. The World Economy, （2）：203-220.

Andrenelli A, Cadestin C, de Backer K, et al. 2018. Multinational production and trade in services[R]. OECD Trade Policy Papers 212.

Andrenelli A, Lejárraga I, Miroudot S, et al. 2019. Micro-evidence on corporate relationships in global value chains: the role of trade, FDI and strategic partnerships[R]. OECD Trade Policy Papers 227.

Antràs P. 2003. Firms, contracts and trade structure[J]. The Quarterly Journal of Economics, 118（4）：1375-1418.

Antràs P. 2005. Incomplete contracts and the product cycle[J]. American Economic Review, 95（4）：1054-1073.

Antràs P. 2011. Grossman-Hart（1986）goes global: incomplete contracts, property rights and the international organization of production[R]. NBER Working Paper No. 17470.

Antràs P, Chor D, Fally T, et al. 2012. Measuring the upstreamness of production and trade flows[J]. American Economic Review, 102（3）：412-416.

Antràs P, Chor D. 2013. Organizing the global value chain[J]. Econometrica, 81（6）: 2127-2204.

Antràs P, de Gortari A. 2016. On the geography of global value chains[R]. Harvard University Open Scholar, Working Paper 443991.

Antràs P, Helpman E. 2004. Global sourcing[J]. Journal of Political Economy, 112（3）: 552-580.

Antràs P, Helpman E. 2006. Contractual frictions and global sourcing[R]. NBER Working Paper No. 12747.

Antràs P, Yeaple S. 2014. Multinational firms and the structure of international trade[C]//Gopinath G, Helpman E, Rogoff K. Handbook of International Economics. Amsterdam: Elsevier: 55-130.

Ariu A, Breinlich H, Corcos G, et al. 2019. The interconnections between services and goods trade at the firm-level[J]. Journal of International Economics, 116（1）: 173-188.

Arndt S, Kierzkowski H. 2001. Fragmentation: New Production Patterns in the World Economy[M]. London: Oxford University Press.

Arndt S W. 1997. Globalization and the open economy[J]. The North American Journal of Economics and Finance, 8（1）: 71-79.

Arndt S W. 1998. Super-specialization and the gains from trade[J]. Contemporary Economic Policy, 16（4）: 480-485.

Arndt S W. 2001. Preference areas and intra-product specialization[R]. Lowe Institute of Political Economy Working Papers 0101.

Arnold J M, Javorcik B S, Mattoo A. 2011. Does services liberalization benefit manufacturing firms? [J]. Journal of International Economics, 85（1）: 136-146.

Artuc E, Bastos P, Rijkers B. 2018. Robots, tasks, and trade[R]. Policy Research Working Paper 8674.

Aslam A, Novta N, Rodrigues-Bastos F. 2017. Calculating trade in value added[R]. IMF Working Paper WP/17/178.

Baines T, Lightfoot H. 2013. Made to Serve: How Manufacturers can Compete Through Servitization and Product Service Systems[M]. New Jersey : John Wiley & Sons Inc.

Baines T S, Lightfoot H W, Benedettini O, et al. 2009. The servitization of manufacturing[J]. Journal of Manufacturing Technology Management, 20（5）: 547-567.

Bair J. 2005. Global capitalism and commodity chains: looking back, going forward[J]. Competition and Change, 9（2）: 153-180.

Bair J. 2008. Analysing global economic organization: embedded networks and global chains compared[J]. Economy and Society, 37（3）: 339-364.

Bair J. 2009. Global commodity chains: genealogy and review[C]//Bair J, Boulder C. Frontiers of commodity chain research. Stanford: Stanford University Press: 1-34.

Bair J, Ramsay H. 2001. Global production networks: a commodity chain analysis and its implications for labor[C]//Cooke W. Multinational companies and transnational workplace issues. Westport: Praeger: 489-508.

Balassa B. 1965a. Tariff protection in industrial countries: an evaluation[J]. Journal of Political Economy, 73（6）: 573-594.

Balassa B. 1965b. Trade liberalization and "revealed" comparative advantage[J]. The Manchester School, 33（2）: 99-123.

Baldwin C Y, Clark K B. 1997. Managing in an age of modularity[J]. Harvard Business Review, 75 (5): 84-93.

Baldwin R. 2006. Globalisation: the great unbundling (s) [R]. Paper for the Finnish Prime Minister's Office.

Baldwin R. 2011. Trade and industrialization after globalization's 2nd unbundling: how building and joining a supply chain are different and why it matters [R]. NBER Working Paper No. 17716.

Baldwin R, Nicoud F. 2010. Trade-in-goods and trade-in-tasks: an integrating framework [R]. NBER Working Paper No. 15882.

Baldwin R, Venables A. 2011. Relocating the value chain: off-sourcing and agglomeration in the world economy[R]. NBER Working Paper No. 16111.

Baldwin R, Venables A J. 2013. Spiders and snakes: offshoring and agglomeration in the global economy[J]. Journal of International Economics, 90 (2): 245-254.

Banga R. 2013. Measuring value in global value chains[R]. UNCTAD Working Paper No. 8.

Banga R. 2014. Linking into global value chains is not sufficient: do you export domestic value added Contents?[J]. Journal of Economic Integration, 29 (2): 267-297.

Barrientos S, Gereffi G, Rossi A. 2012. Economic and social upgrading in lobal production networks: developing a framework for analysis[R]. GDI Working Paper Series ctg-2010-03.

Becker S, Ekholm K, Offshoring and the onshore composition of tasks and skills[R]. CEPR Discussion Paper No. 7391.

Becker S O, Muendler M A. 2015. Trade and tasks: an exploration over three decades in germany[J]. Economic Policy, 30 (84): 589 - 641.

Benedetto J B. 2012. Implications and interpretations of value-added trade balances[J]. Journal of International Commerce and Economics, 39 (4): 39-53.

Berlingieri G. 2014. Outsourcing and the rise in services[R]. CEP Discussion Paper 1199.

Bhagwati J, Dehejia V. 1994. Freer trade and wages of the unskilled: is Marx striking again? [C]//Bhagwati J, Kosters M. Trade and Wages: Leveling Wages Down. Washington D.C.: American Enterprise Institute: 36-75.

Bhagwati J, Panagariya A, Srinivasan TN. 2004. The muddles over outsourcing[J]. The Journal of Economic Perspectives, 78 (4): 93-114.

Bhagwati J N, Srinivasan T N. 1973. The general equilibrium theory of effective protection and resource allocation[J]. Journal of International Economics, 3 (3): 259-281.

Biryukova O, Vorobjeva T. 2017. The impact of service liberalization on the participation of BRICS countries in global value chains[J]. International Organisations Research Journal, 12 (3): 94-113.

Borga M, Zeile W. 2004. International fragmentation of production and intra-firm trade of US multinational companies[R]. US Department of Commerce BEA Working Paper, WP2004-02.

Borin A, Mancini M. 2015. Follow the value added: bilateral gross export accounting[R]. Economic Working Paper 1026.

Braga C, Drake-Brockman J, Hoekman B, et al. 2019. Services trade for sustainable, balanced and inclusive growth[R]. Policy Brief for T20.

Brumm J, Georgiadis G, Gräb J, et al. 2019. Global value chain participation and current account

imbalances[J]. Journal of International Money and Finance, 97 (10): 111-124.
Buelens C, Tirpák M. 2017. Reading the footprints: how foreign investors shape countries' participation in global value chains[J]. Comparative Economic Studies, 59 (4): 561-584.
Cadestin C, de Backer K, Desnoyers-James I, et al. 2018a. Multinational enterprises and global value chains: new insights on the trade-investment nexus[R]. OECD Science, Technology and Industry Working Papers 2018/05.
Cadestin C, de Backer K, Desnoyers-James I, et al. 2018b. Multinational enterprises and global value chains: the OECD analytical AMNE database[R]. OECD Trade Policy Papers 211.
Cadestin C, de Backer K, Miroudot S, et al. 2019. Multinational enterprises in domestic value chains[R]. OECD Science, Technology and Industry Policy Papers 63.
Cadestin C, Miroudot S. 2020. Services exported together with goods[R]. OECD Trade Policy Papers 236.
Campa J, Goldberg L. 1997. The Evolving external orientation of manufacturing industries: evidence from four countries[R]. NBER Working Paper No. 5919.
Cattaneo O, Engman M, Saez S, et al. 2010. International Trade in Services: New Trends and Opportunities for Developing Countries[M]. Washington D.C.: The World Bank.
Cattaneo O, Gereffi G, Miroudot S, et al. 2013. Joining, upgrading and being competitive in global value chains: a strategic framework[R]. World Bank Policy Research Working Paper 6406.
Choi N. 2013. Measurement and determinants of trade in value added[R]. KIEP Working Paper 13-01.
Choi N. 2015. Global value chains and east Asian trade in value-added [J]. Asian Economic Papers, 14 (3): 129-144.
Chor D, Manova K, Yu Z. 2014. The Global Production Line Position of Chinese Firms[M]. Mimeo: Standard University.
Clancy M. 1998. Commodity chains, services and development: theory and preliminary evidence from the tourism industry[J]. Review of International Political Economy, 5 (1): 122-148.
Coe N, Hess M. 2007. Global production networks: debates and challenges[R]. Paper prepared for the GPERG Workshop.
Coe N M, Yeung H W. 2015. Global Production Networks: Theorizing Economic Development on Interconnected World[M]. Oxford: Oxford University Press.
Corden W M. 1966. The structure of a tariff system and the effective protective rate[J]. Journal of Political Economy, 74 (3): 221-237.
Costa C. 2001. Information technology outsourcing in Australia: a literature neview[J]. Information Systems Management & Computer Security, 9 (5): 213-224.
Costinot A, Vogel J, Wang S. 2013. An elementary theory of global supply chains[J]. The Review of Economic Studies, 80 (1): 109-144.
Daudin G, Rifflart C, Schweisguth D. 2009. Who produces for whom in the world economy?[R]. Sciences Po Publications 2009-18, Science Po.
de Backer K, Desnoyers-James I, Moussiegt L. 2015. Manufacturing or services – that is (not) the question: the role of manufacturing and services in OECD economies[R]. OECD Science, Technology and Industry Policy Papers, No. 19.

de Backer K, Miroudot S. 2013. Mapping global value chains[R]. OECD Trade Policy Papers 159.

Deardorff A. 1998. Determinants of bilateral trade: does gravity work in a neoclassical world?[C]//Franked JA. The Regionalization of the World Economy. Chicago: University of Chicago Press: 1-31.

Deardorff A. 2001a. International provision of trade services, trade and fragmentation[J]. Review of International Economics, 9 (2): 233-248.

Deardorff A. 2001b. Fragmentation in simple trade models[J]. The North American Journal of Economics and Finance, 12 (2): 121-137.

Dedrick J, Kraemer K L, Linden G. 2010. Who profits from innovation in global value chains? A study of the iPod and notebook PCs [J]. Industrial and Corporate Change, 19 (1): 81-116.

Dedrick J, Kraemer K L, Linden G. 2011. The distribution of value in the mobile phone supply chain [J]. Telecommunications Policy, 35 (6): 505-521.

Degain C, Meng B, Wang Z. 2017. Recent trends in global trade and global value chains[C]//World Bank, IDE-JETRO, OECD, et al. Global Value Chain Development Report 2017 [R]. Washington D.C.: World Bank Group: 37-68.

Del Prete D, Rungi A. 2017. Organizing the global value chain: a firm-level test[J]. Journal of International Economics, 109 (11): 16-30.

Di Minin A, Zhang J D, Gammeltoft P, et al. 2012. Chinese foreign direct investment in R&D in Europe: a new model of R&D internationalization? [J]. European Management Journal, 30 (3): 189-203.

Diakantoni A, Escaith H. 2012. Reassessing effective protection rates in a trade in tasks perspective: evolution of trade policy in "Factory Asia" [R]. WTO Staff Working Papers ERSD-2012-13.

Dietzenbacher E, Los B, Stehrer R, et al. 2013. The construction of world input-output tables in the WIOD project [J]. Economic Systems Research, 25 (1): 71-98.

Dietzenbacher E, Romero I. 2007. Production chains in an interregional framework: identification by means of average propagation lengths[J]. International Regional Science Review, 30 (4): 362-383.

Dietzenbacher E, Romero I R, Bosma N S. 2005. Using average propagation lengths to identify production chains in the andalusian economy[J]. Estudios De Economia Aplicada, 23 (2): 405-422.

Dixit A K, Grossman G M. 1982. Trade and protection with multistage production[J]. The Review of Economic Studies, 49 (4): 583-594.

Dolan C, Humphrey J, Harris-Pascal C. 1999. Horticulture commodity chains: the impact of the UK market on the African fresh vegetable industry[R]. IDS Working Paper No. 96.

Dollar D, Ge Y, Yu X. 2016. Institutions and articipation in global value chains[R]. Global Value Chain Development Report Background Paper.

Driffield N, Love J H. 2003. Foreign direct investment, technology sourcing and reverse spillovers[J]. The Manchester School, 71 (6): 659-672.

Dunning J H, Lundan S M. 2009. The internationalization of corporate R&D: a review of the evidence and some policy implications for home countries[J]. Review of Policy Research, 26 (1/2): 13-33.

Elms D, Low P. 2013. Global Value Chains in a Changing World[M]. Geneva: WTO Publications.

Ernst D. 2001. Global production networks and industrial upgrading - a knowledge-centered approach[R]. Eastwest Center Working Paper.

Ernst D, Kim L. 2002. Global production networks, knowledge diffusion and local capability formation[J]. Reasesrch Policy, 31（8）: 1417-1429.

Escaith H. 2008 Measuring trade in value added in the new industrial economy: statistical implications[R]. MPRA Paper No. 14454.

Escaith H. 2009. Trade collapse, trade relapse and global production networks: supply chains in the great recession[R]. MPRA Paper 18433.

Escaith H, Gaudin H. 2014. Clustering value-added trade: structural and policy dimensions[R]. Working Paper ERSD-2014-08.

Eswaran M, Kotwal A. 2002. The role of the service sector in the process of industrialization[J]. Journal of Development Economics, 68（2）: 401-420.

Ethier W. 1979. Internationally decreasing costs and world trade[J]. Journal of International Economics, 9（1）: 1-24.

Fahy J. 2002. A resource-based analysis of sustainable competitive advantage in a global environment[J]. International Business Review, 11（1）: 57-77.

Fally T. 2011. On the fragmentation of production in the US[R]. University of Colorado—Boulder Working Paper.

Fally T. 2012. Production staging: measurement and facts[R]. University of Colorado-Boulder Working Paper.

Feenstra R C. 1998. Integration of trade and disintegration of production in the global economy[J]. Journal of Economic Perspectives, 12（4）: 31-50.

Feenstra R C, Hamilton G G. 2006. Emergent Economies, Divergent Paths: Economic Organization and International Trade in South Korea and Taiwan[M]. Cambridge: Cambridge University Press.

Feenstra R C, Hanson G H. 1996. Globalization, outsourcing and wage inequality[J]. The American Economic Review, 86（2）: 240-245.

Feenstra R C, Hanson G H. 1999. The Impact of outsourcing and high-technology capital on wages: estimates for the United States, 1979-1990[J]. The Quarterly Journal of Economics, 114（3）: 907-940.

Feenstra R C, Hanson G H. 2001. Global production sharing and rising inequality: a survey of trade and wages[R], NBER Working Paper No. 8372.

Feenstra R C, Hanson G H. 2005. Ownership and control in outsourcing to China: estimating the property-rights theory of the firm[J]. The Quarterly Journal of Economics, 120（2）: 729-761.

Feenstra R C, Hanson G H. 2006. Foreign investment, outsourcing and relative wages[C]//Feenstra R, Grossman G, Irwin D. The Political Economy of Trade Policy: Papers in Honor of Jagdish Bhagwati. Cambridge: MA: MIT Press: 87-127.

Feenstra R C, Hong C, Ma H, et al. 2013. Contractual versus non-contractual trade: the role of institutions in China[J]. Journal of Economic Behavior and Organization, 94: 281-294.

Feenstra R C, Sasahara A. 2018. The "China shock", exports and US employment: a global input-output analysis[J]. Review of International Economics, 26（5）: 1053-1083.

Feenstra R C, Spencer B J. 2005. Contractual versus generic outsourcing: the role of proximity [R].

NBER Working Paper No. 11885.

Fernandez-Stark K, Bamber P, Gereffi G. 2011. The offshore services value chain: upgrading trajectories in developing countries[J]. International Journal of Technological Learning, Innovation and Development, 4 (1/2/3): 206-234.

Fernandez-Stark K, Bamber P, Gereffi G. 2014. Global value chains in Latin America: a development perspective for upgrading[C]. Hernández R, Martínez-Piva J, Mulder N. Global value chains and world trade: prospects and challenges for Latin America. Santiago ECLAC: 79-107.

Findlay R, Jones R W. 2001. Input trade and the location of production[J]. American Economic Review, 91 (2): 29-33.

Finger J M. 1975. Tariff provisions for offshore assembly and the exports of developing countries[J]. The Economic Journal, 85 (338): 365-371.

Fixler D J, Siegel D. 1999. Outsourcing and productivity growth in services[J]. Structural Change and Economic Dynamics, 10 (2): 177-194.

Fold N. 2002. Lead firms and competition in "bi-polar" commodity chains: grinders and branders in the global cocoa-chocolate industry[J]. Journal of Agrarian Change, 2 (2): 228-247.

Folker F, Jurgen H, Otto K. 1980. The New International Division of Labour[M]. London: Cambridge University Press.

Fontagné L, Harrison A. 2017. The factory-free economy: outsourcing, servitization and the future of industry[R]. NBER Working Paper No. w23016.

Foster-McGregor N, Stehrer R. 2013. Value added content of trade: a comprehensive approach[J]. Economics Letters, 120 (2): 354-357.

Francois J. 1990. Producer services, scale and the division of labor[J]. Oxford Economic Papers, 42 (4): 715-729.

Francois J, Hoekman B. 2010. Services trade and policy[J]. Journal of Economic Literature, 48 (3): 642-692.

Francois J, Manchin M, Tomberger P. 2015. Services linkages and the value added content of trade[J]. The World Economy, 38 (11): 1631-1649.

Francois J, Reinert K. 1996. The role of services in the structure of production and trade: stylized facts from a cross-country analysis[J]. Asia-Pacific Economic Review, 2 (1): 35-43.

Francois J, Woerz J. 2008. Producer services, manufacturing linkages and trade[J]. Journal of Industry, Competition and Trade, 8 (3): 199-229.

Gaiardelli P, Saccani N, Songini L. 2007. Performance measurement systems in after-sales service: an integrated framework[J]. International Journal of Business Performance Management, 9 (2): 145-171.

Georgescu G. 2016. The world trade data distortion and its contagious impact. a brief comment on the WTO "made in the world" initiative[R]. MPRA Paper No. 6948.

Gereffi G. 1992. New realities of industrial development in East Asia and Latin America: global, regional and national trends[C]//Appelbaum R, Henderson J. States and Development in the Asian-Pacific Rim. Newbury Park, CA: Sage Publicaitons: 71-109.

Gereffi G. 1994. The organization of buyer-driven global commodity chains: how US retailers shape overseas production networks[C]//Gereffi G, Korzeniewicz M. Commodity chains and global capitalism. Westport: Praeger Press: 92-122.

Gereffi G. 1996. Global commodity chains: new forms of coordination and control among nations and firms in international industries[J]. Competition & Change, 1（4）: 427-439.

Gereffi G. 1999a. A commodity chains framework for analyzing global industries[J]. Institute of Development Studies, 8（12）: 1-9.

Gereffi G. 1999b. International trade and industrial upgrading in the apparel commodity chain [J]. Journal of International Economics, 48（1）: 37-70.

Gereffi G. 2001a. Beyond the producer-driven/buyer-driven dichotomy: the evolution of global value chains in the Internet era[J]. IDS Bulletin, 32（3）: 30-40.

Gereffi G. 2001b. Shifting governance structures in global commodity chains with special reference to the Internet[J]. American Behavioral Scientist, 44（10）: 1616-1637.

Gereffi G. 2005. The global economy: organization, governance and development[C]//Smelser N, Swedberg R. The Handbook of Economic Sociology. Princeton: Princeton University Press: 160-182.

Gereffi G. 2011. Global value chains and international competition[J]. The Antitrust Bulletin, 56（1）: 37-56.

Gereffi G. 2014. Global value chains in a post-Washington consensus world[J]. Review of International Political Economy, 21（1）: 9-37.

Gereffi G. 2018. Global Value Chains and Development: Redefining the Contours of 21st Century Capitalism[M]. Cambridge: Cambridge University Press.

Gereffi G, Bair J. 1998. US companies eye NAFTA's prize[J]. Bobbin, 39（7）: 26-35.

Gereffi G, Castillo M, Fernandez-Stark K. 2009. The offshore services industry: a new opportunity for Latin America[R]. Policy Brief #IDB-PB-101.

Gereffi G, Fernandez-Stark K. 2010a. The offshore services industry: a global value chain approach[R]. Durham: Center on Globalization Governance and Competitiveness.

Gereffi G, Fernandez-Stark K. 2010b. The offshore services value chain: developing countries and the crisis[R]. Policy Research Working Paper No. 5262.

Gereffi G, Fernandez-Stark K. 2016. Global Value Chain Analysis: a Primer[M]. Center on Globalization, Governance & Competitiveness (CGGC), Duke University.

Gereffi G, Frederick S. 2010. The global apparel value chain, trade and the crisis: challenges and opportunities for developing countries[R]. World Bank Policy Research Working Paper No. 5281.

Gereffi G, Humphrey J, Kaplinsky R, et al. 2001. Introduction: globalisation, value chains and development[J]. IDS Bulletin, 32（3）: 1-8.

Gereffi G, Humphrey J, Sturgeon T. 2005. The governance of global value chains[J]. Review of International Political Economy, 12（1）: 78-104.

Gereffi G, Kaplinsky R. 2001. The value of value chains: spreading the gains from globalization[J]. IDS Bulletin, 32（3）: 3-5.

Gereffi G, Korzeniewicz M. 1990. Commodity chains and footwear exports in the semi-periphery[C]// Martin W. Semi-Peripheral States in the World Economy. New York: Greenwood Press: 11-44.

Gereffi G, Korzeniewicz M. 1994. Introduction: global commodity chains[C]//Gereffi G, Korzeniewicz M. Commodity Chains and Global Capitalism. Westport: Praeger Press: 1-14.

Gereffi G, Lee J. 2016. Economic and social upgrading in global value chains and industrial clusters: why governance matters[J]. Journal of Business Ethics, 133 (1): 25-38.

Gereffi G, Memedovic O. 2003. The global apparel value chain: prospects of upgrading by developing countries [R]. United Nations Industrial Development Organization.

Gereffi G, Sturgeon T. 2013. Global value chain and industrial policy: the role of emerging economies[C]//Elms D, Low P. Global Value Chains in a Changing World. Geneva: WTO: 329-360.

Gervais A, Jensen J B. 2019. The tradability of services: geographic concentration and trade costs[J]. Journal of International Economics, 118: 331-350.

Gibbon P. 2000. Global commodity chains and economic upgrading in less developed countries[R]. CDR Working Paper No. 002.

Gibbon P. 2001. Upgrading primary production: a global commodity chain approach[J]. World Development, 29 (2): 345-363.

Gibbon P, Bair J, Ponte S. 2008. Governing global value chains: an introduction[J]. Economy and Society, 37 (3): 315-338.

Gibbon P, Ponte S. 2005. Trading Down: Africa, Value Chains and the Global Economy[M]. Philadelphia: Temple University Press.

Goldberg P K, Khandelwal A K, Pavcnik N, et al. 2010. Imported intermediate inputs and domestic product growth: evidence from India[J]. The Quarterly Journal of Economics, 125 (4): 1727-1767.

Görg H. 2000. Fragmentation and trade: US inward processing trade in the EU[J]. Review of World Economy, 136 (3): 403-422.

Görg H, Hanley A. 2009. Services outsourcing and innovation: an empirical investigation[R]. CEPR Discussion paper No. 7390.

Gospel H, Sako M. 2010. The unbundling of corporate functions: the evolution of shared service and outsourcing in human resource management[J]. Industrial and Corporate change, 19 (5): 1367-1396.

Grossman G M, Helpman E. 2002. Integration versus outsourcing in industry equilibrium[J]. The Quarterly Journal of Economics, 117 (1): 85-120.

Grossman G M, Helpman E. 2003. Outsourcing versus FDI in industry equilibrium[J]. Journal of the European Economic Association, 1 (2-3): 317-327.

Grossman G M, Helpman E. 2004. Managerial incentives and the international organization of production[J]. Journal of International Economics, 63 (2): 237-262.

Grossman G M, Helpman E. 2005. Outsourcing in a global economy[J]. Review of Economic Studies, 72 (1): 135-159.

Grossman G M, Helpman E, Szeidl A. 2006. Optimal integration strategies for the multinational firm[J]. Journal of International Economics, 70 (1): 216-238.

Grossman G M, Rossi-Hansberg E. 2006. The Rise of Offshoring: It is not Wine or Cloth Any More[R]. The new economic geography: effects and policy implications. Jackson Hole Conference Volume, Federal Reserve of Kansas City.

Grossman G M, Rossi-Hansberg E. 2008a. Trading tasks: a simple theory of offshoring[J]. American

Economic Review, 98 (5): 1978-1997.

Grossman G M, Rossi-Hansberg E. 2008b. Task trade between similar countries[R]. NBER Working Paper No. 14554.

Grossman S J, Hart O D. 1986. The costs and benefits of ownership: a theory of vertical and lateral integration. [J]. Journal of Political Economy, 94 (4): 691-719.

Grubel H G. 1987. All traded services are embodied in materials or people[J]. The World Economy, 10 (3): 319-330.

Hanson G, Mataloni R, Slaughter M. 2001. Expansion strategies of US multinational firms[R]. NBER Working Papers No. 8433.

Hanson G, Mataloni R, Slaughter M. 2003. Vertical production networks in multinational firms [R]. NBER Working Paper No. w9723.

Harms P, Lorz O, Urban D. 2012. Offshoring along the production chain[J]. Canadian Journal of Economics, 45 (1): 93-106.

Harris A, Giunipero L C, Hult G T M. 1998. Impact of organizational and contract flexibility on outsourcing contracts[J]. Industrial Marketing Management, 27 (5): 373-384.

Hausmann R, Hwang J, Rodrik D. 2007. What you export matters[J]. Journal of Economic Growth, 12 (1): 1-25.

Hayakawa K. 2007. Growth of intermediate goods trade in East Asia[J]. Pacific Economic Review, 12 (4): 511-523.

Head K, Ries J. 2002. Offshore production and skill upgrading by Japanese manufacturing firms[J]. Journal of International Economics, 58 (1): 81-105.

Helleiner G K. 1973. Manufactured exports from less-developed countries and multinational firms[J]. The Economic Journal, 83 (329): 21-47.

Helpman E. 2006. Trade, FDI and the organization of firms[J]. Journal of Economic Literature, 44 (3): 589-630.

Helpman E, Krugman P. 1987. Market Structure and Foreign Trade: Increasing Returns, Imperfect Competition and the International Economy[M]. Cambridge: The MIT Press.

Helpman E, Melitz M J, Yeaple S R. 2004. Export versus FDI with heterogeneous firms[J]. American Economic Review, 94 (1): 300-316.

Henderson J, Dicken P, Hess M, et al. 2002. Global production networks and the analysis of economic development[J]. Review of International Political Economy, 9 (3): 436-464.

Herzer D. 2011. The long-run relationship between outward FDI and total factor productivity: evidence for developing countries[J]. Journal of Development Studies, 47 (5): 767-785.

Herzer D. 2012. Outward FDI, total factor productivity and domestic output: evidence from Germany[J]. International Economic Journal, 26 (1): 155-174.

Heuser C, Mattoo A. 2017. Services trade and global value chains[R]. World Bank Policy Research Working Papers No. 8126.

Hoekman B. 2017. Trade in services: opening markets to create opportunities[R]. WIDER Working Paper, No. 2017/31.

Hoekman B, Mattoo A. 2013. Liberalizing trade in services: lessons from regional and WTO negotiations[J]. International Negotiation, 18（1）: 131-151.

Hoekman B, Shepherd B. 2015. Who profits from trade facilitation initiatives? implications for African countries[J]. Journal of African Trade, 2（1-2）: 51-70.

Hollweg C H. 2019. Global value chains and employment in developing conomies[C]//WTO, IDE-JETRO, OECD, et al. Global Value Chain Development Report 2019-Technological Innovation, Supply Chain Trade and Workers in a Globalized World. Geneva: World Trade Organization: 63-82.

Hudson R. 2004. Conceptualizing economies and their geographies: spaces, flows and circuits[J]. Progress in Human Geography, 28（4）: 447-471.

Hummels D, Ishii J, Yi K M. 2001. The nature and growth of vertical specialization in world trade[J]. Journal of International Economics, 54（1）: 75-96.

Hummels D, Rapoport D, Yi K M. 1998. Vertical specialization and the changing nature of world trade[J]. Economic Policy Review, 4（2）: 79-99.

Humphrey J, Memedovic O. 2003. The global automotive industry value chain: what prospects for upgrading by developing countries? [R]. UNIDO Sectional studies series Working Paper.

Humphrey J, Schmitz H. 2000. Governance and upgrading: linking industrial cluster and global value chain[R]. IDS Working Paper No. 120.

Humphrey J, Schmitz H. 2001. Governance in global value chains[J]. IDS Bulletin, 32（3）: 19-29.

Humphrey J, Schmitz H. 2002a. Developing country firms in the world economy: governance and upgrading in global value chains[R]. INEF Report No. 61.

Humphrey J, Schmitz H. 2002b. How does insertion in global value chains affect upgrading in industrial clusters? [J]. Regional Studies, 36（9）: 1017-1027.

Hur J. 2019. Services global value chain in Korea[J]. Journal of Southeast Asian Economies, 36（3）: 424-445.

Inomata S. 2017. Analytical frameworks for global value chains: an overview[C]//World Bnak, IDE-JETRO, OECD, et al. Global Value Chain Development Report 2017. Washington D.C.: World Bank: 15-36.

Ishii J, Yi K M. 1997. The growth of world trade[R]. USA: Federal Reserve Bank of New York.

Javorsek M, Camacho I. 2015. Trade in value added: concepts, estimation and analysis[R]. ARTNeT Working Paper Series, No. 150.

Johnson R C. 2014a. Five facts about value-added exports and implications for macroeconomics and trade research[J]. Journal of Economic Perspectives, 28（2）: 119-142.

Johnson R C. 2014b. Trade in intermediate inputs and business cycle comovement[J]. American Economic Journal: Macroeconomics, 6（4）: 39-83.

Johnson R C. 2018. Measuring global value chains[J]. Annual Review of Economics, 10（1）: 207-236.

Johnson R C, Noguera G. 2012a. Accounting for intermediates: production sharing and trade in value added [J]. Journal of International Economics, 86（2）: 224-236.

Johnson R C, Noguera G. 2012b. Proximity and production fragmentation[J]. American Economic Review, 102（3）: 407-411.

Johnson R C, Noguera G. 2012c. Fragmentation and trade in value-added over four decades[R]. NBER Working Paper No. 18186.

Johnson R C, Noguera G. 2017. A portrait of trade in value-added over four decades[J]. The Review of Economics and Statistics, 99（5）: 896-911.

Jones R, Kierzkowski H, Chen L R. 2005. What does evidence tell us about fragmentation and outsourcing?[J]. International Review of Economics and Finance, 14（3）: 305-316.

Jones R W. 1971. Distortions in factor markets and the general equilibrium model of production[J]. Journal of Political Economy, 79（3）: 437-459.

Jones R W. 2000. Globalization and the Theory of Input Trade[M]. Cambridge: MIT Press.

Jones R W, Kierzkowski H. 1990. The role of services in production and international trade: a theoretical framework[C]//Jones R, Krueger A. The Political Economy of International Trade. Oxford: Blackwell Publishing: 31-48.

Jones R W, Kierzkowski H. 2001. A framework for fragmentation[C]//Arndt S, Kierzkowski H. Fragmentation: New Production Patterns in the World Economy. Oxford: Oxford University Press: 17-34.

Kaplinsky R. 2000. Spreading the gains from globalization: what can be learned from value chains analysis?[R]. IDS（Institue of Development Studies）Working Paper No. 110.

Kaplinsky R, Morris M. 2002. A handbook for value chain research[R]. Prepared for the IDRC.

Kaplinsky R, Morris M. 2003. Governance matters in value chains[J]. Developing Alternatives, 9(1): 11-18.

Kee H L, Tang H W. 2016. Domestic value added in exports: theory and firm evidence from China[J]. American Economic Review, 106（6）: 1042-1436.

Kelle M, Kleinert J. 2010. German firms in service trade[J]. Applied Economics Quarterly, 56（1）: 51-71.

Kim C S, Lee S, Eum J. 2019. Taking a bigger slice of the global value chain pie: an industry-level analysis[R]. BOK Working Paper No. 2019-3.

Kingson J. 2002. Chase mulls even more outsourcing[J]. American Banker, 167（80）: 1-3.

Kleinert J. 2003. Growing trade in intermediate goods: outsourcing, global sourcing, or increasing importance of MNE networks?[J]. Review of International Economics, 11（3）: 464-482.

Kogut B. 1985. Designing global strategies: comparative and competitive value-added chains[J]. Sloan Management Review, 26（4）: 15-28.

Kohler W. 2001. A specific-factors view on outsourcing[J]. The North American Journal of Economics and Finance, 12（1）: 31-53.

Kohler W. 2003. The distributional effects of international fragmentation[J]. German Economic Review, 4（1）: 89-120.

Kohler W. 2004. Aspects of international fragmentation[J]. Review of International Economics, 12（5）: 793-816.

Kommerskollegium. 2010. At your service: the importance of services for manufacturing companies and possible rade policy implications[R]. National Board of Trade, Stockholm, Sweden.

Kommerskollegium. 2012. Everybody is in services: the impact of servicification in manufacturing on trade and trade policy[R]. National Board of Trade, Stockholm, Sweden.

Koopman R, Powers W, Wang Z, et al. 2010. Give credit to where credit is due: tracing value added in global production[R]. NBER Working Paper No. 16426.

Koopman R, Tsigas M, Riker D, et al. 2013. The implications of using value-added trade data for applied trade policy analysis[C]//Deborah K, Low E. Global Value Chains in a Changing World. Switzerland: WTO Publications: 109-134.

Koopman R, Wang Z, Wei S J. 2008. How much of Chinese exports is really made in China? assessing domestic value-added when processing trade is pervasive[R]. NBER Working Papers No. 14109.

Koopman R, Wang Z, Wei S J. 2012. Estimating domestic content in exports when processing trade is pervasive[J]. Journal of Development Economics, 99 (1): 178-189.

Koopman R, Wang Z, Wei S J. 2014. Tracing value-added and double counting in gross exports [J]. American Economic Review, 104 (2): 459-494.

Kraemer K, Linden G, Dedrick J. 2011. Capturing value in global networks: Apple's iPad and iPhone[R]. PCIC Working Paper.

Krugman P. 1994. Does third world growth hurt first world prosperity?[J]. Harvard Business Review, 72 (4): 113-121.

Krugman P, Cooper R N, Srinivasan T N. 1995. Growing world trade: causes and consequences[J]. Brookings Papers on Economic Activity, 1995 (1): 327-377.

Krugman P, Venables A J. 1996. Integration, specialization and adjustment[J]. European Economic Review, 40 (3-5): 959-967.

Lacity M, Hirschheim R, Willcocks L. 1994. Realizing outsourcing expectations: Incredible expectations, credible outcomes[J]. Information Systems Management, 11 (4): 7-18.

Lall S, Albaladejo M, Zhang J K. 2004. Mapping fragmentation: electronics and automobiles in East Asia and Latin America[J]. Oxford Development Studies, 32 (3): 407-432.

Lamy P. 2013. The new mapping of international trade[R]. WTO news: speach by DG Pascal Lamy at École Polytechnique Fédérale de Lausanne (EPFL).

Lanz R, Maurer A. 2015. Services and global value chains: servicification of manufacturing and services networks[J]. Journal of International Commerce, Economics and Policy, 6 (3): 1-21.

Lanz R, Miroudot S, Nordås H. 2011. Trade in tasks[R]. OECD Trade Policy Papers No. 117.

Lau J, Chen X K, Xiong Y Y. 2017. Adjusted China-US trade balance[R]. Working Paper No. 54.

Leamer E. 1996. The effects of trade in service, technology transfer and delocalization on local and global income inequality[J]. Asia-Pacific Economic Review, 2 (4): 44-60.

Lee W. 2019. Services liberalization and global value chain participation: new evidence for heterogeneous effects by income level and provisions[J]. Review of International Economics, 27 (3): 888-915.

Lenzen M, Kanemoto K, Moran D, et al. 2012. Mapping the structure of the world economy[J]. Environmental Science & Technology, 46 (15): 8374-8381.

Lenzen M, Moran D, Kanemoto K, et al. 2013. Building Eora: a global multi-region input-output database at high country and sector resolution[J]. Economic Systems Research, 25 (1): 20-49.

Li X, Meng B, Wang Z. 2019. Recent patterns of global production and GVC participation[R]. IDE-JETRO.

Linden G, Dedrick J, Kraemer K L. 2011. Innovation and job creation in a global economy: the case of Apple's iPod [J]. Journal of International Commerce and Economics, 3（1）: 223-239.

Linden G, Kraemer K, Dedrick J. 2009. Who captures value in a global innovation network?[J]. Communications of the ACM, 52（3）: 140-144.

Liu X P, Mattoo A, Wang Z, et al. 2018. Services development and comparative advantage in manufacturing[R]. World Bank Policy Research Working Paper 8450.

Lodefalk M. 2013. Servicification of manufacturing-evidence from Sweden[J]. International Journal of Economics and Business Research, 6（1）: 87-113.

Lodefalk M. 2014. The role of services for manufacturing firm exports[J]. Review of World Economics, 150（1）: 59-82.

Lodefalk M. 2017. Servicification of firms and trade policy implications[J]. World Trade Review, 16（1）: 59-83.

Loh L, Venkatraman N. 1992. Determinants of information technology outsourcing: a cross-sectional analysis[J]. Journal of Management Information Systems, 9（1）: 7-24.

López A, Ramos D, Torre I. 2008. Las exportaciones de servicios de América Latina y su integración en las cadenas globales de valor[Z]. Buenos Aires: CENIT, CEPAL.

López-Gonzalez J, Jouanjean M. 2017. Digital trade: developing a framework for analysis[R]. OECD Trade Policy Papers No. 205.

Los B, Timme M P, de Vries G J. 2015. How global are global value chains? A new approach to measure international fragmentation[J]. Journal of Regional Science, 55（1）: 66-92.

Los B, Timmer M P, de Vries G J. 2016. Tracing value-added and double counting in gross exports: comment[J]. American Economic Review, 106（7）: 1958-1966.

Los B, Timmer M P. 2018. Measuring bilateral exports of value added: aunified framework[R]. NBER Working Papers 24896.

Low P. 2013. The role of services in global value chains[R]. Fung Global Institute Working Paper No. FGI-2013-1.

Low P. 2016. Rethinking services in a changing world[R]. E15 Expert Group on Services-Policy Options Paper.

Low P, Pasadilla G. 2015. Manufacturing-related services: summary report[C]//Services in global value chains: manufacturing-related services. APEC Policy Support Unit: 1-11.

Lüthje B. 2002. Electronics contract manufacturing: global production and the international division of labor in the age of the internet[J]. Industry and Innovation, 9（3）: 227-247.

Mahutga M C. 2012. When do value chains go global? A theory of the spatialization of global value chains[J]. Global Networks, 12（1）: 1-21.

Manova K, Yu Z H. 2016. How firms export: processing vs. ordinary trade with financial frictions[J]. Journal of International Economics, 100: 120-137.

Manyika B J, Lund S, Bughin J, et al. 2016. Digital globalization: the new era of global flows[R]. McKinsey Global Institute.

Marin D, Verdier T. 2007a. Competing in organizations: firm heterogeneity and international trade[R]. GESY Discussion Paper No. 207.

Marin D, Verdier T. 2007b. Power in the multinational corporation in industry equilibrium[R]. GESY

Discussion Paper No. 209.

Marin D, Verdier T. 2008a. Power inside the firm and the market: a general equilibrium approach[J]. Journal of the European Economic Association, 6 (4): 752-788.

Marin D, Verdier T. 2008b. Corporate hierarchies and the size of nations: theory and evidence[R]. GESY Discussion Paper No. 227.

Markusen J R. 1989. Trade in producer services and in other specialized intermediate inputs[J]. The American Economic Review, 79 (1): 85-95.

Mathieu V. 2001. Product services: from a service supporting the product to a service supporting the client[J]. Journal of Business and Industrial Marketing, 16 (1): 39-61.

Mattoo A. 2018. Services globalization in an age of insecurity: rethinking trade cooperation[R]. Policy Research Working Paper 8579.

Mattoo A, Wang Z, Wei S J. 2013. Trade in value-added-developing new measures of cross border trade[R]. World Bank Publications No. 15809.

Maurer A, Degain C. 2010. Globalization and trade flows: what you see is not what you get [R]. WTO Staff Working Paper ERSD -2010 -2.

Mcivor R. 2000. A practical framework for understanding the outsourcing process[J]. Supply Chain Management: An International Journal, 5 (1): 22-36.

Mears J. 2003. P & G outsourcing deal to put HP "on the map" [J]. Network World, 20 (16): 19-22.

Melitz M. 2002. The impact of trade on intra-industry reallocations and aggregate industry productivity[Z]. NBER Working Paper No. 8881.

Melvin J R. 1969. Intermediate goods, the production possibility curve and gains from trade[J]. The Quarterly Journal of Economics, 83 (1): 141-151.

Mercer-Blackman V, Ablaza C. 2018. The Servicification of manufacturing in Asia: redefining the sources of labor productivity[R]. ADBI Working Paper No 902.

Miles I. 2005. Innovation in services[C]//Fagerberg J, Mowery D, Nelson R. Oxford handbook of innovation. Oxford: Oxford University Press: 434-458.

Miller R E, Temurshoev U. 2013. Output upstreamness and input downstreamness of industries/countries in world production[R]. GGDC Research Memorandum GD-133, University of Groningen.

Miranda R, Wagner R. 2015. Neighboring institutions matter for the competitiveness of your value chain[R]. Global Value Chain Development Report Background Paper.

Miroudot S. 2019. Services and manufacturing in global value chains: is distinction obsolete[R]. ADB Working Paper NO. 927.

Miroudot S, Cadestin C. 2017a. Services in global value chains: from inputs to value-creating activities[R]. OECD Trade Policy Paper No. 197.

Miroudot S, Cadestin C. 2017b. Services in global value chains: trade patterns and gains from specialisation[R]. OECD trade policy papers No. 208.

Miroudot S, Lanz R, Ragoussis A. 2009. Trade in intermediate goods and service[R]. OECD Trade Policy Paper No. 93.

Miroudot S, Nordström H S. 2015. Made in the world?[Z]. RSCAS Working Papers 2015/60.

Miroudot S, Ye M. 2017. Decomposition of value-added in gross exports: unresolved issues and possible solutions[R]. MPRA Paper 83273.

Miroudot S, Ye M. 2018a. Tracing value-added and double counting in sales of foreign affiliates and domestic-owned companies[R]. MPRA Paper 85723.

Miroudot S, Ye M. 2018b. A simple and accurate method to calculate domestic and foreign value-added in gross exports[R]. MPRA Paper 89907.

Miroudot S, Ye M. 2019. Multinational production in value-added terms[J]. Economic Systems Research, 32 (3): 395-412.

Nagengast A J, Stehrer R. 2014. Collateral imbalances in intra-European trade? accounting for the differences between gross and value added trade balances[R]. European Central Bank Working Paper No. 1695.

Ng F, Yeats A. 1999. Production sharing in east Asia: who does what for whom and why?[R]. World Bank Policy Research Paper No. 2197.

Nooteboom B. 2007. Service value chains and effects of scale[J]. Service Business, 1 (2): 119-139.

Nordås H K. 2010. Trade in goods and services: two sides of the same coin?[J]. Economic Modelling, 27 (2): 496-506.

Nordås H K. 2011. Opening the markets for business services: industrial perspective for developing countries[J]. Journal of Economic Integration, 26 (2): 306-328.

Nordås H K, Kim Y. 2013. The Role of services for competitiveness in manufacturing[R]. OECD Trade Policy Papers No. 148.

Nunn N. 2005. Relationship-specificity, incomplete contracts and the pattern of trade[R]. International Trade0512018.

OECD. 2011. New Sources of growth: intangible assets[R]. OECD, Paris.

OECD. 2012. New sources of growth: knowledge-based capital driving investment and productivity in the 21st century[R]. OECD, Paris.

OECD. 2013. Interconnected economies: benefiting from global value chains- synthesis report [R]. OECD, Paris.

OECD. 2016. Global value chains and trade in value-added: an initial assessment of the impact on jobs and productivity[R]. OECD Trade Policy Papers No. 190.

OECD. 2018. TiVA indicators 2018 update: The changing nature of international production: insights from trade in value added and related indicators [R]. OECD, Paris.

OECD, WTO. 2012a. Trade in value added: concepts, methodologies and challenges [R]. OECD, Paris.

OECD, WTO. 2012b. Measuring trade in value-added: an OECD-WTO joint initiative[R]. OECD, Paris.

OECD, WTO, World Bank. 2014. Global value chains: challenges, opportunities and implications for policy[R]. Report prepared for Submissions to the G20 Trade Ministers Meeting, Sydney.

Oliva R, Kallenberg R. 2003. Managing the transition from products to services[J]. International Journal of Service Industry Management, 14 (2): 160-172.

Pananond P. 2013a. Moving along the value chain: emerging Thai multinationals in globally integrated industries[J]. Asian Business & Management, 12 (1): 85-114.

Pananond P. 2013b. Where do we go from here?: globalizing subsidiaries moving up the value chain[J]. Journal of International Management, 19 (3): 207-219.

Park S H, Chan K S. 1989. A cross-country input-output analysis of intersectoral relationships between manufacturing and services and their employment implications[J]. World Development, 17 (2): 199-212.

Pasadilla G, Wirjo A. 2014. Services and Manufacturing: Patterns of Linkages[R]. APEC Policy Support Unit Policy Brief No. 10.

Pham C S. 2008. Product specialization in international trade: a further investigation[J]. Journal of International Economics, 75 (1): 214-218.

Pilat D, Wölfl A. 2005. Measuring the interaction between manufacturing and services[R]. OECD STI Working Paper, 2005/5.

Piore M, Duran R. 1998. Industrial development as a learning process: Mexican manufacturing and the opening to trade[C]//Kagami M, Humphrey J, Piore M. Learning, Liberalization and Economic Adjustment. Tokyo: Institute of Development Economies, 112: 157.

Ponte S. 2009. Governing through quality: conventions and supply relations in the value chain for South African wine[J]. Sociologia Ruralis, 49 (3): 236-257.

Ponte S. 2014. The evolutionary dynamics of biofuel value chains: from unipolar and government - driven to multipolar governance[J]. Environment and Planning A, 46 (2): 353-372.

Ponte S, Gibbon P. 2005. Quality standards, conventions and the governance of global value chains[J]. Economy and Society, 34 (1): 1-31.

Ponte S, Sturgeon T. 2014. Explaining governance in global value chains: a modular theory-building effort [J]. Review of International Political Economy, 21 (1): 195-223.

Poon T S C. 2004. Beyond the global production networks: a case of further upgrading of Taiwan's information technology industry[J]. International Journal of Technology and Globalisation, 1 (1): 130-144.

Porter M E. 1985. The Competitive Advantage: Creating and Sustaining Superior Performance [M]. New York: Free Press.

Powers W M. 2012. The value of value added: measuring global engagement with gross and value-added trade[R]. Economics Working Paper.

Qiu L D, Yu H Y. 2007. International outsourcing and imperfect contract enforcement[J]. Asia-Pacific Journal of Accounting & Economics, 14 (3): 315-336.

Rainer L, Andeas M. 2015. Services and global value chains: some evidence on servicification of manufacturing and services networks[R]. WTO Staff Working Paper No. ERSD-2015-03.

Rayport J F, Sviokla J J. 1995. Exploiting the virtual value chain[J]. Harvard Business Review, 73 (6): 75-85.

Rentzhog M, Anér E. 2014. A services environment facilitating manufacturing and agriculture[R]. International Trade Center, WTO.

Rentzhog M, Anér E. 2015. The new services era – is GATS up to the task?[R]. E15 Initiative, Geneva.

Riddle D. 1986. Service-Led Growth: the Role of the Service Sector in World Development[M]. New

York: Praeger.

Robinson S, Wang Z, Martin W. 2002. Capturing the implications of services trade liberalization[J]. Economic Systems Research, 14 (1): 3-33.

Rowthorn R, Ramaswamy R. 1999. Growth, trade and deindustrialization[J]. IMF Staff Papers, 46 (1): 18-41.

Said F F, Fang M. 2019. A probe into the status of global countries' trade positions in the global value chain (GVC) -based on value added trade perspective and network modeling [J]. European Journal of Sustainable Development, 8 (1): 305-323.

Sako M. 2005. Outsourcing and offshoring: key trends and issues[R]. Paper presented at Emerging Markets Forum.

Sako M. 2006. Outsourcing and offshoring: implications for productivity of business services[J]. Oxford Review of Economic Policy, 22 (4): 499-512.

Samuelson P A. 2004. Where Ricardo and Mill Rebut and confirm arguments of mainstream economists supporting globalization[J]. Journal of Economic Perspectives, 18 (3): 135-146.

Sanyal K K, Jones R W. 1982. The theory of trade in middle products[J]. The American Economic Review, 72 (1): 16-31.

Schmerken I, Golden K. 1996. Outsourcing megedeals: driving the new IT economy[J]. Wall Streat and Technology, 14 (6): 36-40.

Schmitz H, Knorringa P. 2000. Learning from global buyers[J]. The Journal of Development Studies, 37 (2): 177-205.

Schott P K. 2004. Across-product versus within-product specialization in international trade[J]. The Quarterly Journal of Economics, 119 (2): 647-678.

Smith A, Rainnie A, Dunford M, et al. 2002. Networks of value, commodities and regions: reworking divisions of labour in macro-regional economies[J]. Progress in Human Geography, 26 (1): 41-63.

Spence B J. 2005. International outsourcing and incomplete contracts[J]. Canadian Journal of Economics, 38 (4): 1107-1135.

Srholec M. 2007. High-tech exports from developing countries: a symptom of technology spurts or statistical illusion?[J]. Review of World Economics, 143 (2): 227-255.

Stehrer R. 2013. Accounting relations in bilateral value added trade[R]. Wiiw Working Papers No. 101.

Stehrer R, Foster N, De Vries G. 2012. Value added and factors in trade: a comprehensive approach[R]. World Input-Output Database Working Papers No. 80.

Sturgeon T, Florida R. 2004. Globalization, deverticalization and employment in the motor vehicle industry[C]//Kenney M, Florida R. Locating global advantage. Stanford: Stanford University Press: 52-81.

Sturgeon T J. 2001. How do we define value chains and production networks?[J]. IDS Bulletin, 32 (3): 9-18.

Sturgeon T J. 2002. Modular production networks: a new American model of industrial organization[J]. Industrial and Corporate Change, 11 (3): 451-496.

Sturgeon T J. 2009. From commodity chains to value chains: interdisciplinary theory building in an age of globalization[C]//Bair J, Boulder C. Frontiers of Commodity Chain Research. Stanford: Stanford University Press.

Sturgeon T J, Lee J R. 2001. Industry co-evolution and the rise of a shared supply base for electronics manufacturing[R]. MIT Working Paper Series IPC-01-003.

Sturgeon T J, Memedovic O. 2010. Mapping global value chains: intermediate goods trade and structural change in the world economy[R]. UNIDO Development Policy and Strategic Research Branch Working Paper No. 05/2010.

Sturgeon T J, Nielsen P B, Linden G, et al. 2012. Direct measurement of global value chains: collecting product- and firm-level statistics on value added and business function outsourcing and offshoring[C]//Mattoo A, Wang Z, Wei S J, et al. Trade in Value Added: Developing New Measures of Cross-Border Trade. London: Centre for Economic Policy Research.

Suder G, Liesch P W, Inomata S, et al. 2015. The Evolving geography of production hubs and regional value chains across East Asia: trade in value-added[J]. Journal of World Business, 50(3): 404-416.

Taglioni D, Winkler D. 2014. Making global value chains work for development [R]. World Bank Other Operational Studies 18421.

Ten Raa T, Wolff E N. 2001. Outsourcing of services and the productivity recovery in United States manufacturing in the 1980s and 1990s[J]. Journal of Productivity Analysis, 16 (2): 149-165.

Tewari M. 1999. Successful adjustment in Indian industry: the case of Ludhiana's woolen knitwear cluster[J]. World Development, 27 (9): 1651-1671.

Thangavelu S M, Wang W X, Oum S. 2018. Servicification in global value chains: comparative analysis of selected Asian countries with OECD[J]. The World Economy, 41 (11): 3045-3070.

Tian X W, Lo V I, Song M X. 2016. The "insider" and "outsider" effects of FDI technology spillovers: some evidence[J]. Journal of Developing Areas, 50 (5): 1-12.

Timmer M P, Erumban A A, Gouma R, et al. 2012. The world input-output database (WIOD): contents, sources and methods[R]. IIDE Discussion Papers 20120401.

Timmer M P, Erumban A A, Los B, et al. 2014. Slicing up global value chains[J]. Journal of Economic Perspectives, 28 (2): 99-118.

Timmer M P, Los B, Stehrer R, et al. 2013. Fragmentation, incomes and jobs: an analysis of European competitiveness [J]. Economic Policy, 28 (76): 613-661.

Tsekeris T. 2017. Global value chains: building blocks and network dynamics[J]. Physica A: Statistical Mechanics and Its Applications, 488: 187-204.

Tukker A, Dietzenbacher E. 2013. Global multiregional input-output frameworks: an introduction and outlook[J]. Economic Systems Research, 25 (1): 1-19.

UNCTAD. 2010. World investment report 2010: investing in a low carbon economy[R]. UNCTAD, New York.

UNCTAD. 2013. Global value chains and development: investment and value added trade in the global economy: a preliminary analysis[R]. UNCTAD/DIAE/2013/1, New York.

UNCTAD. 2015. Tracing the value added in global value chains: product-level case studies in China[R]. UNCTAD/DITC/TNCD/2015/1, New York.

UNCTAD. 2019a. Digital economy report 2019: value creation and capture: implication for developing countries [R]. UNCTAD, NewYork.

UNCTAD. 2019b. World investment report 2019: special economic zones[R]. UNCTAD, New York.

UNIDO. 2002. Industry development report: 2002/2003 overview[R]. UNIDO.

Upward R, Wang Z, Zheng J H. 2013. Weighing China's export basket: the domestic content and technology intensity of Chinese exports[J]. Journal of Comparative Economics, 41 (2): 527-543.

USITC. 1996. Production sharing: use of U.S. components and materials in foreign assembly operations, 1991—1994[R]. USITC Publication 2966.

van Assche A. 2003. Modularity and the organization of international production[R]. East-West Center Economic Series Working Paper No. 65.

van Tuijl E. 2014. Car makers and upgrading: Renault in Romania [J]. Journal of Business Strategy, 35 (2): 13-18.

Vandermerwe S, Rada J. 1988. Servitization of business: adding value by adding services[J]. European Management Journal, 6 (4): 314-324.

Vanek J. 1963. Variable factor proportions and interindustry flows in the theory of international trade[J]. The Quarterly Journal of Economics, 77 (1): 129-142.

Venables A, Baldwin R. 2011. Relocating the value chain: off-shoring and agglomeration in the global economy [R]. Economics Series Working Papers 544.

Venables A J. 1999. Fragmentation and multinational production[J]. European Economic Review, 43 (4): 935-945.

Victoria C. 2001. Some causes and consequences of fragmentation[C]//Arndt S, Kierzkowski H. Fragmentation: New Production Patterns in the World Economy. Oxford: Oxford University Press: 1-37.

Wang Z, Wei S J, Yu X D, et al. 2017. Measures of participation in global value chains and global business cycles[R]. NBER Working Paper No. 23222.

Wang Z, Wei S J, Yu X D, et al. 2018. Re-examining the effects of trading with China on local labor markets: a supply chain perspective[R]. NBER Working Paper No. 24886.

Wang Z, Wei S J, Zhu K F. 2013. Quantifying international production sharing at the bilateral and sector levels[R]. NBER Working Paper No. 19677.

White A L, Stoughton M, Feng L. 1999. Servicizing: the quiet transition to extended product responsibility[R]. Boston: Tellus Institute.

Woori L. 2017. Services liberalization and GVC participation: new evidence for heterogeneous effects by income level and provisions[R]. CTEI Working Paper No. 8.

World Bank. 2010. International trade in services, trade and development[R]. The World Bank Group, Washington D.C.

World Bank. 2019. World development report 2020: trading for development in the age of global value chains[R]. The World Bank Group, Washington D.C.

World Bank, IDE-JETRO, OECD et al. 2017. Global value chain development report 2017: measuring and analyzing the impact of GVCs on economic development[R]. The World Bank Group, Washington D.C.

WTO, IDE-JETRO. 2011. Trade patterns and global value chains in East Asia: from trade in goods to trade in tasks[R]. WTO Publications, Geneva.

WTO, IDE-JETRO, OECD, et al. 2019. Global value chains development report 2019: technological innovation, supply chain trade, and workers in a globalized world[R]. WTO Publication, Geneva.

WTO. 2004. General agreement on trade in services protocols[R]. WTO Publication, Geneva.

WTO. 2018. World trade report 2018: The future of world trade: how digital technologies are transforming global commerce[R]. WTO Publications, Geneva.

WTO. 2019. World trade report 2019: the future of services trade[R]. WTO Publication, Geneva.

WTO. 2020. World trade report 2020: government policies to promote innovation in the digital age[R]. WTO Publications, Geneva.

Xiao H, Sun T, Meng B, et al. 2017. Complex network analysis for characterizing global value chains in equipment manufacturing[J]. PlosOne, 12 (1): e0169549.

Xing Y Q, Detert N. 2010. How the iPhone widens the United States trade deficit with the People's Republic of China[R]. ADBI Working Paper No. 257.

Yameogo N, Jammeh K. 2019. Determinants of participation in manufacturing GVCs in Africa: the role of skills, human capital endowment, and migration[R]. Policy Research Working Paper 8938.

Yang C, Dietzenbacher E, Pei J, et al. 2015. Processing trade biases the measurement of vertical specialization in China[J]. Economic System Research, 27 (1): 60-76.

Yeaple S R. 2006. Offshoring, foreign direct investment and the structure of U. S. trade[J]. Journal of European Economic Association, 4 (2-3): 602-611.

Yeats A. 1998. Just how big is global production sharing? [R]. World Bank Policy Research Working Paper No. 1871.

Yi K M. 2003. Can vertical specialization explain the growth of world trade?[J]. Journal of Political Economy, 111 (1): 52-102.

Yuskavage R. 2013. Integrating value-added trade statistics into the system of national account: perspectives from the US Bureau of Economic Analysis[C]//Mattoo A, Wang Z, Wei S J. Trade in Value-Added: Developing New Measures of Cross Border Trade. Washington D.C.: World Bank Publications: 331-335.

Zysman J, Doherty E, Schwartz A. 1997. Tales from the "global" economy: cross-national production networks and the reorganization of the European economy[J]. Structural Change and Economic Dynamics, 8 (1): 45-85.

附　　录

附录1　2005～2015年巴西服务业TiVA出口分解数据

附表1-1　2005～2015年巴西服务业整体TiVA出口分解数据（单位：亿美元）

年份	服务TiVA总出口	TiVA直接出口	TiVA间接出口	出口中的FVA	直接出口中的FVA	间接出口中的FVA	第三国吸收的DVA	直接DVA	间接DVA	返回的DVA	直接RDV	间接RDV
2005	455.1	218.4	236.7	52.9	14.9	38.0	205.2	89.2	116.0	0.27	0.08	0.19
2006	548.1	267.6	280.5	59.1	16.2	42.9	241.7	100.4	141.3	0.35	0.10	0.25
2007	673.6	340.3	333.3	68.5	19.1	49.4	295.4	117.9	177.5	0.39	0.10	0.29
2008	814.9	407.8	407.1	83.9	24.4	59.5	340.1	135.7	204.4	0.56	0.12	0.44
2009	718.4	381.7	336.7	52.8	14.7	38.1	303.5	109.9	193.6	0.32	0.06	0.26
2010	885.6	455.6	430.0	87.0	23.7	63.3	355.1	134	221.1	0.52	0.14	0.38
2011	1092.7	569.5	523.2	108.8	31.2	77.6	422.7	165.9	256.8	0.71	0.19	0.52
2012	1092.9	582.3	510.6	116.5	34.3	82.2	422.1	164.8	257.3	0.63	0.17	0.46
2013	1087.5	579.7	507.8	126.6	37.7	88.9	414.6	162.1	252.5	0.63	0.17	0.46
2014	1070.0	582.2	487.8	130.4	40.5	89.9	411.7	164.8	247.8	0.55	0.16	0.39
2015	953.1	504.6	448.5	138.9	38.0	100.9	380.1	148.5	231.6	0.44	0.12	0.32

资料来源：根据OECD发布的2018年版ICIO表计算整理（下同）。

附表1-2　2005～2015年巴西劳动密集型服务业TiVA出口分解数据（单位：亿美元）

年份	服务TiVA总出口	TiVA直接出口	TiVA间接出口	出口中的FVA	直接出口中的FVA	间接出口中的FVA	第三国吸收的DVA	直接DVA	间接DVA	返回的DVA	直接RDV	间接RDV
2005	177.0	83.6	93.4	20.7	4.15	16.6	59.8	26.0	33.8	0.088	0.026	0.062
2006	213.5	103.3	110.2	22.8	4.49	18.3	70.5	29.3	41.2	0.112	0.032	0.080
2007	258.1	125.9	132.2	24.8	4.88	19.9	79.7	31.8	47.9	0.129	0.033	0.096
2008	298.4	147.1	151.3	31.7	5.49	26.2	84.2	33.6	50.6	0.163	0.035	0.128
2009	258.3	137.0	121.3	19.1	3.80	15.3	79.8	28.9	50.9	0.112	0.021	0.091
2010	335.4	179.7	155.7	31.4	5.94	25.5	104.4	39.4	65.0	0.152	0.041	0.111

续表

年份	服务TiVA总出口	TiVA直接出口	TiVA间接出口	出口中的FVA	直接出口中的FVA	间接出口中的FVA	第三国吸收的DVA	直接DVA	间接DVA	返回的DVA	直接RDV	间接RDV
2011	418.7	223.2	195.5	39.4	7.81	31.6	132.2	51.9	80.3	0.209	0.056	0.153
2012	419.6	228.3	191.3	42.6	8.85	33.8	135.0	52.7	82.3	0.185	0.050	0.135
2013	424.8	231.9	192.9	44.7	9.61	35.1	133.0	52.0	81.0	0.193	0.052	0.141
2014	414.1	229.6	184.5	43.0	10.50	32.5	131.6	52.6	79.0	0.162	0.047	0.115
2015	363.5	199.2	164.3	42.2	10.89	31.3	124.1	48.5	75.6	0.143	0.039	0.104

附表 1-3　2005～2015 年巴西资本密集型服务业 TiVA 出口分解数据（单位：亿美元）

年份	服务TiVA总出口	TiVA直接出口	TiVA间接出口	出口中的FVA	直接出口中的FVA	间接出口中的FVA	第三国吸收的DVA	直接DVA	间接DVA	返回的DVA	直接RDV	间接RDV
2005	105.9	59.7	46.2	12.8	8.66	4.14	107.0	46.5	60.5	0.149	0.044	0.105
2006	121.5	68.3	53.2	14.5	9.29	5.21	122.1	50.7	71.4	0.179	0.051	0.128
2007	152.2	88.5	63.7	17.8	10.70	7.10	143.6	57.3	86.3	0.218	0.056	0.162
2008	194.3	107.5	86.8	21.2	14.48	6.72	166.4	66.4	100.0	0.313	0.067	0.246
2009	179.2	101.7	77.5	12.9	7.63	5.27	136.1	49.3	86.8	0.165	0.031	0.134
2010	205.1	117.3	87.8	18.9	13.00	5.90	156.9	59.2	97.7	0.286	0.077	0.209
2011	255.5	149.1	106.4	23.5	17.50	6.00	180.4	70.8	109.6	0.415	0.111	0.304
2012	249.4	146.4	103.0	23.8	18.35	5.45	170.1	66.4	103.7	0.367	0.099	0.268
2013	248.1	146.5	101.6	26.2	20.75	5.45	172.6	67.4	105.0	0.359	0.097	0.262
2014	254.4	158.1	96.3	27.5	22.59	4.91	182.1	72.8	109.3	0.327	0.095	0.232
2015	223.0	134.4	88.6	28.7	19.58	9.12	169.4	66.2	103.2	0.235	0.064	0.171

附表 1-4　2005～2015 年巴西知识密集型服务业 TiVA 出口分解数据（单位：亿美元）

年份	服务TiVA总出口	TiVA直接出口	TiVA间接出口	出口中的FVA	直接出口中的FVA	间接出口中的FVA	第三国吸收的DVA	直接DVA	间接DVA	返回的DVA	直接RDV	间接RDV
2005	153.7	68.8	84.9	16.2	1.92	14.3	35.7	15.5	20.2	0.027	0.008	0.019
2006	193.4	88.9	104.5	18.2	2.28	15.9	45.5	18.9	26.6	0.035	0.010	0.025
2007	238.6	116.7	121.9	21.9	3.32	18.6	67.1	26.8	40.3	0.051	0.013	0.038
2008	296.8	144.7	152.1	26.0	4.24	21.8	85.5	34.1	51.4	0.079	0.017	0.062
2009	260.9	136.1	124.8	17.8	3.11	14.7	83.7	30.3	53.4	0.053	0.010	0.043
2010	323.0	147.3	175.7	32.1	4.39	27.7	86.9	32.8	54.1	0.063	0.017	0.046

续表

年份	服务TiVA总出口	TiVA直接出口	TiVA间接出口	出口中的FVA	直接出口中的FVA	间接出口中的FVA	第三国吸收的DVA	直接DVA	间接DVA	返回的DVA	直接RDV	间接RDV
2011	390.7	182.6	208.1	40.1	5.48	34.6	101.7	39.9	61.8	0.090	0.024	0.066
2012	394.5	191.5	203.0	43.9	6.52	37.4	107.8	42.1	65.7	0.085	0.023	0.062
2013	286.3	186.2	100.1	48.7	6.79	41.9	100.8	39.4	61.4	0.082	0.022	0.060
2014	374.2	178.9	195.3	53.1	6.76	46.3	88.0	35.2	52.8	0.072	0.021	0.051
2015	341.7	157.3	184.4	60.7	6.92	53.8	78.3	30.6	47.7	0.059	0.016	0.043

附表1-5 2005~2015年巴西公共服务业TiVA出口分解数据（单位：亿美元）

年份	服务TiVA总出口	TiVA直接出口	TiVA间接出口	出口中的FVA	直接出口中的FVA	间接出口中的FVA	第三国吸收的DVA	直接DVA	间接DVA	返回的DVA	直接RDV	间接RDV
2005	18.5	6.4	12.1	3.11	0.17	2.94	3.02	1.31	1.71	0.003	0.001	0.002
2006	19.7	7.1	12.6	3.62	0.19	3.43	3.63	1.50	2.13	0.004	0.001	0.003
2007	24.7	9.2	15.5	4.05	0.25	3.80	5.13	2.03	3.10	0.004	0.001	0.003
2008	25.4	8.5	16.9	4.94	0.21	4.73	4.02	1.60	2.42	0.005	0.001	0.004
2009	19.9	6.9	13.0	2.98	0.15	2.83	3.94	1.40	2.54	0.005	0.001	0.004
2010	22.1	11.3	10.8	4.55	0.33	4.22	6.92	2.61	4.31	0.007	0.002	0.005
2011	27.8	14.6	13.2	5.77	0.44	5.33	8.56	3.36	5.20	0.007	0.002	0.005
2012	29.3	16.0	13.3	6.21	0.55	5.66	9.52	3.69	5.83	0.007	0.002	0.005
2013	28.2	15.2	13.0	6.92	0.53	6.39	8.43	3.28	5.15	0.007	0.002	0.005
2014	27.2	15.5	11.7	6.78	0.68	6.10	10.36	4.10	6.26	0.007	0.002	0.005
2015	24.9	13.8	11.1	7.32	0.62	6.70	8.28	3.23	5.05	0.007	0.002	0.005

附录2 2005~2015年东盟服务业TiVA出口分解数据

附表2-1 2005~2015年东盟服务业整体TiVA出口分解数据（单位：亿美元）

年份	服务TiVA总出口	TiVA直接出口	TiVA间接出口	出口中的FVA	直接出口中的FVA	间接出口中的FVA	第三国吸收的DVA	直接DVA	间接DVA	返回的DVA	直接RDV	间接RDV
2005	1368.2	878.7	489.5	705.1	252.6	452.5	367.1	263.4	103.7	5.86	2.23	3.63
2006	1610.7	1039.4	571.3	803.2	313.6	489.6	431.9	323.9	108.0	7.71	3.24	4.47
2007	1910.8	1284.4	626.4	911.2	396.9	514.3	514.2	405.7	108.5	8.97	4.37	4.60

续表

年份	服务TiVA总出口	TiVA直接出口	TiVA间接出口	出口中的FVA	直接出口中的FVA	间接出口中的FVA	第三国吸收的DVA	直接DVA	间接DVA	返回的DVA	直接RDV	间接RDV
2008	2069.7	1403.9	665.8	1024.0	468.3	555.7	540.6	426.8	113.8	10.07	6.10	3.97
2009	1943.6	1311.3	632.3	864.1	393.7	470.4	553.7	431.9	121.8	8.56	4.60	3.96
2010	2443.8	1626.3	817.5	1069.3	461.9	607.4	680.8	512.2	168.6	11.98	5.97	6.01
2011	2885.0	1931.8	953.2	1278.6	558.0	720.6	782.8	583.8	199.0	14.82	7.88	6.94
2012	2946.1	2004.8	941.3	1302.2	597.1	705.1	800.7	617.7	183.0	14.07	7.65	6.42
2013	3101.4	2148.9	952.5	1356.0	645.2	710.8	845.5	674.5	171.0	14.82	8.22	6.60
2014	3220.1	2237.8	982.3	1439.7	692.1	747.6	889.1	706.6	182.5	15.23	8.76	6.47
2015	3118.8	2185.2	933.6	1373.3	637.0	736.3	890.0	725.8	164.2	13.50	7.30	6.20

附表2-2　2005～2015年东盟劳动密集型服务业TiVA出口分解数据（单位：亿美元）

年份	服务TiVA总出口	TiVA直接出口	TiVA间接出口	出口中的FVA	直接出口中的FVA	间接出口中的FVA	第三国吸收的DVA	直接DVA	间接DVA	返回的DVA	直接RDV	间接RDV
2005	661.5	432.2	229.3	225.3	84.2	141.1	152.9	109.7	43.2	1.91	0.73	1.18
2006	780.9	501.6	279.3	255.2	93.4	161.8	167.6	125.7	41.9	2.26	0.95	1.31
2007	916.8	595.5	321.3	282.2	107.8	174.4	191.3	150.9	40.4	2.36	1.15	1.21
2008	993.4	650.8	342.6	323.1	126.4	196.7	198.0	156.3	41.7	2.53	1.53	1.00
2009	921.0	581.3	339.7	273.6	96.0	177.6	186.1	145.2	40.9	1.96	1.05	0.91
2010	1214.3	809.3	405.0	344.6	156.9	187.7	289.5	217.8	71.7	3.85	1.92	1.93
2011	1430.2	963.0	467.2	409.2	190.6	218.6	327.2	244.0	83.2	4.67	2.48	2.19
2012	1435.5	974.6	460.9	414.1	201.5	212.6	334.3	257.9	76.4	4.50	2.45	2.05
2013	1474.8	1007.3	467.5	414.1	213.3	200.8	349.0	278.4	70.6	4.64	2.57	2.07
2014	1499.6	1012.5	487.1	427.2	229.8	197.4	366.3	291.1	75.2	4.78	2.75	2.03
2015	1438.6	972.6	466.0	404.8	212.0	192.8	357.7	291.7	66.0	4.42	2.39	2.03

附表2-3　2005～2015年东盟资本密集型服务业TiVA出口分解数据（单位：亿美元）

年份	服务TiVA总出口	TiVA直接出口	TiVA间接出口	出口中的FVA	直接出口中的FVA	间接出口中的FVA	第三国吸收的DVA	直接DVA	间接DVA	返回的DVA	直接RDV	间接RDV
2005	340.5	234.7	105.8	213.6	121.2	92.4	131.8	94.6	37.2	2.94	1.12	1.82
2006	385.7	271.1	114.6	243.3	157.5	85.8	155.9	116.9	39.0	4.09	1.72	2.37
2007	464.4	347.0	117.4	277.5	205.0	72.5	191.8	151.3	40.5	5.07	2.47	2.60
2008	509.6	388.7	120.9	307.7	246.9	60.8	206.6	163.1	43.5	5.98	3.62	2.36
2009	479.0	366.2	112.8	247.0	213.6	33.4	222.3	173.4	48.9	5.12	2.75	2.37

续表

年份	服务TiVA总出口	TiVA直接出口	TiVA间接出口	出口中的FVA	直接出口中的FVA	间接出口中的FVA	第三国吸收的DVA	直接DVA	间接DVA	返回的DVA	直接RDV	间接RDV
2010	570.1	412.9	157.2	306.5	218.9	87.6	235.7	177.3	58.4	6.20	3.09	3.11
2011	656.6	472.3	184.3	360.3	265.7	94.6	271.5	202.5	69.0	7.91	4.21	3.70
2012	664.2	482.3	181.9	365.6	280.0	85.6	269.9	208.2	61.7	7.21	3.92	3.29
2013	706.2	519.8	186.4	390.4	298.8	91.6	282.7	225.5	57.2	7.56	4.19	3.37
2014	749.7	557.7	192.0	415.6	318.7	96.9	301.9	239.9	62.0	7.75	4.46	3.29
2015	740.6	554.8	185.8	388.8	286.0	102.8	314.9	256.8	58.1	6.47	3.50	2.97

附表 2-4　2005～2015 年东盟知识密集型服务业 TiVA 出口分解数据（单位：亿美元）

年份	服务TiVA总出口	TiVA直接出口	TiVA间接出口	出口中的FVA	直接出口中的FVA	间接出口中的FVA	第三国吸收的DVA	直接DVA	间接DVA	返回的DVA	直接RDV	间接RDV
2005	315.9	181.8	134.1	232.3	40.5	191.8	68.0	48.8	19.2	0.82	0.31	0.51
2006	386.2	232.6	153.6	264.8	56.3	208.5	93.9	70.4	23.5	1.17	0.49	0.68
2007	461.2	298.9	162.3	305.8	76.3	229.5	114.7	90.8	24.2	1.36	0.66	0.70
2008	502.8	323.2	179.6	341.4	85.9	255.5	118.8	93.8	25.0	1.37	0.83	0.54
2009	485.9	325.9	160.0	301.2	76.7	224.5	128.1	99.9	28.2	1.30	0.70	0.60
2010	593.2	362.8	230.4	366.1	77.0	289.1	136.6	102.8	33.8	1.67	0.83	0.84
2011	716.9	442.6	274.3	446.9	89.8	357.1	159.3	118.8	40.5	1.90	1.01	0.89
2012	758.6	488.2	270.4	458.6	102.3	356.3	169.6	130.8	38.8	2.02	1.10	0.92
2013	824.5	554.4	270.1	486.2	118.0	368.2	183.5	146.4	37.1	2.22	1.23	0.99
2014	872.8	598.9	273.9	529.4	128.7	400.7	190.9	151.7	39.2	2.31	1.33	0.98
2015	841.7	586.7	255.0	511.8	124.6	387.2	186.3	151.9	34.4	2.26	1.22	1.04

附表 2-5　2005～2015 年东盟公共服务业 TiVA 出口分解数据（单位：亿美元）

年份	服务TiVA总出口	TiVA直接出口	TiVA间接出口	出口中的FVA	直接出口中的FVA	间接出口中的FVA	第三国吸收的DVA	直接DVA	间接DVA	返回的DVA	直接RDV	间接RDV
2005	50.4	30.0	20.4	33.9	6.66	27.2	14.4	10.3	4.12	0.19	0.07	0.12
2006	57.9	34.0	23.9	39.9	6.42	33.5	14.4	10.8	3.61	0.19	0.08	0.11
2007	68.3	43.0	25.3	45.7	7.64	38.1	16.5	13.0	3.53	0.20	0.10	0.10
2008	63.9	41.2	22.7	51.7	9.05	42.7	17.4	13.7	3.74	0.20	0.12	0.08
2009	57.7	37.9	19.8	42.2	7.48	34.7	17.2	13.4	3.81	0.18	0.10	0.08
2010	66.2	41.3	24.9	52.0	9.02	43.0	19.0	14.3	4.73	0.26	0.13	0.13
2011	81.3	53.9	27.4	62.2	11.86	50.3	24.8	18.5	6.30	0.34	0.18	0.16

续表

年份	服务TiVA总出口	TiVA直接出口	TiVA间接出口	出口中的FVA	直接出口中的FVA	间接出口中的FVA	第三国吸收的DVA	直接DVA	间接DVA	返回的DVA	直接RDV	间接RDV
2012	87.8	59.7	28.1	64.0	13.29	50.7	27.1	20.8	6.26	0.35	0.19	0.16
2013	95.9	67.4	28.5	65.4	15.23	50.2	30.6	24.4	6.25	0.39	0.22	0.17
2014	98.1	68.7	29.4	67.4	14.83	52.6	30.2	24.0	6.23	0.36	0.21	0.15
2015	97.9	71.0	26.9	67.8	14.40	53.4	31.1	25.4	5.72	0.35	0.19	0.16

附录3 2005～2015年俄罗斯服务业TiVA出口分解数据

附表3-1 2005～2015年俄罗斯服务业整体TiVA出口分解数据（单位：亿美元）

年份	服务TiVA总出口	TiVA直接出口	TiVA间接出口	出口中的FVA	直接出口中的FVA	间接出口中的FVA	第三国吸收的DVA	直接DVA	间接DVA	返回的DVA	直接RDV	间接RDV
2005	806.7	537.0	269.7	109.5	41.6	67.9	234.2	148.7	85.5	1.50	0.56	0.94
2006	1010.6	683.8	326.8	125.3	52.2	73.1	291.7	191.1	100.6	1.92	0.76	1.16
2007	1226.1	826.1	400.0	151.8	61.4	90.4	360.0	223.8	136.2	2.27	0.87	1.40
2008	1606.7	1074.4	532.3	217.4	89.1	128.3	474.2	286.0	188.2	3.50	1.38	2.12
2009	1133.2	748.4	384.8	156.0	63.4	92.6	368.6	225.1	143.5	1.75	0.73	1.02
2010	1450.5	952.2	498.3	181.1	79.1	102.0	463.4	272.0	191.4	2.36	1.12	1.24
2011	1804.2	1193.9	610.3	216.3	92.4	123.9	560.2	342.2	218.0	2.81	1.26	1.55
2012	1737.1	1157.3	579.8	212.9	98.1	114.8	526.8	366.8	160.0	2.85	1.53	1.32
2013	1808.7	1228.5	580.2	219.5	107.1	112.4	555.2	395.8	159.4	2.71	1.55	1.16
2014	1670.4	1126.2	544.2	217.7	107.5	110.2	507.3	369.4	137.9	2.23	1.29	0.94
2015	1347.5	852.5	495.0	188.2	96.4	91.8	481.2	333.4	147.8	1.43	0.82	0.61

附表3-2 2005～2015年俄罗斯劳动密集型服务业TiVA出口分解数据（单位：亿美元）

年份	服务TiVA总出口	TiVA直接出口	TiVA间接出口	出口中的FVA	直接出口中的FVA	间接出口中的FVA	第三国吸收的DVA	直接DVA	间接DVA	返回的DVA	直接RDV	间接RDV
2005	410.3	286.5	123.8	36.9	22.90	14.0	129.0	81.9	47.1	0.76	0.28	0.48
2006	528.3	372.5	155.8	42.1	29.38	12.7	164.7	107.9	56.8	1.00	0.40	0.60
2007	616.5	433.3	183.2	48.9	34.27	14.6	205.9	128.0	77.9	1.17	0.45	0.72
2008	809.5	565.3	244.2	71.9	46.86	25.0	264.3	159.4	104.9	1.72	0.68	1.04
2009	509.9	354.0	155.9	49.5	31.81	17.7	195.7	119.5	76.2	0.79	0.33	0.46

续表

年份	服务TiVA总出口	TiVA直接出口	TiVA间接出口	出口中的FVA	直接出口中的FVA	间接出口中的FVA	第三国吸收的DVA	直接DVA	间接DVA	返回的DVA	直接RDV	间接RDV
2010	713.5	494.3	219.2	57.9	41.98	15.9	259.8	152.5	107.3	1.10	0.52	0.58
2011	916.5	635.4	281.1	67.2	50.05	17.2	314.3	192.0	122.3	1.40	0.63	0.77
2012	868.3	580.9	287.4	71.4	50.01	21.4	267.1	186.0	81.1	1.29	0.69	0.60
2013	841.6	567.8	273.8	71.0	52.13	18.9	273.5	195.0	78.5	1.17	0.67	0.50
2014	788.3	531.9	256.4	70.9	53.66	17.2	259.7	189.1	70.6	1.00	0.58	0.42
2015	625.4	400.6	224.8	58.3	48.12	10.2	246.5	170.8	75.7	0.66	0.38	0.28

附表 3-3　2005～2015 年俄罗斯资本密集型服务业 TiVA 出口分解数据（单位：亿美元）

年份	服务TiVA总出口	TiVA直接出口	TiVA间接出口	出口中的FVA	直接出口中的FVA	间接出口中的FVA	第三国吸收的DVA	直接DVA	间接DVA	返回的DVA	直接RDV	间接RDV
2005	204.7	148.5	56.2	28.5	12.08	16.4	71.3	45.3	26.0	0.54	0.20	0.34
2006	241.7	176.9	64.8	33.4	15.15	18.3	86.7	56.8	29.9	0.67	0.27	0.40
2007	297.6	218.0	79.6	41.6	17.93	23.7	103.3	64.2	39.1	0.79	0.30	0.49
2008	387.5	279.0	108.5	59.9	29.19	30.7	142.4	85.9	56.5	1.36	0.54	0.82
2009	312.0	224.3	87.7	41.5	21.22	20.3	119.7	73.1	46.6	0.74	0.31	0.43
2010	377.1	266.3	110.8	50.0	25.98	24.0	144.1	84.6	59.5	0.99	0.47	0.52
2011	449.3	312.5	136.8	51.2	27.14	24.1	167.3	102.2	65.1	1.02	0.46	0.56
2012	456.1	335.2	120.9	50.0	33.16	16.8	190.7	132.8	57.9	1.21	0.65	0.56
2013	500.6	379.3	121.3	51.6	37.89	13.7	207.5	147.9	59.6	1.19	0.68	0.51
2014	455.1	345.4	109.7	52.2	38.43	13.8	187.9	136.8	51.1	0.97	0.56	0.41
2015	369.5	261.0	108.5	44.9	34.48	10.4	175.2	121.8	53.8	0.59	0.34	0.25

附表 3-4　2005～2015 年俄罗斯知识密集型服务业 TiVA 出口分解数据（单位：亿美元）

年份	服务TiVA总出口	TiVA直接出口	TiVA间接出口	出口中的FVA	直接出口中的FVA	间接出口中的FVA	第三国吸收的DVA	直接DVA	间接DVA	返回的DVA	直接RDV	间接RDV
2005	165.8	88.0	77.8	37.9	6.09	31.8	30.9	19.6	11.3	0.19	0.07	0.12
2006	206.3	115.3	91.0	42.5	7.06	35.4	36.5	23.9	12.6	0.23	0.09	0.14
2007	273.5	153.1	120.4	52.7	8.52	44.2	45.8	28.5	17.3	0.27	0.10	0.17
2008	358.8	201.7	157.1	73.9	11.97	61.9	60.7	36.6	24.1	0.41	0.16	0.25
2009	270.7	147.3	123.4	56.6	9.63	47.0	48.3	29.5	18.8	0.22	0.09	0.13
2010	310.1	165.4	144.7	63.7	10.39	53.3	54.7	32.1	22.6	0.25	0.12	0.13
2011	384.0	217.4	166.6	86.2	14.28	71.9	72.7	44.4	28.3	0.37	0.17	0.20

续表

年份	服务TiVA总出口	TiVA直接出口	TiVA间接出口	出口中的FVA	直接出口中的FVA	间接出口中的FVA	第三国吸收的DVA	直接DVA	间接DVA	返回的DVA	直接RDV	间接RDV
2012	363.8	213.5	150.3	80.2	14.01	66.2	63.9	44.5	19.4	0.33	0.18	0.15
2013	413.3	250.2	163.1	85.4	16.11	69.3	68.9	49.1	19.8	0.33	0.19	0.14
2014	378.5	220.2	158.3	83.6	14.45	69.2	54.9	40.0	14.9	0.24	0.14	0.10
2015	299.8	163.1	136.7	74.6	12.94	61.7	55.1	38.2	16.9	0.16	0.09	0.07

附表 3-5 2005~2015 年俄罗斯公共服务业 TiVA 出口分解数据（单位：亿美元）

年份	服务TiVA总出口	TiVA直接出口	TiVA间接出口	出口中的FVA	直接出口中的FVA	间接出口中的FVA	第三国吸收的DVA	直接DVA	间接DVA	返回的DVA	直接RDV	间接RDV
2005	25.9	14.01	11.9	6.18	0.48	5.70	3.01	1.90	1.11	0.016	0.006	0.010
2006	34.2	19.10	15.1	7.32	0.58	6.74	3.69	2.37	1.32	0.020	0.008	0.012
2007	38.6	21.72	16.9	8.53	0.72	7.81	4.96	3.04	1.92	0.023	0.009	0.014
2008	50.9	28.35	22.6	11.73	1.05	10.68	6.81	4.10	2.71	0.036	0.014	0.022
2009	40.6	22.71	17.9	8.46	0.76	7.70	4.88	2.95	1.93	0.017	0.007	0.010
2010	49.8	26.24	23.6	9.58	0.72	8.86	4.66	2.72	1.94	0.017	0.008	0.009
2011	54.4	28.61	25.8	11.64	0.91	10.73	5.72	3.51	2.21	0.025	0.011	0.014
2012	48.9	27.75	21.2	11.19	0.91	10.28	5.17	3.53	1.64	0.022	0.012	0.010
2013	53.4	31.39	22.0	11.56	0.98	10.58	5.30	3.77	1.53	0.021	0.012	0.010
2014	48.9	28.65	20.3	11.08	0.99	10.09	4.86	3.53	1.33	0.017	0.010	0.007
2015	52.8	27.91	24.9	10.34	0.82	9.52	4.31	3.01	1.30	0.010	0.006	0.004

附录 4 2005~2015 年印度服务业 TiVA 出口分解数据

附表 4-1 2005~2015 年印度服务业整体 TiVA 出口分解数据（单位：亿美元）

年份	服务TiVA总出口	TiVA直接出口	TiVA间接出口	出口中的FVA	直接出口中的FVA	间接出口中的FVA	第三国吸收的DVA	直接DVA	间接DVA	返回的DVA	直接RDV	间接RDV
2005	650.7	509.6	141.1	141.1	72.9	68.2	234.2	180.9	53.3	0.36	0.21	0.15
2006	812.2	649.9	162.3	195.7	92.9	102.8	270.3	203.0	67.3	0.60	0.34	0.26
2007	990.8	789.1	201.7	238.9	104.3	134.6	329.1	242.4	86.7	0.75	0.38	0.37
2008	1231.8	1002.7	229.1	357.8	146.2	211.6	380.4	292.4	88.0	1.09	0.56	0.53
2009	1088.7	848.3	240.4	279.7	114.1	165.6	370.4	257.2	113.2	0.80	0.41	0.39
2010	1418.1	1119.2	298.9	396.8	135.4	261.4	454.6	330.1	124.5	1.30	0.53	0.77

续表

年份	服务TiVA总出口	TiVA直接出口	TiVA间接出口	出口中的FVA	直接出口中的FVA	间接出口中的FVA	第三国吸收的DVA	直接DVA	间接DVA	返回的DVA	直接RDV	间接RDV
2011	1682.6	1355.8	326.8	505.3	174.6	330.7	526.6	369.0	157.6	1.55	0.70	0.85
2012	1727.9	1384.6	343.3	516.1	174.8	341.3	531.8	366.5	165.3	1.53	0.63	0.90
2013	1886.4	1481.1	405.3	551.7	187.2	364.5	574.2	383.5	190.7	1.75	0.70	1.05
2014	1890.7	1491.5	399.2	504.7	172.1	332.6	588.1	388.8	199.3	1.51	0.63	0.88
2015	1820.9	1453.1	367.8	401.0	161.9	239.1	582.3	413.5	168.8	1.37	0.63	0.74

附表 4-2　2005~2015 年印度劳动密集型服务业 TiVA 出口分解数据（单位：亿美元）

年份	服务TiVA总出口	TiVA直接出口	TiVA间接出口	出口中的FVA	直接出口中的FVA	间接出口中的FVA	第三国吸收的DVA	直接DVA	间接DVA	返回的DVA	直接RDV	间接RDV
2005	184.2	114.0	70.2	33.1	6.17	26.9	35.5	27.4	8.1	0.031	0.018	0.013
2006	222.0	140.6	81.4	44.1	7.62	36.5	40.1	30.1	10.0	0.049	0.028	0.021
2007	273.6	174.3	99.3	53.6	9.20	44.4	50.9	37.5	13.4	0.067	0.034	0.033
2008	337.9	224.6	113.3	77.6	12.96	64.6	54.2	41.7	12.5	0.101	0.052	0.049
2009	286.8	170.5	116.3	65.2	11.63	53.6	61.9	43.0	18.9	0.084	0.043	0.041
2010	408.3	265.6	142.7	94.5	15.40	79.1	76.2	55.3	20.9	0.155	0.063	0.092
2011	474.5	310.7	163.8	109.5	27.28	82.2	85.5	59.9	25.6	0.288	0.130	0.158
2012	479.4	293.1	186.3	109.6	26.33	83.3	87.2	60.1	27.1	0.272	0.112	0.160
2013	512.7	307.3	205.4	114.9	23.69	91.2	99.9	66.7	33.2	0.248	0.099	0.149
2014	528.2	334.5	193.7	103.9	23.46	80.4	106.6	70.5	36.1	0.230	0.096	0.134
2015	488.3	312.6	175.7	92.3	23.61	68.7	112.5	79.9	32.6	0.220	0.101	0.119

附表 4-3　2005~2015 年印度资本密集型服务业 TiVA 出口分解数据（单位：亿美元）

年份	服务TiVA总出口	TiVA直接出口	TiVA间接出口	出口中的FVA	直接出口中的FVA	间接出口中的FVA	第三国吸收的DVA	直接DVA	间接DVA	返回的DVA	直接RDV	间接RDV
2005	304.1	268.8	35.3	72.9	53.9	19.0	146.6	113.2	33.4	0.262	0.153	0.109
2006	386.8	346.2	40.6	99.5	65.9	33.6	158.2	118.8	39.4	0.422	0.239	0.183
2007	476.3	425.6	50.7	124.0	75.3	48.7	199.6	147.0	52.6	0.541	0.274	0.267
2008	585.4	530.9	54.4	197.4	101.2	96.2	220.6	169.6	51.0	0.745	0.383	0.362
2009	534.6	477.3	57.3	142.1	83.6	58.5	234.3	162.7	71.6	0.589	0.302	0.287
2010	653.2	579.4	73.8	210.6	98.4	112.2	294.8	214.1	80.7	0.939	0.383	0.556
2011	753.3	678.9	74.4	267.1	116.9	150.2	348.1	243.9	104.2	0.974	0.440	0.534
2012	769.3	695.6	73.7	277.2	114.1	163.1	341.3	235.2	106.1	0.933	0.384	0.549

续表

年份	服务TiVA总出口	TiVA直接出口	TiVA间接出口	出口中的FVA	直接出口中的FVA	间接出口中的FVA	第三国吸收的DVA	直接DVA	间接DVA	返回的DVA	直接RDV	间接RDV
2013	906.3	818.2	88.1	298.9	142.1	156.8	369.5	246.8	122.7	1.195	0.478	0.717
2014	910.7	822.1	88.6	282.7	120.7	162.0	375.6	248.3	127.3	1.028	0.429	0.599
2015	877.6	792.4	85.2	200.1	109.7	90.4	356.7	253.3	103.4	0.918	0.422	0.496

附表 4-4　2005~2015 年印度知识密集型服务业 TiVA 出口分解数据（单位：亿美元）

年份	服务TiVA总出口	TiVA直接出口	TiVA间接出口	出口中的FVA	直接出口中的FVA	间接出口中的FVA	第三国吸收的DVA	直接DVA	间接DVA	返回的DVA	直接RDV	间接RDV
2005	146.0	114.7	31.3	30.1	12.2	17.9	49.5	38.2	11.3	0.060	0.035	0.025
2006	185.9	149.9	36.0	43.7	18.5	25.2	68.6	51.5	17.1	0.116	0.066	0.050
2007	219.9	173.4	46.5	51.6	18.6	33.0	74.3	54.7	19.6	0.136	0.069	0.067
2008	283.2	228.0	55.2	68.4	30.5	37.9	100.6	77.3	23.3	0.230	0.118	0.112
2009	241.6	181.8	59.8	61.6	17.6	44.0	69.3	48.1	21.2	0.121	0.062	0.059
2010	325.2	251.3	73.9	77.3	20.1	57.2	78.1	56.7	21.4	0.199	0.081	0.118
2011	425.1	343.9	81.2	109.7	28.4	81.3	86.6	60.7	25.9	0.270	0.122	0.148
2012	438.7	366.2	72.5	110.1	31.3	78.8	96.6	66.6	30.0	0.291	0.120	0.171
2013	416.9	318.7	98.2	118.3	19.1	99.2	96.9	64.7	32.2	0.278	0.111	0.167
2014	402.6	298.6	104	101.3	25.7	75.6	97.4	64.4	33.0	0.225	0.094	0.131
2015	398.5	306.2	92.3	93.9	26.4	67.5	104.2	74.0	30.2	0.222	0.102	0.120

附表 4-5　2005~2015 年印度公共服务业 TiVA 出口分解数据（单位：亿美元）

年份	服务TiVA总出口	TiVA直接出口	TiVA间接出口	出口中的FVA	直接出口中的FVA	间接出口中的FVA	第三国吸收的DVA	直接DVA	间接DVA	返回的DVA	直接RDV	间接RDV
2005	16.4	12.2	4.22	5.04	0.64	4.40	2.81	2.15	0.66	0.003	0.002	0.001
2006	17.5	13.3	4.22	8.46	0.92	7.54	3.52	2.59	0.93	0.005	0.003	0.002
2007	21.0	15.9	5.11	9.76	1.11	8.65	4.31	3.18	1.13	0.008	0.004	0.004
2008	25.3	19.2	6.13	14.34	1.58	12.76	4.82	3.74	1.08	0.012	0.006	0.006
2009	25.8	18.7	7.12	10.82	1.23	9.59	4.89	3.37	1.52	0.008	0.004	0.004
2010	31.4	22.8	8.58	14.41	1.49	12.92	5.43	3.89	1.54	0.015	0.006	0.009
2011	29.7	22.2	7.52	19.00	1.99	17.01	6.40	4.48	1.92	0.018	0.008	0.010
2012	40.5	29.7	10.81	19.21	3.10	16.11	6.82	4.67	2.15	0.019	0.008	0.011
2013	50.4	36.8	13.63	19.51	2.36	17.15	7.94	5.31	2.63	0.023	0.009	0.014
2014	50.3	36.2	14.06	16.78	2.27	14.51	8.44	5.57	2.87	0.019	0.008	0.011
2015	56.5	41.9	14.62	14.74	2.22	12.52	9.01	6.35	2.66	0.020	0.009	0.011

附录5 2005~2015年韩国服务业 TiVA 出口分解数据

附表5-1 2005~2015年韩国服务业整体 TiVA 出口分解数据（单位：亿美元）

年份	服务TiVA总出口	TiVA直接出口	TiVA间接出口	出口中的FVA	直接出口中的FVA	间接出口中的FVA	第三国吸收的DVA	直接DVA	间接DVA	返回的DVA	直接RDV	间接RDV
2005	720.3	404.3	316.0	392.8	112.6	280.2	184.2	125.1	59.1	2.49	0.61	1.88
2006	811.9	442.4	369.5	442.9	122.3	320.6	205.9	135.3	70.6	2.88	0.67	2.21
2007	973.2	534.7	438.5	531.1	164.2	366.9	248.6	168.8	79.8	3.59	1.12	2.47
2008	1017.5	570.1	447.4	697.1	237.2	459.9	229.7	174.8	54.9	3.35	1.32	2.03
2009	891.6	475.0	416.6	569.6	164.8	404.8	221.5	155.4	66.1	2.80	0.91	1.89
2010	1130.3	580.0	550.3	704.4	218.3	486.1	285.8	187.7	98.1	3.59	1.22	2.37
2011	1278.4	637.8	640.6	912.3	244.4	667.9	300.6	205.5	95.1	4.26	1.27	2.99
2012	1353.4	693.1	660.3	924.6	264.8	659.8	320.7	225.9	94.8	4.30	1.36	2.94
2013	1410.2	715.7	694.5	904.9	237.6	667.3	344.8	227.2	117.6	4.63	1.28	3.35
2014	1527.0	788.9	738.1	882.4	236.5	645.9	394.7	256.6	138.1	5.05	1.31	3.74
2015	1372.5	740.7	631.8	740.0	186.3	553.7	364.0	255.1	108.9	5.14	1.28	3.86

附表5-2 2005~2015年韩国劳动密集型服务业 TiVA 出口分解数据（单位：亿美元）

年份	服务TiVA总出口	TiVA直接出口	TiVA间接出口	出口中的FVA	直接出口中的FVA	间接出口中的FVA	第三国吸收的DVA	直接DVA	间接DVA	返回的DVA	直接RDV	间接RDV
2005	249.1	122.0	127.1	151.2	22.7	128.5	66.4	45.1	21.3	0.57	0.14	0.43
2006	283.4	137.9	145.5	170.4	26.8	143.6	76.4	50.2	26.2	0.69	0.16	0.53
2007	322.5	155.2	167.3	194.0	30.9	163.1	83.8	56.9	26.9	0.67	0.21	0.46
2008	332.3	162.4	169.9	249.5	37.6	211.9	67.4	51.3	16.1	0.51	0.20	0.31
2009	308.0	145.8	162.2	209.7	35.0	174.7	78.8	55.3	23.5	0.59	0.19	0.40
2010	388.9	181.7	207.2	261.2	47.3	213.9	107.0	70.3	36.7	0.74	0.25	0.49
2011	461.4	215.7	245.7	349.6	64.7	284.9	124.2	84.9	39.3	1.14	0.34	0.80
2012	485.9	233.0	252.9	349.8	71.3	278.5	131.3	92.5	38.8	1.17	0.37	0.80
2013	499.9	242.2	257.7	337.7	66.8	270.9	143.0	94.2	48.8	1.34	0.37	0.97
2014	518.2	256.5	261.7	321.2	68.5	252.7	166.1	108.0	58.1	1.50	0.39	1.11
2015	463.6	232.3	231.3	270.0	55.4	214.6	150.5	105.5	45.0	1.57	0.39	1.18

附表 5-3　2005～2015 年韩国资本密集型服务业 TiVA 出口分解数据（单位：亿美元）

年份	服务TiVA总出口	TiVA直接出口	TiVA间接出口	出口中的FVA	直接出口中的FVA	间接出口中的FVA	第三国吸收的DVA	直接DVA	间接DVA	返回的DVA	直接RDV	间接RDV
2005	240.1	178.1	62.0	114.4	80.1	34.3	87.5	59.4	28.1	1.67	0.41	1.26
2006	262.7	192.3	70.4	122.7	85.5	37.2	98.0	64.4	33.6	1.93	0.45	1.48
2007	316.0	235.6	80.4	156.0	120.5	35.5	126.4	85.8	40.6	2.63	0.82	1.81
2008	317.2	241.6	75.6	208.8	180.2	28.6	123.0	93.6	29.4	2.56	1.01	1.55
2009	260.1	189.7	70.4	155.1	114.3	40.8	105.8	74.2	31.6	1.97	0.64	1.33
2010	323.3	229.5	93.8	199.7	151.7	48.0	132.0	86.7	45.3	2.56	0.87	1.69
2011	321.3	218.2	103.1	244.0	153.3	90.7	121.8	83.3	38.5	2.58	0.77	1.81
2012	344.2	234.7	109.5	233.6	162.5	71.1	129.8	91.4	38.4	2.59	0.82	1.77
2013	362.6	238.8	123.8	227.6	138.8	88.8	131.9	86.9	45.0	2.60	0.72	1.88
2014	406.3	269.3	137.0	222.0	134.4	87.6	147.4	95.8	51.6	2.81	0.73	2.08
2015	368.7	257.5	111.2	185.8	103.8	82.0	140.8	98.7	42.1	2.77	0.69	2.08

附表 5-4　2005～2015 年韩国知识密集型服务业 TiVA 出口分解数据（单位：亿美元）

年份	服务TiVA总出口	TiVA直接出口	TiVA间接出口	出口中的FVA	直接出口中的FVA	间接出口中的FVA	第三国吸收的DVA	直接DVA	间接DVA	返回的DVA	直接RDV	间接RDV
2005	198.8	90.7	108.1	106.6	8.87	97.7	27.4	18.6	8.8	0.245	0.060	0.185
2006	226.9	96.8	130.1	124.4	9.04	115.4	28.0	18.4	9.6	0.258	0.060	0.198
2007	285.4	124.2	161.2	151.4	11.57	139.8	34.6	23.5	11.1	0.260	0.081	0.179
2008	310.2	141.9	168.3	200.3	17.32	183.0	35.1	26.7	8.4	0.244	0.096	0.148
2009	267.9	117.0	150.9	174.6	13.78	160.8	32.4	22.7	9.7	0.228	0.074	0.154
2010	352.6	145.9	206.7	206.6	17.70	188.9	42.3	27.8	14.5	0.285	0.097	0.188
2011	407.1	170.4	236.7	270.2	23.47	246.7	47.8	32.7	15.1	0.463	0.138	0.325
2012	430.7	188.9	241.8	291.1	27.71	263.4	52.7	37.1	15.6	0.490	0.155	0.335
2013	455.6	199.6	256.0	290.4	28.76	261.6	62.1	40.9	21.2	0.608	0.168	0.440
2014	503.5	226.8	276.8	292.7	30.51	262.2	72.8	47.3	25.5	0.702	0.182	0.520
2015	445.3	211.0	234.3	244.6	24.23	220.4	63.8	44.7	19.1	0.747	0.186	0.561

附表 5-5　2005～2015 年韩国公共服务业 TiVA 出口分解数据（单位：亿美元）

年份	服务TiVA总出口	TiVA直接出口	TiVA间接出口	出口中的FVA	直接出口中的FVA	间接出口中的FVA	第三国吸收的DVA	直接DVA	间接DVA	返回的DVA	直接RDV	间接RDV
2005	32.4	13.5	18.9	20.6	0.92	19.7	3.10	2.09	1.01	0.024	0.006	0.018
2006	38.8	15.4	23.4	25.4	1.07	24.3	3.48	2.28	1.20	0.030	0.007	0.023

续表

年份	服务TiVA总出口	TiVA直接出口	TiVA间接出口	出口中的FVA	直接出口中的FVA	间接出口中的FVA	第三国吸收的DVA	直接DVA	间接DVA	返回的DVA	直接RDV	间接RDV
2007	49.4	19.7	29.7	29.7	1.22	28.5	3.80	2.59	1.21	0.026	0.008	0.018
2008	57.9	24.2	33.7	38.6	2.02	36.6	4.26	3.24	1.02	0.028	0.011	0.017
2009	55.6	22.5	33.1	30.1	1.79	28.3	4.70	3.25	1.45	0.031	0.010	0.021
2010	65.7	22.9	42.8	37.0	1.61	35.4	4.40	2.88	1.52	0.026	0.009	0.017
2011	88.6	33.6	55.0	48.5	3.00	45.5	6.63	4.52	2.11	0.057	0.017	0.040
2012	92.7	36.5	56.2	50.1	3.32	46.8	7.02	4.90	2.12	0.057	0.018	0.039
2013	92.0	35.1	56.9	49.4	3.18	46.2	7.72	5.12	2.60	0.069	0.019	0.050
2014	99.0	36.7	62.3	46.5	3.03	43.5	8.39	5.46	2.93	0.069	0.018	0.051
2015	94.9	39.9	55.0	39.6	2.90	36.7	8.93	6.22	2.71	0.088	0.022	0.066

附录6 2005～2015年美国服务业TiVA出口分解数据

附表6-1 2005～2015年美国服务业整体TiVA出口分解数据（单位：亿美元）

年份	服务TiVA总出口	TiVA直接出口	TiVA间接出口	出口中的FVA	直接出口中的FVA	间接出口中的FVA	第三国吸收的DVA	直接DVA	间接DVA	返回的DVA	直接RDV	间接RDV
2005	6067.3	4940.1	1127.2	464.2	249.8	214.4	2016.4	1467.0	549.4	35.6	10.0	25.6
2006	6795.5	5539.7	1255.8	545.6	288.1	257.5	2233.0	1640.9	592.1	40.3	11.0	29.3
2007	7782.1	6326.4	1455.7	634.3	349.1	285.2	2594.4	1920.7	673.7	46.4	13.3	33.1
2008	8434.1	6825.3	1608.8	735.8	424.6	311.2	2816.8	2089.5	727.3	50.3	14.9	35.4
2009	7887.7	6579.5	1308.2	506.0	285.9	220.1	2508.7	1816.4	692.3	36.4	10.4	26.0
2010	8769.4	7291.8	1477.6	648.0	379.0	269.0	2816.5	2103.6	712.9	46.7	14.2	32.5
2011	9659.6	8007.1	1652.5	810.8	475.1	335.7	3116.5	2363.3	753.2	56.3	17.7	38.6
2012	10233.9	8413.1	1820.8	826.2	475.3	351.0	3380.8	2479.5	901.3	58.0	17.9	40.1
2013	10671.3	8815.0	1856.3	817.5	481.5	336.0	3598.4	2643.3	955.1	56.1	18.4	37.7
2014	11153.0	9239.2	1913.8	836.2	494.5	341.7	3745.6	2773.0	972.6	60.2	20.0	40.2
2015	11105.0	9311.3	1793.7	727.5	420.0	307.5	3651.5	2709.6	941.8	52.3	17.2	35.1

附表6-2 2005～2015年美国劳动密集型服务业TiVA出口分解数据（单位：亿美元）

年份	服务TiVA总出口	TiVA直接出口	TiVA间接出口	出口中的FVA	直接出口中的FVA	间接出口中的FVA	第三国吸收的DVA	直接DVA	间接DVA	返回的DVA	直接RDV	间接RDV
2005	1755.1	1363.3	391.8	180.7	73.6	107.1	769.6	559.9	209.7	12.46	3.50	8.96
2006	1943.2	1508.4	434.8	209.5	84.0	125.5	860.5	632.3	228.2	13.89	3.79	10.10
2007	2172.1	1660.0	512.1	238.5	99.2	139.3	965.4	714.7	250.7	15.73	4.51	11.22

续表

年份	服务TiVA总出口	TiVA直接出口	TiVA间接出口	出口中的FVA	直接出口中的FVA	间接出口中的FVA	第三国吸收的DVA	直接DVA	间接DVA	返回的DVA	直接RDV	间接RDV
2008	2383.2	1814.6	568.6	275.7	119.4	156.3	1052.0	780.4	271.6	16.95	5.02	11.93
2009	2131.8	1676.4	455.4	178.3	68.3	110.0	860.9	623.3	237.6	10.01	2.86	7.15
2010	2394.6	1871.2	523.4	241.4	108.1	133.3	1056.3	788.9	267.4	15.95	4.85	11.10
2011	2612.3	2017.9	594.4	310.2	136.7	173.5	1163.1	882.0	281.1	19.34	6.08	13.26
2012	2730.1	2096.9	633.2	315.6	134.5	181.1	1282.8	940.8	342.0	19.64	6.06	13.58
2013	2827.4	2185.8	641.6	306.4	135.6	170.8	1360.9	999.7	361.2	17.93	5.88	12.05
2014	2965.6	2301.2	664.4	315.2	140.3	174.9	1404.1	1039.5	364.6	19.17	6.37	12.80
2015	2882.8	2280.7	602.1	269.4	118.5	150.9	1377.4	1022.1	355.3	15.54	5.11	10.43

附表 6-3　2005～2015 年美国资本密集型服务业 TiVA 出口分解数据（单位：亿美元）

年份	服务TiVA总出口	TiVA直接出口	TiVA间接出口	出口中的FVA	直接出口中的FVA	间接出口中的FVA	第三国吸收的DVA	直接DVA	间接DVA	返回的DVA	直接RDV	间接RDV
2005	1284.5	1068.5	216.0	110.9	93.6	17.3	485.6	353.3	132.3	11.14	3.13	8.01
2006	1386.7	1144.7	242.0	130.0	104.5	25.5	508.0	373.3	134.7	12.31	3.36	8.95
2007	1593.4	1309.2	284.2	150.6	128.8	21.8	613.6	454.3	159.3	14.62	4.19	10.43
2008	1771.8	1446.1	325.7	175.4	160.5	14.9	665.4	493.6	171.8	15.70	4.65	11.05
2009	1619.8	1354.7	265.1	117.2	103.3	13.9	588.8	426.3	162.5	11.76	3.36	8.40
2010	1804.3	1497.3	307.0	152.4	136.8	15.6	667.4	498.5	168.9	14.21	4.32	9.89
2011	1971.0	1624.1	346.9	184.3	176.1	8.2	765.2	580.3	184.9	17.75	5.58	12.17
2012	2070.2	1700.9	369.3	184.4	184.1	0.3	877.5	643.6	233.9	19.41	5.99	13.42
2013	2190.2	1805.7	384.5	181.6	176.9	4.7	904.7	664.6	240.1	18.87	6.19	12.68
2014	2271.7	1877.1	394.6	185.8	178.6	7.2	957.4	708.8	248.6	20.29	6.74	13.55
2015	2298.5	1930.6	367.9	160.6	141.3	19.3	913.3	677.7	235.6	17.30	5.69	11.61

附表 6-4　2005～2015 年美国知识密集型服务业 TiVA 出口分解数据（单位：亿美元）

年份	服务TiVA总出口	TiVA直接出口	TiVA间接出口	出口中的FVA	直接出口中的FVA	间接出口中的FVA	第三国吸收的DVA	直接DVA	间接DVA	返回的DVA	直接RDV	间接RDV
2005	2692.1	2236.0	456.1	146.6	75.6	71.0	684.1	497.7	186.4	10.86	3.05	7.81
2006	3104.7	2595.0	509.7	173.9	92.0	81.9	784.1	576.2	207.9	13.08	3.57	9.51
2007	3602.3	3023.5	578.8	208.2	111.8	96.4	923.1	683.4	239.7	14.55	4.17	10.38
2008	3819.5	3193.8	625.7	242.4	132.9	109.5	993.5	737.0	256.5	16.07	4.76	11.31
2009	3696.9	3186.7	510.2	182.1	106.0	76.1	954.0	691.4	263.5	13.55	3.87	9.68

续表

年份	服务TiVA总出口	TiVA直接出口	TiVA间接出口	出口中的FVA	直接出口中的FVA	间接出口中的FVA	第三国吸收的DVA	直接DVA	间接DVA	返回的DVA	直接RDV	间接RDV
2010	4054.2	3496.9	557.3	218.6	122.6	96.0	977.0	729.7	247.3	15.00	4.56	10.44
2011	4492.2	3885.7	606.5	271.4	148.6	122.8	1067.0	809.1	257.9	17.30	5.44	11.86
2012	4813.0	4112.6	700.4	281.2	143.0	138.2	1089.3	798.9	290.4	17.14	5.29	11.85
2013	4986.3	4279.8	706.5	285.8	155.1	130.7	1190.3	874.7	316.1	17.56	5.76	11.80
2014	5225.3	4493.0	732.3	290.7	160.7	130.0	1233.8	913.4	320.4	18.78	6.24	12.54
2015	5229.4	4522.8	706.6	257.8	145.9	111.9	1200.2	890.6	309.6	17.73	5.83	11.90

附表 6-5　2005~2015 年美国公共服务业 TiVA 出口分解数据（单位：亿美元）

年份	服务TiVA总出口	TiVA直接出口	TiVA间接出口	出口中的FVA	直接出口中的FVA	间接出口中的FVA	第三国吸收的DVA	直接DVA	间接DVA	返回的DVA	直接RDV	间接RDV
2005	335.7	272.3	63.4	26.1	6.86	19.2	77.2	56.2	21.0	1.00	0.28	0.72
2006	360.8	291.6	69.2	32.3	7.59	24.7	80.4	59.1	21.3	1.14	0.31	0.83
2007	414.3	333.8	80.5	37.1	9.31	27.8	92.4	68.4	24.0	1.33	0.38	0.95
2008	459.6	370.8	88.8	42.4	11.78	30.6	105.8	78.5	27.3	1.55	0.46	1.09
2009	439.3	361.7	77.6	28.3	8.28	20.0	104.1	75.4	28.7	1.16	0.33	0.83
2010	516.3	426.5	89.8	35.5	11.47	24.0	115.8	86.5	29.3	1.55	0.47	1.08
2011	584.1	479.4	104.7	44.8	13.80	31.0	121.3	92.0	29.3	1.78	0.56	1.22
2012	620.5	502.8	117.7	45.5	13.34	32.2	131.2	96.2	35.0	1.75	0.54	1.21
2013	667.4	543.6	123.8	43.7	13.92	29.8	142.0	104.3	37.7	1.74	0.57	1.17
2014	690.4	567.9	122.5	44.6	14.96	29.6	150.3	111.3	39.0	1.90	0.63	1.27
2015	694.4	577.2	117.2	39.7	14.34	25.4	160.5	119.1	41.4	1.89	0.62	1.27

附录 7　2005~2015 年欧盟服务业 TiVA 出口分解数据

附表 7-1　2005~2015 年欧盟服务业整体 TiVA 出口分解数据（单位：亿美元）

年份	服务TiVA总出口	TiVA直接出口	TiVA间接出口	出口中的FVA	直接出口中的FVA	间接出口中的FVA	第三国吸收的DVA	直接DVA	间接DVA	返回的DVA	直接RDV	间接RDV
2005	8416.0	5882.7	2533.3	769.9	443.1	326.8	3455.9	2209.8	1246.1	46.1	19.9	26.2
2006	9407.6	6569.2	2838.4	925.8	532.5	393.2	3841.6	2492.1	1349.5	54.0	22.4	31.6
2007	11200.5	7839.4	3361.1	1135.8	653.3	482.5	4589.9	2974.9	1615.0	69.3	29.7	39.6
2008	12459.9	8474.0	3985.9	1331.4	763.8	567.5	5116.8	3189.4	1927.4	79.5	33.3	46.2

续表

年份	服务TiVA总出口	TiVA直接出口	TiVA间接出口	出口中的FVA	直接出口中的FVA	间接出口中的FVA	第三国吸收的DVA	直接DVA	间接DVA	返回的DVA	直接RDV	间接RDV
2009	11056.6	7680.6	3376.0	1056.2	598.6	457.6	4525.4	2828.0	1697.4	56.3	24.3	32.0
2010	11825.8	8143.9	3681.9	1319.3	740.3	579.0	4757.2	3044.7	1712.5	65.6	27.9	37.7
2011	13595.6	9254.5	4341.1	1612.1	893.4	718.7	5431.2	3451.4	1979.8	80.4	32.3	48.1
2012	13824.5	9381.4	4443.1	1676.3	970.8	705.5	5511.4	3496.6	2014.8	80.7	33.5	47.2
2013	14670.5	9992.0	4678.5	1718.8	1001.1	717.7	5874.3	3702.5	2171.8	83.7	35.7	48.0
2014	15248.6	10523.1	4725.5	1775.5	1044.4	731.1	6095.9	3889.9	2206.0	83.9	38.3	45.6
2015	13542.3	9652.6	3889.7	1670.0	975.5	694.5	5234.8	3622.4	1612.4	70.5	36.4	34.1

附表7-2　2005～2015年欧盟劳动密集型服务业TiVA出口分解数据（单位：亿美元）

年份	服务TiVA总出口	TiVA直接出口	TiVA间接出口	出口中的FVA	直接出口中的FVA	间接出口中的FVA	第三国吸收的DVA	直接DVA	间接DVA	返回的DVA	直接RDV	间接RDV
2005	2613.5	1755.9	857.6	244.9	106.5	138.4	1206.5	771.5	435.0	11.10	4.79	6.31
2006	2910.5	1949.0	961.5	297.2	128.7	168.5	1325.2	859.7	465.5	13.13	5.44	7.69
2007	3383.6	2250.4	1133.2	351.2	150.0	201.2	1525.9	989.0	536.9	15.64	6.71	8.93
2008	3839.5	2554.9	1284.6	417.6	188.5	229.1	1795.1	1118.9	676.2	19.01	7.97	11.04
2009	3346.2	2292.7	1053.5	301.7	146.3	155.4	1608.5	1005.2	603.3	13.29	5.74	7.55
2010	3627.6	2388.6	1239.0	415.0	184.0	231.0	1705.2	1091.6	614.0	16.35	6.95	9.40
2011	4206.0	2730.6	1475.4	523.4	227.7	295.7	1920.1	1220.2	699.9	20.92	8.41	12.51
2012	4220.2	2720.2	1500.0	531.7	232.4	299.3	1909.1	1211.2	697.9	19.73	8.20	11.53
2013	4412.1	2869.8	1542.3	534.3	230.1	304.2	2009.7	1266.7	743.0	19.83	8.45	11.38
2014	4512.1	2944.8	1567.4	542.7	227.9	314.9	2040.5	1302.2	738.4	18.77	8.56	10.21
2015	4009.0	2670.1	1338.9	495.1	203.9	291.2	1614.9	1117.5	497.4	15.05	7.77	7.28

附表7-3　2005～2015年欧盟资本密集型服务业TiVA出口分解数据（单位：亿美元）

年份	服务TiVA总出口	TiVA直接出口	TiVA间接出口	出口中的FVA	直接出口中的FVA	间接出口中的FVA	第三国吸收的DVA	直接DVA	间接DVA	返回的DVA	直接RDV	间接RDV
2005	2270.7	1769.1	501.6	306.9	199.0	107.9	1228.3	785.4	442.9	22.44	9.68	12.76
2006	2458.3	1890.0	568.3	366.3	234.0	132.3	1310.9	850.4	460.5	25.67	10.64	15.03
2007	2974.5	2308.9	665.6	461.2	293.2	168.0	1625.6	1053.6	572.0	34.01	14.59	19.42
2008	3311.6	2519.1	792.5	528.0	358.5	169.5	1799.2	1121.5	677.7	39.17	16.42	22.75
2009	2809.0	2138.2	670.8	460.6	251.9	208.7	1491.9	932.3	559.6	26.25	11.34	14.91
2010	3095.3	2371.8	723.5	544.5	331.4	213.1	1641.8	1050.8	591.0	31.81	13.52	18.29

续表

年份	服务TiVA总出口	TiVA直接出口	TiVA间接出口	出口中的FVA	直接出口中的FVA	间接出口中的FVA	第三国吸收的DVA	直接DVA	间接DVA	返回的DVA	直接RDV	间接RDV
2011	3502.8	2633.9	868.9	660.1	400.2	259.9	1853.6	1177.9	675.7	38.83	15.61	23.22
2012	3551.6	2652.7	898.9	704.3	439.8	264.5	1864.2	1182.7	681.5	39.22	16.30	22.92
2013	3746.2	2793.1	953.1	730.1	448.1	282.0	1963.1	1237.3	725.8	40.37	17.20	23.17
2014	3929.2	2989.9	939.3	778.7	474.5	304.2	2084.7	1330.3	754.4	42.25	19.27	22.98
2015	3464.3	2756.2	708.1	759.5	428.7	330.8	1904.2	1317.7	586.5	35.37	18.26	17.11

附表 7-4 2005~2015 年欧盟知识密集型服务业 TiVA 出口分解数据（单位：亿美元）

年份	服务TiVA总出口	TiVA直接出口	TiVA间接出口	出口中的FVA	直接出口中的FVA	间接出口中的FVA	第三国吸收的DVA	直接DVA	间接DVA	返回的DVA	直接RDV	间接RDV
2005	2926.2	1993.1	933.1	183.7	131.2	52.5	944.6	604.0	340.6	11.91	5.14	6.77
2006	3355.5	2319.9	1035.6	219.0	162.1	56.9	1120.4	726.8	393.6	14.38	5.96	8.42
2007	4016.1	2773.8	1242.3	271.3	188.5	82.8	1331.8	863.2	468.6	18.18	7.80	10.38
2008	4460.1	2911.3	1548.8	322.9	205.2	117.7	1413.2	880.9	532.3	20.16	8.45	11.71
2009	4098.1	2774.9	1323.2	247.8	190.1	57.7	1318.4	823.9	494.5	15.86	6.85	9.01
2010	4249.9	2848.2	1401.7	301.2	211.7	89.5	1290.0	825.6	464.4	16.33	6.94	9.39
2011	4890.3	3274.8	1615.5	357.8	249.6	108.2	1519.8	965.8	554.0	19.25	7.74	11.51
2012	5048.7	3363.8	1684.9	364.7	281.7	83.0	1591.3	1009.6	581.7	20.40	8.48	11.92
2013	5409.2	3628.8	1780.4	378.5	305.0	73.5	1739.2	1096.2	643.0	22.02	9.38	12.64
2014	5663.9	3852.1	1811.8	379.5	324.9	54.6	1804.7	1151.2	653.5	21.53	9.82	11.71
2015	4950.7	3505.0	1445.7	345.0	326.7	18.3	1569.7	1086.2	483.5	18.96	9.79	9.17

附表 7-5 2005~2015 年欧盟公共服务业 TiVA 出口分解数据（单位：亿美元）

年份	服务TiVA总出口	TiVA直接出口	TiVA间接出口	出口中的FVA	直接出口中的FVA	间接出口中的FVA	第三国吸收的DVA	直接DVA	间接DVA	返回的DVA	直接RDV	间接RDV
2005	605.5	364.5	241.0	34.4	6.35	28.1	76.6	49.0	27.6	0.65	0.28	0.37
2006	683.3	410.3	273.0	43.3	8.07	35.2	85.1	55.2	29.9	0.82	0.34	0.48
2007	826.3	506.3	320.0	52.2	10.12	42.1	106.6	69.1	37.5	1.02	0.44	0.58
2008	848.6	488.7	359.9	62.9	11.78	51.1	109.3	68.1	41.2	1.17	0.49	0.68
2009	803.3	474.8	328.5	46.1	10.25	35.9	106.6	66.6	40.0	0.93	0.40	0.53
2010	852.9	535.4	317.5	58.2	13.19	45.0	119.8	76.7	43.1	1.11	0.47	0.64
2011	996.5	615.2	381.3	70.8	15.80	55.0	137.5	87.4	50.1	1.39	0.56	0.83
2012	1022.0	644.7	377.3	75.7	16.78	58.9	146.7	93.1	53.6	1.37	0.57	0.80

续表

年份	服务TiVA总出口	TiVA直接出口	TiVA间接出口	出口中的FVA	直接出口中的FVA	间接出口中的FVA	第三国吸收的DVA	直接DVA	间接DVA	返回的DVA	直接RDV	间接RDV
2013	1103.1	700.3	402.8	75.9	17.98	57.9	162.3	102.3	60.0	1.48	0.63	0.85
2014	1143.4	736.4	407.0	74.6	17.18	57.4	165.8	105.8	60.0	1.34	0.61	0.73
2015	1118.2	721.3	396.9	70.4	16.33	54.1	146.0	101.0	45.0	1.12	0.58	0.54

附录8 2005～2015年日本服务业TiVA出口分解数据

附表8-1 2005～2015年日本服务业整体TiVA出口分解数据（单位：亿美元）

年份	服务TiVA总出口	TiVA直接出口	TiVA间接出口	出口中的FVA	直接出口中的FVA	间接出口中的FVA	第三国吸收的DVA	直接DVA	间接DVA	返回的DVA	直接RDV	间接RDV
2005	2683.0	1594.4	1088.6	246.5	96.2	150.3	978.5	428.0	550.5	6.77	1.48	5.29
2006	2830.9	1634.5	1196.4	306.0	115.6	190.4	1030.6	425.6	605.0	7.45	1.70	5.75
2007	3058.5	1745.0	1313.5	364.2	138.1	226.1	1111.8	462.2	649.6	7.82	2.03	5.79
2008	3412.4	1932.1	1480.3	435.5	175.6	259.9	1248.1	525.1	723.0	8.85	2.47	6.38
2009	2711.4	1625.4	1086.0	250.3	99.4	150.9	1017.5	452.3	565.2	4.91	1.31	3.60
2010	3318.6	1936.4	1382.2	347.3	134.3	213.0	1219.6	541.9	677.7	6.94	1.92	5.02
2011	3592.0	2056.0	1536.0	417.5	153.8	263.7	1291.5	552.4	739.1	7.97	2.16	5.81
2012	3506.3	2007.3	1499.0	408.0	164.7	243.3	1250.4	542.7	707.7	7.35	2.24	5.11
2013	3193.7	1886.1	1307.6	399.6	170.4	229.2	1105.5	509.2	596.3	6.00	1.98	4.02
2014	3338.1	2063.8	1274.3	446.6	199.3	247.3	1126.2	560.3	565.9	6.56	2.28	4.28
2015	3066.4	1968.8	1097.6	385.6	163.2	222.4	1034.2	552.4	481.8	5.58	2.04	3.54

附表8-2 2005～2015年日本劳动密集型服务业TiVA出口分解数据（单位：亿美元）

年份	服务TiVA总出口	TiVA直接出口	TiVA间接出口	出口中的FVA	直接出口中的FVA	间接出口中的FVA	第三国吸收的DVA	直接DVA	间接DVA	返回的DVA	直接RDV	间接RDV
2005	1310.2	782.6	527.6	87.5	39.1	48.4	493.6	215.9	277.7	3.02	0.66	2.36
2006	1327.6	773.4	554.2	111.2	46.1	65.1	513.4	212.0	301.4	3.29	0.75	2.54
2007	1369.0	781.6	587.4	128.0	51.7	76.3	532.3	221.3	311.0	3.08	0.80	2.28
2008	1537.6	862.5	675.1	156.3	65.3	91.0	592.8	249.4	343.4	3.40	0.95	2.45
2009	1221.2	735.5	485.7	92.7	41.3	51.4	495.4	220.2	275.2	2.10	0.56	1.54
2010	1517.8	888.6	629.2	129.7	55.5	74.2	612.2	272.0	340.2	3.11	0.86	2.25
2011	1725.2	964.8	760.4	155.0	63.2	91.8	616.1	263.5	352.6	3.40	0.92	2.48

续表

年份	服务TiVA总出口	TiVA直接出口	TiVA间接出口	出口中的FVA	直接出口中的FVA	间接出口中的FVA	第三国吸收的DVA	直接DVA	间接DVA	返回的DVA	直接RDV	间接RDV
2012	1657.2	932.4	724.8	149.0	66.4	82.6	629.7	273.3	356.4	3.05	0.93	2.12
2013	1465.4	827.9	637.5	144.2	66.3	77.9	530.6	244.4	286.2	2.36	0.78	1.58
2014	1422.5	806.3	616.2	155.7	69.7	86.0	485.8	241.7	244.1	2.27	0.79	1.48
2015	1289.8	757.4	532.4	133.6	59.0	74.6	440.7	235.4	205.3	1.94	0.71	1.23

附表 8-3　2005～2015 年日本资本密集型服务业 TiVA 出口分解数据（单位：亿美元）

年份	服务TiVA总出口	TiVA直接出口	TiVA间接出口	出口中的FVA	直接出口中的FVA	间接出口中的FVA	第三国吸收的DVA	直接DVA	间接DVA	返回的DVA	直接RDV	间接RDV
2005	619.3	441.9	177.4	72.5	47.8	24.7	333.6	145.9	187.7	3.11	0.68	2.43
2006	663.2	460.4	202.8	85.6	57.2	28.4	343.9	142.0	201.9	3.37	0.77	2.60
2007	743.6	516.7	226.9	105.1	70.7	34.4	370.4	154.0	216.4	3.93	1.02	2.91
2008	809.9	560.0	249.9	124.0	89.5	34.5	410.7	172.8	237.9	4.52	1.26	3.26
2009	625.1	434.0	191.1	67.8	43.7	24.1	303.5	134.9	168.6	2.17	0.58	1.59
2010	792.3	550.8	241.5	97.5	62.5	35.0	377.7	167.8	209.9	3.07	0.85	2.22
2011	810.0	565.0	245.0	118.0	70.5	47.5	410.3	175.5	234.8	3.62	0.98	2.64
2012	815.2	572.4	242.8	114.2	78.4	35.8	379.0	164.5	214.5	3.51	1.07	2.44
2013	749.5	539.7	209.8	111.5	80.2	31.3	336.1	154.8	181.3	2.88	0.95	1.93
2014	809.0	597.6	211.4	120.3	92.5	27.8	340.3	169.3	171.0	3.19	1.11	2.08
2015	741.2	556.5	184.7	101.0	70.1	30.9	308.0	164.5	143.5	2.63	0.96	1.67

附表 8-4　2005～2015 年日本知识密集型服务业 TiVA 出口分解数据（单位：亿美元）

年份	服务TiVA总出口	TiVA直接出口	TiVA间接出口	出口中的FVA	直接出口中的FVA	间接出口中的FVA	第三国吸收的DVA	直接DVA	间接DVA	返回的DVA	直接RDV	间接RDV
2005	601.7	321.9	279.8	74.9	9.21	65.7	148.6	65.0	83.6	0.69	0.15	0.54
2006	646.4	337.0	309.4	94.2	11.71	82.5	165.4	68.3	97.1	0.75	0.17	0.58
2007	723.3	375.6	347.7	113.6	15.06	98.5	200.6	83.4	117.2	0.81	0.21	0.60
2008	817.6	430.2	387.4	133.7	19.91	113.8	235.1	98.9	136.2	0.93	0.26	0.67
2009	669.6	386.2	283.4	78.4	13.74	64.7	210.1	93.4	116.7	0.64	0.17	0.47
2010	757.2	412.5	344.7	104.8	15.52	89.3	219.0	97.3	121.7	0.76	0.21	0.55
2011	814.2	451.2	363.0	124.9	19.42	105.5	256.0	109.5	146.5	0.92	0.25	0.67
2012	768.5	420.0	348.5	125.9	19.02	106.9	232.0	100.7	131.3	0.76	0.23	0.53
2013	741.0	439.8	301.2	125.1	23.09	102.0	229.9	105.9	124.0	0.73	0.24	0.49
2014	855.8	568.2	287.6	150.1	35.85	114.3	289.4	144.0	145.4	1.07	0.37	0.70
2015	813.8	566.6	247.2	132.6	32.95	99.7	274.8	146.8	128.0	0.96	0.35	0.61

附表 8-5　2005～2015 年日本公共服务业 TiVA 出口分解数据（单位：亿美元）

年份	服务TiVA总出口	TiVA直接出口	TiVA间接出口	出口中的FVA	直接出口中的FVA	间接出口中的FVA	第三国吸收的DVA	直接DVA	间接DVA	返回的DVA	直接RDV	间接RDV
2005	151.9	48.0	103.9	11.7	0.17	11.5	2.72	1.20	1.52	0.014	0.003	0.011
2006	193.6	63.7	129.9	15.0	0.54	14.5	8.05	3.32	4.73	0.035	0.008	0.027
2007	222.6	71.1	151.5	17.5	0.62	16.9	8.54	3.53	5.01	0.031	0.008	0.023
2008	247.3	79.4	167.9	21.6	0.80	20.8	9.40	3.95	5.45	0.036	0.010	0.026
2009	195.6	69.7	125.9	11.4	0.57	10.8	9.08	4.03	5.05	0.026	0.007	0.019
2010	249.3	84.6	164.7	15.3	0.76	14.5	10.82	4.79	6.03	0.033	0.009	0.024
2011	242.6	75.0	167.6	19.6	0.71	18.9	8.91	3.84	5.07	0.037	0.010	0.027
2012	265.4	82.6	182.8	18.8	0.83	18.0	9.74	4.20	5.54	0.033	0.010	0.023
2013	237.8	78.7	159.1	18.8	0.92	17.9	8.94	4.12	4.82	0.030	0.010	0.020
2014	250.8	91.7	159.1	20.5	1.31	19.2	10.79	5.36	5.43	0.040	0.014	0.026
2015	221.7	88.2	133.5	18.3	1.22	17.1	10.38	5.56	4.82	0.038	0.014	0.024

后　　记

　　2015年6月，我作为负责人组织申报的中国服务业"增值贸易"核算及其在GVCs分工中的地位研究，获批国家社会科学基金一般项目（批准号：15BGJ036）。经过课题组成员的努力，项目于2020年12月顺利结题（结题证书编号：20205126）。项目结题后，根据结题报告鉴定专家提出的意见和建议，课题组又对结题报告做出了进一步补充完善，形成了现在的书稿。在本书出版之际，特向全国哲学社会科学工作办公室及各位鉴定专家表示诚挚谢意。

　　作为课题研究最终成果，本书是在参阅国内外众多研究文献的基础上，在课题组成员的共同努力下完成的。本书写作过程中参阅的国内外文献，尽可能在"参考文献"做了详细列明，如发现有遗漏，敬请作者或读者指出，我们将在本书修订再版时补齐。借此机会，向本书写作中参阅文献的所有作者表示衷心感谢。

　　本书的顺利出版，得益于科学出版社的大力支持，尤其是经管分社魏如萍编辑的细心指导和辛苦付出，在此一并表示感谢。当然，本书内容上的疏漏或不当之处，均由作者承担。

周升起
2022年3月于青岛